중국 지식생산의 메커니즘

이 저서는 2019년 대한민국 교육부와 한국연구재단의 지원을 받아 수행된 연구임
(NRF—2019S1A6A3A02102737).

국민대학교
중국인문사회연구소
총서 · 11

중국 지식생산의 메커니즘

김주아 · 박영순 · 박은미 · 박철현 · 서상민 · 서정해
신영환 · 우성민 · 이광수 · 이병민 · 최은진 · 취더쉬안
공저

學古房

서 문

　기존 중국의 지식·지식인 연구는 주로 학술적 실체, 지식과 권력의 관계에 보다 집중해 왔다. 이는 한 사회에서 지식·지식인이 수행하는 다양한 역할과 양상을 포착하는 데에 한계가 있다. 지식은 시대에 따라 가변적이며 이를 추동하는 요인과 배경, 행위 주체와 조직 등이 다양하기 때문이다. 최근 글로벌화의 영향과 중국의 경제발전은 중국의 지식·지식인에 대한 개념과 범주, 행위 공간 및 교류 영역의 범위가 급속하게 변화·확대되고 있다. 다양한 지적 집단과 새로운 지식 공간을 만들어냄으로써 탈지역의 지식 공유(共有)가 가능해진 것이다. 이러한 변화는 새로운 중국의 지식 지형 형성의 동력이 되고, 대내외적으로 지식 질서와 지식 위계의 재편에 추동적 요소로 작용한다.

　본 연구 사업단은 이러한 배경에서 변화하는 지식·지식인의 실체를 파악하고자 1단계의 주제를 "중국의 지식 지형: 흐름·구조·패턴"으로 정했다. 중국 지식생산의 동인, 지식구조로서의 메커니즘, 사례를 통한 다면적인 지식 창출 등의 특징을 살펴보고, 이를 통해 중국의 지식 지형의 흐름·구조·패턴을 파악하여 각 영역에서의 중국의 지식지형도의 밑그림을 그려보고자 한다. 이러한 작업을 위해 앞서 1년차에서 "중국의 지식형성의 동인(動因)과 변화"라는 주제로 각 학문 영역에서 지식·지식인의 범주와 개념, 지식형성의 동인과 변화, 지식 창출자로서의 지식인의 역할 변화, 지식형성의 요인과 면모 등을 파악하였다.

　본 총서는 이러한 토대 위에서 2년차에서는 "지식생산 구조의 메커니즘"이란 주제 하에 지식의 실체와 지식 체계의 구조를 규명하고자 했다. 지식의 생산·유통·확산의 메커니즘을 분석함으로써 각 학문 영역에서 지식지형도를 구축하기 위한 지식생산의 구조와 실체를 파악하고자 했다.

　본 총서 『중국 지식생산의 메커니즘』은 이러한 배경에서 총 12분이 연구한 10편의 글을 모은 것이다.

　박영순의 논문은 문인결사와 지역 문학 형성의 메커니즘에 대해 분석한 글이다. 문인결사는 집단적 교류를 통해 문학 활동, 문학유파 나아가 문학권력, 문학파벌 등을 형성하는 문학 지식생산의 조직체이다. 이 글은 지역 문인결사가 지역 문학유파의 형성을 추동하는 문학지식 생산(작가·작품 및 유파)의 매개적 메커니즘으로 작용한다는 점에 착안하였다. 영남지역의 남원시사(南園詩社)를 대상으로 '행위자－조직－지식생산'의 틀에서 전승의 방식을 통해 형성된 지역 문학유파 형성의 메커니즘을 고찰했다. 이를 통해 문인결사와 문학공간 및 지역 문학유파 형성의 상관성과 매개적 메커니즘을 규명했다.

　취더쉬안(曲德煊)·이병민의 논문은 불교 지식 체계에 대한 민중의 문화적 승인이란 관점에서 중국 무협영화에서 나타난 승려 캐릭터의 역할과 미학적 기능을 분석한 글이다. 행동자 모델, 8개의 캐릭터 원형 및 관객의 심리적 메커니즘 등을 통해 승려 캐릭터와 미학적 특성에 대해 고찰했다. 조력자, 예지자, 붓다(Budda)의 대리 역할을 하는 캐릭터와 '스펙터클'의 시각적 효과와 '민족화'된 무예 미학적 기능에 대해 분석했다. 이를 통해 불교가 중국화되고 대중화되면서 문화적 가치로서 수용·승인된 지식 체계라는 점과 승려 캐릭터에 대한 중국인들의 집단 무의식의 반영 및 심리적 메커니즘이 작동하고 있음을 밝혔다.

최은진의 논문은 교육이 향촌 사회의 변화를 추동하는 지식으로 작용한다는 점에 착안하여 노작부(盧作孚)의 사천(四川) 북배(北碚) 건설과 향촌 현대화의 지식 기제에 대해 분석한 글이다. 민국 시기 사회 전환기 속에서 지역건설을 위해 교육이 중시됨에 따라 지식인들이 어떻게 향촌 건설 운동을 진행했고, 향촌 교육신념이 어떻게 반영되었는가를 고찰했다. 사천지역은 서구의 신문화와 지식의 수용을 통해 문화적 고립에서 탈피할 수 있었으며, 북배 지역에서의 향촌 현대화와 향촌도시화는 교육활동과 실천을 통한 지식의 파급을 통해 진행되었고, 이러한 변화는 교육활동을 통한 지식 기제의 작동 속에서 진행되고 있음을 분석했다.

우성민의 논문은 중국 역사교과서의 개편과 자국사 및 세계사의 '현대' 서술이라는 주제로 중국 지식 생산구조의 역사 인식형성 속의 역사교과서에 대해 분석한 글이다. 현재 중국은 '애국주의'가 중국 '역사' 교육과 연구의 중요한 키워드로 자리 잡고 있다. 중국은 2017년 7월 이후 당의 교육·방안을 관철시키기 위해 국가교과서위원회를 설립하여 교과서를 통일적으로 구성·편집하여 전국적으로 통용하고 있다. 이 글은 이러한 차세대들이 미래 중국의 지식 지형의 중심축을 이루게 되었을 때, 주변국에 대한 역사 인식과 동아시아에 대한 이해는 어떤 식으로 표출될까라는 문제의식 속에서, 중학교 자국사와 세계사의 현대 부분을 집중분석했다.

김주아의 논문은 지식생산에 중요한 역할을 하는 것이 교육 기제라고 간주하여, 말레이시아 화문 교육(華敎)의 메커니즘에 대해 분석한 글이다. 말레이시아는 초등학교부터 대학에 이르기까지 '화문(華文)'으로 교육받을 수 있는 '종족(Ethnic)교육' 시스템이 완비되어 있다. 이 글은 말레이시아의 화인 사회의 전통이 유지되고 민족의 정체성을 양성하는 것이 교육시스템에 있다는 점에 주목하여, 문헌 자료와 관련 기관의 데이터를 바탕으로 분석했다. 이를 통해 말레이시아 화인 사회의 화문 교육 정착 과정과 조직 및 교육 기제의 변화를 파악함으로써 해외 화인의 지식과 교육시스템의 변화를 규명했다.

이광수의 논문은 중국의 대만 관련 싱크탱크에 대해 분석한 글이다. 중국의 대만 관련 싱크탱크는 당국가체제의 전략적 목표와 싱크탱크의 속성 및 지역적 특성을 반영하여 국가형·지방형·대학형으로 분류되며, 통일전선전략의 접근법에 따라 독립억제형·통일촉진형·교육교류형으로 구분된다. 이 글은 대만 관련 싱크탱크의 특징을 설립 주체, 설립 목적, 소재 지역에 따라 구분하여, 싱크탱크의 역할과 활동에 대해 분석하고, 중국형 싱크탱크의 역할에 대한 평가를 분석했다. 이를 통해 싱크탱크에 소속된 중국 지식인은 대만과의 교류영역·교류통로·교류내용의 확대를 추구함으로써 대만정책결정과정과 양안관계발전에 영향력을 행사하고 있음을 규명했다.

신영환의 논문은 안보 전략의 지식기반으로서 지정학적 요인을 통해 부상하는 중국의 해양전략에 대해 분석한 글이다. 주변 국가들에 대한 중국의 전략은 협력과 공세가 혼재한다. 이 글은 중국의 부상이 만들어내는 세력 확대의 양상에 주목하여, 대륙과 해양이라는 두 개의 지리적 공간에서 중국이 구사하는 전략적 차이를 규명하고자 했다. 이를 위해 국가의 지리적인 환경과 위치 및 공간적 배열 등 지정학적 조건이 정책 결정자의 인식과 국가의 대외정책에 영향을 미친다는 지정학의 기본 가정에 근거하여, 오늘날 중국 안보 전략 형성의 지정학적 요인을 분석하고 육상과 해상에서의 나타나는 전략적 상이성을 추적하였다.

서상민의 논문은 시진핑 시기 중국 외교 관련 지식생산과 담화 네트워크를 분석한 글이다. 중국 시진핑 정권하에서 제시된 국제 질서와 관련된 주요 외교담화를 중국의 강대국화 과정에서 중국공산당이 목표로 하는 국제 질서와 연관 지어 분석하였다. 시진핑 집권 초기 외교담화 분석은 시진핑 외교정책 전반을 이해할 수 있는 통로이므로 시진핑의 초기연설문을 모아 둔『談治國理政』(第1券)에 실린 외교 관련 15개의 연설문을 대상으로 하여 사용된 단어와 주제를 정량적 방법으로 분석했다. 이를 통해 시진핑 집권 초기의 외교목표, 대국 외교, 주변국 외교 등과 관련된 담화 속에서 시진핑 집권 초기의 중국 외교정책 특징을 규명했다.

박철현의 논문은 1990년대 국내적인 체제 전환의 핵심 내용인 '국유기업 개혁'과 '단위체제 해제'가 초래한 노동자의 불만과 저항에 대한 국가의 이데올로기적 대응을「사상정치공작 연구회(思想政治工作研究會)」를 중심으로 분석한 글이다. 1990년대「사상정치공작 연구회」의 활동에 관한 언론보도, 학술논문, 조사보고서 등의 문헌과 학술지『사상정치공작 연구』에 게재된 논문들을 주요 분석대상으로 하였다. 이를 통해 1990년대 실시된 국유기업 개혁과 단위체제 해제의 구체적인 조치들과 이에 부합하는「사상정치공작 연구회」의 사상정치공작과 기업 층위에서 국가 이데올로기가 투사되는 내용에 대해 분석했다.

박은미·서정해의 논문은 중국 기업의 혁신에 대한 결과물인 전유 메커니즘에 대해 분석한 글이다. 지식기반경제로의 이행이 가속화되면서 기업

환경에 많은 변화가 일어남에 따라 중국 기업은 과거의 단순 제조 공장으로서의 역할이 아닌 첨단기술 기반의 산업을 선도하고 있다. 이 글은 중국 기업 혁신의 결과물인 전유 메커니즘을 대상으로 분석하면서, 델파이 조사를 통해 8개 요인(특허, 의장등록, 리드타임, 비밀유지 등)을 도출하였고, 기업의 실무자들을 대상으로 실증분석도 병행했다. 이러한 연구는 기업 실무자들이 자사에게 맞는 전유 메커니즘을 통해 기업의 지식재산전략의 계획을 수립하는 데 실무적인 지침으로 활용될 수 있을 것이다.

중국의 지식지형도를 구축하기 위한 지식생산의 구조와 지식의 실체를 파악하는 것은 한두 개의 주제와 방법 및 시각으로 완성되는 것은 아니다. 이런 점에서 이 책은 다양한 특징을 담고 있다. 명말청초부터 당대에 이르기까지 역사·문학·사회·정치·외교안보·교육·기업·문화 등 다양한 학문 영역의 글들로 구성되었다. 문학 생산의 조직체, 불교 지식 체계, 교육 기제, 싱크탱크, 외교담화, 안보 전략, 기구와 매체, 기업과 향촌 등 다양한 주제를 다루었다. 지역의 범주도 중국에 국한하지 않고 대만, 말레이시아 및 중국 관련 주변국까지 확대하였다. 또한 이상의 연구를 위해 조직과 기제 분석·담화와 네트워크 분석·기관의 데이터분석·1차 문헌과 교과서 분석·기구와 학술지 분석·행위자와 실증분석 등 다양한 방법과 분석이 시도되었다.

이상의 연구를 통해서 일부나마 지식생산의 구조와 메커니즘을 파악하고 그 속에서 진화를 거듭하는 지식의 실체의 가변성도 포착하고자 했다.

이러한 연구는 중국의 지식 지형의 변화를 포착하고 중국 지식지형도를 그려나가는 밑거름이 될 것이다. 하지만 지식생산의 구조와 지식의 실체를 파악하기 위해서 단지 지식의 흐름과 지적 구조의 메커니즘을 살펴보는 것만으로는 역동적인 지식지형도를 그리기에는 부족하다. 향후 각 영역에서 범주화하고 정의한 지식(인)이 어떻게 중국 연구의 지식화로 재창출될 수 있는지를 탐색하고, 어떤 지식 생산의 패턴과 유형이 존재하는지를 도출하는 것이 필요하다. 따라서 각 영역에서의 지식 지형도를 구축하기 위해서는 다양한 시각과 방법, 다면적 층위와 사례 등이 시도되어야 하며, 학문 영역 간의 유기적인 연계도 더욱 보완되어야 할 것이다.

해마다 뿌리는 학술의 씨가 향후 튼실한 열매로 맺어지길 바란다. 그런 점에서 이 책의 기획과 집필 과정에서 많은 도움을 주신 12분의 집필진에게 깊은 감사를 드리며, 항상 좋은 책을 만들어 주시는 학고방 사장님과 편집진에게 고마움을 전한다.

2021년 5월
집필진을 대표하여 박영순 씀

목 차

영남(嶺南)지역의 문인결사와
지역문학 형성의 메커니즘
: 남원시사(南園詩社)를 중심으로

● 박영순 ●

Ⅰ. 시작하며

중국 고대 문인결사는 명대에 들어 가장 활발했다. 문인결사는 문인들의 작품생산의 장(場)이자 문단을 형성하는 기반이 되었고, 문인집단의 형태로 교유와 창작활동을 통해 독자적인 문학풍격과 문학유파를 형성하였다.

명대 문단의 전반은 문인결사와 문학유파의 활동으로 이루어졌다고 해도 과언이 아니다. 명대의 문인결사는 집단적 교류를 통해 문학활동, 문학유파 나아가 문학권력, 문학파별 등을 형성하는 하나의 문학 조직체이자 문학 권력이기도 했다. 이처럼 명대 문인결사는 명대 문학유파 형성의 문학적 토양이 되었고, 지역의 문인결사는 지역 문학유파의 형성을 추동해

* 이 글은 「영남(嶺南)지역 문인결사와 지역문학 형성의 매개적 메커니즘: 남원시사(南園詩社)를 중심으로」, 『한국문화융합학회』, 제42권, 2020과 「명대 남원시사(南園詩社)의 전승을 통해 본 문인결사와 지역문학 형성의 상관성」, 『외국학연구』, 제54집, 2020을 수정·보완한 것이다.
** 국민대학교 중국인문사회연구소 HK부교수.

왔다. 예를 들면, 오시파(吳詩派)와 북곽시사(北郭詩社), 민중시파(閩中詩派)와 민중십자결사(閩中十子結社), 영남시파(嶺南詩派)와 남원시사(南園詩社)의 관계가 그러하다. 이러한 현상은 지역 문학유파는 적어도 지역 문인결사를 기반으로 형성되며, 지역 문인결사는 지역 문학유파의 형성을 추동하는 메커니즘으로 작용한다는 것이다. 지역 문학유파의 형성은 단시간 내 한두 명에 의해 이루어지는 것은 아니며, 적어도 공시(共時)성을 공유하는 집단 형태가 전승의 방식을 통해 지속과 변화를 거듭하는 과정에서 이루어진다고 할 수 있다. 이러한 특징을 비교적 잘 갖추고 있는 문인결사가 바로 영남지역의 남원시사이다.

명대 문인결사의 지역 분포는 주로 강남지역의 강소·절강 일대가 약 70%를 차지하며 다음으로 영남지역이 차지했다.[1] 명대 문인결사에 대한 연구 역시 강남지역에 상대적으로 집중되어왔고 주로 개별적인 문인결사를 대상으로 진행되었다. 강남지역의 문인결사의 규모와 성격 및 활동은 크고 다양하지만 하나의 지역 시사가 단절과 지속을 반복하면서 해당 지역에서 긴 시간 동안 전승되어온 사례는 보기 드물다. 이 글은 상대적으로 연구가 덜 된 영남지역 문인결사를 중심으로 하되,[2] '남원(南園)'이라는 하나의 지역 시파가 특히 광주부(廣州府)를 중심으로 명대 전반에 걸쳐 전승되고 있는 남원시사(南園詩社)를 주요 대상으로 한다. 남원시사는 원말명초 '남원오자'를 중심으로 창설된 '남원시사'에서부터 출발하여, 명 중엽 '남원후오자(南園後五子)'를 중심으로 형성된 '남원후오자시사'와 명말 '남원십이자(南園十二子)'를 중심으로 형성된 '진자장(陳子壯)남원

---

1) 何宗美, 『明末淸初文人結社硏究』, 南開大學出版社, 2004, 23-25쪽.
2) 영남지역은 일반적으로 오령(五嶺) 이남 지역을 가리키며, 여기서는 남원시사의 주요 활동지인 광동 지역을 가리킨다. 영남시파는 '광동시파', '월동시파(粵東詩派)'라고도 하지만 고대에서는 주로 영남지역 영남시파로 더 많이 불리므로 본고에서는 영남지역, 영남시파로 지칭한다.

시사'로 전승되어왔다. 청대 이후에도 남원시사의 설립과 활동은 계속 이어졌다. 따라서 이글은 '영남지역 – 광주부 – 남원시사'의 범주 안에서 남원시사의 전승을 중심으로 지역 문학의 유파 형성의 메커니즘을 살펴보고자 한다. 이를 도식화하면 다음과 같다.

〈그림 1〉 영남지역 남원시사의 전승도

영남지역

광주부

남원시사

명대
- 남원전오자시사
- 남원후오자시사
- 진자장남원시사
청대 이후

출처: 저자 작성

영남지역의 문인결사와 남원시사에 대한 연구성과를 요약하면 크게 다음과 같다. 명대 문인결사와 영남지역 문인결사 등 전반적인 문인결사에 대한 연구자료를 제공한 단행본과 영남지역 문인결사와 남원시사 관련한 연구논문으로 구분할 수 있다.[3] 대체로 영남의 문인결사, 남원시사와 구

---

3) 전자의 대표적인 저서로는 謝國楨, 『明淸之際黨社運動考』, 上海書店出版社, 2006; 歐陽光, 『宋元詩社研究叢稿』, 廣東高等敎育出版社, 1996; 何宗美『明末淸初文人結社硏究』, 南開大學出版社, 2004; 『文人結社與明代文學的演進』, 人民出版社, 2011; 李玉栓『明代文人結社考』, 中華書局, 2013 등이 있다. 후자 관련 연구로 남원시사에 관한 학위논문으로는 李豔, 『明代嶺南文人結社研究』, 西南大學碩士學位論文, 2014; 陳豔, 『元末明初南園五先生研究』, 復旦大學碩士學位論文, 2013; 謝敏, 『元末明初南園五先生研究』, 江西師範大學碩士學位論文, 2003 등이 있다. 연구논문으로는 陳恩維, 「南園五先生結社考論」, 『廣東社會科學』, 2010.5; 陳永正, 「南園詩歌的傳承」, 『學術研究』, 2007.12; 李玉栓, 「文人結社與明代嶺南詩派

성원, 남원오자 등을 중심으로 한 개별적인 연구가 주를 이룬다. 지역 문인결사의 전승을 통한 지역 시사와 지역 문학의 상호 연관성을 다룬 연구는 상대적으로 미흡한 편이다. 지역 문인결사는 지역을 기반으로 형성, 활동한 문인집단이므로 그에 대한 연구 역시 지역학과 문학, 문인결사와 지역 문학유파 형성의 상관성 등 융합적인 시각에서 바라볼 필요가 있다.

한편, 명대 전반에 걸쳐 전승되어 온 '남원시사'와 구성원들은 남원이라는 '문학공간'을 통해 남원의 문학 기억을 끊임없이 이어왔다. 그들에게 있어 남원은 영남 문학의 '창작의 플랫폼'이자 '기억의 장(場)'이 되었다. 따라서 영남지역의 문학 공간인 남원에서 출발한 남원시사가 오랜 시간 어떻게 전승되어왔는 가는 영남지역의 '시사-공간-유파'의 전승을 파악하는 데 중요한 점이 된다. 따라서 이 글은 원말명초부터 명말에 이르기까지 영남지역의 남원을 중심으로 형성·전승된 남원시사를 대상으로 한다. 지역학과 문학을 접목하여 지역의 문인결사가 지역 문학발전에 어떤 매개와 작용을 하였는지를 살펴보고자 한다.

연구 내용은 기존의 연구성과 위에서 크게 세 부분으로 나누어 살펴본다. 첫째, 명대 영남지역의 문인결사의 상황과 특징을 살펴본다. 둘째, 원말 명초·명중기·명말·청대 이후까지의 남원시사의 설립과 활동 및 전승의 특징에 대해 고찰한다. 셋째, 시사의 전승과 지역문학 유파 형성의 상관성에 대해 논의한다. 영남 문학 형성의 토대 구축, 지역 시파로서의 문학적 위상, 시사 활동과 문학의 정치, 공간의 전승과 기억 등에 대해 분석한다. 이상의 내용을 통해 문인결사가 지역문학 형성으로서 보여주는 매개적 메커니즘을 파악하고, 이를 통해 문인결사와 문학공간 및 지역 문학 유파 형성의 상관성과 지역문학 유파의 메커니즘을 이해할 수 있을 것이다.

的發展」, 『安徽師範大學學報』, 2013.11 등이 있다.

Ⅱ. 명대 영남지역의 문인결사

명 중기 이후 문인결사의 활동이 매우 활발했다. "문인결사의 현상은 명말에 이르러 이미 하나의 풍조를 이루었다. 문(文)에는 문사(文社)가 있었고 시에는 시사가 있었다. 강소(江蘇)·절강(浙江)·복건(福建)·광동(廣東)·강서(江西)·산동(山東)·하북(河北) 등 각 성으로 퍼져 백 수십 년간 성행했다. 장강의 남북에서 결사의 풍조는 마치 봄물 터지듯이 발흥했다."4) 이처럼 "명대 문인결사는 단순한 개별적인 현상이 아니라 주목할 만한 하나의 문화적 현상이 되었다."5)

활발한 문인결사의 풍조는 문인들의 집단활동을 촉진했다. "그 당시에는 지식인들만 사단을 세우려 했던 게 아니라 여성들도 시주문사(詩酒文社)를 세우려고 했고, 6등의 수재(秀才)들도 사맹에 가입하려 했다."6) 문인결사는 이미 명대에서 문인들의 생존방식과 교제의 플랫폼이 되었고, "문인결사에 참여하는 것은 명대 문학가들의 공통된 경력이 되었다."7) 이러한 상황에서 영남지역 문인들도 이러한 문인결사 풍조의 영향을 받지 않을 수 없었다. 영남지역 문인결사의 전체 개관을 보면 다음과 같다.

---

4) "結社這一件事, 在明末已成風氣, 文有文社, 詩有詩社, 普遍了江浙福建廣東江西山東河北各省, 風行了百數十年, 大江南北, 結社的風氣, 猶如春潮怒上, 應運勃興." 謝國楨, 『明淸之際黨社運動考』, 上海書店出版社, 2006, 8쪽.

5) "明代文人結社不是個別的現象, 而是構成了一種令人矚目的文化奇觀." 何宗美, 『明末淸初文人結社硏究』, 南開大學出版社, 2004, 40-41쪽.

6) "那時候不但讀書人們要立社, 就是士女們也要結起詩酒文社, 而那些考六等的秀才, 也要夤緣加入社盟了." 謝國楨, 『明淸之際黨社運動考』, 上海書店出版社, 2006, 8쪽.

7) "參加文人結社幾乎成爲明代文學家的共同經歷." 何宗美, 『文人結社與明代文學的演進』(上), 人民出版社, 2011, 21쪽.

<표 1> 명대 영남지역의 문인결사 상황[8]

지역	결사(설립 시기)	개수
번우 (番禺)	남원시사(南園詩社: 원말명초), 월산시사(越山詩社: 정덕正德), 남원후오자시사(南園後五子詩社: 가정嘉靖), 강역회(講易會: 가정), 서초시사(西樵詩社: 가정), 소운림시사(小雲林詩社: 가정), 파산시사(坡山詩社: 가정), 가림정사(訶林淨社: 가정), 수문시사(水門詩社: 가정), 월산시사(粵山詩社: 가정), 이시행결사(李時行結社: 가정), 부구시사(浮丘詩社: 만력萬曆), 곽비속부구시사(郭棐續浮丘詩社: 만력), 여민표결사(黎民表結社: 만력), 운합대사(雲合大社: 천계天啓), 노비사(怒飛社: 천계), 양원주가림정사(梁元柱訶林淨社: 천계), 동고시사(東皋詩社: 숭정崇禎), 운고시사(雲皋詩社: 숭정), 보정사(寶正社: 숭정), 선성시사(仙城詩社: 숭정), 진자승선호사사(陳子升仙湖詩社: 숭정), 진자장남원시사(陳子壯南園詩社: 숭정), 호사(浩社: 숭정), 방초정사시사(芳草精舍詩社: 숭정), 진자장속부구시사(陳子壯續浮丘詩社: 숭정)	26
순덕 (順德)	도원시사(陶園詩社: 홍무洪武), 자소시사(紫霄詩社: 정덕), 향산구로회(香山九老會: 가정), 백련시사(白蓮詩社: 가정), 장춘서원결사(長春書院結社: 가정), 해서사(海西社: 가정), 용지사(龍池社: 가정), 소은원시사(小隱園詩社: 만력), 봉산시사(鳳山詩社: 만력), 황유병선호시사(黃儒炳仙湖詩社: 만력), 송당시사(松堂詩社: 숭정), 임봉춘결사(林逢春結社: 숭정)	12
동완 (東莞)	봉대시사(鳳臺詩社: 천순天順), 여병연속남원시사(黎秉綎續南園詩社: 천순), 귀산시사(龜山詩社: 정덕), 동산사(東山社: 정덕), 용담서원결사(龍潭書院結社: 가정), 청자서원결사(青紫書院結社: 가정), 하검속봉대시사(何儉續鳳臺詩社: 만력), 등운소속봉대시사(鄧雲霄續鳳臺詩社: 만력), 임월속봉대시사(林鉞續鳳臺詩社: 숭정)	9
남해 (南海)	난정시사(蘭亭詩社: 정덕), 구로아집(九老雅集: 가정), 사봉시사(四峰詩社: 만력), 진명악시사(陳鳴嶽詩社: 만력), 등공경결사(鄧公慶結社: 만력), 월동시사(粵東詩社: 만력)	6
신회 (新會)	백사시사(白沙詩社: 성화成化)	1

출처: 하종미(何宗美)2011, 이서백(李緒柏), 이염(李艶) 등의 자료를 토대로 저자 재구성.

1. 지역별 분포와 특징

<표 1>의 특징을 요약하면 다음과 같다. 명대의 영남지역 문인결사의 지역 분포는 매우 불균형적이다. 명대 영남지역은 총 10개 부(府)와 1개

---

8) 영남지역 문인결사의 수는 학자마다 조금씩 다르다. 李緒柏은 23개, 何宗美는 32개, 李艶은 51개라고 했다. 본고는 이들 자료를 토대로 54개를 제시한다. 관련 자료는 何宗美, 『文人結社與明代文學的演進』(下), 人民出版社, 2011, 26-461쪽; 李緒柏, 「明清廣東的詩社」, 『廣東社會科學』, 2000, 第3期, 122-125쪽; 李艶, 『明代嶺南文人結社研究』, 西南大學碩士學位論文, 2014, 13-23쪽 등을 참고.

직례주(直隸州)로 형성되었다.9) 번우·순덕·동완·남해·신회는 모두 광주부(廣州府)에 속한다. 영남지역에 설립된 총 54개의 문인결사는 모두 광주부를 중심으로 활동을 했다.

〈그림 2〉 명대 영남지역 문인결사의 지역 분포도

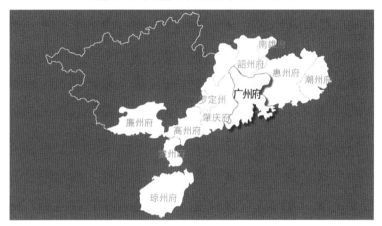

출처: 百度 '明代廣東省10府'의 그림을 토대로 저자 재구성

광주부 안에서도 번우가 26개로 가장 많으며 절반 정도를 차지한다. 다음으로 순덕(12개), 동완(9개), 남해(6개), 신회(1개) 순이다.

이러한 특징은 역대 영남지역의 문학가 분포에서도 유사하게 드러난다. 한대(漢代)에서 근대까지 관적(貫籍)의 고증이 가능한 영남지역의 문인은 총 2,048명이다. 이 가운데 광주시가 611명을 가장 많고, 다음으로 불산시(佛山市) 317명, 중산시(中山市) 172명, 강문시(江門市) 151명, 동완시 140명, 매주시(梅州市) 125명, 조주시(潮州市) 54명의 순이다. 이 가운데 명대만을 단독으로 보면, 광주시의 번우 및 광주성구(廣州城區: 124명),

---

9) 10개 부(府)는 광주부(廣州府)·혜주부(惠州府)·남웅부(南雄府)·염주부(廉州府)·고주부(高州府)·조경부(肇慶府)·뢰주부(雷州府)·조주부(潮州府)·경주부(瓊州府)·소주부(韶州府)이다. 1개 직례주(直隸州)는 나정직례주(羅定直隸州)이다.

불산시의 순덕구(順德區: 68명), 동완시(49명), 강문시 신회구(新會區: 39
명), 조주시 조안현(潮安縣: 16명), 중산시(15명), 산두시(汕頭市)의 조양
(潮陽: 13명) 등이다.10) 이처럼 영남지역의 문인결사와 문인은 주로 광주
부를 중심으로 활동하였음을 알 수 있다. 이처럼 영남지역의 문인결사와
문인은 주로 광주부를 중심으로 활동하였음을 알 수 있다.

지역별 설립 시기를 보면, 번우 지역은 29개 중 2개(남원시사 · 越山시
사)를 제외하고 모두 명중 · 말기 가정 – 숭정 기간에 설립되었고, 순덕 지
역 역시 12개 가운데 2개(도원시사 · 자소시사)를 제외하고 모두 가정 – 숭
정에 설립되었다. 동완은 9개 가운데 4개는 천순 · 정덕 시기에, 5대는 가
정 – 숭정 기간에 각각 세워졌고, 남해는 6개 가운데 1개(난정시사)를 제
외하고 5개 모두 가정 – 만력 기간에 세워졌다. 이상을 보면, 영남지역의
문인결사는 광주부에 집중하고 번우, 순덕을 중심으로 주로 명중 · 말기에
설립 · 활동하였음을 알 수 있다.

이러한 현상은 "문인결사 활동이 활발한 곳은 일반적으로 경제가 발
달하고 문인이 많으며 사상문화 활동이 상대적으로 자유로운 지역에서
활발하게 전개되었기 때문이다."11) 실제로 명대 광주부는 광동 지역의
경제 · 문화 · 정치의 중심지였다. 특히 번우 · 순덕 · 남해 등의 현(縣)은
다른 지역에 비해 경제적인 발전은 물론 서원도 많이 밀집해 있던 학술
· 교육 · 문화 수준이 상대적으로 높은 지역이었다. 이러한 지역적 인프

---

10) 광저우시 611명: 번우 및 광주성구 589명, 증성시(增城市) 14명, 종화시(從化市) 6명,
화도시(花都市) 2명. 불산시(佛山市) 317명: 순덕구(順德區) 68명, 남해구(南海區)
45명, 삼수구(三水區) 16명, 고명구(高明區) 7명. 강문시 151명: 신회구(新會區) 124
명, 대산시(臺山市) 17명, 학산시(鶴山市) 6명. 매주시(梅州市) 125명: 매현(梅縣)
47명, 대포현(大埔縣) 33명, 흥녕시(興寧市) 19명, 오화현(五華縣) 10명. 曾大興, 『文
學地理學研究』, 商務印書館, 2012, 229-232쪽.
11) "文人結社活躍的地區通常皆爲經濟發達, 文人集中, 思想文化活動相對自由的
地區." 何宗美, 『明末清初文人結社研究』, 南開大學出版社, 2004, 25쪽.

라는 문인결사의 활동과 문인의 밀집도를 높이는 촉진제로 작용했던 것이다.

2. 시기별 분포와 특징

54개의 문인결사를 대략적인 시기별로 나누어보면, 원말명초(홍무)에 2개, 명초-중기(천순·성화·정덕)에 8개, 명 중기-말기(가정·만력)에 29개, 명말(천계·숭정)에 15개가 각각 설립되었다. 이 가운데 가정(17개), 만력·숭정(각 12개) 시기가 가장 많다. 가정부터 숭정까지는 44개로 전체의 약 80%를 차지한다. 따라서 명대 영남지역의 문인결사는 명 중엽-명말에 가장 많이 설립·활동하였고, 이는 전체 명대 문인결사의 설립·활동 시기의 특징과 유사하다. 다음은 각 시기의 주요 특징을 살펴본다.

(1) 원말명초의 특징

이 시기는 남원시사, 도원시사 두 개뿐이다. 이렇게 적은 원인은 무엇일까. 명초는 원말의 전란을 거쳐 "각종 사회적 모순이 여전히 첨예했고 사회질서는 혼란한 상태였다. 경제는 침체되고 봉건 통치는 불안정한 상태였다."[12] 1368년 명은 원을 멸망시키고 수도를 남경에 세운 후, 성조(成祖) 영락(永樂) 원년(1403)에 북경으로 천도하고 동시에 남경을 배도(陪都)로 정하여 명말까지 이어갔다. 그러나 영락제 때 북경으로 옮기기는 했지만, 문학가·문학결사 등의 통계를 보면 남경을 주변으로 한 절강·강소 일대의 문학 환경이 여전히 강세를 보였다.[13] 이러한 현상은 문인결

---

12) "各種社會矛盾仍然十分尖銳, 社會秩序動蕩不安, 經濟凋敝殘破, 封建統治很不穩定." 陳梧桐·彭勇, 『明史十講』, 上海書店出版社, 2007, 2쪽.

사의 수에서도 동일하게 드러난다.

허쭝메이(何宗美)가 초기에 정리한 명대 문인결사 313개의 지역적 분포를 보면, 남직(南直: 강소·안휘·상해 일대) 107개, 절강 97개, 광동 33개, 복건 18개, 강서 17개, 호광(湖廣: 호북·호남 일대) 16개, 북직(北直: 북경·천진 일대) 15개, 산동·하남은 각 4개, 운남·사천은 각 1개의 순이다. 절강·강소 지역이 약 70%를 차지하면서 절대적인 우위를 점하고 있다. 이를 시기별로 보면, 원말명초에서 영락제에 이르기까지 70여 동안 고증이 가능한 문인결사는 16개이고, 홍희(洪熙)에서 성화(成化) 시기까지 60여 년 동안은 25개이며, 홍치(弘治)에서 만력 전후의 110여 년 동안은 150여 개에 달하며, 천계·숭정 시기 20여 년 동안은 130개에 달한다.[14)

문인결사는 명중엽 - 말기에 절정기를 맞이하고 있음을 알 수 있으며, 상대적으로 명초는 313개 가운데 16개에 불과하다. 이러한 현상이 원말명초에 영남지역의 문인결사의 설립에서도 유사하게 드러난 것이다. 이 시기 영남지역의 시사는 원 지정(至正) 11~12년(1351 또는 1352)에 설립하여 홍무 초까지 이어진 남원시사와 홍무 시기에 순덕 용강향(龍江鄉)에서 등우수(鄧迂叟)가 설립한 도원시사 두 개뿐이다. 영남지역 문인결사의 수와 활동이 적은 것은 명대 문인결사의 발전 상태와 전반적으로 유사하게 진행되고 있음을 알 수 있다.

---

13) 梅新林, 『中國文學地理形態與演變』, 復旦大學出版社, 2006, 856-858쪽.

14) 그러나 何宗美, 『文人結社與明代文學的演進』(下), 人民出版社, 2011의 자료에는 더욱 많은 680여 개를 제시하였고, 영남 문인결사도 약 50개 정도를 제시하였다. 그전 연구에 비해 수치는 늘었지만, 시기별 집중 분포 현상은 거의 동일하다. 何宗美, 『明末淸初文人結社研究』, 南開大學出版社, 2004, 23-25쪽.

(2) 명 초중기의 특징

이 시기 총 8개의 문인결사를 지역별로 나눠보면, 동완 4개(종대시사
·여병연속남원시사·귀산시사·동산사), 순덕 1개(자소시사), 번우 1개(越
山시사), 남해 1개(난정시사), 신회 1개(백사시사)이다. 시기별로 보면, 천
순 초(2개)에는 진정길(陳靖吉)·하잠연(何潛淵)·황상(黃裳)·주부경(周
溥敬) 등 15명이 동완의 도가산(道家山) 봉황대에서 활동한 봉대시사와
부경(溥敬)·증유충(曾惟忠)·번저(潘翥)·호제(胡悌) 등이 동완에서 활
동한 여병연속남원시사가 있다. 성화 시기(1개)에는 진헌장(陳獻章) 등이
신회에서 세운 백사시사 1개가 있다. 정덕 연간(5개)에는 동완에서 황열고
(黃閱古)가 설립한 동산사와 하겸(何謙)이 설립한 귀산시사, 남해에서 요
문관(姚文寬)이 설립한 난정시사, 번우에서 왕점규(王漸逵)·진천유(陳
天游)·황좌(黃佐) 등 12명이 세운 월산(越山)시사, 순덕에서 임응총(林
應聰)이 세운 자소시사가 있다.[15]

이 시기의 주요 특징을 보면, 동산사, 귀산시사 등 동향의 원로들이 세
운 친목 형태인 이로(怡老)적 성격의 시사가 있었고, 학문을 하는 것은
오직 마음에서 구해야 한다고 주장했던 명대 영남지역 심학(心學)의 대가
진헌장(陳獻章)이 세운 백사시사는 강학(講學)을 위주로 하는 시사였고,
지현(知縣) 임응총이 세운 자소시사는 관료를 주요 구성원으로 하여 세운
관료들의 시사였다. 요약하자면, 이 시기는 상대적으로 문인결사의 활발
한 활동하지는 않았지만 원로친목형, 관료형, 강학형의 형태를 띤 시사들
이 골고루 생겨났음을 알 수 있다.

---

15) 이하 각 시기별 시사 설립과 구성원에 대한 내용은 何宗美, 『文人結社與明代文學的
演進』(下), 人民出版社, 2011, 26-461쪽; 李緒柏, 「明清廣東的詩社」, 『廣東社會科
學』, 2000, 第3期, 122-125쪽; 李艷, 『明代嶺南文人結社研究』, 西南大學碩士學位
論文, 2014, 13-23쪽 등을 참고.

(3) 명 중말기의 특징

이 시기에는 총 29개가 세워졌다.[16] 가정 연간에 17개, 만력 연간에 12개가 각각 세워졌다.[17] 지역별로 보면, 번우가 12개로 가장 많았고, 다음으로 순덕 8개, 남해 5개, 동완 4개의 순이다.[18] 이 시기의 주요 특징을

---

16) 29개 시사의 설립자와 구성원을 일부 소개하면 다음과 같다. 향산구로회: 이총(李聰). 백련시사: 소얼재(蕭蘗齋). 장춘서원시사: 등검재(鄧檢齋). 청자서원결사: 양문보(梁文寶)·종경성(鍾景星)·황사영(黃士英)·이일기(李一夔). 용담서원결사: 잠약수(湛若水)·종경성. 강역회: 방숭(龐嵩)·필당(弼唐)·진당산(陳唐山)·임애릉(林艾陵)·유소여(劉素予). 파산시사: 유소여·몽학지(蒙學之). 남원후오자시사: 구대임(歐大任)·양유예(梁有譽)·여민표(黎民表)·이시행(李時行)·오단(吳旦). 소운림시사: 이시행. 가림정사: 양유예·여민표·구대임·진소원(陳少原)·등군숙(鄧君肅). 수문시사: 굴군력(屈群力). 구로아집: 하유백(何維柏)·당달재(唐達齋)·등옥천(鄧沃泉)·주여만(周荔灣). 서초시사: 곽여하(霍與瑕). 해서사: 여민표·구대임·황원광(黃元光)·관언빈(關彦彬). 용지사: 이덕유(李裕德)·구대임·여민표·황원광·관언빈. 월산(粵山)시사: 황좌(黃佐). 이시행결사: 이시행. 부구시사: 조지고(趙志皐). 사봉시사: 정상수(霍尙守). 곽비속부구시사: 곽비(郭棐)·왕학증(王學曾)·진당(陳堂)·장정신(張廷臣)·황지윤(黃志尹). 등운소속봉대시사: 등운소(鄧雲霄)·주곤언(周昆彦)·담영명(譚永明)·임탄지(林坦之). 진명악결사: 진명악(陳鳴嶽)·반공(潘珙)·방경충(龐景忠)·반운구(潘雲衢). 등공경결사: 등공경(鄧公慶)·당십주(唐十洲). 하검속봉대시사: 하검(何儉)·하신(何藎)·육정(陸楨). 임월속봉대시사: 임월. 월동시사: 주완(朱完)·반자붕(潘子朋)·양유겸(梁有謙)·구필원(歐必元). 소은원시사: 황학루(黃鶴樓)·구자수(歐子修)·구자원(歐子元). 봉산시사: 설개병(薛介屛). 황유병선호시사: 황유병(黃儒怲). 여민표결사: 여민표.

17) 가정 연간(17개): 남원후오자시사·강역회·서초시사·소운림시사·파산시사·가림정사·수문시사·월산(粵山)시사·이시행결사·향산구로회·백련시사·장춘서원시사·해서사·용지사·용담서원결사·청자서원결사·구로아집. 만력 연간(12개): 부구시사·곽비속부구시사·여민표결사·소은원시사·봉산시사·황유병선호시사·하검속봉대시사·등운소속봉대시사·사봉시사·진명악결사·등공경결사·월동시사.

18) 번우(12개): 남원후오자시사·강역회·서초시사·소운림시사·파산시사·가림정사·수문시사·월산(粵山)시사·이시행결사·부구시사·곽비속부구시사·여민표결사. 순덕(8개): 향산구로회·백련시사·장춘서원시사·해서사·용지사·소은원시사·봉산시사·황유병선호시사. 동완(4개): 용담서원결사·청자서원결사·하검속봉대시사·등운소속봉대시사.

살펴보면 다음과 같다.

첫째, 관원들이 설립한 시사가 많았다. 예를 들어, 태수(太守) 소얼재(蕭蘗齋)가 설립한 백련시사, 명부(明府) 등검재(鄧檢齋)가 설립한 장춘서원결사, 대참(大參) 이총(李聰)이 설립한 향산구로회 등은 모두 관원들이 설립한 시사이다.

둘째, 서원을 중심으로 한 강학형 시사가 많았다. 장춘서원을 근거지로 하여 등검재가 설립한 장춘서원결사, 청자서원을 중심으로 양문보(梁文寶)와 종경성(鍾景星) 등이 설립한 청자서원결사, 용담서원을 중심으로 잠약수(涔若水)·종경성(鍾景星) 등이 설립한 용담서원결사, 방숭(龐嵩)이 필당(弼唐)·진당산(陳唐山) 등과 함께 설립한 강역회 등은 모두 강학을 위주로 하는 시사였다. 이는 앞서 진헌장이 세운 백사시사를 이어 장춘서원·청자서원·용담서원 등 서원을 근거지로 영남지역의 강학과 학술 발전이 진행되었고, '문인결사 - 서원 - 학술'의 구도 안에서 진행되고 있음을 보여준다.

이러한 현상은 실제로 명대 문인결사 전반에 걸쳐 명중기부터 강학성 결사가 많았다. 문인결사가 문단의 과거 문풍과 연결되었고, 과거는 서원을 중심으로 교육되었기 때문이다. 역대로 중국의 서원 교육은 강학 위주의 성격이 후에 학술사상과 연계하여 지역적 학파를 형성했다. 남송 시기의 '지역 - 서원 - 인물 - 학파'의 형성 구도를 예를 들면, '강서 - 백록동서원 - 주희 - 민학(閩學)', '호남 - 악록서원 - 장식(張拭) - 호상학(湖湘學)', '하남 - 숭양서원 - 이정(二程) - 낙학(洛學)', '절강 - 이택(麗澤)서원 - 여조겸(呂祖謙) - 무학(婺學)', '강서 - 상산(象山)서원 - 육구연(陸九淵) - 강서학(江西學)' 등이 그러하다. 서원이 지역 학술과 학파의 무대가 된 경우이며, 문인결사 역시 서원을 무대로 형성되었음을 알 수 있다.

이러한 '서원 - 강학 - 지역 - 문인결사'의 흐름은 명대의 서원이 관방화되면서 더욱 두드러졌다. 명 세종(世宗) 가정 16, 17년(1537~1538)에는 민간서원들이 시정(時政)을 비판하고 사상 여론을 형성하여 관학 교육에 영향을 준다는 이유로 민간서원을 대거 없앴다. 그래서 명대의 서원은 학파의 근거가 되는 강학의 성격을 띠기도 했지만, 대부분 과거를 위한 과거 준비용 서원으로 바뀌어 가면서 더욱더 관학의 성격을 띠게 되었다.[19] 이러한 배경에 따라 명대 영남지역의 정부 관원들은 서원발전의 추동 역량이 되었다. 장춘서원과 장춘서원결사, 용담서원과 용담서원결사 및 향산구로회, 백련시사 등이 그러한 경우이다. 명대 영남지역의 서원 설립의 예를 보면, 명 가정 연간 지현(知縣) 증중괴(曾仲魁: 1481-1548)는 진촌(陳村)에서 봉황(鳳凰)서원을 설립했고, 순안어사(巡按御史) 진저수(陳儲秀)는 백산(白山)서원을 설립했다. 또한 잠약수는 서초산(西樵山)에서 운곡(雲谷)서원을, 황좌(黃佐)는 태천(泰泉)서원을, 왕점규(王漸逵)는 월수산(粵水山) 아래에다 진해(鎮海)서원을, 적도(翟韜)는 월수산 기슭에 신덕(愼德)서원을 각각 설립했다.[20]

서원은 문인결사의 중요한 장소가 되었고 사인들의 강학의 플랫폼이 되었던 것이다. 그래서 명 중엽 이후에는 전문적으로 과거준비를 위한 강학적 성격을 띤 문사(文社)들이 더욱 많아졌다. 서원을 중심으로 제의(制義)·경사(經史)를 공부하는 구성원들이 많아짐에 따라 문인결사의 과거 문풍을 형성하기도 했다. 예를 들어, 당시 방고(房稿)·사고(社稿) 등의 시문(時文) 선본(일종의 팔고문모범문제집)이 민간에 범람했고, 이러한 시문 선본은 주로 문인결사를 통해 생산되었다.[21] 이러한 현상은 명말청초 문인결사를 거대하게 통합한 복사(復社)에 의해 더욱 조직화되면서, 하나의 문학 권력과 문학담론 생산의 기제가 되었다.

셋째, 한 사람이 여러 시사에 중복 가입하는 현상을 보였다. 구대임

---

19) 鄧洪波, 『中國書院史』, 東方出版中心, 2004, 261, 263-264쪽.
20) 李艷, 『明代嶺南文人結社研究』, 西南大學碩士學位論文, 2014, 10쪽.
21) 張濤, 『文學社群與文學關係論』, 人民文學出版社, 2016, 289쪽.

·양유예·여민표 등은 남원후오자시사·가림정사·해서사·용지사 등에 가입했고, 이시행은 남원후오자시사·소운림시사·이시행결사 등에, 황원광(黃元光)과 관언빈(關彦彬)은 해서사와 용지사 등에, 종경성은 청자서원결사와 용담서원결사 등에, 유소여(劉素予)는 강역회와 파산시사 등에 각각 중복 가입했다. 이는 가정, 만력 시기에 문인결사가 활발했음을 보여주는 예이며 영남 문인결사 만의 특징은 아니다. 특히 명말청초에 이르면 강학의 성격이 정치적 성격으로 변화되면서 경은시사(驚隱詩社)·복사·기사(幾社) 등에서는 여러 결사의 중복 가입 현상이 더욱 두드러졌다.22)

넷째, 기존의 시사를 복원·전승하는 경향이 두드러졌다. 남원후오자시사는 원말명초의 남원시사(남원오자)를, 월산시사는 정덕 연간의 월산(越山)시사를, 곽비속부구시사는 부구시사를, 등운소속봉대시사, 하검속봉대시사는 천순 시기 봉대시사를 각각 계승했다. 문인결사의 중복 가입과 기존 시사의 복원 등은 타 지역의 문인결사에서도 드러나는 현상이지만, 하나의 시사가 오랜 시간 동안 계승되는 경우는 그다지 많지 않으며 남원시사가 그러한 사례이다.

(4) 명말(천계·숭정)의 특징

이 시기는 총 15개가 세워졌다. 천계 기간에 3개, 숭정 기간에 12개가 각각 세워졌다. 지역별로 보면, 번우 12개, 순덕 2개, 동완 1개이다.23) 이

---

22) 박영순, 「청초 강남지역의 유민결사: 驚隱詩社를 중심으로」, 『중국학논총』, 2017, 제56집, 90-92쪽.

23) 천계 3개: 운합대사·노비사·양원주가림정사. 숭정 12개: 동고시사·운고시사·보정사·선성시사·진자승선호시사·진자장남원시사·호사·방초정사시사·진자장속부구시사(이상 번우)·송당시사(순덕)·임봉춘결사(순덕)·임월속봉대시사(동완). 15개 시사의 설립자와 구성원을 일부 소개하면 다음과 같다. 운합대사: 여수구(黎遂球)·진자장

시기는 앞서 중기 이후 보이던 특징이 더욱 심화되는 현상을 보인다.

첫째, 이 시기는 문인결사의 활동이 극에 달하면서 가정, 만력 시기를 이어 한 사람이 여러 시사에 중복 가입 및 설립하는 경우가 더욱 많았다. 대부분 진자장남원시사('남원십이자'라고도 함)의 구성원들이 가장 활발한 활동을 보였다.

〈표 2〉 진자장남원시사 구성원의 중복 시사 가입

성명	시사	성명	시사
여수구	운합대사·노비사·동고시사·운고시사·보정사·선성시사·진자장남원시사·방초정사시사·진자장속부구시사·양원주속가림정사 등	진자장	진자장남원시사·진자장속부구시사·동고시사·운고시사·운합대사·노비사 등
진자승	운합대사·운고시사·진자승선호시사·진자장남원시사·진자장속부구시사·양원주속가림정사 등	구회서	운합대사·운고시사·진자장남원시사·진자장속부구시사 등
구필원	양원주속가림정사·진자장남원시사 등	여방함	노비사·동고시사·진자장남원시사·방초정사시사·진자장속부구시사 등
구주우	동고시사·진자장남원시사 등	황성년	보정사·진자장남원시사·동고시사 등

출처: 하종미(何宗美)2011, 이서백(李緖柏), 이염(李艶) 등의 자료를 토대로 저자 재구성.

〈표 2〉에 따르면, 진자장남원시사의 주요 구성원들은 운합대사·노비사

(陳子壯)·진자승(陳子升)·구회서(區懷瑞). 노비사: 여수구·여방함(黎邦瑊). 양원주가림정사: 조순부(趙惇夫)·구필원(歐必元)·진자장·이운룡(李雲龍)·양몽양(梁夢陽)·대주(戴柱). 동고시사: 진자장·진자리(陳子履)·여수구·황성년(黃聖年)·여방함·서분(徐棻)·구주우(歐主遇). 운고시사: 진자장·진자승·구회서·여수구·황성년. 보정사: 여수구·육사개(陸嗣開). 선성시사: 여수구·여방함. 임월속봉대시사: 임월(林鉞)·윤탕소(尹湯昭)·진상명(陳象明)·팽돈복(彭敦復). 진자승선호시사: 진자승·설시형(薛始亨). 진자장남원시사: 진자장·진자승·구주우·구필원·구회서·구회년·여수구·여방함·황성년·황계항(黃季恒)·서분(徐棻)·통안(通岸). 호사: 주국재(朱國材)와 형제. 방초정사시사: 진규기(陳虯起)·소혁보(蕭奕輔)·양우달(梁佑達)·여방함·구회년. 진자장속부구시사: 진자장·진자승·여수구·구회서·구회년·양우달·여방함·고뢰명(高賚明)·황성화(黃聖華). 송당시사: 마준(馬駿)·등우림(鄧右林)·임원립(林原立). 임봉춘결사: 임봉춘(林逢春). 임월속봉대시사: 임월.

·동고시사·운고시사·선성시사·진자장남원시사·방초정사시사·진자장
속부구시사·양원주속가림정사 등 활발하게 중복 가입 및 활동을 하였다.
이는 명말에 진자장남원시사가 영남지역 문인결사와 영남 문학을 주동해
왔음을 짐작하게 한다.

둘째, 정치적인 성향을 띤 시사가 많았다. 명말 정치가 부패하면서 벌어
진 당파투쟁은 문인들의 관념과 생존방식에도 큰 영향을 끼쳤다. 문인결
사는 더이상 시주창화의 단순한 아집(雅集) 활동이 아니라 사회와 시세의
변화 및 폐단에 주목하는 현실정치의 장(場)이 되어갔다.

명말청초에는 명의 쇠퇴와 만주족의 등장으로 오랫동안 내란을 겪으면
서 반청복명의 투쟁이 지속되었다. 당시 영력(永歷) 정권은 광주, 운남
등지에서 항청 활동을 벌였다. 이에 따라 경은시사·충성사(忠誠社)·회
충사(懷忠社)·복사 등과 같이 정치적 성격을 띤 문인결사가 많았다. 진
자장남원시사도 "글과 기세로 강남의 복사에 호응했다."24)라고 한 것으로
보아, 복사와 연대하여 정치적 활동을 벌였음을 알 수 있다. 심지어 당계
시사(棠溪詩社) 같은 경우는 결사의 규약을 만들어 청 조정에서 벼슬한
사람은 결사에 참가할 수 없도록 하기도 했다.25) 실제로 진자장남원시사
의 주요 구성원인 여수구, 진자장 등은 장가옥(張家玉) 등과 함께 동완에
서 영력 정권에 호응했고, 결국 항청활동을 벌이다가 순절했다.

이는 문인결사 자체가 비록 정치적 실체에서 상대적으로 독립적인 성
격을 띠고는 있지만, 특히 명말에 이르면 정치세력이나 정치적 역할을 해
왔음을 보여준다. 문인결사의 성격이 문학적 독립성을 띠기보다는 사회정
치와 긴밀한 관계를 형성하면서 상호 제약 관계이면서도 의존적 관계에

---

24) "以文章聲氣與江南復社相應和." 謝國楨, 『明淸之際黨史運動考』, 上海書店出
版社, 2006, 180쪽.
25) 王文榮, 「淸初江南遺民結社硏究: 以蘇松常鎭四府爲考察中心」, 『南京師範大學
文學院學報』, 第4期, 2001, 26쪽.

놓여 있음을 알 수 있다.[26)]

III. 남원시사의 형성과 전승

영남지역 문인결사의 성격과 유형의 변화를 보면, 대체로 시주창화를 하던 문인아집형 모임, 관료들의 원로친목형 모임에서부터 과거와 학술이 결합한 강학형 결사로 이어지고, 후에는 시국에 관여하는 정치적 성향을 띤 문사(文社) 형태로 이어져왔다. 이는 영남지역뿐만 아니라 명대 전반에 걸쳐 드러나는 문인결사의 성격과 유형의 변화이기도 하다. 활발한 결사의 분위기는 문인들로 하여금 문인사단의 가입과 활동을 촉진했고, 집단적 형태를 띤 문인결사는 문인들의 주요 생존방식이자 교제의 장이 되었다.

영남지역 문인결사의 이러한 변화 속에서 그에 상응하는 영남 문학의 발전이 진행되었다. 영남지역은 강소·절강 지역 다음으로 문인결사 활동이 활발한 곳이었다. 영남지역 문인결사 가운데 복원과 전승을 통해 지속적인 활동을 이어온 대표적인 시사는 남원시사이다. 원말명초 손분(孫蕡)을 대표로 하는 남원시사('남원오자', '남원오선생'이라고도 함)는 영남지역 문인결사의 시작을 열었다. 그 후 명 중기 가정 연간의 남원후오자시사('남원후오자', '남원후오선생'이라고도 함)와 명말 숭정 11년(1638)의 진자장남원시사('남원십이자'라고도 함)로 계승되었다. 이처럼 남원시사는 단절과 연속을 반복하면서 명대 전반에 걸쳐 전승되어왔다. 이들은 각기 어떤 특징을 보이며 전승되어 왔는가.

---

26) 궈잉더(郭英德) 저, 박영순 역, 『중국고대문인집단과문학풍모』, 학고방, 2019, 424쪽.

1. 원말 명초의 남원전오자시사(南園前五子詩社)

(1) 설립에서 해체까지

손분을 대표로 하는 남원시사는 영남지역 문인결사의 초석을 다진 주 춧돌 같은 역할을 했다.

영남지역의 문인결사는 원말 명초 손분(孫蕡)·왕좌(王佐)·황철(黃 哲)·이덕(李德)·조개(趙介)가 남원(南園)에서 설립하면서 그 서막을 열 었다. 이를 남원시사 또는 남원전오자시사라고도 한다.[27] 남원시사는 원 지정(至正) 11년-12년(1351-1352)에 창설되어 적어도 명 홍무(洪武) 3년 (1370)까지 이어졌다. 남원전오자는 남원의 항풍헌(抗風軒)에서 시사를 설립하여 영남지역 문학의 종파를 열었다.[28]

남원시사의 설립, 구성원, 해산과 만남 등에 대해, 손분은 「밤에 기림에 서 묵으며 일백 운의 시와 서를 쓰다(琪林夜宿聯句一百韻並序)」에서 다음과 같이 말했다.

그해 6월 나는 종산(鍾山)으로부터 돌아왔다. 하동(河東) 사람 왕좌

---

27) 다섯 명을 '남원오선생' 또는 '남원전오자(南園前五子)'라고 한다. 본고에서는 남원후 오자시사와 구별하기 위해 남원전오자시사라고 칭하기도 한다. 남원전오자의 구성원 에 대한 자료는 陳永正,「南園詩歌的傳承」,『學術研究』, 2007, 12; 陳恩維,「南園 五先生結社考論」,『廣東社會科學』, 2010, 05; 謝敏,『元末明初南園五先生研究』, 江西師範大學碩士學位論文, 2003 등을 참고.

28) 남원은 원나라 때 광주성 밖 남쪽 부근에 위치한 원림(園林)이었고, 그 안에 항풍헌이 있었다. 명 가정(嘉靖: 1522-1566) 연간에 삼충사(三忠祠)로 이름을 변경하면서 남원 은 원림과 사당의 기능을 동시에 했다. 청 광서(光緒) 14년(1888)에 양광총독(兩廣總 督)으로 있던 장지동(張之洞)이 남원을 보수하면서 남원 옆에 광아서국(廣雅書局)을 세웠다. 민국(1912-1949) 시기에 광동도서관남관(廣東圖書館南館)이 되었다. 남원은 "지금의 문명문(文明門) 밖에 위치하며"(『番禺縣續志』), 문명문은 현재 문명로(文 明路) 광주시 제일공인문화궁 정문의 남쪽부근에 위치한다고 한다.

(王佐: 자, 언거彦擧)와 함께 군성(郡城) 기림(琪林: 현, 광저우 용동龍洞)을 찾아서 동쪽에 끝에 있는 득한정(得閑亭)에 묶었다. … 왕좌와 나는 향을 피우고 차를 마시며 옛이야기를 나누었다. 그 당시 18,9세에 선친이 남겨준 은택을 입어 부담을 덜고 귀한 만남의 대열에 합류할 수 있었고, 당시 유명한 사람들과 교류하며 지낼 수 있었다. 예를 들면, 낙양 장사(長史) 이중수(李仲修), 울림(鬱林) 별가(別駕) 황초금(黃楚金), 동평(東平) 통수(通守) 황용지(黃庸之), 무이(武夷) 정사(征士) 황희공(黃希貢), 유양(維揚) 장사(長史) 황희문(黃希文), 고강(古岡) 광문(廣文) 채양회(蔡養晦), 번우(番禺) 진사(進士) 조안중(趙安中)과 그의 동생 통판(通判) 조징(趙澄), 정사(征士) 조눌(趙訥) 및 북평(北平) 가각(架閣) 포자문(蒲子文), 삼산(三山) 진사(進士) 황원선(黃原善) 등이다. 이들은 모두 학식이 뛰어난 자들이었다. 함께 남원에서 시사를 결성하여 호탕하게 읊고 마시며 서로 창화하니, 마치 난새와 봉황새가 나는 듯하고 돌과 금속이 울리는 것 같았다. 나와 왕좌는 동갑으로 마음이 잘 맞아 더욱 돈독했다. 즐거운 모임을 가진 지 얼마 안 되어 우환이 이어 지고 성안엔 전쟁이 일어나서 벗들은 뿔뿔이 흩어졌다. 왕좌와 나도 분주히 떠나가서 서로 못본 지 십여 년이 되었다. 다행히도 전임 좌할(左轄) 보산(寶山) 하진(何眞)이 이 군(郡)을 회복하면서 막료 관원을 뽑자 우리 두 사람이 먼저 예우를 받게 되었고, 함께 서쪽 정벌로 종군하게 되어 장막에서 담소를 나눌 수 있었다. 그러나 한참 외로웠던 마음을 풀던 중에 다시 황급하게 헤어졌다.29)

29) "歲六月, 余還自鍾山. 與王河東佐尋眞郡城琪林, 因寓宿東偏之得閑亭. …河東與余焚香瀹茗, 共語疇昔, 因思年十八九時, 承先人遺澤, 得弛負擔過從貴遊之列. 一時聞人相與友善, 若洛陽李長史仲修·鬱林黃別駕楚金·東平黃通守庸之·武夷王征士希貢·維揚黃長史希文·古岡蔡廣文養晦·番禺趙進士安中及其弟通判澄·征士訥·北平蒲架閣子文·三山黃進士原善,皆斯文表表者也, 共結詩社南園之曲, 豪吟劇飮, 更唱迭和, 翩然鸞鸞鳳, 鏗爾奏金石. 而河東與余爲同庚, 情好尤篤. 歡會未幾, 殷憂相仍, 城沿兵火, 朋徒散落. 河東與余拆袂奔走, 邈不相見, 凡十餘年, 乃幸前左轄寶山何公恢複茲郡, 開署求士, 而余二人, 首被禮接, 因偕從軍西征, 談笑油幕, 方蘇離索之氣, 而倥偬又告別矣." 孫蕡, 『西庵集』卷一, 『鳴盛集』外八種, 566-567쪽.

인용문의 내용은 크게 설립 - 활동 - 해체 과정과 장소 및 구성원에 대해 밝히고 있다.

첫째, 남원시사 설립 당시 손분과 왕좌는 18,9세 정도였다. 손분은 원 순제(順帝) 원통(元通) 2년(1334)에 태어났고, 하진이 막료 관원을 모집한 시간은 원 지정 23년(1362)이다. 따라서 역으로 추산해보면, 시사 설립 시기는 원 지정(至正) 11년 또는 12년(1351 또는 1352)이 된다.

둘째, 설립 이후 "얼마 안 되어 우환이 이어지고 성안엔 전쟁이 일어나서 벗들은 뿔뿔이 흩어졌다." 그러다가 2차 모임은 손분과 왕좌가 하진의 막료에 들어갔던 시기인 원 지정 23년(1363)이다. 1차 모임(1351 또는 1352) 이후 "10여 년간 만나지 못했다고 했다."고 한 것을 계산해 보아도 얼추 이 시기에 부합한다. 실제로 황좌(黃佐)『광주인물전·왕좌전(廣州人物傳·王佐傳)』에 "당시 손분과 왕좌는 남원에서 시사를 세우고 항풍헌을 열어 일시에 명사들을 초치했다. … 하진은 두 사람(손분, 왕좌)을 예빙(禮聘)하여 서기를 맡겼고, 군사의 일이 많아서 자문을 담당하게 했다."[30]라는 기록으로 보아, 손분과 왕좌가 항풍헌에서 처음 남원시사를 세웠고, 후에 하진의 막료로 활동했음을 알 수 있다.

그러나 2차 만남도 "한창 외로웠던 마음을 풀던 중에 다시 황급하게 헤어지게 되었다." 이 시기는 명초 홍무 3년(1370) 이후 손분·왕좌·이덕·황철이 잇따라 벼슬길에 오른 때일 것이다. 이와 관련한 기록을 보면 다음과 같다.

명 태조 주원장은 홍무 3년(1370) 조서를 내린다. "금년 8월부터 특별히 과거를 실시한다. 경에 밝고 수신이 뛰어나며 고금에 박통하고 명실상부

---

30) "時孫蕡與佐結詩社於南園, 開抗風軒以延一時名士. … 何眞禮聘二人皆使掌書記, 軍旅事多見咨詢."『廣州人物傳』卷12, 四庫全書存目叢書編纂委員會,『四庫全書存目叢書』, 齊魯詩社, 1996.

한 자를 힘써 뽑을 것이다. 짐이 친히 조정에서 책문(策問)을 실시하여 성적의 고하에 따라 관직에 임명할 것이다. 중외(中外)의 문신들은 모두 과거를 통해 나아오고 과거를 치르지 않은 자는 관직을 얻을 수 없도록 할 것이다."[31] 이 해에 경사(京師)와 행성(行省)에서 모두 향시가 거행되었고, 합격한 자는 직례 100명, 광동·광서 각각 25명, 그 밖의 성에서 총 40명이었다. 이듬해 홍무 4년(1371) "이제 천하가 막 안정을 찾게 되어 각 행성에서 삼 년 연속 과거를 실시하도록 했음에도 관직에 인원이 부족하니, 거인은 모두 회시를 면하고 경성으로 가서 등용되기를 대기하도록 하라."[32]라고 했다. 그 후 홍무 6년(1373) 잠시 과거제를 폐지하면서 찰거(察擧) 방식으로 채용하였고, 많게는 한 번에 3,700여 명, 적게는 1,900여 명이 천거되기도 했다.[33]

결국 홍무 초기의 이러한 정책은 명초에 문인들이 벼슬길에 오르는 중요한 절차였다. 남원시사의 주요 구성원 남원오자도 예외는 아니었다. 하단의 〈표 3〉에도 보이듯이, 손분은 홍무 3년(1370)에 공부직염국사(工部織染局使)·홍현주부(虹縣主簿)·한림전적(翰林典籍)의 관직을, 이덕(李德) 역시 홍무 3년에 낙양전사(洛陽典史)의 관직을, 황철(黃哲)은 홍무 4년(1371)에 한림대제(翰林待制)·동평부통판(東平府通判)의 관직을, 왕좌(王佐)는 홍무 6년(1373)에 급사중(給事中)의 관직을 각각 제수 받았다.

이러한 과거제도와 인재 등용 방식을 통해 남원오자는 정치의 길로 들어서게 되었고, 이런 과정에서 남원시사는 해체되었다. 따라서 남원시사

31) "自今年八月始, 特設科擧. 務取經明行修, 博通古今, 名實相稱者. 朕將親策于 廷, 第其高下而任之以官. 使中外文臣皆由科擧而進, 非科擧者, 毋得與官." 張廷 玉, 『明史』卷70, 『選擧志二』, 1998, 1133쪽.

32) "時以天下初定, 令各行省連試三年, 且以官多缺員, 擧人俱免會試, 赴京聽選." 張廷玉, 『明史』卷70, 『選擧志二』, 1998, 1133쪽.

33) 王道成, 『科擧史話』, 中華書局, 1997, 22-23쪽.

는 설립 이후 전쟁으로 인해 흩어졌다가 2차 모임은 하진의 막료로 초치되면서 다시 만났고, 그 후 각각 벼슬의 길로 들어서면서 또 해산을 맞이했다. 원 지정 11년 혹은 12년에 창설되어 적어도 명 홍무 3년까지 이어졌음을 알 수 있다.

셋째, 영남 지역의 문인들의 교제의 장이 되었던 남원은 광주성(廣州城) 남쪽에 위치했다.

남원은 성 남쪽 2리 떨어진 곳에 위치했다. 그 가운데 항풍헌(抗風軒)이 있었다. 명초에 황철(黃哲)·이덕(李德)·조개(趙介)·손분(孫蕡)·왕좌(王佐) 다섯 선생이 이곳에서 시사를 설립했다.[34]

과거 월강곡(越江曲)에 남원 항풍헌이 있었다. 여러 문인이 시사를 결성하여 모두 기림선(琪琳仙)이 되었다. 남원의 2월은 꽃들이 만발하고, 문 앞의 푸른 버드나무엔 봄 꾀꼬리들이 짖어댔다.[35]

영남의 문인들은 남원의 항풍헌에 모여 남원시사를 설립하면서 영남지역 문인결사의 서막을 열었다. 원말 명초의 남원시사는 비록 짧은 기간의 시사 활동이었지만 영남 문인결사의 서막을 열어 영남 시파의 주춧돌이 되어, 후에 전승을 통한 영남지역 시파가 뿌리를 내릴 수 있는 문학적 토대를 마련해 주었다.

---

34) "南園, 在城南一里, 中有抗風軒, 明初黃哲·李德·趙介·孫蕡·王佐五先生結詩社於此." 郭棐, 『萬曆廣東通志』, 四庫全書存目叢書編纂委員會, 『四庫全書存目叢書本』, 齊魯詩社, 1996, 431쪽.

35) "昔在越江曲, 南園抗風軒. 群英結詩社, 盡是琪琳仙. 南園二月千花明, 當門綠柳啼春鶯."「南園歌贈王給事彦擧」, 孫蕡, 『西庵集』卷一, 『鳴盛集』外八種, 566-567쪽.

(2) 남원시사의 구성원

위의 「밤에 기림에서 묵으며 일백 운의 시와 서를 쓰다(琪林夜宿聯句一
百韻並序)」에 따르면 남원시사 창립에 참여한 구성원은 총 13명이다.[36]

〈표 3〉 남원시사 설립 당시의 참여자와 특징

인물	자, 호, 출신지	특징
손분 (1334-1391)	중연(仲衍), 서암(西庵), 순덕	원 지정 23년(1363) 하진의 막료. 홍무 3년(1370) 공부직염국사(工部織染局使)·홍현주부(虹縣主簿)·한림전적(翰林典籍)에 제수. 『홍무정운(洪武正韻)』 편찬 참여, 남옥(藍玉) 정치 사건에 연루되어 죽음.[37] 『서암집(西庵集)』, 『통감전편강목(通鑑前編綱目)』이 있음.
왕좌 (1334-1377)	언거(彦擧), 청우(聽雨), 남해	원말 부친을 모시고 남웅(南雄)으로 내려온 후 계속 남해(南海)에 머물러 살았음. 하진의 막료에서 서기사무를 맡았음. 홍무 6년(1373) 급사(給事)에 제수. 『청우집(聽雨集)』이 있음.
이덕	중수(仲修), 역암(易庵), 번우	홍무 3년(1370) 낙양전사(洛陽典史)로 제수. 남양(南陽)·서안(西安)의 군막(郡幕) 생활. 한양(漢陽), 의녕(義寧)에서 교유(教諭)를 맡다가 후에 광주로 돌아와 거주함. 『역암집(易庵集)』이 있음.
황철	용지(庸之), 설봉(雪篷), 번우	경사에 정통하여 한림대제(翰林待制)로 제수. 홍무 4년(1371) 동평부통판(東平府通判)으로 승직. 시문 10권이 있으나 산실(散失).
조개 (1344-1389)	백정(伯貞), 임청(臨清), 번우	경사에 정통하나 벼슬에 관심을 두지 않고 평생 포의(布衣)로 살았음. 『임청집(臨清集)』이 있으나 산실.
황초금	—	별가종사(別駕從事)에 제수.
채양회	익선(益善) - 신회	
황희공	—	정사(征士)
황희문	—	장사(長史). 황희공의 동생.
포자문	수육(壽毓) - 남해	홍무 초 거인(擧人). 북평행성관구가각(北平行省管勾架閣) 제수.
황원선	— 남해	홍무 3년 거인, 후에 진사(進士).
조안중	— 번우	진사
조징	왕중(汪中) — 번우	홍무 3년 거인이 되어 통판이 됨. 조안중의 동생.
조눌	명중(明中) — 번우	정사(征事). 조안중의 동생.

출처: 참고문헌의 자료를 통해 저자 재구성

---

36) 〈표 3〉에는 일괄적인 자료 제공의 편의상, 일단 조개의 이름도 수록했다.
37) 남옥(藍玉)사건: 홍무 26년(1393) 주원장은 집권을 강화하기 위해 대장(大將) 남옥(藍

남원시사 창립 당시 모인 13명은 영남지역 문인들로 주로 번우·남해·순덕·신회 출신들이다. 이 가운데 실제로 남원시사를 대표하는 사람은 남원오선생이다. 남원오선생은 손분·이덕·왕좌·황철·조개이다. 『남원후오자성씨(南園後五子姓氏)』에 다음과 같은 기록이 있다.

> 이전의 홍무 초에 전적(典籍) 손분(孫蕡), 봉군(封君) 조개(趙介), 장사(長史) 이덕(李德), 대제(待制) 황철(黃哲), 급사(給事) 왕좌(王佐)가 양성(羊城)의 남원 항풍헌에서 시사를 설립했다. 송, 원의 여습을 없애고 사원(詞源)의 종파를 열었다. 삼당(三唐)의 여풍이 여전히 남아 있어 곡강(曲江: 당나라 장구령張九齡, 영남지역의 문인이었음)의 풍격과 멀지 않았다.[38]

또한 "세상에서는 조개와 손분·왕좌·이덕·황철을 합쳐 오선생(五先生)이라 칭한다."[39]라고 했다. 따라서 남원시사의 남원오선생은 손분·왕좌·이덕·황철·조개임을 알 수 있다.

그러나 「琪林夜宿聯句一百韻並序」에는 조개의 이름이 없다. 이는 남원시사 설립 당시(1351 또는 1352) 손분(1334-1391)과 왕좌(1334-1377)의 나이는 18, 19세이고 당시 조개(1344-1389)는 10살도 채 안 되는 나이였다. 손분, 왕좌는 전란으로 인해 헤어져 10여 년간 못 보다가 하진의 막료가 된 시점(원 지정 23년 1363)에 다시 남원에서의 만남을 가졌다고 했다. 그 즈음이면 조개의 나이는 성년이 되었으니 조개는 2차 모임에 참여한 것으로 보인다.[40] 실제로 원 지정 23년(1363) 조개는 하진에게 예빙(禮聘)

玉)이 반란을 도모한다는 빌미로 공신(功臣), 명장(名將)을 연루하여 살해한 정치 사건.
38) "按前明洪武初, 孫典籍蕡, 趙封君介, 李長史德, 黃待制哲, 王給事佐結社於羊城南園抗風軒, 祛宋元之習, 開詞源之宗, 三唐之遺響猶存, 曲江之風度不遠." 羅雲山, 『廣東文獻初集』卷一四, 『廣東文獻』第二冊, 江蘇廣陵古籍刻印社, 1994, 1129쪽.
39) "世以蕡佐德哲並之, 稱五先生云" 黃佐, 『廣州人物傳·趙介傳』卷一二, 廣州高等教育出版社, 1991, 303쪽.

을 받았다. 『명사·손분전(明史·孫蕡傳)』에 "하진이 영남에서 부서(府署)를 세워 명사를 초치하였다. 손분은 왕좌·조개·이덕·황철과 함께 예우를 받아 오선생이라 칭했다."⁴¹⁾라는 기록이 있다. 그 후 홍무 초기 4명은 벼슬자리로 나갔지만 조개는 관직을 멀리하고 포의(布衣)의 신분으로 살아갔다.⁴²⁾

원말 명초의 남원시사는 영남 문인결사의 서막을 열어 영남 시파의 주춧돌 역할을 하였다. 그 후 약 200년이 좀 안 되는 가정 20년(1541)에 남원후오자는 다시 남원의 기억을 소환하여 남원후오자시사를 재개했다.

2. 가정 연간의 남원후오자시사(南園後五子詩社)

남원전오자의 남원시사는 그 후 명 중엽 가정 연간, 구대임(歐大任)·양유예(梁有譽)·여민표(黎民表)·오단(吳旦)·이시행(李時行)으로 구성된 '남원후오선생'의 '남원후오자시사'로 계승되었다. 남원후오자시사의 설립 취지는 이러했다. 구대임은 남원전오자시사로부터 약 200년 정도 흐른 후, 이미 "황폐해진 대나무와 쑥대밭으로 뒤덮인" 옛 남원의 터를 돌아보고서 「전오선생을 그리워하며(五懷)」를 지었다. "시사는 이미 폐

---

40) "아마도 시사에 늦게 가입했기 때문에 중연(仲衍: 손분)의 「琪琳聯句序」에 그에 대한 언급이 없는 것 같다. 或入社較晚, 故仲衍「琪琳聯句序」偶不及之耶." 陳田, 『明詩紀事』, 上海古籍出版社, 1993, 200쪽.

41) "何眞據嶺南, 開府辟士, 與王佐趙介李德黃哲並受禮遇, 稱五先生." 張廷玉, 『明史』, 中華書局, 1974, 7331쪽.

42) 진연(陳璉) 「임청집서(臨淸集序)」에 "국초에 손한림(손분), 왕급사(왕좌), 정어사(정의鄭毅), 이장사(이덕) 등 시사의 제공들은 차례로 벼슬자리로 나가고 오직 선생(조개)만이 집에 은거하면서 안으로는 자족하고 밖으로는 도모하는 바가 없었다. 더욱 시 창작에 힘을 다했다.入國初, 詩社諸公, 若孫翰林, 王給事, 鄭御使, 李長史, 相繼從仕中外, 惟先生韜隱於家, 守約處晦, 內自足而無所營於外." 梁守中 點校, 『南園前五先生詩』, 中山大學出版社, 1990.

지되었지만 아직 남아있는 옛 터"[43]에다 남원시사를 중수하여 영남의 시
학 전통을 이어가고자 해서 남원후오자시사를 설립했다. 남원후오자시사
의 설립과 구성원에 대한 문헌 기록을 보면 다음과 같다.

> 가정 연간에 이르러 시사가 폐지되고 남원은 황폐해졌다. 우부(虞部)
> 구대임(호 륜산侖山)이 「전오선생을 그리워하며(五懷)」를 지었다. 형부
> (刑部) 양유예(호 난정蘭汀), 참번(參藩) 유민표(호 요석瑤石), 자사(刺
> 史) 오단(호 난고蘭皐), 병부(兵部) 이시행(호 청하青霞)이 과거의 좋은
> 명성을 회복하여 항풍헌에서 함께 시를 음영하였고, 이들을 '남원후오선
> 생'이라 칭했다."[44]

> (양유예는) …나와 진소문(陳紹文)·오단(吳旦)·여민표(黎民表)·진
> 면(陳晃)·여민충(黎民忠)·양자(梁孜)·여민회(黎民懷)·양주신(梁柱
> 臣)과 함께 황 선생(黃佐를 말함)의 집에서 학업을 연구하면서 옛 시문
> (詩文)을 배우며 더욱 품행을 닦았다. 해내의 학사(學士)들은 왕왕 우리
> 영남의 시를 읽었다."[45]

위의 인용문에 따르면, 첫째, 남원후오자시사를 설립할 당시 양유예·
구대임 등은 황좌(黃佐: 자 재백才伯, 호 희재希齋)의 학생이었다. 양유
예가 "황 선생의 집에서 학업을 배웠던" 시기는 대략 약관(弱冠)이었으며
그는 정덕(正德) 16년(1521)에 태어났다. 이로 볼 때, 남원후오자시사는

---

43) "國初結社南園, 去今二百年矣. 社已廢而園故在, 荒竹澎池, 半掩蓬翟." 「五懷詩
·幷引」, 孫蕡·歐大任 等著, 梁守中·鄭力民 點校, 『南園前五先生詩·南園後五
先生詩』, 中山大學出版社, 1990, 204쪽.

44) "迨嘉靖時, 社廢園荒, 歐虞部大任侖山, 有「五懷」之作, 因與梁比部有譽蘭汀·
黎參藩民表瑤石·吳刺史旦蘭皐·李戎部時行青霞復恢前美, 聯吟於抗風軒, 而
南園後五先生稱焉." 檀萃, 『楚庭稗珠錄』卷二, 廣東人民出版社, 1982, 50쪽.

45) "(梁有譽)…與余及陳紹文·吳旦·黎民表·陳晃·黎民忠·梁孜·黎民懷·梁柱
臣, 講業於黃先生所, 以古詩文相劘切, 尤砥礪行誼. 海內學士大夫往往誦余嶺
南詩." 歐大任, 『梁比部傳』, 『蘭汀存稿』附錄, 『明代論著叢刊本』, 279-280쪽.

가정 20년(1541)에 설립했을 것이다. 둘째, 설립 장소는 가정 연간에 남원이 삼충사(三忠祠)로 바뀌었지만, 여전히 남아있던 항풍헌에서 다시 시사를 설립했다. 셋째, 양유예·구대임 등은 영남지역의 대학자 황좌의 학생이었고, 황좌는 당시 영남지역의 일대 유학 종사(宗師)였다. 그들은 황좌를 중심으로 하나의 영남학파를 구축함으로써 이러한 학술적 분위기를 통해 영남 시파의 대표성을 지녔던 남원시사를 중수하여 영남 지역 문학의 전통을 이어가고자 했다. 설립 이후 "해내의 학사(學士)들은 자주 우리 영남의 시를 읽었다."라고 했듯이, 남원후오자시사는 영남 학술 및 시파의 인지도를 확대해 나가는 토대를 제공했다.

그러나 양유예는 가정 29년(1550)에 진사가 되고, 기타 시인들도 잇달아 출사하면서 시사 활동은 중지되었다. 남원후오자시사의 주요 특징을 보면 〈표 4〉와 같다.

〈표 4〉 남원후오자시사의 주요 특징

인물	자호, 출신지	벼슬, 시사활동, 관련 문헌 등
양유예 (1521-1556)	자 공실(公實), 호 난정(蘭汀), 순덕(順德) 사람	가정 29년(1550) 진사, 형부주사(刑部主事), 가림정사(訶林淨社)·해서사(海西社)·용지사(龍池社)·육자사 활동. 후칠자(後七子: '嘉靖七子'라고도 함. 이반룡李攀龍·왕세정王世貞·사진謝榛·종신宗臣·양유예·서중행徐中行·오국륜吳國倫), 「비부집(比部集)」, 「난정존고(蘭汀存稿)」 등.
여민표 (1515-1581)	자 유경(惟敬), 호 요석(瑤石), 종화(從化) 사람	가정 13년(1534) 향시 거인, 가정 38년(1559) 한림원공목(翰林院孔目). 가림정사·해서사·용지사·여민표결사 등 활동. 속오자續五子: 여민표·왕도행王道行·주다규朱多煃·석성石星·조용현趙用賢). 「요석산인고(瑤石山人稿)」, 「종화현지(從化縣志)」, 「나부지(羅浮志)」 등.
구대임 (1516-1595)	자 정백(楨伯), 호 륜산(侖山), 순덕 사람	남경공부우형낭중(南京工部虞衡郞中), 가림정사·해서사·용지사 등 활동. 광오자(廣五子: 구대임·유윤문俞允文·노담盧柟·이선방李先芳·오유악吳維嶽), 「구우부집(歐虞部集)」, 「백월선현지(百粤先賢志)」, 「광릉십선생전(廣陵十先生傳)」 등.
이시행 (1514-1569)	자 소혜(少偕), 호 청하(青霞), 번우(番禺) 사람	가정 19년(1540) 거인, 이듬해 진사. 가정 21년(1542) 절강가흥지현(浙江嘉興知縣). 이시행결사·해서사·용지사 등 활동. 「가부집(駕部集)」, 「청하만고(青霞漫稿)」 등.
오단	자 이대(而待), 호 난고(蘭皐), 남해(南海) 사람	가정 16년(1537) 거인. 귀주지주(歸州知州), 산서안찰사검사(山西按察使檢事). 「남고집(蘭皐集)」 등.

출처: 하종미(何宗美)2011(下), 이염(李艶)2014 등을 토대로 저자 작성

〈표 4〉의 주요 특징을 보면, 첫째, 남원후오자는 모두 광동 출신으로 시사의 가입·활동이 활발했다. 특히 구대임, 여민표, 양유예는 가림정사·용지사·해서사·남원후오자시사·여민표결사의 구성원이었고, 이시행은 남원후오자시사·소운림시사·이시행결사 등에서 활동했다. 이들 문인결사는 여민표결사(만력 연간)를 제외하고 모두 가정 연간에 설립되었다. 실제로 명대 영남지역에는 50여 개의 문인결사가 설립되었고, 대체로 명중·말기 가정-숭정 기간에 번우·순덕·동완(東莞)·남해 등 광주부(廣州府)를 중심으로 설립·활동을 했다.46)

명 중엽에 이르러 문인결사의 분위기가 활발해지면서 남원후오선생 역시 적극적인 시사 활동을 펼쳤다. 이 가운데 특히 양유예는 경사(京師)에서 당시 명대 문단의 거두인 왕세정·이반룡·사진 등과 육자사(六子社)를 세웠고, 후에 광주부로 내려와 "월산구사(粵山舊社)를 복원하면서 옛 지인들을 초청했고"47), 또 "여민표, 구대임 등과 광효사(光孝寺) 서랑(西廊)에서 시사를 설립하여 가림정사라고 했다."48) 양유예는 이렇게 시사활동을 하는 이유에 대해 "오늘 지인들과 이런 좋은 모임을 정한 것은 목전의 즐거움을 취하기 위함이 아니라, 실은 옛 활동을 이어가기 위해서이다."49)라고 하면서, 단순히 시주창화를 넘어 영남지역 문학 활동과 인지도를 확립하고자 한다는 취지를 밝혔다.

남원전오선생 역시 모두 광주부 출신이며 처음으로 영남지역의 시사를

46) 何宗美, 『文人結社與明代文學的演進』(下), 人民出版社, 2011, 26-461쪽; 李緒柏, 「明清廣東的詩社」, 『廣東社會科學』, 第3期, 2000, 122-125쪽; 李豔, 『明代嶺南文人結社研究』, 西南大學碩士學位論文, 2014, 13-23쪽 참고.
47) "修復粵山舊社, 招邀故人." 歐大任, 『梁比部傳』, 焦竑, 『獻征錄』卷47, 上海書店, 1987.
48) "與黎民表, 歐大任諸人結詩社於光孝寺西廊, 訶林淨社." 梁鼎芬 等, 『番禺縣續志』卷40, 民國20年刻本.
49) "今我同朋, 訂玆嘉會, 匪以取適目前, 實以希蹤古." 梁有譽, 「雅約序」, 『蘭汀存稿』卷8, 清康熙二十四年梁氏詒燕堂刻本.

설립한 '개국공신'으로서 영남지역 시사의 초석을 세웠지만, 상대적으로 명초 문단에서의 인지도를 확립하여 문단의 영향력을 확대해 나가지는 못했다. 반면, 남원후오자 역시 모두 광주부 출신이지만, 가정 연간에는 영남지역은 물론 전국적으로 문인결사가 성행하던 상황이었으므로, 그들은 시사 활동을 통해 인지도를 넓혀가면서 영남 시파의 형성을 마련해나 갈 수 있었다.

이러한 취지와 환경을 통해 남원후오자는 시사 활동에 적극적으로 참여하였고, 당시 명대 문단의 거두들과도 긴밀히 연계하여 세력을 키워나 갔다. 특히 양유예·여민표·구대임의 활동이 돋보였다. 양유예는 당시 명 중기 문단의 복고파의 거두인 왕세정·이반룡·사진 등과 함께 '육자사', '후칠자'에 속했고, 여민표는 왕도행(王道行)·주다규(朱多煃)·석성(石星) 등과 함께 '속오자'에 속했고, 구대임은 노담(盧枏)·이선방(李先芳)·오유악(吳維嶽) 등과 함께 '광오자' 속했다. 이들은 이반룡, 왕세정 등에 의해 명대 문단의 주요 일원으로 인정을 받았으며, 이에 따라 자신의 문학적 인지도는 물론 영남지역 시파의 인지도를 높일 수 있었다. 왕세정은 구대임과 여민표의 당시 문단과 영남 문학에 대한 영향력을 인정하면서 다음과 같이 말했다.

> 명대의 시는 지금같이 흥한 적이 없다. … 정백(楨伯: 양유예)은 젊은 시절부터 이미 시에 능했으며, 영남에서 여민표와 함께 이름을 나란히 했다. 영남의 시사는 이 두 문인을 얻으면서 셀 수 없이 많아졌다."[50]

남원후오자시사는 명대 중기 문단의 거대 세력인 복고파 - 후칠자의 세

---

50) "明興一代之詩無盛於今日, …亦靡不知有楨伯者. 楨伯少卽已工詩, 其在嶺南與黎民表齊名, 嶺之社得二君而興起不可屈數." 王世貞, 『弇州續稿』卷47, 「歐虞部楨伯歸嶺南詩卷序」, 『弇州四部稿』(四), 620쪽.

력 안에 있었기 때문에, "문장은 반드시 진한을 본받고 시는 반드시 성당을 위주로 한다(文必秦漢, 詩必盛唐)"는 문학 주장 안에서 운신함으로써 영남지역도 자연 종당(宗唐)의 분위기에 놓여있었다. 이는 "남원전오자시사는 송, 원의 남겨진 여습을 없애고, 사원(詞源)의 종파를 열었으며, 삼당(三唐)의 풍습이 여전히 남아있어 곡강(曲江: 장구령)의 풍격과 그리 멀지 않았다."[51]는 내용과도 일맥 상승했다.

이처럼 남원후오자시사는 문인결사가 활발하던 명 중기에 남원시사를 전승하여 자신들의 문학적 인지도는 물론 영남 시파의 인지도도 넓혀나갔다. 특히 활발한 시사 활동과 명대 문단의 거두와 연계를 통해 경사(京師) 중원 문단에서도 문학적 발판을 굳혀나갔다.

3. 숭정 시기의 진자장남원시사(陳子壯南園詩社)

남원후오자시사 이후 약 100년 정도 흐른 후 숭정 11년(1638)에 진자장(陳子壯)이 남원시사를 다시 복원했다. 진자장이 중심이 되어 12명과 함께 설립했다고 하여 진자장남원시사('남원십이자시사'라고도 함)라고 한다. 진자장남원시사의 구성원은 "진자장·진자승(陳子升)·구주우(歐主遇)·구칠원(歐必元)·구회서(區懷瑞)·구회년(區懷年)·여수구(黎遂球)·여방함(黎邦瑊)·황성년(黃聖年)·황계항(黃季恒)·서분(徐棻)·통안(通岸)이다. 진자장이 "옛 남원시사를 복원하여 광주의 유명 문인 12명과 시를 주고받으면서"[52] 영남시파는 재차 흥기했다. 진자장남원시사 구

---

51) "按前明洪武初, 孫典籍蕡, 趙封君介, 李長史德, 黃待制哲, 王給事佐結社於羊城南園抗風軒, 祛宋元之習, 開詞源之宗, 三唐之遺響猶存, 曲江之風度不遠." 「南園後五子姓氏」, 羅雲山, 『廣東文獻初集』卷14, 『廣東文獻』(第二冊), 廣陵古籍刻印社, 1994, 1129-1130쪽.

52) "陳子壯·陳子升·歐主遇·歐必元·區懷瑞·區懷年·黎遂球·黎邦瑊·黃聖年·

성원의 주요 특징을 보면 〈표 5〉와 같다.

〈표 5〉 진자장남원시사 구성원의 주요 특징

인물	자호, 출신	벼슬, 시사 활동, 관련 문헌 등
진자장 (1596-1647)	자 집생(集生), 호 추도(秋濤), 남해 사람	만력 47년 진사. 한림편수(翰林編修)·예부우시랑(禮部右侍郞). 진자장속부구시사(陳子壯纏浮丘詩社)·동고시사(東皐詩社) 등 활동. 진방언(陳邦彦)·장가옥(張家玉)과 함께 '영남삼충(嶺南三忠)'으로 불림. 『진문충공유집(陳文忠公遺集)』.
진자승 (1614-1692)	자 교생(喬生), 호 중주(中洲), 남해 사람	진자장속부구시사·진자승선호시사(陳子升仙湖詩社) 등 활동.
여수구 (1602-1646)	자 미주(美周), 번우 사람	천계(天啟) 정묘(丁卯) 1627년 거인. 병부주사(兵部主事). 진자장속부구시사·동고시사 등 활동. 남명(南明) 시기에 병부주사로 지내면서 강주(贛州)를 지키다가 전사.
여방함		방초정사시사(芳草精舍詩社)·선성시사(仙城詩社) 등 활동.
구주우	자 가가(嘉可), 호 호공(壺公), 순덕 사람	남명(南明) 시기 소무(紹武) 정권이 계왕(桂王)과 전쟁을 할 때 청군(淸軍)에게 습격을 당함. 동고시사 등 활동. 『자경헌집(自耕軒集)』.
구회서	자 계도(啟圖)	부구시사·방초정사시사 등 활동. 『벽산초당고(碧山草堂稿)』
구회년	자 숙영(叔永), 고명(高明)사람.	구대상(區大相)의 아들. 운고시사(雲皐詩社)·아약회(雅約社) 등 활동. 『현초당고(玄超堂稿)』.
구필원	자 자건(子建), 순덕 사람	시폐(時弊)를 지적하는 글을 올려서 '영남단사(嶺南端士)'라고 불림. 양원주속가림정사(梁元柱訶林淨社) 등 활동. 『구루초(勾漏草)』.
황성년	자 봉영(逢榮), 남해 사람	보정사(寶正社)·운고시사 등 활동. 『설예헌시초(薛蕊軒詩草)』
황계항	-	
서분	-	동고시사 등 활동.
통안 (1566-1647)	자 각도(覺道)	승려. 『처운암집(棲雲庵集)』

출처: 하종미(何宗美)2011(下), 이염(李豔)2014 등을 토대로 저자 작성

　　진자장남원시사가 활동하던 명 중후기는 명대 문인결사 활동이 가장 극성하던 시기였다. 총 50여 개의 영남지역 문인결사는 대부분 명 중후기

에 세워졌다. 가정 – 만력 연간 29개, 명말 천계 – 숭정 연간 15개가 각각
설립되었다.[53] 당시 진자장남원시사의 구성원들은 보통 5-10여 개 정도의
시사 활동을 했다. 공동으로 많이 가입한 시사는 진자장속부구시사(陳子
壯續浮丘詩社)·방초정사시사(芳草精舍詩社)·동고시사(東皐詩社) 등
이다.[54]

진자장남원시사가 활동하던 숭정 연간은 이전의 남원전오자시사, 남원
후오자시사에 비해 명말의 시대환경의 변화로 인해 당시 문인결사의 성격
은 시국에 관심이 두고 시폐를 비판하는 등 정치적 색채가 상대적으로
강했다. 진자장남원시사·방초정사(시사)·동고시사 등의 구성원들은 대
부분 "시사(時事)를 논할 때마다 매번 눈물을 흘렸고", "시국에 대한 슬픔
으로 우울한 심정을 작품 속에 표현했다."[55] 진자장의 「구필원에게 답함
(答歐子建)」, 구주우의 「잠 못 이루며(不寐)」(제 삼수)에 잘 나타났다.

---

53) 何宗美, 『文人結社與明代文學的演進』(下), 人民出版社, 2011, 26-461쪽; 李緖柏,
「明淸廣東的詩社」, 『廣東社會科學』, 第3期, 2000, 122-125쪽; 李艶, 『明代嶺南文
人結社硏究』, 西南大學碩士學位論文, 2014, 13-23쪽 참고.
54) 진자장남원시사 구성원의 시사 가입·활동 상황은 대략 다음과 같다. 진자장속부구시
사(陳子壯續浮丘詩社: 숭정): 여수구·진자장·진자승·구회서·여방함·황성년·구
회년 등. 동고시사(東皐詩社: 숭정): 여수구·진자장·여방함·구주우·황성년·서분
등. 방초정사시사(芳草精舍詩社: 숭정): 여수구·여방함·구회년 등. 운고시사(雲皐
詩社: 숭정): 여수구·진자장·진자승·구회서·황성년 등. 보정사(寶正社: 숭정): 여수
구·황성년 등. 선성시사(仙城詩社: 숭정): 여수구·여방함 등. 운합대사(雲合大社:
천계): 여수구·진자장·진자승·구회서 등. 양원주속가림정사(梁元柱祠林淨社: 천
계): 여수구·진자장·진자승·구필원 등. 노비사(怒飛社: 천계): 여수구·진자장·여방
함 등. 진자승선호시사(陳子升仙湖詩社: 숭정): 진자승 등. 何宗美, 『文人結社與明
代文學的演進』(下), 人民出版社, 2011, 26-461쪽; 李緖柏, 「明淸廣東的詩社」, 『廣
東社會科學』, 第3期, 2000, 122-125쪽 참고.
55) "談及時事, 輒欷歔流涕." 謝正光·范金民, 『明遺民錄輯』, 南京大學出版社, 1995,
495쪽; "感傷時事, 抑鬱之氣, 時流露於詩詞間." 梁鼎分, 『番禺縣續志』, 臺灣學生
書局, 1932, 2226쪽.

오랫동안 쓸모없는 나무는 땔나무가 되고, 늘 문원을 그리워하여 병들어 누운 몸이 되었네. 용천검과 태아검은 나를 알아주건만, 청고하고 강직한 나는 우스운 사람이 되었네. 나라 또한 칠실녀(漆室女: 나라를 걱정하는 백성)를 걱정하고, 하늘은 상수(湘水)에 몸을 던져 죽은 신하를 조문하네. 이유 없이 억조창생을 위한 눈물을 거듭 흘리나니, 군왕께서 귀신의 안부를 묻는 것은 바라지 않네.56)

슬픈 노래는 나라를 걱정하고 긴 밤 내내 생각에 잠기었네. 호표관(虎豹關)은 누가 지키나? 용의 상서로움은 오지 않네. 몇 명이나 상수 가에 투신했는가? 어디로 가서 은둔해야 하나? 잠깐 누워 경치를 바라보니, 슬픈 피리 소리를 번연히 잊네.57)

전자의 시에서 진자장은 누구도 돌아보지 않는 쓸모없이 자란 나무('散

---

56) "多年散木成勞薪, 每羨文園臥病身. 龍泉太阿知我者, 歷落嶔崎可笑人. 宗國亦憂漆室女, 高天乃弔湘累臣. 無端重下蒼生涕, 不願君王問鬼神." 陳子莊, 「答歐子建」. 산목(散木): 쓸모없이 버림받은 채 자란 나무를 산목이라 함. 노신(勞薪): 오래되어 땔나무로 쓰인다는 말. 문원(文園): 한나라 문제(文帝)의 후원. 사마상여가 문원령(文園令)을 역임했다 하여 사마상여를 가리켰으며 후에 문인을 통칭함. 용천(龍泉)·아태(太阿): 고대의 보검을 가리킴. 칠실녀(漆室女): 나라를 걱정하는 노나라 칠읍의 여자. 칠실우규(漆室憂葵)는 칠읍의 여자가 아욱을 걱정한다는 뜻으로, 국사를 걱정하는 백성을 의미하기도 함.(劉向, 『列女傳』). 상루신(湘累臣): 상수(湘水)에 투신하여 죽은 굴원을 말함. 문귀신(問鬼神): "선실(宣室: 한나라 문제文帝 미앙궁未央宮의 정실正室)에서 어진 사람을 구하기 위해 추방당한 신하를 불렀네, 가생(賈誼)의 재능은 누구도 따를 수가 없었네. 무릎을 맞대고서 밤늦도록 헛된 이야기만 할뿐, 백성에 대해선 묻지 않고 귀신에 대해서만 물었네.宣室求賢訪逐臣, 賈生才調更無倫. 可憐夜半虛前席, 不問蒼生問鬼神."(李商隱, 「賈生」), 『史記·屈原賈生列傳』 참고.

57) "悲歌憂社稷, 永夜思悠哉. 虎豹關誰守? 龍影兆不來. 幾人沉屈水? 何處鑿顏壞? 暫借臥游得, 翻忘隣笛哀." 歐主遇, 「不寐」(其三). 호표관(虎豹關): 호표구관(虎豹九關)을 말함. 하늘에 오르는 구중문(九重門)은 범과 표범(虎豹)이 지키고 있다는 뜻으로, 흉포하고 잔악한 사람(신하)을 말함(『楚辭·招魂』). 굴수(屈水): 굴원이 투신하여 죽은 상수(湘水)를 의미함. 안괴(顏壞): 노나라 고사(高士) 안합(顏闔)은 노나라 임금이 자신에게 거금을 주고 재상을 삼으려 한다는 말을 듣고 숨어 은둔하였다. '안괴'는 은둔하여 벼슬하지 않는 것을 의미함(『淮南子·齊俗訓』, 『莊子·讓王』).

木')가 이제는 '땔감(勞薪)'으로 쓰이게 된 것을 명청 교체기에 귀의할
곳 없이 남겨진 '유민(遺民)'으로 비유하고 있다. '산목'과 '노신'과 같은
처지에 놓인 동료 '문인(文園)'을 떠올리며, 이러한 시대적 상황과 현실에
놓인 처지에 마음이 무겁다. 다들 재학이 뛰어난 보검('龍泉', '太阿')같은
지기(知己)이지만, 현실의 처지는 나라의 환란을 걱정하는 칠읍의 여자
(漆室女)이기도 하며, 우국의 심정으로 상수에 투신한 신하('굴원', '湘累
臣')와 같은 상황이라고 표현했다.

후자의 시에서 구주우는 자신이 잠 못 이루는 이유를 말한다. 하나는
조정에 잔포한 이들('虎豹')로 가득하니 이를 구제할 용상('龍麗')이 나타
나지 않아 사직을 걱정한다. 그래서 상수에 투신하거나 은둔을 선택해야
하는 자신들의 처지를 표현했다. 이렇게 긴긴밤을 걱정으로 지새면서 단
지 환란으로 인한 백성의 눈물이 거두어지길 바랄 뿐이다.

이 외에도 여수구의 경우는 청군이 남하할 때 진자장, 장가옥(張家玉)
등과 함께 항청 활동을 벌이다가 광주의 전투에서 가족을 잃기도 했다.
가족도 잃고 동료도 잃은 심정이 구주우의 「남원의 8명을 그리워하며(憶
南園八子)」에서 잘 나타난다. "전란이 안정된 이후 나는 남원구사(南園
舊社)의 구성원 가운데 어떤 이는 장렬하게 충성을 다하였고, 어떤 이는
급작스레 칼날에 희생되었고, 어떤 이는 울분으로 세상을 떠난 것을 생각
한다. 남은 사람은 진자승·구회년·황계항과 나를 포함하여 네 사람뿐이
다. 이에 「억남원팔자」를 지어 세 사람에게 보내어 창화를 이어가고자 한
다. 나는 시로써 슬픔을 표현하는 것이라 생각한다."[58]라고 했다.

영남지역은 명말에 이르러 반청의 전장이 되었고 영남의 문인들은 국

---

58) "亂定後, 主遇念南園舊社諸人或慘烈盡忠, 或倉卒觸刃, 或憂憤病隕, 存者僅子
升·懷年·季恒及己四人, 因作「憶南園八子」詩, 寄三子屬和, 自謂長歌當哭云."
謝正光·范金民, 『明遺民錄輯』, 南京大學出版社, 1995, 1042쪽.

가 대사에 대해 깊은 걱정과 관심을 보였다. "명말 월(粤) 지역의 풍속은
순절과 희생을 영광으로 생각하고 항복과 귀의를 수치로 여겼으며",59) 이
러한 민족적 절개는 진자장남원시사에서 잘 드러난다. 이러한 시사의 성
격을 유지하고 자신들의 의지를 반영하기 위해 정치적 색채가 강했던 거
대 문인결사인 복사(復社)와 긴밀한 관계를 유지하였고,60) 그들과 연대하
여 위충현(魏忠賢) 당과의 투쟁을 벌이기도 했다.

상대적으로 볼 때, 남원전오자시사는 영남 문인결사의 시작과 함께 시
주창화의 창작모임의 성격이 상대적으로 강했다. 그들에게서는 남원의 경
관에 대한 정서('聽雨', '夜月')가 잘 드러났다면, 남원후오자시사는 시사

<그림 3> 남원시사의 형성과 전승

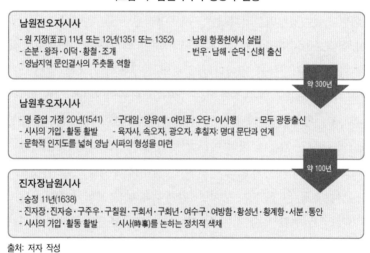

출처: 저자 작성

59) "蓋明季吾粤風俗以殉死爲榮, 降附爲恥." 謝正光・范金民, 『明遺民錄輯』, 南京
大學出版社, 1995, 1375쪽.
60) "以文章聲氣與江南復社相應和." 謝國楨, 『明清之際黨史運動考』, 上海書店出
版社, 2006, 180쪽.

활동과 명대 문인들과의 교류를 통해 영남 시파의 인지도를 넓혀나갔으며, 진자장남원시사는 시정(時政)에 관여하고 반청활동을 하는 정치적 성격을 띠었다. 이처럼 남원시사는 각각의 시대적 환경과 문학 환경에 따라 원말명초(원 지정 1351-1352)를 거쳐 명 중기(가정 1541)를 이어 명말(숭정 1638)에 이르기까지 단절과 연속을 반복하면서 근 300년 정도 전승되었다.

이상, 남원시사의 형성과 전승을 도식화하여 요약하면 〈그림 3〉과 같다.

4. 청대 이후 남원시사의 주요 전승

청대에도 명대 영남 문인결사의 흐름은 계속 이어졌다. 청대 영남지역의 동고시사·부구시사·서원시사(西園詩社) 등은 명대 영남지역에 이미 출현했던 시사이며 특히 남원시사의 영향을 받았다. 청초에는 정권교체기의 여운이 남아있던 시기여서 시기적으로 가까운 진자장남원시사의 영향을 받았다. 청초 영남 시인으로서 '영남삼대가(嶺南三大家)'라 일컬어지는 굴대균(屈大均)·진공윤(陳恭尹)·양패란(梁佩蘭)의 활동이 컸다.[61] 굴대균 역시 "나는 일찍이 고향의 제공(諸公)과 함께 서원시사를 세워 앞선 사람들을 좇았다."[62]라고 했으며, 실제로 아악사(雅約社)·탐매시사(探梅詩社)·서원시사·동고시사 등을 설립했다.[63]

---

61) 굴대균은 위경(魏耕) 등과 함께 반청활동을 벌이다가 화를 피하여 일시적으로 승이 되기도 했다. 진공윤은 남명(南明) 시기 항청 활동을 하던 영남의 민족 영웅인 '영남삼충(嶺南三忠: 진방언·진자장·장가옥)'의 한 명인 진방언의 아들이다. 양패란은 청대 광동지역에서 시문 창작이 뛰어난 7명인 "영남칠자(嶺南七子: 양패란·진공윤·정가칙程可則·왕방기王邦畿·방전원方殿元·방환方還·방조方朝) 중의 한 명이다.

62) "故予嘗與同里諸子爲西園詩社, 以追先達." 屈大均, 『廣東新語』卷21, 中華書局, 1985, 357쪽.

63) 李玉栓, 「文人結社與明代嶺南詩派的發展」, 『安徽師範大學學報』, 第6期, 2013, 682쪽.

그 후 선통(宣統) 3년(1911) 양정분(梁鼎芬)은 요균(姚筠)·이계융(李
啓隆)·심택당(沈澤棠)·오도용(吳道鎔)·왕조전(汪兆銓)·온숙(溫肅)·
황절(黃節) 등 8명과 항풍헌에 모여 '후남원시사'를 설립했다. 후남원시사
의 재개는 최초 남원시사의 설립 후 약 500여 년이 지난 시점이었다. 황절
(黃節)은 「남원시사를 다시 설립하면서 양정분 선생에게 보냄(南園詩社
重開, 呈梁節庵先生)」에서 "단지 남원으로 하여금 몰락하지 않게 하기
위해, 수목이 울창한 곳에서 새로운 희망을 엽니다."[64]라고 했다. 그 후
민국시기 1936년 모광생(冒廣生)의 주동으로 여심일(余心一)·웅윤동(熊
潤桐)·증희영(曾希穎)·동소필(佟紹弼)·이리암(李履庵)을 주축으로 한
'남원금오자(南園今五子)'가 출현했고, 신중국 성립 이후 1960년대 초에
여익지(黎益之)·반원복(潘元福)·주석복(周錫福)·유사분(劉斯奮)·진
영정(陳永正)을 중심으로 한 '남원신오자(南園新五子)'가 세워졌다. 명
말 진자장남원시사 이후의 남원시사의 대략적인 전승 특징을 보면 다음과
같다.

<표 6> 청대 이후 남원시사의 주요 전승 특징[65]

시사	설립	구성원
서원시사·동고시사·부구시사·아악사·탐매시사	강희 연간	굴대균·진공윤·양패란 등
후남원시사	선통3년(1911)	양정분·요균·이계융·심택당·오도용·왕조전·온숙·황절
남원금오자	민국 1936	여심일·웅윤동·증희영·동소필·이리암
남원신오자	1960년대 초	려익지·반원복·주석부·류사분·진영정·임세홍

출처: 저자 작성

64) "獨使南園不寥落, 參天林木起朝陽." 黃節 著, 馬以君 編, 『黃節詩集』, 中國人民
大學出版社, 1989, 63쪽.
65) 남원후시사·남원금오자·남원신오자 등과 관련한 자료는 陳永正, 「南園詩歌的傳
承」, 『學術研究』, 第12期, 2007, 128-134쪽; 陳恩維, 「空間·記憶與地域詩學傳承:
以廣州南園和嶺南詩歌的互動爲例」, 『文學遺産』, 第3期, 2019, 110-112쪽 참고.

청대 이후의 '후남원시사' – '남원금오자' – '남원신오자'는 명칭으로만
보아도 명대의 '남원전오선생' – '남원후오선생' – '남원십이자'를 전승하
고자 하는 것임을 알 수 있다.

이처럼 남원시사는 원말 명초에 첫 번째 설립을 통해 영남 시사의 기초
를 마련했고, 명 중기의 2차 설립은 영남 시사의 발전을 다졌으며, 명말
숭정 연간 3차 설립은 영남 시사의 시대적 참여를 보여주었다. 이들은 청
대 이후 영남 시사와 시파의 발전이 지속가능하도록 토대를 마련해주었
다. 남원시사는 영남지역 문인결사의 '토대 – 형성 – 발전 – 전승'을 거치면
서 영남지역 문인결사의 핵심적인 시사로서 공헌했다. 뿐만 아니라 영남
지역 문인들의 문학 활동과 교제의 장이 되었고, 영남 지역 시파의 전통을
잇는 매개체로서 작용했다. "남원시사의 역사는 영남시파 역사의 축소판
이라고 할 수 있다."[66]라고 말한 천융정(陳永正)의 말이 일리가 있다.

Ⅳ. 시사의 전승과 지역 문학유파 형성의 상관성

1. 영남 문학유파 형성의 토대 구축

명대 이전의 영남은 절강·강소·하남·하북 등의 지역에 비해 문학발전
의 속도가 늦었고 문인의 수도 적었다. 역대 광동지역 문학가의 지리 분포
를 보면, 총 2,048명 가운데 한대 2명, 진대(晋代) 3명, 남북진대(南北陳
代) 1명, 당·오대 11명, 송대 44명, 원대 5명, 명대 446명, 청대 971명,
근대 565명이다. 명대에 들어서서 확연하게 문인 수가 늘어났으며,[67] 이
는 영남문학이 도약하는 시점임을 시사한다.

---

66) "南園詩社史, 就是一部嶺南詩派史的簡編." 陳永正, 「南園詩歌的傳承」, 『學術
研究』, 第12期, 2007, 124쪽.

67) 曾大興, 『文學地理學研究』, 商務印書館, 2012, 228-235쪽 참고.

명대에 이르러 문인 수의 급증은 문인집단의 조직체인 문인결사의 활동이 명대에 이르러 활발했던 점과도 연관이 있다. 문인결사는 문인집단의 형성을 추동하면서 문인들의 창작과 교제의 플랫폼이 되어 지역 시가 발전을 추진해왔다. 이렇게 영남지역의 문학발전은 문인결사와 함께 공생하였으며, 남원시사는 영남의 시가 발전에 커다란 역할을 했다. 담적자(譚赤子)도 이런 점에 대해 "그들의 합창은 이전 영남 시단의 쇠락을 깨뜨리고 비교적 두드러진 지방적 색채를 드러내고 빛나는 문화경관을 형성하였다. 또한 영남 시단으로 하여금 명대 전반에 걸쳐 더욱 빛나는 번영을 가져오게 했다."[68]라고 평가했다.

원말명초 남원시사는 영남지역 문인들의 교류의 장이 되었고, 명 중기 이후로부터 전승되면서 영남시파 형성의 토대를 마련해 주었다. 명대 호응린(胡應麟)과 갈징기(葛徵奇)는 남원시사와 남원오선생에 대해 차례로 이렇게 평가했다.

> 국초에 오시파(吳詩派)는 계적(季迪) 고계(高啟)에 의해 빛을 발했고, 월시파(越詩派)는 백온(伯溫) 유기(劉基)에 의해 빛을 발했고, 민시파(閩詩派)는 자우(子羽) 임홍(林鴻)에 의해 빛을 발했고, 영남시파는 중연(仲衍) 손분에 의해 빛을 발했고, 강우시파(江右詩派)는 자고(子高) 유숭(劉崧)에 의해 빛을 발했다. 다섯 유파 모두 당당하게 한 일파를 점하여 당대를 선도했다.[69]

---

68) "他們的合唱，打破了以往嶺南詩壇的寥落，表現出比較鮮明的地方特色，形成了當地一道亮麗的文化景觀，也引發了嶺南詩壇延續整個明代的群星璀璨的繁榮." 譚赤子,「南園詩社一嶺南詩壇的第一個交響樂章」,『廣東農工商管理幹部學院學報』, 第1期, 2000, 81쪽.

69) "國初吳詩派昉高季迪, 越詩派昉劉伯溫, 閩詩派昉林子羽, 嶺南詩派昉孫蕡仲衍, 江右詩派昉於劉崧子高, 五家才力, 咸足雄據一方." 胡應麟,『詩藪續編』卷1, 上海古籍出版社, 1979, 342쪽.

　남원오선생의 시재(詩才)는 서로 비슷했다. 이들은 오중사걸(吳中四傑), 민십재자(閩十才子) 사이에서 우뚝하게 존립했으니, 산으로 말하자면 나부산(羅浮山), 칠성암(七星巖), 번협운(番峽雲)과 같았다.[70]

　이처럼 남원시사가 영남 문학발전에 끼친 영향과 평가는 비교적 분명하다. 남원시사는 명대 문학사에서 명초 오시파(吳詩派)·월시파(越詩派)·민시파(閩詩派) 등과 나란히 거론되면서 지역 유파로서 영남시파의 토대를 마련했다.

　명대의 시파는 대부분 지역 문인집단의 기초 위에 형성된 것이며 시사를 통해 발전했다. 명초에 손분을 중심으로 한 남원전오자시사를 고계(高啟)를 중심으로 한 오시파의 오중사걸(吳中四傑), 임홍(林鴻)을 중심으로 한 민시파의 민중십재자(閩中十子)와 하나의 대열에 놓고 거론한 것은 남원전오선생을 영남시파의 주역으로 인정한 것이다. 이를 통해 남원전오자시사는 영남지역 시파를 발전시킬 수 있는 초석을 제공할 수 있었다.

　남원오선생 가운데 손분을 영남시파의 대표로 상징하였고, 남원시사를 명초 시단의 '오대 시파'에 포함함으로써 명초 문단에서의 위상을 인정해 주었다. 실제로 손분은 벼슬을 한 후에 시명(詩名)이 더욱 알려졌다. 당시 명대 대 문인이자 월시파(越詩派)의 거장 송렴(宋濂)을 만났고, 송렴은 손분을 주원장의 주요 관방 학술사업인 『홍무정운(洪武正韻)』 편찬작업에 그를 참여시켰다. 이처럼 손분은 송렴과의 두터운 신임과 친분을 통해 시명이 널리 알려졌고 당시 '영남재자(嶺南才子)'라는 칭호를 받으면서 영남 시인의 대표로 인정을 받았다.[71]

---

70) "五先生之才遇, 差相仿佛, 而更造霸於吳四傑·閩十才子之間, 亦猶山之宗羅浮·星岩·番峽雲." 王鍾陵, 『文學史新方法論』, 蘇州大學出版社, 1993, 128쪽.

71) 황유(黃瑜)는 "홍무 중에 서암(西庵) 손분은 영남재자로 불렸다." 섭성(葉盛) 역시 "손서암은 영남재자로 불렸고 국초에 큰 이름을 드러냈다." 黃瑜, 『雙槐歲鈔』第一卷, 中華書局, 2006.

남원후오자는 이러한 남원전오자의 문학적 기반을 토대로 하여 보다 광범위하게 결사활동을 함과 동시에 주류 문단과의 교류를 통해 영남시파의 영향력을 더욱 키워나갔다. 그래서 진문촉(陳文燭)의 『요석산이시서(瑤石山人詩序)』에서는 "세상에는 전에는 이몽양·하경명이 있었고 후에는 왕세정·이반룡이 있으니, 이들을 보좌하는 자가 여유경(여민표)이 아니면 누구이겠는가?"[72]라고 했다. 또한 남원후오선생은 "영남에서 왕세정, 이반룡을 보좌하는 참마(驂馬: 네 필의 말이 끄는 수레의 바깥 두 말을 가리킴)와 같으며" "주옥을 끼고 중원을 거니는" 형국이라고 평가했다.[73] 안쪽의 두 말인 복마(服馬)는 이반룡, 왕세정이며, 바깥의 두 곁말을 남원후오선생으로 비유한 점은 명대 문단에서 이들의 위상을 인정한 것이라고 할 수 있다. 또한 남원후오자시사는 후칠자·속오자·광오자에 편입되면서 하나의 문학 단체로서 문단의 입지를 다져나감과 동시에 영남시파의 영향력도 확대했다. 이처럼 남원후오자시사는 남원전오자시사 이후 약 200년 정도 단절되던 영남 시파를 재건하고, 영남지역 시파의 영향력을 확대함으로써 문단에서의 인지도를 높였다고 할 수 있다.

그 후 남원시사는 명 중엽 가정 연간에 여민표(黎民表)·구대임(歐大任) 등 남원후오시사인 '남원후오선생'으로 계승되었고, 명말 숭정 연간에 진자장·여수구 등의 진자장남원시사인 '남원십이자'가 다시 계승하였다. 먼저 남원후오시사의 설립 취지와 구성원에 대한 간략한 기록을 본다.

영남의 다섯 선생 손분·왕좌·황철·이덕·조개는 명초에 남원이란 시

---

72) "國家前有李·何, 後有王·李, 乃輔之者非惟敬而誰耶? 陳文燭, 『二酉園文集』卷 5, 『四庫全書存目叢書』集部139, 62-63쪽.

73) "五先生嶺南而輔王·李, 如驂之靳.", "挾珠玉以走中原". 「南園後五先生集序」, 孫蕡·歐大任 等著, 梁守中·鄭力民 點校, 『南園前五先生詩·南園後五先生詩』, 中山大學出版社, 1990, 171-172쪽.

사를 창설했으며, 지금으로부터 약 이백 년이 되었다. 시사는 이미 폐지되었지만 터는 그대로 남아있다. 황폐한 대나무와 흐르던 연못가엔 쑥대밭이 반쯤 덮여 있다. 그들의 품행과 풍류의 모습은 아직도 눈에 선하다.[74]

　가정 연간에 다시 구대임·양유예·여민표·오단·이시행으로 구성된 후오선생이 남원에다 이전의 남원시사를 중수하여 시학(詩學)을 다시 일으켰다.[75]

　전자는 구대임이 만력 연간에 남원의 옛터를 지나던 중 남원오선생을 추억하며 쓴 「다섯 분을 그리워하며(五懷)」의 서문이며, 후자는 진문조(陳文藻)의 『남원후오선생(南園後五先生詩)』에 웅역조(熊繹組)가 쓴 서문이다. 남원후오시사는 처음 남원시사가 세워진 때와 약 200여 년이 훌쩍 지난 가정 연간에 세워졌다. 이 사이의 공백은 아마도 앞서 〈표1〉에서 보았듯이, 전반적으로 영남 문인결사의 활동이 그다지 활발하지 못했던 시기였기 때문일 것이다.

　남원후오선생이 활동하던 시기는 명대 문단은 주요 세력인 후칠자의 복고파들이 활동하던 시기였고, 남원후오자시사 역시 후칠자들과의 교류를 통해 복고파의 영향을 받았다. 예를 들면, 당시 양유예는 후칠자, 여민표는 속오자(續五子), 구대임은 광오자(廣五子)의 일원으로서 명대 문단 후칠자의 거두 왕세정(王世貞), 이반룡(李攀龍) 등과 교류를 했다. 이런 점에 대해 단수(檀萃)는 "영남의 시를 말하자면, 곡강(曲江) 이후로 남원이 가장 흥했다. 남원전오선생, 남원후오선생 중에 후오자에 이르러 더욱

---

74) "孫蕡·王佐·李德·趙价, 嶺南五先生也. 國初結社南園, 去今二百年矣. 社已廢而園故在, 荒竹澷池, 半掩蓬翟, 其行誼風流, 猶可想見." 陳文藻, 『南園後五先生詩』, 中山大學出版社, 1990, 171쪽.

75) "嘉靖年間, 復有後五先生歐大任·梁有譽·黎民表·吳旦·李時行者, 繼南園而結社, 振詩學于式微." 陳文藻, 『南園後五先生詩』, 中山大學出版社, 1990, 171쪽.

흥했다."76)라고 했다. 남원후오선생은 이전의 남원오선생에 비해 명대 문
단에서의 활동과 인지도가 더욱 높았고, 이를 통해 남원시사와 영남 시파
의 위상을 한층 더 높일 수 있었다.

그 후 숭정 10년(1637) 진자장(陳子壯)은 온체인(溫體仁)이 수보(首
輔)로 있을 당시, 동림(東林)을 배척하자 관직을 그만두고 광동으로 돌아
왔고, 이듬해 숭정 11년(1638)에 남원시사를 복원했다.

앞서 〈표 5〉에서도 보이듯이, 명말 진자장남원시사의 주요 구성원들은 활
발한 시사활동을 벌임으로써 영남지역 문인결사와 영남 문학을 추동해왔다.

특히 진자장남원시사가 활동하던 숭정 연간은 영남 문인결사의 활동이
극성에 달했던 시기였고, 명말의 시대적 상황으로 인해 문인결사의 성격
은 정치적 색채를 강하게 띠었다. 진자장남원시사는 특히 시정(時政)에
관심을 두었고 사회적 책임감이 강한 시사였다. 당시 "글과 기세로 강남
의 복사(復社)에 호응하면서" 항청 활동을 벌여왔다. 진방언(陳邦彦)은
"미주(美周) 여수구, 자건(子建) 구필원, 교생(喬生) 진자장과 글을 주고
받으며 먼 곳에서 복사와 왕래했다."77)고 했다. 결국 남원십이자의 구성원
이자 영남지역의 영웅인 진자장, 여수구는 진방언(陳邦彦), 장가옥 등과
함께 남명(南明) 정권을 위해 항청활동을 하다가 순국했다. 이러한 특징
에 대해 진백도(陳伯陶)는 "대개 명말 우리 월(粤)의 풍습은 대체적으로
순절을 영광으로 생각하고 항복을 수치로 생각했다. 나라가 멸망된 이후
모두 사로에 나가지 않고 관직을 마다하며 스스로 절개를 지켰다."78)라고

---

76) "嶺南稱詩, 曲江(指張九齡)而後, 莫盛於南園; 南園前後十先生, 而後五先生爲尤
盛." 檀萃,「南園後五先生詩序」,『南園後五先生詩』, 中山大學出版社, 1990, 171쪽.
77) "與黎美周·歐子建·陳喬生, 以文章聲氣, 遙應復社." 朱彝尊,『靜志居詩話』卷
21, 人民文學出版社, 1990, 640쪽.
78) "蓋明季吾粤風俗以殉死爲榮, 降附爲恥, 國亡之後, 遂相率而不仕不試, 以自全
其大節." 謝正光·范金民,『明遺民錄滙輯』, 南京大學出版社, 1995, 1375쪽.

했다. 명말 숭정 시기 영남지역 문인활동과 진자장남원시사의 활동에 대
한 주요 특징을 지적한 예이다.

이상, 세 개의 남원시사는 시기도 구성원도 각기 다르지만 영남지역
문학을 관통하면서 지역 문학생산과 문학활동을 벌인 문인집단이었다. 특
히 원말명초 처음 설립된 남원시사는 손분의 위상으로 영남지역 남원시사
의 인지도를 높일 수 있었다. 오월 지역과 강서지역 시파에 비해 상대적으
로 주변화된 영남 시인들은 남원시사를 통해 지역 문학 활동을 벌임으로
써 영남시파 형성의 토대와 조건을 마련했다. 그러나 남원시사는 일정한
사단의 규정(規程)이 없고, 활동 내용도 비교적 유동적이었다. 모임과 해
산도 일정한 날이 정해진 것도 아니며, 시사 참여자의 인원수도 고정적이
지 않았다. 따라서 남원시사는 남원오자 중의 손분을 위주로 한 지역 문인
집단 성격을 띠었다고 할 수 있다. 하지만 이들이 영남지역의 문인결사를
처음 열어두었고, 후에 남원시사 전승의 토대를 마련한 점은 영남지역 문
인결사와 영남 문학 발전에 중요한 의미를 지닌다. 이는 문인결사가 지역
문학 형성의 매개가 되었고, 동시에 지역 문학 발전과 문인의 조직체를
구성하는 메커니즘으로서의 역할을 한 것이다.

게다가 세 개의 시사는 설립된 시기의 시대적 배경과 문학적 환경 및
구성원의 배경이 각기 달랐다. 따라서 각 시사의 취지와 특징 및 시가
풍격, 문학 관념이 동일할 수는 없다. 하지만 '남원'이라는 하나의 지역
공간에서 출발하여 오랜 시간 계속 이어온 남원시사와 같은 경우는 문인
결사의 역사에서 보기 드물다. 이들이 영남 문인결사와 영남 문학의 전통
을 이어가려 했던 점과 명대 문단에서의 활동을 통해 영남 문학의 인지도
를 높였던 점은 긍정적인 평가를 내릴 수 있을 것이다. 이상으로 볼 때,
명대 영남지역의 문인결사는 영남문학 형성의 주요 메커니즘으로 작용하
였고, 그 가운데 남원시사는 지역 문인집단의 활동과 문학생산 및 영남시
파를 형성하는 주요 매개자로서의 기능을 했다고 할 수 있다.

2. 지역 시파로서의 문학적 위상

지역 문인집단은 지역 문학 유파 형성의 주체가 되며, 지역 문학 유파(시파)는 지역 문인집단을 통해 형성된다. 문학유파의 탄생은 대체로 문인결사를 통해 진행되었으며, 문인결사는 문학유파 형성의 매개로 작용했다. 이런 면에서 볼 때, 영남지역 시파의 형성은 남원시사라는 플랫폼을 기반으로 발전했고, 남원시사는 영남시파 형성의 문학적 토대가 되었다고 할 수 있다. 남원시사는 집단(남원전오선생·남원후오선생·진자장십이자)의 형태로, 시사(남원시사·남원후오자시사·진자장남원시사)라는 조직체를 통해서 영남 시파(남원시파·광동시파)의 형성을 가능케했다.

명대에는 문학유파가 매우 극성하던 시기였다. 오시파·민시파·월시파·다릉파(茶陵派)·공안파(公安派)·경릉파(竟陵派) 등 다양했다. 이 외에도 문인들의 유파인 속오자·광오자·전칠자·후칠자 등의 집단도 많았다. 이러한 시파의 형성은 문인결사와 밀접한 연관성이 있다. 영남시파와 남원시사, 민중시파와 민중십자사결사, 오시파와 북곽시사, 공안파와 양춘사(陽春社)·오영루사(五詠樓社) 등이 그러하다. 이들 대부분은 지역의 문인결사를 기반으로 형성되었다. 따라서 지역의 문인집단은 지역 문학과 유파를 형성하는 중요한 문학적 요인이 되었다. 하종미는 문학유파와 문인사단의 상관성에 대해 "명대의 문학유파는 기본적으로 문학유파를 구성하는 사단으로부터 탄생하였고, 아울러 문학유파의 문인사단은 당시 현실 시공간에서 지속적으로 확장하고 발전할 수 있었다."[79]라고 했다. 문학유파의 형성과 문인결사의 상관성을 설명한 것이다.

명대 주요 지역 문학유파와 문인결사의 관계를 보면 다음과 같다.

---

79) "明代的文學流派基本上可以說是由構成它的社團促其誕生, 并由它的文人社團促其向著當時的現實時空不斷延伸而取得發展." 何宗美, 『公安派結社考論』, 重慶出版社, 2004, 1쪽.

〈표 7〉 명대 주요 지역 시사와 유파의 특징[80]

유파	주요 인물	관련 시사	활동지
오시파	북곽십우(北郭十友):고계(高啟)·서분(徐賁)·장우(張羽)·양기(楊基)·왕행(王行)·려민(呂敏)·송극(宋克)·여요신(余堯臣)·진칙(陳則)·도연(道衍)·왕이(王彝).	북곽시사	절강과 강소의 소주일대
민시파	민중십재자(閩中十才子):임홍(林鴻)·고병(高棅)·정정(鄭定)·진량(陳亮)·왕포(王褒)·왕칭(王偁)·당태(唐泰)·왕공(王恭)·황현(黃玄)·주현(周玄).	민중십자사결사. 이외에 임홍·정선부(鄭善夫)·원표(袁表)·조학전(曹學佺) 등이 활동한 결사. 조학전·조세현(趙世顯)·사조제(謝肇淛)가 활동한 지산사(芝山社)·녹초사(鹿草社)·린소대시사(隣霄臺大社)·홍운사(紅雲社)·석창사(石倉社)·매사(梅社) 등 20여 개	복건 일대
월시파	유기(劉基)·호중신(胡仲申)·소평백(蘇平仲)·송경렴(宋景濂)·왕자충(王子充)·방희고(方希古)·장맹겸(張孟兼)·당처경(唐處敬) 등		절강 일대
영남시파	Ⅱ. 남원시사의 형성과 전승 참고	남원시사·남원후오자시사·진자장십이자시사	광동 남원
다릉파	다릉시파:이동양(李東陽)·고청(顧淸)·소보(邵寶)·노탁(魯鐸)·하맹춘(何孟春) 등	이동양의 문하생이 남경 일대에서 활동한 시사로는 단원시사(檀園詩社:저권儲權)·말릉음사(秣陵吟社:유묵劉默·시무施懋·사승謝承)·영주아회(瀛洲雅會:예악倪嶽·양수지楊守阯·정기鄭紀)가 있음[81]	북경·남경 등
공안파	공안삼원(公安三袁):원종도(袁宗道)·원굉도(袁宏道)·원중도(袁中道) 및 공대기(龔大器)·반지항(潘之恒)·도망령(陶望齡) 등	양춘사(陽春社)·오영루사(五詠樓社)·남평(南平)시사·포도사(葡萄社) 및 공안파가 주도한 활동 조직이 약 30여 개 정도[82]	공안·형주(荊州)·무창(武昌)·휘주(徽州)·남경·북경 등
경릉파	담원춘(譚元春)·종성(鍾惺) 등	야성사(冶城社)·오일진회대사(午日秦淮大社)·월회(月會)·장안고의사(長安古意社) 등	호북·북경·남경·경산(京山)·항주·소주 등

출처: 하종미(何宗美)2011(下), 이옥전(李玉栓)2013 등을 토대로 저자 작성

80) 북곽시사, 남원시사는 원말 명초에 걸쳐있으므로 일단 제시했음. 관련 자료로는 李玉栓,「文人結社與明代嶺南詩派的發展」,『安徽師範大學學報』, 第6期, 2013, 682-683쪽; 何宗美,『文人結社與明代文學的演進』(下), 人民出版社, 2011, 26-461쪽; 李玉栓『明代文人結社考』, 中華書局, 2013 참고.

81) 顧璘,『顧華玉集』,『息園存稿』卷34,『叢書集成續編本』; 陳作霖,『金陵通傳』,『秣陵吟社』卷14, 淸光緒三十年江寧陳氏瑞華館刻本; 黃佐,『翰林記』卷20,『叢

이처럼 명대에는 지역 시파와 문인결사의 상호 의존성이 매우 강했다. 그들은 자신들의 문학 유파를 확장하기 위해 많은 결사를 설립하고 활동에 참여했다. 각 유파는 설립 배경과 성격 및 활동이 각기 다르지만, 영남시파와 남원시사의 상관성은 조금 다른 점이 있다.

지속 기간으로 볼 때, 남원시사의 활동은 명초에서 명말에 이르기까지 약 삼백 년간 끊이지 않았다. 활동 장소도 다릉파는 남북의 두 경사(京師)에서, 공안파는 공안·형주(荊州)·무창(武昌) 등에서, 경릉파는 남북의 두 경사(京師) 외에도 항주·소주 등에서 각각 활동했다. 이에 비해 남원시사의 활동 근거지는 대체로 광주부의 남원을 벗어나지 않았다. 전승의 지속 기간, 고정적인 장소 등은 지역 유파의 형성과 지속적인 문학발전에 비교적 유리하게 작용했을 것이다.

하지만 이러한 안정적인 환경은 긍정적이지 못한 요인으로도 작용했다. 명대에서만 크게 세 번의 전승을 통해 보여준 남원시사의 활동과 문학적 성향은 각기 달랐다. 전승이 반드시 동일한 문학풍격을 형성해야 하는 것은 아니며, 시대 상황과 문학 환경에 따라 각각 다를 수 있다. 하지만 한 지역에서 오랜 시간 전승되어 왔고 문학적 인지도도 확보할 수 있었음에도 불구하고 일관된 문학심미, 문학주장 및 문학이론 등은 상대적으로 덜 부각되었다. 따라서 명대의 다른 전후칠자·복고파·다릉파·경릉파 등에 비해 상대적으로 문단의 영향력도 적었다. 남원시사가 영남지역 시파의 형성으로는 가능했지만 명대 문단의 두드러진 문학유파, 문학사조로 발전하지는 못했고, 이에 따라 문단에서의 문학 권력도 상대적으로 미약했다고 할 수 있다.

書集成新編本』, 新文豊出版公司, 1985 등 참고.
82) 공안파의 삼원(三袁)이 주도한 결사로는 주사(酒社)·향광사(香光社)·청련사(青蓮社)·화엄회(華嚴會)·금속사(金粟社)·퇴람사(堆藍社) 등이 있다. 공안파의 시사 활동 관련해서는 何宗美, 『公安派結社考論』, 重慶出版社, 2005 참고.

3. 시사 활동과 문학의 정치

시사의 설립과 해체 및 활동은 문학적 요인 외에도 정치적 요인이 작용하기도 했다. 남원시사의 해체와 활동 과정을 보면, 문학의 정치 생태계 안에 놓여 있었다고 할 수 있다. 문인들에게 벼슬길은 생존적 출로이기도 하지만, 달리 보면 시사와 유파의 와해를 초래하는 직접적인 외부 요인이 되기도 한다. 이러한 특징은 대체로 체제 전환의 정권교체기에 더욱 잘 드러난다. 남원전오자의 설립·활동 시기는 이민족 원 정부와의 교체기였고, 진자장남원시사 역시 이민족 청 정부와의 교체기였다.

정권교체기의 문학사와 문인들은 종종 비문학적 요인에 의해 와해되면서 문학발전의 전환을 가져왔다. 이들은 전(前) 왕조에 의해 남겨질 또는 남겨진 유민(遺民)이었으므로 신분에 대한 정체성의 혼란이 심했을 것이다. 이런 시기의 문인들이 보여주는 생존방식은 대체로 저항과 은둔이 많았지만, 후에는 현 조정에 흡수되는 경향을 보인다.

고대 문인들의 생존과 출로는 대부분 과거에 의해 결정되었다. 과거를 통한 벼슬길은 정치적 울타리 안으로 들어서는 것이다. 이러한 상황에서 시사의 활동(해체)은 문학 외적 요인의 영향을 받게 된다. 남원전오자시사가 해체되던 홍무 3-4년에 명 태조는 과거제, 찰거(察擧) 등의 방식을 통해 명대 문인들을 대거 벼슬길로 흡수했다.[83] 남원전오자시사가 해체된 것도 바로 홍무 3년 이후 시사 구성원들이 잇달아 벼슬길로 향하면서이다. 그 후 그들은 정치와 부침하는 운명을 맞기도 했다. 특히 손분의 경우는 홍무 3년(1370)에 관직에 오른 후 홍무 26년(1393) 남옥안(藍玉案)에 연루되어 요양(遼陽)으로 유배되었다가 사형되었다.[84] 남원시사 외에도 명

83) 王道成, 『科擧史話』, 中華書局, 1997, 22-23쪽.
84) 남옥안: 명 태조 주원장은 대장(大將) 남옥(藍玉)이 반란을 도모한다는 빌미로 관련한 자들을 모두 연루하여 살해한 정치 사건.

나라가 들어선 후 고영(顧瑛) 옥산아집(玉山雅集), 고계의 북곽시사, 임홍의 민중시사도 정치에 의한 문학 해체의 영향을 받았다.[85]

한편, 진자장남원시사는 특히 정치적 영향권 안에 놓여 있었다. 앞서 보았듯이, 진자장·여수구·구주우 등은 항청활동을 하다가 순절한 영남 지사들이기도 하며, 그들이 교류한 시사와 문인들도 거의 반청 세력과 관련했다. 당시 진자장남원시사 외에도 방초정사, 동고시사 등은 시국에 관심을 두고 시폐를 비판하는 등 정치적 색채가 강했다. 이처럼 같은 정권교체기였지만 남원전오자시사와 진자장남원시사의 활동 성격은 달랐다. 남원전오자가 영남지역 문인집단의 지역적 기반을 다지고 영남 문학 유파의 출발을 제공했다면, 진자장남원시사가 활동하던 시기는 명대 문인결사가 가장 극성했던 시기로서 집단으로서의 활동력도 강했고, 이미 복사 등 정치적 성격을 띤 시사와의 교류가 많았다.

반면, 진자장남원시사에 비해 남원후오자시사는 정치적 생태 환경을 상대적으로 덜 받았다고 할 수 있다. 그들은 명 중기 문단의 주요 세력인 칠자파의 영향권 안에서 놓여 이반룡, 왕세정의 '보좌적 곁말'로 활동하면서 영남지역 시파의 인지도를 높였다. 명대 문학발전은 명초에 오시파·월시파·민시파·영남시파 등 문학의 지역화 경향이 강했고, 명 중기에 이르러 문학유파의 현상이 더 강해졌으며, 남원후오선생도 속오자·광오자·전칠자 등에 속했다. 이러한 문인집단과 문학유파의 형성은 문학의 발전을 가져다주기도 했지만 문학파벌의 온상이 되기도 했다. 유파의 세력이 커지면서 유파끼리의 파벌, 유파 안에서의 파벌(이반룡과 왕세정이 사진을 배척함)이 생겨났다. 특히 전후칠자 복고파의 명성이 기세등등할 당시 그들은 한 시대의 문학 기풍을 몰아갔다.

집단 형태로 응집하는 문인결사와 문학유파는 자연히 문학 파벌을 형성하게 되었고, 후에 정치 붕당과 연루하기도 했다. "명대에 문인사단의 활동은 특히 활발하고 영향력 또한 광범위했다. 당시의 문학유파와 사상유파 심지어 정치파벌도 문인사단의 흥기와 함께 발전했으며, 이들은 문인결사와 밀접한 관계가 있다."[86]라고 말한 하종미의 주장이 설득력을 지닌다. 이러한 현상은 고대 사회에서 관료는 문인이었고 문인이 관료라는 태생적 관계에서 드러나는 시대적 현상이기도 하지만, 집단으로 형성된 문인결사가 만들어낸 파벌적 동조현상(conformity)이라고도 할 수 있다.[87] 이처럼 남원시사의 전승은 당시 각기 다른 시대 배경과 문학 환경에 따라 활동을 해왔지만, 그 속에서 문학 외적인 정치생태, 문학파벌 등 부정적 요소도 함께 잉태하고 있었다.

4. 공간의 전승과 기억

남원시사의 전승은 시사의 전승이자 남원이라는 문학 공간의 전승이기도 하다. 하나의 시사가 하나의 공간에서 연속과 단절을 거듭해 왔고, 이에 따라 과거 남원시사에 대한 문학적 기억을 전승해왔기 때문이다. 따라서 남원은 전승의 방식을 통해 실제 공간, 서사 공간, 기억 공간, 재생산 공간으로 거듭남으로써 영남 문학 유파를 이어갔다고 할 수 있다

'남원'은 영남 문인들이 공유하는 문학 공간이었다. 문학 공간은 전승을 통해 기억되고 재생산된다. 원말명초의 '남원전오선생', 명 중기의 '남원후오선생', 명 말기의 '진자장십이자' 및 청대 이후에 계속적인 전승을 통

---

86) "明代文人結社的現象異常活躍, 影響十分廣泛. 當時的文學派別思想派別甚至政治派別往往伴隨著文人集團之興而興起, 與文人結社有著密切關系." 何宗美, 『公安派結社考論』, 重慶出版社, 2004, 1쪽.

87) 문학의 동조현상과 관련한 내용은 곽영덕(郭英德) 저, 박영순 역, 『중국 고대문인집단과 문학풍모』, 학고방, 2019, 429-436쪽 참고.

해 남원의 기억은 이어졌고, 영남 문학의 '기억의 장'이자 문학(문화)의
재생산 공간으로 거듭났다. 이처럼 남원시사는 '문인결사 - 문학공간 - 문
학유파'의 틀 안에서 '전승'의 방식을 통해 영남 문학의 발전을 이어왔
다.[88)

　문학 공간으로서의 남원은 어떻게 전승되었는가. 문학창작의 서사 공
간, 시사 활동의 실제 공간, 전승의 기억 공간이 되었고, 이는 영남지역
문학을 공유하고 전승하는 유대가 되었다.

　첫째, 남원시사를 처음 설립한 '남원전오선생'에게 있어 남원은 시사
활동의 공간이자 문학 서사의 공간이기도 했다. 남원전오선생이 '남원'에
대해 쓴 일부 작품 속에서 그들은 '남원의 빗소리(南園聽雨)', '남원의
저녁달(南園夜月)', '남원의 술친구(南園酒伴)' 등의 이미지를 통해 남원
을 서사 공간으로 소환하면서 자신들의 기억을 공유했다.[89) 실제적인 문
학 서사가 없었다면 남원은 단지 자연경관의 공간이지 문학 공간이 되지
못했을 것이다. 그들의 활동은 남원을 문학 생산의 공간이 되게 하였고
지역 공간의 기억을 전승하게 했다.

　둘째, 남원후오선생은 왜 오랜 시간이 지나 이미 황폐해진 남원의 옛터
에서 시사를 설립했는가. 구대임은 어느 날 시사는 이미 폐했지만 아직
남아있는 남원의 옛터를 지나다가 "황폐해진 대나무와 연못 가득 뒤덮인

---

88)　남원시사의 공간과 기억에 관한 글은 陳恩維,「空間·記憶與地域詩學傳承: 以廣州
　　南園和嶺南詩歌的互動爲例」,『文學遺產』, 2019, 第3期 참고.
89)　남원오선생의 남원에 대해 쓴 작품은 다음과 같다. 손분:「南園」·「南園夏日飲酬王
　　趙二公子澄·佐」·「南園懷李仲修」·「南園歌贈王給事彦舉」·「寄王彦舉」·「寄
　　王給事佐」·「琪林夜宿聯句一百韻」. 왕좌:「酬孫典籍仲衍見寄」. 이덕:「憶南園」
　　·「寄孫典籍仲衍」·「濟南寄孫仲衍」. 황철:「喜故人孫仲衍歸」·「王彦舉聽雨軒」.
　　조개:「聽雨」등. 孫蕡·歐大任 等著, 梁守中·鄭力民 點校,『南園前五先生詩·南
　　園後五先生詩』, 中山大學出版社, 1990, 20,31,33,34,47,78,90,103,105,113,139,151쪽
　　등 참고.

잡초"를 보게 되었고, 남원전오선생이 이전에 시사를 설립하고 활동하던 시절을 생각하면서 「전오선생을 그리워하며(五懷)」를 지었다.[90] 구대임 등은 남원시사, 남원오선생과 남원의 기억을 전승하여 영남의 시학 전통 을 이어가고자 했던 것이다.

셋째, 그 후 약 100년 지나 진자장남원시사의 핵심 인물인 진자승 역시 꽃들이 만발하고 봄 꾀꼬리들이 짖어대던 남원이 이젠 "나비는 없고 꽃도 시들어 풀만이 무성해진 곳"으로 변해버린 것을 보며 손분을 그리워하며 「평보에 배를 정박하며 전적 손분 선생을 그리워하다(舟泊平步懷孫典籍 蕡)」를 지었다. 역사와 함께 사라진 남원에 시든 풀만이 무성하게 남아있 는 것을 목격하고, 마치 "지난 좋은 시절을 소환하고자 하지만 끝내 하늘 길이 막힌 것 같은" 상실의 심정을 느낀 것이다.[91] 남원십이자는 남원후 오선생과 달리 명청교체기의 시대적 격변을 만나 대부분 붓을 던지고 종 병(從兵)한 항청인물이므로, 그들에게 남원에 대한 기억은 남원오선생의 시주창화가 아닌 사직에 대한 걱정과 항청에 대한 상처의 기억일 것이다.

'남원오선생 - 남원후오선생 - 남원십이자'로 전승되어오면서 남원은 이들과 함께 공유하는 공간이자 집단적 기억으로 변하면서 영남지역의 문학 공간으로서의 생명력을 부여받았다. 또 청대 이후의 '후남원시사' - '남원금오자' - '남원신오자'는 '남원전오선생' - '남원후오선생' - '남원십 이자'의 기억에 대한 전승으로 이어졌다. 결국, 남원전오선생의 시사 설립

90) "社已廢而園故在, 荒竹澆池, 半掩蓬蘽, 其行誼風流, 猶可想見. 俯仰異日, 爰懷 五章." 歐大任, 「五懷·幷引」, 孫蕡·歐大任 等著, 梁守中·鄭力民 點校, 『南園前 五先生詩·南園後五先生詩』, 中山大學出版社, 1990, 204쪽.

91) "至今舉眼思堯日, 終古招魂隔楚天. 吟向南園此時節, 蝶殘花盡草芊芊." 陳子 升, 「舟泊平步懷孫典籍蕡」, 『中洲草堂遺集』. 요일(堯日): '요일순천(堯日舜天)' 이라고 함. 요순시대의 해와 하늘을 말하며 천하위공(天下爲公)의 시대를 말함. 초천 (楚天): 고대에 초나라는 지금 장가 중하류 일대로서 남쪽에 위치하여 남방의 하늘을 초나라의 하늘이라고 통칭함.

을 시작으로 남원은 전승의 공간, 기억의 공간, 재생산의 공간 등으로 바
뀌면서 영남지역 문학의 전승을 이어갔던 것이다.

V. 맺으며

지금까지 영남지역 문인결사와 남원시사를 대상으로, 시사의 전승을 통
한 문인결사와 문학유파 형성의 상관성을 파악하고자 했다. 영남지역 문
인결사와 남원시사의 특징과 전승을 통해 문인결사가 지역문학 형성의
매개체이자 메커니즘으로 작용하는 점을 고찰하였다.
이를 간략히 도식화하면 다음과 같다.

〈그림 4〉 명대 남원시사의 전승을 통한 문학유파 형성의 메커니즘

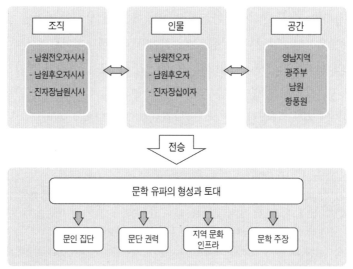

출처: 저자 작성

 다음은 분석한 내용을 토대로 몇 가지를 요약하면서 결론을 맺고자 한다.
 첫째, 명대 영남지역의 문인결사는 광주부를 중심으로 명 중엽 가정
연간부터 명말 숭정에 이르기까지 가장 활발한 활동을 하였다. 명대의 남
원시사의 전승은 크게 원말명초 남원오선생의 남원시사를 시작으로, 가정
연간 남원후오선생의 남원후오자시사를 이어 숭정 연간 남원십이자의 진
자장남원시사로 이어져 왔다. 원말명초 남원시사는 영남 문인결사의 문을
열면서 영남 문학의 발전에 중요한 주춧돌을 세웠다면, 가정시기의 남원
후오자시사는 명대 복고파 문인과 활발한 교류를 통해 영남 문학의 인지
도를 더욱 높였고, 숭정 연간의 남원십이자는 정치적인 색채를 띠면서 영
남 문학의 정치적 특징을 부여했다고 할 수 있다. 이들은 모두 남원시사라
는 문인결사를 통해 이러한 영남 문학의 전통을 이어왔고, 이러한 변화의
중심에서 문인결사는 지역 문학발전을 이끄는 하나의 매개체이자 문학생
산의 메커니즘으로 작용하고 있음을 알 수 있다.
 이 가운데 남원시사는 명대 전체에 걸친 영남 문학의 중심에서 영남지
역 문인결사의 초석을 다졌다. 영남지역 문인결사의 성격과 유형의 변화
를 보면, 대체로 문인들이 시주창화를 하던 문인아집형 모임, 관료들의
원로친목형 모임에서부터 과거와 학술이 결합한 강학형 결사로 이어지고
후에는 시국에 관여하는 정치적 성향을 띤 문사(文社) 형태로 이어져 왔
다. 물론 영남지역의 특징에만 국한하는 것은 아니지만, 영남지역 문인결
사는 이러한 변화를 통해 그에 상응하는 영남 문학의 발전을 추동해갔다.
특히 명중말기에 강학성 결사가 많아짐에 따라 '서원 – 강학 – 지역 – 문인
결사'의 구도로 문인결사가 활동하는 현상이 보였다. 장춘서원결사, 용담
서원결사 등은 서원을 중심으로 과거제도와 연결하여 강학 활동을 벌였
다. 이러한 강학성 집단은 내부 응집력이 강하여 후에 하나의 파벌을 형성
하였고, 특히 명말청초의 시대적 배경과 맞물리면서 정치적 성격을 띤 집
단으로 변화해 갔다. 이를테면, 명말청초 문인결사를 거대하게 통합한 복

사(復社)에 의해 더욱 조직화되면서, 하나의 문학 권력과 문학담론 생산의 기제가 되었다. 이는 문인결사 자체가 비록 정치적 실체에서 상대적으로 독립적인 성격을 띠고는 있지만, 특히 명말에 이르면 정치세력이나 정치적 역할을 일정 정도 수행해왔음을 보여주는 것이다. 문인결사의 집단적 성격이 완전하게 문학적 독립성을 띠기보다는 사회정치와 긴밀한 관계를 형성하면서 상호 제약 관계이면서도 의존적 관계에 놓여 있음을 알 수 있다.

둘째, 명대에서만 볼 때, 세 차례의 남원시사의 전승에 따라 영남시파도 거듭되는 발전의 기회를 얻었다. 전승이 가능했던 배경에는 지역 문인집단의 시사 활동이 중요한 역할을 했으며, 문인결사는 문학유파 형성에 중요한 문학적 기반이 되었음을 알 수 있었다. 이는 문학유파를 생산하는 메커니즘으로서 작용한 문인결사의 문학사적 의미라고 할 수 있을 것이다.

남원시사는 영남지역 시사의 전승과 시파 형성을 가능하게 했다. 하지만 이들의 전승은 시사 간의 상호 시간 격차도 크고 영남이라는 지역 공간을 제외하고 각각의 시대적, 문학적 환경에 따라 각자의 문학적 성향과 시사의 특징을 보였다. 전승 방식도 구성원 간의 직접적인 실질적 문학 교류를 통해 계승된 것은 아니다. 물론 전승이 반드시 동일한 문학 풍격을 형성하는 것은 아니며, 시대 상황과 문학 환경에 따라 다르다. 그러나 한 지역에서 매우 오랜 시간 전승되어왔고 일정부분 문단에서의 인지도도 확보했던 점에 비해, 일관된 문학심미, 문학주장 및 문학이론을 통한 문단의 영향력, 나아가 문학 권력으로 이어지지는 못했다. 이를테면, 명대의 다른 전후칠자·복고파·경릉파·공안파 등과 같이 실질적인 문학 유파, 문학사조로서의 문학적 영향력은 상대적으로 미약했다.

셋째, 남원시사의 전승은 시사의 전승이자 남원이라는 문학 공간의 전승이기도 했다. 남원은 전승의 방식을 통해 실제 공간, 서사 공간, 기억

공간, 재생산 공간으로 거듭남으로써 영남 문학 유파를 이어왔다. 공간의 전승을 통해 남원은 영남 문인들의 활동 공간이자 창작생산의 공간이 되었다. 원말 명초의 '남원전오선생'은 명 중기의 '남원후오선생', 명 말기의 '진자장십이자'로 이어졌고, 청대 이후에도 전승을 통해 남원의 기억은 계속되었다. 이처럼 남원은 영남 문학의 '기억의 장'이자 문학(문화)의 재생산 공간으로 거듭났다. 남원시사는 '문인결사-문학공간-문학유파'의 틀 안에서 '전승'의 방식을 통해 영남 문학의 발전을 이어왔음을 알 수 있었다. 비록 명대 문단에서의 두드러진 문학 영향력은 상대적으로 미흡한 점이 있지만, 남원시사의 전승과 역사는 영남 시사의 발전사의 주요한 한 축을 형성했다고 할 수 있다.

넷째, 지역 문인집단의 존재는 지역 시파 형성의 필요조건이며, 지역 시파는 지역 문인집단이라는 토양 위에서 형성된다. 명대 이전의 영남지역 문단에는 장구령(張九齡)·최여지(崔與之)·여정(余靖) 등의 대가가 출현했었지만, 이들은 문단에서 각각의 개체 형태로 존재하였고 하나의 집단 형태를 이루지 못했다. 그런 면에서 남원시사는 문인집단의 형태를 갖추어 영남지역 문인 활동의 플랫폼을 제공하였고, 영남문학 발전을 이끈 추동 세력이 되었다고 할 수 있다. 이 글은 영남지역 문인결사와 남원시사의 특징을 통해 문인결사가 지역문학 형성의 매개적 메커니즘으로 작용한다는 점을 파악하고자 하여, 문인결사라는 조직체와 지역 문학 형성과의 상관성에 대해 살펴보았고, 특히 조직체로서의 문인결사의 특징에 보다 집중했다. 그러나 미시적인 관점에서 이들에 대한 작품 분석이 이루어진다면 영남지역 문학 유파가 다른 지역문학 유파와 구별되는 특징을 이해할 수 있을 것이다. 이러할 때, 남원시사가 영남 문학발전의 토대를 이룬 내적, 외적 의미와 유파적 특징이 더욱 명료해질 것이다.

| 참고문헌 |

궈잉더 저, 박영순 역, 『중국고대문인집단과문학풍모』, 학고방, 2019.

박영순, 「청초 강남지역의 유민결사: 驚隱詩社를 중심으로」, 『중국학논총』, 제
      56집, 2017.

陳田, 『明詩紀事』, 上海古籍出版社, 1993.

陳文新, 『中國文學流派意識的發生和發展: 中國古代文學流派研究導論』, 武
      漢大學出版社, 2007.

陳文藻, 『南園後五先生詩』, 中山大學出版社, 1990.

陳梧桐·彭勇, 『明史十講』, 上海書店出版社, 2007.

何宗美, 『明代文人結社與文學流派研究』, 人民出版社, 2015.

_____, 『文人結社與明代文學的演進』, 人民出版社, 2011.

_____, 『明末淸初文人結社研究』, 南開大學出版社, 2004.

鄧洪波, 『中國書院史』, 東方出版中心, 2004.

胡應麟, 『詩藪』, 上海古籍出版社, 1979.

黃瑜, 『雙槐歲鈔』, 中華書局, 2006.

黃佐, 『廣州人物傳』, 廣州高等敎育出版社, 1991.

李玉栓, 『明代文人結社研究』, 復旦大學出版社, 2020.

_____, 『明代文人結社考』, 中華書局, 2013.

梁鼎芬, 『番禺縣續志』, 臺灣學生書局, 1932.

梁守中, 『南園前五先生詩』, 中山大學出版社, 1990.

梅新林, 『中國文學地理形態與演變』, 復旦大學出版社, 2006.

歐陽光, 『宋元詩社研究叢稿』, 廣東高等敎育出版社, 1996.

屈大均, 『廣東新語』, 中華書局, 1985.

四庫全書存目叢書編纂委員會, 『四庫全書存目叢書』, 齊魯詩社, 1996.

檀萃, 『南園後五先生詩』, 中山大學出版社, 1990.

王道成, 『科擧史話』, 中華書局, 1997.

王鍾陵, 『文學史新方法論』, 蘇州大學出版社, 1993.

謝國楨, 『明淸之際黨社運動考』, 上海書店出版社, 2006.

謝正光·范金民, 『明遺民錄滙輯』, 南京大學出版社, 1995.

曾大興, 『文學地理學硏究』, 商務印書館, 2012.

張濤, 『文學社團與文學關係論』, 人民文學出版社, 2016.

張廷玉, 『明史』, 中華書局, 1998, 1998.

朱彝尊, 『靜志居詩話』, 人民文學出版社, 1990.

陳豔, 『元末明初南園五先生硏究』, 復旦大學碩士學位論文, 2013.

李甜, 『孫蕡硏究』, 上海師範大學碩士學位論文, 2012.

李豔, 『明代嶺南文人結社硏究』, 西南大學碩士學位論文, 2014.

劉愛莉, 『嶺南遺民詩人陳恭尹詩歌硏究』, 山東師範大學碩士學位論文, 2011.

王美偉, 『明末淸初嶺南士僧交遊與文學』, 西南大學碩士學位論文, 2012.

謝敏, 『元末明初南園五先生硏究』, 江西師範大學碩士學位論文, 2003.

余艷萍, 『南園五先生筆下的文學景觀硏究』, 廣州大學碩士學位論文, 2013.

張嫻, 『明代詩社與文人心態硏究』, 西南大學碩士學位論文, 2012.

陳恩維, 「空間·記憶與地域詩學傳承: 以廣州南園和嶺南詩歌的互動爲例」, 『文學遺産』, 2019 3.

_____, 「文化場域中的地方書寫與地域詩派: 以南園五先生的嶺南書寫爲例」, 『社會科學戰線』, 第12期, 2018.

_____, 「論地域文人集群與地域詩派的形成: 以南園詩社與嶺南詩派爲例」, 『學術硏究』, 第3期, 2012.

_____, 「南園五先生結社考論」, 『廣東社會科學』, 第5期, 2010.

_____, 「元末明初南園五先生生卒年考補證", 『古籍整理硏究學刊』, 第5期, 2010.

陳永正, 「南園詩歌的傳承」, 『學術硏究』, 第12期, 2007.

_____, 「嶺南詩派略論」, 『嶺南文史』, 第3期, 1999.

何宗美, 「明代文人結社現象批判之辨析」, 『文藝硏究』, 第5期, 2010.

郭英德, 「明代文人結社說略」, 『北京師範大學學報』, 第4期, 1992.

李緖柏, 「明淸廣東的詩社」, 『廣東社會科學』, 第3期, 2000.

李玉栓,「文人結社與明代嶺南詩派的發展」,『安徽師範大學學報』, 第11期, 2013.

李豔,「明代嶺南的詩社研究」,『重慶科技學院學報』, 第10期, 2012.

劉樂樂,「明末嶺南詩人黎遂球與復社成員的交遊情況分析」,『赤峰學院學報』, 第12期, 2016.

寧祥,「南園五先生」,『佛山大學佛山師專學報』, 第5期, 1988.

唐朝暉,「南園詩社新探」,『湖南城市學院學報』, 第1期, 2010.

汪廷奎,「關於孫蕡等結社南園的時間」,『廣東社會科學』, 第6期, 1997.

王文榮,「淸初江南遺民結社研究: 以蘇松常鎮四府爲考察中心」,『南京師範大學文學院學報』, 第4期, 2001.

譚赤子,「南園詩社: 嶺南詩壇的第一個交響樂章」,『廣東農工商管理幹部學院學報』, 第1期, 2000.

중국영화에서의 승려 캐릭터와 그 의미

: 서사 기능 및 불교 지식체계에 대한 승인을 중심으로

● 취더쉬안曲德煊 · 이병민 ●

I. 서론 : 불교의 中國化와 대중화 그리고 승려 이미지

중국불교는 역사가 悠長하며 중국인들의 家家戶戶에 깊이 스며들어 불교의 경전에 대해서도 다들 한두 마디씩은 아는 체를 할 정도로 많은 사람들에게 널리 인식된 종교이다.

불교는 중국의 東漢 시기에 중국으로 전파되었는데 그 초기에는 문화적 영향력이 그다지 크지 못했다. 그러나 진시황이 중원을 통일한 이후부터 후한(後漢)이 건국되기까지의 중국은 크고 작은 전란의 연속이었으며 특히 한말(漢末)의 삼국시기에 사회는 혼란했고 그로 인해 지식인들의 내면은 고뇌에 빠졌는데, 불교의 자비나 인과응보 등의 심오한 불교이념을 통해 그들의 마음에 평정심을 얻을 수 있었다. 이렇게 현실에 대한 불만은 사람들에게 오히려 불교의 가치를 알게 해주었고 불교는 지식인들

---

* 이 글은 「중국 무협영화 승려 캐릭터의 역할과 미학적 기능 – 불교 지식체계에 대한 대중의 문화적 승인의 관점에서」, 『中國語文論譯叢刊』, 第47輯, 2020을 수정 · 보완한 것이다.

** 曲德煊, 江西師範大學音樂學院戲劇與影視學副教授(주저자)

이병민, 단국대학교 일본연구소 HK+연구교수(교신저자)

을 비롯하여 수많은 민중들에게까지 퍼져나가게 되었다. 불교는 중국의 역사적 상황에 충분히 부합하는 사상이었던 것이다.[1]

불교는 적극적으로 유교와 도교의 용어를 차용해서 쓰기도 하고, 때로는 중국인들의 사유방식에 맞추기 위해 불교 자신의 모습을 변용하기도 하여, 도교·유교와 동화하며 '中國化'되어가면서 중국인들의 일상생활 속에 깊이 파고들었다.[2]

불교는 인도에서 발원했지만, 인도에서는 일찍부터 힌두교가 주류 종교로 자리를 잡았고, 오히려 중국에서 더욱 발달하기 시작했다. 중국에서의 불교 흥성은 역대 황제들의 지원과도 관련이 깊은데, 그들이 불교에 대해 긍정적으로 여긴 이유는 불교의 자비, 중생 간의 평등, 불살생, 불간음, 不偸盜(도둑질하지 않음) 등의 교리가 국가를 통치하고 안정된 사회 질서를 유지하는 데에 도움이 되었기 때문이다. 유교로 나라를 다스린 제왕들도 민심을 달래는 데에 불교가 큰 역할을 하여 중국인들의 마음속에 스며들어 '대중화'될 수 있었다.

唐 太宗 때에 이르러서는 승려 玄奘을 西天으로 파견하여 眞經을 구하게 했고, 훗날 이와 관련하여 그 유명한 『西遊記』가 탄생했던 것이다.

승려의 이미지는 1,000년이 넘게 쌓여온 집단 무의식 속에 누적되어온 바, 중국 무협영화 속에서의 승려 캐릭터의 분석을 통해 중국인들의 집단적인 무의식적 욕망과 연관된 캐릭터로서의 역할과 미학적 기능에 대해서 살펴보고자 한다. 그 구체적인 방법으로서, 그레마스(Algirdas Julius Greimas)의 행동자 모델[3]과 보글러(Christopher Vogler)가 영웅의 여행에

---

1) 계환, 『중국불교』, 민족사, 1998, 22-23쪽 참고.
2) 계환, 앞의 책, 30-34쪽 참고.
3) 그레마스는 프로프의 이론을 보다 단순화시키고 일반화시킴으로써 러시아 민담이라는 한계를 확장시켰다. 행동자 모델은 인간의 행동을 욕구, 전달, 능력이라는 3개의 요소에 따라 6개의 행동자로 구분했다. 6개의 행동자는 주체자(Subject), 대상(Object),

등장하는 캐릭터를 8개의 원형4)으로 제시한 것을 통해서, 또한 크리스티앙 메츠(Christian Metz)가 설파한, 영화 관객이 영화를 관람할 때에 '동일시'가 작동하는 심리적 메커니즘을 통해 승려 캐릭터에 대해 고찰하고자 한다.

메츠는 영화 관객의 심리기제에 관한 이론을 체계적으로 논술했는데, 바로 영화관에서 영화를 보는 관객들은 "운동 기능성은 저하된 반면, 감각 기능은 고조된 상태"5)에 있는 특징을 갖고 있고, 이러한 상태로 거울 단계6)에 고유한 조건들을 재작동시키며, 게다가 더 직접적으로 서사 영화가 나르시시즘에 근거한 후퇴와 환상에 근거한 자기만족을 촉진한다는 것이다.7) 아울러, 그는 영화관에서 관객으로서 주체가 되어 영화를 '만들어'가는 과정을 다음과 같이 설명한다.

> 관객은 스크린에 부재한다. 거울 속 아이와 달리, 관객은 대상으로서 자신을 동일시 할 수 없다. 자신을 빼도 대상들에게만 동일시할 수 있다. 이러한 의미에서 스크린은 거울이 아니다. 이 경우 지각된 것은 온전히

발신자(Sender), 수신자(Receiver), 조력자(Helper), 대립자(Opponent)이다. 윤필상, 「그레마스 기호학 이론을 통해 본 리브레토의 서사구조-시빌리야의 이발사(Il Barbiere di Siviglia)를 중심으로」, 『예술인문사회 융합 멀티미디어』, 9권 12호, 2019, 433쪽.

4) 보글러가 제시한 8개의 원형 캐릭터로는, 영웅(Hero), 정신적 스승, 賢老(Mentor), 관문 수호자(Threshold Guardian), 전령관(Herald), 변신자재(Shapeshifter), 그림자(Shadow), 협력자(Ally), 장난꾸러기 익살꾼(Trickster)이 있다. 이상진 지음, 『캐릭터, 이야기 속의 인간』, (사)한국방송통신대학교출판문화원, 2019, 168-171쪽.
5) 크리스티앙 메츠, 이수진 옮김, 『상상적 기표-영화·정신분석·기호학』, 문학과지성사, 2009, 147쪽.
6) 라캉은 거울 단계에서는 대상과 자아의 구별이 없기에 이상적 자아(ideal ego)가 곧 자기 자신이다. 다시 말하면 거울 속에서 본 자신의 모습을 총체적인 것으로 착각한다. 성인이 되어 대상을 사랑할 때 흠모와 증오가 교차하는 이유, 대상과의 거리를 유지하지 못하고 소유하려는 욕망 등은 바로 이 거울 단계의 특성이다.
7) 크리스티앙 메츠, 앞의 책, 147쪽 참고.

대상의 차원에 속하는 것이고, 그 어떤 것도 관객 자신의 이미지에 해당하지 않으며, 지각된 것과 주체(타자와 나)의 특별한 혼재(이를 통하여만 타자와 나의 구별이 가능해지는)에 상응하지 않는다. 영화에서 스크린에 존재한 것은 늘 타자이다. 나는 그를 보기 위해 존재한다. (중략) 스크린에는 부재하지만 영화관에서는 실제로 존재하면서 위대한 눈과 귀를 지닌 주체, 그것 없이는 스크린에서 인지되는 대상이 되기 위해 그 누구도 갖지 못할 것이기에, 결국 '영화 기표를 구성하는 심급'이다(영화를 만드는 것은 바로 나이다). …중략… 요컨대 관객은 그 '자신에게 동일시하는 것이며,' (경고, 경계와 같은) 순수 지각 행위로서의 자신에게, 지각된다는 가능성의 조건으로서 그리고 '존재하는 모든 것' 이전의 선험적 주체로서의 자신에게 동일시하는 것이다.[8]

요컨대, 영화 관객들의 동일시는 영화 속 인물의 욕망에 자신의 무의식적 욕망을 투사하는 대상으로서의 승려 캐릭터에 대해 살피고자 한다.

II. 중국 무협영화 승려 캐릭터의 역할 분석

『西遊記』는 孫悟空으로 하여금 약자를 돕고 강자를 무찌르며 악을 몰아내고 선을 이기도록 하고, 인과응보 사상이나 신선사사의 요소가 스며들어 중국인들의 많은 사랑을 받아왔고 승려 玄奘은 매우 친숙한 승려의 이미지를 남겨주고 있다. 오늘날에 이르러서도 많은 TV드라마나 영화에서 『西遊記』를 원작으로 한 작품들을 많이 볼 수 있다. 예를 들면, 『西遊降魔篇(2013)』,[9] 『西遊記之大聖歸來(2015)』,[10] 『西遊伏妖篇(2017)』[11]

---

8) 크리스티앙 메츠, 앞의 책, 82-83쪽.
9) 周星馳가 제작, 시나리오와 연출까지 맡은 작품이며, 文章, 舒淇, 黃渤 등이 주연한 신화를 담은 사극 장르의 영화다.

등이다.

여기서는 바로 중국 무협영화에서의 승려 캐릭터의 역할에 대해서 논하고자 한다. 대다수 중국 무협영화에서 승려 캐릭터는 중요한 조연으로 나온다. 그들이 지닌 佛心에 그들의 심오한 무예가 더해져 항상 가장 중요한 협조자로 등장한다.

1. 유능한 조력자이자 정신적 스승으로서의 승려 캐릭터

승려 캐릭터는 영화에서 언제 등장하는가? 그(들)는 대부분 주인공이 '막다른 골목'에 다다른 상황일 경우에 출현한다. 주인공이 더 이상 막아낼 수 없는 강한 세력의 추격을 당하거나, 도저히 극복할 수 없는 고난에 처했을 때, 바로 이때 승려가 나타난다. 그는 마치 주인공을 위해 하늘이 내려준 듯한 인물이다. 승려 캐릭터의 이러한 활용은 서사 전략에 있어서 꽤 교묘하면서도 효과적이어서, 승려의 등장은 어색하지 않다고 여겨지기 마련이다. 바로 이 '자연스러움', 그것은 영화 관객이 영화를 보면서 느끼는 관람경험에 의한 것인데, 승려의 역할이 '바로 이때' 그리고 '반드시 이때' 필요하다는 것을 완전히 공감하게 되는 것을 말한다. 중국인 영화 관객들은 대부분 승려가 그 순간에 나타난 것이 합리적인지에 대해서 의심을 품지 않는데, 이 '의심하지 않음' 그 자체가, 바로 영화 속 승려 캐릭터가 그들의 집단적 무의식에 적절하게 작동했음을 증명하는 것이다.

승려가 중국 무협영화의 진정한 주인공이 되는 경우는 매우 드문데,

---

10) 중국 4대 기서(奇書) 중의 하나인『西遊記』를 원작으로 한 3D 애니메이션 영화로 橫店影視와 天空之城 두 제작사가 함께 제작을 맡고 田曉鵬감독이 연출했다.

11) 浙江橫店影業有限公司와 中國電影股份有限公司가 제작한 환타지 사극이자 코미디 장르인 퓨전 스타일의 영화이며, 周星馳가 제작을 맡고, 徐克이 연출을 하였으며, 吳亦凡, 林更新, 姚晨, 林允가 주연을 맡았다.

승려 캐릭터에는 서사 전개에 있어서 갈등을 증폭시키는 動力이 대체로 부족하기 때문이다. 그들은 주로 영화에서 격화되는 갈등을 해소시키고 모든 것들에 대해서 평화를 되찾는 방향으로 되돌리고자 한다.

그레마스(Algirdas Julius Greimas)의 행동자 모델에 의하면, 승려 캐릭터는 사건 발생의 주체자(Subject)도 아니고 그렇다고 해서 주체자가 목표를 이루었을 때 혜택을 보는 수신자(Receiver)도 아니다. 뿐만 아니라, 주체자의 목표를 추구를 방해하는 존재인 대립자(Opponent)는 더더욱 아니다. 승려 캐릭터는 주로 조력자(Helper)의 위치에 가장 가깝다.

즉, 주인공이 방해자를 이겨내고 자신의 理想을 계속 추구하거나 달성할 수 있도록 돕는 역할을 주로 맡는다. 이는 중국적인 '자연스러움' 속에서, 승려 캐릭터가 두드러지게 하는 한 방식이 된다. 이는 보글러(Christopher Vogler)가 영웅의 여행에 등장하는 캐릭터를 8개의 원형으로 제시한 것 중에서 정신적 스승(또는 賢老, Mentor)[12]과 협력자(Ally)[13]라는 원형 캐릭터와 매우 유사하다.

이를테면, 영화 『少林寺(1982)』[14]에서 주인공 역할을 하는 覺遠과 曇宗은 비록 승려의 신분에 속해있지만, 모두 실제로는 진정한 승려라고는 할 수 없는 인물들이다. 둘 다 출가한 지 얼마 안 된 상태에서 여전히 속세에서의 깊은 원한을 잊지 못하고 있기 때문이다. 승려가 주인공인 듯한 이 영화에서조차도 사실은 '속세' 인물들 사이의 恩怨관계를 다루고

---

12) 정신적 스승, 賢老는 영웅을 돕거나 가르치는 긍정적 캐릭터로서 지금은 지혜의 꾸러미를 전수해주는 존재이다. 영웅에게 여행에 필요한 동기, 영감, 길잡이, 훈육(가르침), 권능을 제공하는데, 권능은 영웅이 모종의 테스트를 통과하는 등 대가를 지불해야 얻도록 되어 있다. 이상진 지음, 앞의 책, 169쪽.

13) 협력자는 영웅의 동반자로 민담에 등장하는 '도움을 주는 하인'을 모티프로 하고 있다. 정령, 천사나 수호신, 동물, 유령으로 등장하기도 한다. 이상진 지음, 앞의 책, 171쪽.

14) 中原電影製片公司가 제작한 영화로 張鑫炎 감독이 연출을 맡고, 薛後, 盧兆璋이 시나리오를 썼으며, 李連傑, 於海, 丁嵐, 計春華, 於承惠가 함께 주연을 맡았다.

있는 것이다.

 승려 캐릭터는 대다수 중국인들에게 붓다(Budda)의 구제와 구원을 믿으며, 붓다의 대변자로서 붓다에 버금가는 능력을 지니고 있다고 여겨지는 인물이다. 인류 생존의 기초가 되는 자비심(慈悲心)을 지니고 있으며, 선량한 자와 약한 자를 돕고, 사람들을 지배하는 권력자들을 통제하고, 공동체의 이익을 해하는 악한 자를 벌함으로써 이 세상의 질서를 유지하고 있다. 이 이미지는 영화가 동일시의 '심리적 메커니즘'으로서 작동하는 측면에서의 결정체이기도 하다. 영화관객들은 이 세상이 불교의 극락세계가 되는 것을 원하며, 그러한 자신들의 소망을 영화에 투영한다. 승려 캐릭터는 바로 중국인들의 이러한 심리가 투영되는 대표적인 캐릭터 중의 하나로서, 불교 지식체계에 대한 대중들의 문화적 承認을 근간으로 한다.

 이는 데이비드 보드웰(David Bordwell)과 크리스틴 탐슨(Kristin Thompson)이 "장르 관습은 뿌리 깊은 사회적 불확실성을 건드림으로써 감정을 불러일으키지만, 이 감정을 승인된 태도로 배출한다고 볼 수 있다."[15]고 지적한 것이 바로 이같은 맥락에 의한 것이라고 할 수 있다. 예를 들어, 胡金銓 감독의 『俠女(1971)』[16]에서 노승 惠圓이 가장 주된 조력자로 나섰다. 俠女 楊惠貞이 도망갈 때 뛰어난 무예로 東廠를 막았고 절에 머물며 "不少防身之法"(적지 않은 호신법; 楊惠貞의 대사)을 가르쳤다. 훗날 楊惠貞이 다시 위험에 처하자 惠圓은 그녀를 절에 머물게 하고 顧生을 위해 아이를 낳도록 허락했다. 노승 惠圓은 세속의 시시비비는 초월한 승려 캐릭터로서, 顧生과 楊惠貞을 下山하게 하였지만, 그들 모두 목숨을 잃을 위기에 처하자 다시 그들을 위해 東廠의 추격을 막아주는 조력자

15) 데이비드 보드웰·크리스틴 톰슨 지음, 주진숙·이용관 외 옮김, 『영화예술』, ㈜지필미디어, 2011, 411쪽.
16) 胡金銓이 연출하고 石雋, 徐楓 등이 주연을 하였다.

로서의 역할을 거듭한다.

이 영화에서 승려 惠圓의 캐릭터는 정신적 스승으로서의 이미지 또한 의도적으로 강화된다. 그가 나타날 때마다 그의 머리 위로 햇살이 반짝거려 붓다의 法光이 드리워진 듯이 보인다. 이런 시각 이미지에 힘입어 그의 냉정함, 관대함, 포용력은 더욱 이상적이고 완벽한 것으로 느껴지게 된다. 동시에 이 정신적 스승의 이미지는 탁월한 무예의 능력을 지니고 있음으로써 주인공을 도울 뿐만 아니라, 불교의 慈悲라는 중요한 원칙을 실행한다. 그는 넓은 마음으로 東廠을 여러 번 놓아주었으며, 東廠이 깊이 잘못을 뉘우친 척할 때에도, 그는 뜻밖에도 일부러 그를 받아들여 절로 데리고 가 수행을 시키고자 했다.

중국 무협영화에서 승려 캐릭터는 또한 자신을 희생시켜서라도 일체 중생을 구원하고자 한다는 불교 교리를 직간접적으로 표현하고 있다. 그들은 마음속에 올바른 도[正道]를 간직하고 있으며, 높고 심오한 무예를 수련하였고, 자비와 지혜를 통해 널리 백성들을 구제하고자 한다.

다른 생명을 살리는 자신을 희생하는 이야기 중에는, 붓다의 前生 중의 한 인물인 마하살타 태자가 자신의 몸을 배고픈 호랑이에게 바치고자 했던 것이 하나의 典範이라고 할 수 있다. 『少林寺』에서도 方丈 승려가 절을 수호하기 위해 분신하고, 師父 승려가 피투성이가 된 채 희생된 것도 용맹과 헌신이 결합된 것이다. 이 두 덕목을 한 몸에 지닌 승려를 대표로 하는 불교의 이미지는 역사 속에서 누적된 불교가 중국 대다수 대중들이 무의식적으로 또 신앙적으로 의지하고 자신들의 소망을 依託해 온 종교이자 지식체계임을 보여준다.

고난과 위기의 순간에 승려가 나타나 조력자의 역할을 하기 때문에 서사 전개상의 중추 역할을 하게 된다. 이를테면, 『俠女』에서 노승 惠圓의 두 차례의 출현은 모두 영화의 극적 전개에서 새로운 국면으로 전환하게 한다. 즉, 선악으로 대립하는 양측의 실력에 균형이 깨지며 선한 주인공이 악인들과 대적하여 승리하는 길이 열린다. 예를 들면, 邵氏兄弟(香港)有限公司가 제작한 영화『武松』[17]에서 武氏형제가 결투를 벌이다 위기에 봉착했을 때, 승려 大郎은 武松을 절로 보내 武松으로 하여금 老僧으로부터 무예를 배우게 한다. 여러 해가 지난 후, 武松은 빼어난 무예의 소유자로 거듭나고 바로 이것은 추후 영화의 서사가 전환되는 계기가 된다. 승려 캐릭터는 이렇게 주인공이 생명을 유지하고 나아가 뛰어난 생존능력을 지니도록 도와준다. 바로 이 때문에 승려 캐릭터는 서사 전개의 핵심 動因이라고 할 수 있다.

승려 캐릭터는 주인공 행동의 조력자로서 그는 주인공의 과업을 도울 뿐 아니라, 正義를 수호하고 善意를 수행하기 위해 노력한다. 주인공의 행위가 조금이라도 잘못되면 승려는 즉각 간섭하고 조정한다. 예를 들어, 『天龍八部』에서도 절터를 청소하는 평범하게 보이던 老僧도 사실은 인물들 간의 갈등을 여러모로 조정하는 캐릭터였다.

따라서 승려 캐릭터는 자신이 원래 사건의 직접적인 당사자가 아님에도 불구하고 그 사건을 받아들여 주인공의 문제 해결을 돕는 조력자이자, 세속 사회에서 정의와 안정이 실현되도록 주인공의 행동을 올바른 방향으로 이끄는 정신적 스승의 캐릭터이기도 하다.

---

17) 『武松』은 邵氏兄弟(香港)有限公司가 제작하고 감독 李翰祥이 연출하여 높은 평가를 받는 작품으로 狄龍이 武松역을 맡아 연기하였고, 1982년에 金馬獎 시상식에서 3개의 대상을 수상했다. 金馬獎은 중화민국에서 열리는 연례 영화제로 홍콩의 香港電影金像獎과 중화인민공화국의 金雞百花獎(金雞獎과 百花獎을 함께 부르는 이름)과 함께 중국어권에서 열리는 3대 주요영화제의 하나이다. 1962년 첫 영화제가 열린 금마장은 중국어권에서는 가장 오랜 역사를 가지고 있다.

2. 叡智者이자 붓다(Budda) 代理人으로서의 승려 캐릭터

　승려 캐릭터는 중국에서 영화 관객이 지니는, 서론에서 언급한 크리스티앙 메츠의 '동일시'의 심리적 메커니즘이 가장 잘 발현되는 배역 중의 하나라고 할 수 있는데, 특히 역사극과 무협 장르의 영화에서 가장 익숙한 배역 중 하나이다. 중국 무협영화가 탄생하고 오래 지나지 않아, 승려 캐릭터는 중국 무협영화 속에서 일정한 '지위'를 차지했다고 할 수 있는데, 예를 들어, 『火燒紅蓮寺(1928)』[18]나 그 후의 많은 영화들 속에서 승려 배역은 중국인들에게 뛰어난 무술과 법술(法術)의 '정형화'[19]된 속성을 지니며, 아울러 신비한 상상과 환상을 안겨주면서 깊은 인상을 남겼다. 승려 캐릭터는 다른 이들이 잘못될 길로 들어서지 않게 도울 뿐 아니라, 지혜를 갖추고 있는 동시에, 신성(神性)에 가까운 고매한 인격, 그리고 正義를 중시하는 신념을 갖춘 인물로서 그려지며, 중국 영화 관객들에게 이들은 무의식적인 동일시를 하는 대상인 것이다.

　이런 측면과 관련하여, 승려 캐릭터는 거의 全知的이어서 서사 전개에서 문학작품에서의 전지적 작가 시점과 유사한 입장을 지닌다. 우리는 중국 무협영화에서 승려 캐릭터가 사건의 발생 경위, 즉 일의 발생과 세세한 과정을 아무에게도 묻지 않고도 이미 알고 있다는 것을 깨닫게 된다. 만약 한 영화에서 승려가 속임수에 넘어가 버린다든가, 주인공이 그에게 사건의 경과에 대해 장황한 설명을 해야 비로소 승려가 그 사건의 진상을 알 수 있는 장면이 있다면, 그것은 사족에 불과할 것이다.

---

18) 鄭正秋가 시나리오를 맡고, 張石川이 연출하고, 蕭英 등이 주연을 맡은, 무협과 중국 문학에서의 '傳奇' 성격의 판타지(Fatasy)가 결합된 첫 무협신괴(武俠神怪)영화이다.
19) 정형화는 캐릭터의 속성을 단번에 드러내주어 수용자가 캐릭터의 행동과 이야기를 쉽게 알 수 있도록 해주며 서사 구조 속에 표출되는 상징성과 그에 따른 의미를 쉽게 납득할 수 있게 해주는 기능을 한다. 백선기, 『영화 그 기호학적 해석의 즐거움2』, 커뮤니케이션북스(주), 2010, 160쪽.

이는 중국인들이 일반적으로 승려에게는 앞을 내다보는 능력이 있다고 믿는 현실과 관련이 있다. 사찰에서 승려들은 고뇌를 안고 있는 사람들을 위해 그들의 운명과 관련된 점괘를 풀어주면서, 찾아온 이가 겪은 문제에 대해서 이미 파악하고 있는 '영험한' 능력을 보여주기도 한다. 이러한 경험들에 대다수의 중국인 영화 관객들은 승려들이 사건의 진상을 제대로 꿰뚫어 보며, 주인공이 곤경에서 벗어날 수 있도록 올바르게 대처하는 叡智者로서의 능력을 지녔으리라고 믿는 경향이 있다. 예를 들어, 『俠女』의 惠圓은 출가승의 신분이지만 東林黨 사람들에 대해 잘 알고 있을 뿐만 아니라, 그때그때 사건에 대해서 어떻게 대응해야 할지와 관련한 상황과 방법에 대해서 분명하게 알고 있다. 그는 忠良을 구한 후나, 顧生이 아기를 안고 떠난 후에도, 곧 다시 위급한 상황에 처하게 됨을 알고 俠女와 將軍에게 하산하여 顧生을 돕게 한다. 실제로 顧生이 악당에게 곧 추격당하여 살해될 위기에 처했을 때, 평범한 늙은 나무꾼은 악당에게 속아 훼방꾼이 되고 만다. 반면, 승려 캐릭터는 이 범속한 나무꾼과는 대조를 이루며 叡智者로서의 이미지가 강조된다.

俠女와 將軍이 산을 내려와 顧生을 구하려 했음에도 불구하고, 惠圓은 이 두 사람조차도 위기에 처하게 됨을 느끼고 惠圓 자신이 직접 산을 내려와 그야말로 豫知力에 의해 자신의 생명이 곧 마침표를 찍게 된다는 것까지 알고 있는데, 이 점에 대해서는 영화의 앞부분에서 伏線을 깔아둔 바 있다. 惠圓이 "수행을 하여 업보를 제대로 받을 때, 그때 너를 다시 제자로 받아들일 것이다(修成正果[20]之際再收你爲徒)"고 말하는 장면

20) 修成正果란 貪瞋癡의 방면에서 고난을 겪어나 고통을 경험하다가 결국은 불법의 심오한 뜻을 깨달아 유혹이 다가와도 마음이 흔들리지 않으며, 위협을 당해도 선하고자 하는 마음을 바꾸지 않는 것을 가리킨다. 北京百度網訊科技有限公司(제공처), 검색어: 修成正果『百度百科(중국 포털사이트 '百度'의 Baidu百科 온라인 서비스)』, https://baike.baidu.com/item/%E4%BF%AE%E6%88%90%E6%AD%A3%E6%9E%9C/33

이 바로 그것이다. 豫知力을 기반으로 사람들을 구하고 입적함으로써 그는 승려로서의 수행을 완성할 뿐 아니라, 주변의 인물들이 자신의 제자가 되도록 감화시키는 데에까지 다다른다.

자신이 곧 죽게 되리라는 것을 알면서도 위험에 처한 이들을 기어코 구해냄으로써, 관객들로 하여금 승려 惠圓이 지닌 내면 깊은 곳의 자비심과 용맹함을 더욱 절절하게 느낄 수 있게 해준다. 예를 들자면, 李小龍 주연의『龍爭虎鬪(1973)』[21]에서는 李小龍이 절 안에서 무술을 배우다가, 승려인 師父의 "산에서 내려가 사찰의 불량배들을 제거하고 佛門을 깨끗하게 하라(下山剗除寺廟敗類, 淸理門戶)!"라는 명령을 수행하게 된다. 스승이 李小龍에게 혼자서 호랑이 굴에 들어가는 것처럼 위험을 무릅쓰게 하는 것은, 그가 반드시 성공하리라는 것을 알기 때문이다. 이때, 대다수의 관객들도 李小龍이 혼자서 불량배들을 찾아가는 것이 비록 겉보기에는 위태로워 보이기는 하나, 지혜로운 승려의 명을 받아 떠나는 것이므로, 결국 원하는 결과를 원만히 성취해 낼 수 있으리라는 믿음을 갖는 것이다.

승려는 叡智者로서 불교의 도리를 전하는 붓다(Budda)의 '代理人' 역할을 맡는다. 승려 캐릭터는, 자신이 처한 어려움에서 누군가 구출해주길 바라는 욕망이나, 알 수 없는 운명에 직면하여 고뇌하기도 하는 영화 관객들의, 자신의 미래에 대해 알고 싶은 갈망을 승려 캐릭터에게 투사함으로써 대리 만족을 느낄 수 있게 한다.

중국인의 가슴 깊은 곳에는 붓다로부터 얻고자 하는 위로와 도움을 주는 역할을 현실에서 구체적으로 대신할 수 있는 '승려 캐릭터'가 필요하

90645?fr=aladdin (검색일: 2020.05.20)
21) 嘉禾娛樂事業有限公司와 華納兄弟娛樂公司가 함께 제작한 액션영화로서 Robert Clouse 연출을 하였고, 李小龍이 주연을 맡았다.

다. 승려의 일거수일투족은 붓다의 뜻처럼 보여지고, 正義를 수호하는 神聖한 힘을 지니고 있는 것처럼 느껴진다. 또한, 승려 캐릭터는 오늘날 중국인들의 내면 깊은 곳에 자리잡은 종교적 욕구를 대변해 줄 수 있는 캐릭터인 동시에, '神의 不在'라는 중국 특유의 컨텍스트(context)[22]의 상황에서 이를 보완해주는 '代理人'이기도 하다.

Ⅲ. 중국 무협영화 승려 캐릭터의 미학적 기능

1. 승려 캐릭터의 '스펙터클'한 보여주기의 기능

승려들은 불교 수행자이자 성직자로서 나름의 생활 습관을 지니며, 특별한 종교적 儀式과 의상 착용의 특징을 지님으로써 우리 보통 사람들에게는 일종의 호기심과 신비스러움을 느끼게 하는 인물들이다. 또한, 그 외모로서는 몸에 袈裟를 입고 황토색 僧袍를 두른 모습은 하나의 특수한 인간상을 보여준다고 할 수 있다. 승려의 독특한 외관이 빚어내는 감각에는 불교가 지닌 문화적 요소가 담겨 있다. 이런 외양의 매력과 더불어, 중국 무협영화 속에서의 승려 캐릭터는 대부분 무술의 달인이라는 점이 더해진다.

이는 達摩大師가 72가지 무술 비법을 가져온 것으로 알려진 후에 많은 승려들이 무예를 연마해 온 것으로 간주하는 중국불교에 대한 인식을 바탕으로 하여 오랜 시간을 통해 점차적으로 누적된 중국인들의 승려에 대

---

22) 컨텍스트는 '문맥', '맥락', '연관관계'를 뜻하며, 텍스트와 연관되는 모든 주변 상황을 말한다. 텍스트(text)가 일차적으로 저자의 산물이지만, 사회적 컨텍스트를 고려할 때에만 그 텍스트에 대한 해명이 가능해진다고 한 미하일 로트만(에스토니아어: Mihhail Lotman, 1952~)의 견해에 의해 널리 쓰이게 되었다.

한 무의식적인 이미지들에 의한 것이라 볼 수 있다.

정치가 최우선 가치로 대두되었던 시기인 '17년 영화'[23]나 '文革영화'[24]에서는 정치 담론에 억눌려 승려 캐릭터는 일시적으로 거의 사라지게 되었다. 하지만, 영화를 통해 '시청각 욕망'을 충족하고자 하는 관객들의 내면에서 우러나는 강렬한 욕망에 의해서 다시 승려 캐릭터에 의한 무예의 시각적 전개는 중국 무협영화史에서 중요한 지위를 점유하기 시작했다. 이러한 시각적 욕망에 대한 충족의 필요성과 함께 전통적으로 승려가 지녔다고 여겨지는 무술과 법술의 능력이 중국인들에게 영화나 TV를 통해서 '스펙터클(Spectacle, 奇觀)'[25]한 시각적 쾌락을 제공하는 요소

---

23) 공산당에 의해 중화인민공화국이 건국(1949)된 후 개혁개방 이전까지 중국 무협영화는 세계로부터 인정받은 모든 자율성과 특성을 잃어버리게 되었으며 결국 노골적인 정치선전교육의 수단이 되었다. 이런 영화들은 이데올로기의 제약을 받은 역사의 기록물로 정신의 빈곤을 그대로 보여주었다. 1949년부터 1966년에 문화대혁명이 발발하기 전까지의 17년 동안의 영화들을 가리킨다. Stefan Kramer 지음, 황진자 옮김, 『중국 무협영화사』, 이산, 2000, 78-79쪽 참고.

24) 文化大革命 시기에 江青이 이끄는 급진적 上海 그룹, 이른바 '四人幇'은 그들 자신이 급조한 무대 설정을 그대로 따른 혁명 오페라인 현대 경극이 중국의 무대와 스크린에서 전성기를 누리며 革命模範劇으로 격상되게 했다. 그 이후 몇 년 동안 이어진 현대경극이나 발레극에 어떤 다른 장르도 수용되는 것을 원하지 않았지만 영화의 대중매체적 특성만은 수용했다. 이런 관점에서 제작된 모든 무대극 영화는 선전정책에 입각한 혁명적 상징들을 노골적으로 드러내고 있다. 이런 성격의 '모범극'[樣板戲] 영화들을 일명 '文革 영화'라고도 한다. Stefan Kramer 지음, 앞의 책, 116-117쪽 참고 '四人幇'은 모범극을 강조하는 과정에서 '三突出'의 경험을 총괄해 냈다. 그 내용은 "모든 인물 속에서 正面 인물을 突出시키고, 正面 인물 속에서 英雄 인물을 突出시키고, 英雄 인물 속에서 主要 英雄 인물을 突出시킨다"는 특징을 지닌다. 陸弘石·舒曉鳴 지음, 역자 김정욱, 『중국 무협영화사 중국 무협영화 백년의 역사』, 전남대학교출판부, 2011, 182쪽.

25) 영화에서 '스펙터클'이라 함은 통상 두 가지 차원에서 이야기될 수 있다. 하나는 영화가 본래부터 가지고 있는 미관성과 장관성을 가리키는 경우이다. 영화적 스펙터클의 두 번째 성격은 공상적이며, 신기하고, 경이로운 화면을 의도적으로 연출해 내는 특성을 말한다. 영화사 초기에 이탈리아에서 성행했던 신화 영화, 역사 영화들이 있었으나 영화

를 낳게 했다. '스펙터클'은 간단히 말해 시각적 즐거움을 주는 '볼거리'를 추구하는 것이며,[15] 이는 시각 매체로서의 영화의 주요 특성 중 하나이다.

우선, 홍콩의 무협영화『俠女(1971)』에서는 老僧인 慧圓의 무예가 극중에서 최고 경지에 속한 것이었는데, 이는 영화의 '스펙터클'과 민족문화가 결합하는 유익한 결과를 낳았다. 1978년 개혁개방 이후에는 고도의 영상기술을 통해 착시현상을 유도하는 방식으로 승려들의 무술 능력의 시각적인 매력 요소들을 다채롭게 선보이는 캐릭터가 활발하게 등장한 것이다. 그 중 가장 유명한 영화로서『少林寺』는 비교적 사실적인 소림 棍法 · 拳法 · 刀法을 보여주었으며,『少林小子(1984)』,[16]『南北少林(1986)』[17] 등의 영화들도 승려 캐릭터의 '스펙터클'한 무예를 통해 시각적 즐거움을 제공했다.

또한, 승려 캐릭터의 무예는 웅혼하고 엄숙한 표정을 지으며 장엄한 심미적 감각을 보여준다. 이들의 무예는 맨손을 이용하거나, 예를 들어 막대기 또는 악귀를 쫓는 방망이 등의 兵器를 사용하기도 하는데 늠름한 느낌을 주는 등 불교 정통 무예의 진면목을 전해준다. 이를테면, 成龍의『醉拳(1978)』,[18]『蛇形刁手(1978)』[19] 등은 재미있는 동작이나 표정으로

산업의 중심지가 미국으로 이동하면서 종교 영화나 뮤지컬, 전쟁 영화 등이 스펙터클의 대명사로 불렸다. 이런 규모의 스펙터클은 소위 서사적인 대작 영화, 요즘으로 말하자면 블록버스터 계열의 작품을 가리키는 말이다. propaganda(저자/제공처), 검색어: 스펙터클 [spectacle] 『영화사전(네이버 지식백과 온라인 서비스)』, https://terms.naver.com/entry.nhn?docId=349577&cid=42617&categoryId=42617 (검색일: 2020.04.20)

15) 한국 중국현대문학회 엮음, 임대근 외 지음, 『중국영화의 이해』, 동녘, 2008, 173쪽.
16) 張鑫炎이 연출하고, 李連傑, 丁嵐 등이 주연을 맡았다.
17) 邵氏兄弟(香港)有限公司와 珠江影業聯合公司가 함께 제작했으며, 劉家良이 연출하고 李連傑, 黃秋燕, 胡堅强, 於承惠 등이 주연을 맡았다.
18) 袁和平이 연출을 맡고, 成龍주연의 무협영화이며, 익살맞고 코믹한 특징을 지닌다.
19) 袁和平이 연출을 맡았으며, 成龍, 袁小田, 黃正利가 주연한 무협영화이다.

코믹한 효과를 지니긴 했지만, 승려들의 무술인 원숭이 권법[猴拳], 뱀
권법[蛇拳] 등은 제대로 구현해내지 못한 약점을 지니는 반면에, 邵氏兄
弟(香港)有限公司의 많은 무협영화에 등장하는 승려 캐릭터들은 이 두
권법을 능수능란하게 다루는 기개를 드러내며, 무예가 독특하면서도 속임
수가 없고 웅장하면서도 엄숙한 느낌을 준다. 영화 관객들은 가장 뛰어나
면서도 신기하다고 여겨지는 무술을, 그들이 정직하고 믿을 만하다고 여
기는 승려들이 지니고 있다는 점에서 시각적 만족과 심리적 위안을 얻을
수 있다.

2. 승려 캐릭터의 스펙터클과 '民族化'된 무예 미학으로서의 기능

승려 캐릭터가 스펙터클한 감각을 만들어낸 기저에는 빡빡 깎은 머리,
袈裟, 法방망이라는 불교에 친숙한 대중들이 오랫동안 자연스레 보아온
이미지들이 존재한다. 승려는 세속인과 확연히 구별되는 외모를 지니고
있어 영화 속에서 일종의 '별종'이지만, 중국의 영화관객들에게는 그에 대
한 거부감이 없을 뿐만 아니라, 오히려 인기 있는 캐릭터이다.

중국에서 영화가 시작되었을 때, 中華百合公司같은 회사는 "주요 창
작자로 陸潔, 顧肯夫, 陳壽蔭, 蔔萬蒼 등이 있는데, 그들 대부분은 서구
부르주아 교육을 받은 지식인들이며 미국영화를 좋아해서 그 영향을 많이
받았으며 이는 그들이 영화를 제작하는 데에 있어 서구화 경향을 지니게
했다"[20]고 말했다.

서구 유학 후 귀국한 이들은 '問題劇'[21]으로 많은 사람들의 주목을 끈

---

20) 程季華 외, 『中國電影發展史』, 中國電影出版社, 1998, 76쪽.
21) '사회문제극'이라고도 하며 사회문제를 주제로 하는 극작품을 일컫는다. 19세기 중엽
    유럽의 민족·민주운동이 발전하던 시기에 흥성하여 리얼리즘을 비판하는 문예사조와
    함께 등장하였다. 노르웨이의 극작가 입센(Henrik ibsen)의 『인형의 집』이 대표작이다.

'長城派'[22)와 '潛移默化(은연중에 감화됨)'를 표방한 '神州派'[23)를 형성했는데, 비록 이들도 일정 정도의 예술적 성취를 이루긴 했지만, 이들이 영화 속에서 강조하는 가치 체계가 당시 중국 영화관객 대다수의 미적 관점과는 다소 거리가 있었으므로 중화민족의 특징을 드러내는 데에는 부족했고, 이들이 영화계에서 존재한 시간은 오래되지 못한 채 잇따라 사라져갔다.

이러한 현상과 달리, 1920년대의 武俠神怪영화 열풍에서 비롯된 시리즈 영화들은 '스펙터클'을 추구하는 데에 있어서 승려의 캐릭터가 어떤 역할을 하는지 이미 분명하게 보여주었다. 武俠神怪영화로서 시각적인 스펙터클을 추구하며, 승려의 캐릭터가 스펙터클한 미장센(mise-en-scène)[24)에 기여하는 캐릭터임을 처음으로 깨닫게 해준 것이다. 즉, 明星公司와 天一公司는 중국인의 심미적 취향에 입각한 영화의 제작으로 경영 효과도 더욱 좋았고 영화계에서 살아남은 시간도 더 길었다. 이러한 현상은 바로 '民族化'의 문제가 중국 무협영화로서의 생명력과 직결되는 핵심적인 요소 중의 하나라는 것을 일깨워준다. 明星公司는 『火燒紅蓮寺』시리즈, 『車遲國唐僧鬥法(1927)』[25) 등을 만들었는데, 이 영화들은 승려들의

여기서는 입센의 문제의식을 담은 감독 侯曜의 『棄婦(1924)』등의 영화를 가리킨다.
22) 民國시기(1915-1949)에 長城電影公司와 함께 영화를 만든 사람들을 가리키는데, 이들의 영화들이 독특한 스타일을 형성했기에 이러한 명칭이 붙었으며, 시나리오 작가 겸 감독이었던 侯曜가 대표적인 인물이다.
23) 民國시기에 神州影片公司와 함께 영화를 만든 사람들을 가리키는데, 대표적인 인물로 촬영감독이었던 汪煦昌가 있다.
24) 본래는 '장면의 무대화'라는 연극용어이던 것이 전후의 프랑스 평론가들이 비평용어로서, 그리고 새물결의 감독들이 영화미학적으로 실천함으로써 일반화되었다. 오늘날 미장센의 전방에 있는 모든 영화적 요소인 연기, 분장, 무대장치, 의상, 조명 등을 장면화하여 타당성 있는 미학적 결과를 낳았는가 하는 점을 검토하게 되는 바, 이는 곧, '화면 내의 모든 것이 연기한다.'라는 관점을 말한다. 이승구·이용관 엮음, 『영화용어해설집』, 집문당, 2000, 142-143쪽 참고.

역동적인 무예의 '스펙터클'에 의해 '民族化'의 성격이 강화된 것이었으며, 이는 무술을 사실적으로 표현하는 것은 물론, 무술의 판타지(fantagy)적인 요소에까지 이르는 다양한 시각 요소들을 관객들에게 제공했다. 또한, 그것은 사람들의 눈을 어지럽게 하면서도 감정을 매혹시키는 풍부한 미적 감각에 더해, 춤과 같은 기교를 갖추었던 것이다.

현대 영화에서 공상과학 영화들이 바로 '스펙터클'을 구현했음은 물론이다. 스펙터클에 대한 추구는 상업영화가 지니는 중요한 징표 중의 하나로 볼 수 있으며, 세계 곳곳의 영화 텍스트들에서 시도되었다.[26] 이러한 흐름과 맥을 같이하며, 중국 사람들의 미적 심리도 일찍이 중국 전통의 무대극이나 연극을 관람하면서 느끼는 시각적 충격에서 서서히 영화 감상이 제공하는 시각적으로 다양한 자극을 즐기는 쪽으로 바뀌어 왔던 것이다. 여기에서 특이한 것은, 중국영화가 지니는 스펙터클은 武俠 그리고 武俠의 요소와 '傳奇' 성격의 판타지(fatasy)가 결합된 武俠神怪 등 중국 특유의 장르의 영화들에서 바로 승려 캐릭터에 의한 독특한 전통 무예에 '民族化'된 무예 미학의 성격이 추가된 것이라는 고유성을 지니고 있다. 이러한 '民族化'의 면모가 중국 영화관객들의 호응을 크게 얻은 것이다.

IV. 결론: 불교 지식체계에 대한 민중의 공인

승려 캐릭터는 중국 대중들의 내면의 욕망 및 그에 대한 예술적 반영으로서, 중국 대중들의 '붓다(budda)에 대한 숭배'라는 불교 신앙과 밀접하

---

25) 鄭小秋 감독의 흑백영화로, 고전소설 『西遊記』를 원작으로 각색한 영화이며, 상해에 소재한 明星電影公司가 제작했다.

26) 虞吉, 「電影的奇觀本性: 從梅裏愛到美國科幻電影的理論啓示」, 『當代電影』, 第5期, 1998, 10쪽 참고.

게 관계되며 집단 무의식적 욕망의 대리 충족하게 해주는 캐릭터임을 살펴보았다.

중국 무협영화에서 불교적 이미지의 전형적인 이미지의 하나인 승려 캐릭터는 유능한 조력자이자 정신적 스승으로서의 역할, 叡智者이자 붓다(Budda) 代理人으로서의 역할을 한다는 것을 알 수 있었다. 또한, 승려 캐릭터는 불교의 자비나 인과응보 등의 개념들을 상징하는 인물 캐릭터로서 '스펙터클'한 보여주기를 통한 시각적 쾌락의 제공 기능과 '民族化'된 무예 미학적 기능을 수행하는 특별한 캐릭터이다. 중국 무협영화에서 승려 캐릭터가 이러한 역할 및 미학적 기능을 수행할 수 있는 데에는 중국 역사 속에서 불교가 中國化되고 大衆化되었으며, 수많은 대중들에 의해서 그 문화적 가치가 수용되고 승인된 지식체계로서 승려 캐릭터에 대한 중국인들의 집단 무의식의 반영이나 심리적 메커니즘이 작동하고 있다.

| 참고문헌 |

계환,『중국불교』, 민족사, 1998.

데이비스 보드웰·크리스틴 톰슨 지음, 주진숙·이용관 외 옮김,『영화예술』,
　　㈜지필미디어, 2011.

변민주,『콘텐츠 디자인』, 커뮤니케이션북스(주), 2010.

백선기,『영화 그 기호학적 해석의 즐거움2』, 커뮤니케이션북스(주), 2020.

슈테판 크라머 지음, 황진자 옮김,『중국 무협영화사』, 이산, 2000.

윤필상,「그레마스 기호학 이론을 통해 본 리브레토의 서사구조 - 시빌리야의
　　이발사(Il Barbiere di Siviglia)를 중심으로」,『예술인문사회 융합 멀티
　　미디어』, 9권 12호, 2019.

크리스티앙 메츠, 이수진 옮김,『상상적 기표 - 영화·정신분석·기호학』, 문학
　　과지성사, 2009.

한국 중국현대문학학회 엮음, 임대근 외 지음,『중국영화의 이해』, 동녘, 2008.

陸弘石·舒曉鳴 지음, 역자 김정욱,『중국 무협영화사 중국 무협영화 백년의 역사』, 전남대학교출판부, 2011.

程季華 외,『中國電影發展史』, 中國電影出版社, 1998.

propaganda(저자/제공처), 검색어: 스펙터클 [spectacle]『영화사전(네이버 지식백과 온라인 서비스)』, https://terms.naver.com/entry.nhn?docId=349577&cid=42617&categoryId=42617 (검색일: 2020.04.20.)

北京百度網訊科技有限公司 (제공처), 검색어: 修成正果『百度百科(중국 포털 사이트 '百度'의 Baidu百科 온라인 서비스)』, 2001.

노작부(盧作孚)의 사천(四川) 북배(北碚) 건설과 향촌현대화의 지식기제

Ⅰ. 머리말

盧作孚(1893.4.14-1952.2.8)는 중국의 근현대 역사상 기업을 운영한 기업가이자 교육가로 알려져 있다. 毛澤東이 중공업의 張之洞, 경공업의 張謇, 화학공업의 範旭東과 함께 운수항운업의 노작부를 중국 민족공업가 네명 가운데 한 명으로 지명할 만큼 기업가로서 큰 평가를 받았다.

특히 민국시기 四川 지역 발전에 기여한 바가 컸으며 항일전쟁시기 '중국의 덩케르크'로 칭송되는 '宜昌 대퇴각'을 이끌었다.[1] 그가 운영한 민생공사는 사천 北碚 지역의 건설에 연계되어 있었고 이러한 건설사업은 1930년대 전국적인 향촌건설운동의 일환으로 볼 수 있다.

---

* 이 글은 「盧作孚와 四川 北碚의 향촌건설운동」, 『梨花史學硏究』, 제60집, 2020.06 을 수정·보완한 것이다.

** 국민대학교 중국인문사회연구소 HK교수.

1) 1938년 10월 24일부터 12월 초까지 湖北 宜昌의 9만여 톤의 공업물자와 3만여 명을 안전하게 후방으로 운송시킨 것을 의미하며 항일전쟁에서의 기적이라고 평가 받는다. 중국이 항전기간 후방 공업을 유지할 수 있게 하였다. 柳作林·李敏昌, 「中國抗戰史 的1938年宜昌大撤退」, 『福建論壇』, 2期, 2009.

다른 지역에서 전개된 향촌건설운동이 외국 유학을 다녀온 지식인이나 교육계 인사들이 중심이 되어 향촌에 들어가 전개된 되었던 것과 달리 노작부는 자신의 출신지에서 향촌건설을 진행하였다. 따라서 노작부의 향촌건설운동을 고찰하면 민국시기 향촌건설운동의 다양한 경로와 기제를 드러낼 수 있고 아울러 지역에 따른 차이도 살펴 볼 수 있다.

노작부의 향촌건설운동에 대한 기존의 연구는 향촌건설운동의 연구에서는 크게 다루어지지 않았고 개혁개방 이후 노작부가 다시 주목되면서 기업(實業)과 산업을 중심으로 하는 건설이라는 '기업구국'에 주목하여 이루어졌다. 그러나 노작부는 교육자였고 교육을 중시하고 강조했던 것에 주목하여 그의 교육사상이나 활동에 대한 연구가 이루어졌으며 향촌건설과 관련된 향촌교육, 직업교육 등에 대해서도 연구되었다. 물론 이러한 연구들은 민국시기 사천지방의 특성과 관련된 중앙정부와 지방정부의 관계 및 사천지방의 건설이라는 문제와 연계되어 이루어진 것이다.[2]

본고에서는 노작부가 교육구국의 관점에서 기업구국으로 전환하여 향촌건설운동을 전개해 나갔다는 기존의 연구와 달리 향촌건설운동 속에

---

2) 노작부 연구는 미국의 상해 도시사 연구에 대응한 내륙 사천지역 연구가 활발해진 1996년 이후 시작되었고 노작부의 民生公司 관리에 대한 세부적 연구도 이루어졌다. 張瑾,「近年美國的盧作孚硏究」,『博覽群書』, 9期, 2003; 王康,「滄桑不改聖賢心」,『博覽群書』, 9期, 2003은 쑨원과 노작부는 같은 구상을 지녔다고 보았다. 중국에서의 개혁개방 이후 노작부 연구가 시작된 이후 연구사에 대해서는 周鳴鳴,「近十年 盧作孚硏究新進展(2005~2015)」,『國家航海』, 3期, 2015가 정리하였다. 이에 따르면 晏陽初, 梁漱溟 등이 노작부와 관련된 책을 1980년대 출판했고, 1990년대 노작부연구회가 성립되었다. 2005년에는 西南大學 노작부연구센터와 민생기업유한공사 연구실이 공동으로 『盧作孚硏究』를 매년 4期로 발간하고 있다. 하지만 CNKI의 盧作孚 篇名검색의 논문은 318편에 불과하고 노작부와 민국시기 전반의 향촌건설운동과 관련된 연구는 충분한 것은 아니다. 국내에서는 중경 도시건설을 인물을 중심으로 고찰한 가운데 노작부를 언급한 김희신,「1926-1935년 重慶의 '內的'·'人的' 요소와 도시 근대화」,『동양사학연구』, 109期, 2009, 225-277쪽 이 있다.

기업과 교육을 함께 융합하여 교육구국을 구현해 나간 것을 드러내는데 주력하고자 한다.3)

　중국의 당시 상황에서 기업이나 경제적 발전의 근간은 교육의 보급에 있다는 교육구국은 교육계만의 주장이라고 할 수 없고 현대화를 진행해 나가기 위해 중국에서 보편적으로 형성된 담론이자 신념이라고 볼 수 있다. 교육은 일종의 신념이 되어 사회의 변화를 이끌 동력으로 간주 되었으며 현대의 물적 토대를 형성해주는 매개라는 이러한 확신은 산업이 낙후된 중국의 상황에서 필연적으로 발생 될 것이었다.

　더욱이 발전된 서구 외에도 중국 내의 발전된 타지역과의 차이와 지리적 고립 등으로 '下江'에 대한 나름의 경제적, 문화적 변화를 추구하려는 사천의 상황을 이해한다면 노작부의 향촌건설운동의 방향과 성격이 더 잘 드러날 수 있을 것이다. 그러므로 노작부가 北碚지역을 중심으로 향촌건설운동을 어떻게 진행해 나갔는가 그리고 교육에 대한 그의 신념이 어떻게 반영되었는가 하는 점 등을 드러낸다면 교육과 향촌건설이 어떻게 연계되는가 하는 보편성과 지역적 특수성을 이해할 수 있게 될 것이다. 이를 통해 사천지역의 현대화가 물질적 인프라 못지않게 문화적 특성을 지니려고 의도한 것도 드러날 수 있을 것이다.

　그러므로 본고에서는 이러한 민국시기 사회적 전환기 속에 지역건설에서 교육이 중시되는 중국적 특성을 드러내는 일환으로 노작부의 교육관과 그 관철 과정을 그의 활동시기 전반을 따라 고찰해 보고자 한다. 이는 교육과 산업을 향촌건설과 연계한 관점이 형성된 배경, 北培지역에서의 실제적 실천과정에 따라 살펴보고 그의 주장의 핵심이라 할 향촌 현대화,

---

3) 기업구국과 교육구국을 결합시킬 것을 표방했다고 보았다. 謝文慶, 『本土化視域中的西部地區兩種辦學取向比較以雷沛鴻與盧作孚爲例』, 華東師範大學碩士論文, 2013.

도시화를 분석하는데 초점을 맞추어 보고자 한다. 이를 통해 향촌건설운
동에서 향촌의 현대화를 위한 노작부의 교육활동이 지니는 의미와 한계도
드러낼 수 있을 것이다. 또한 향촌현대화의 과정에서 교육을 통한 현대적
지식이 중요한 매개가 되는 기제에 대한 파악도 이루어질 수 있을 것이다.

Ⅱ. 盧作孚의 '교육구국론' 형성

1. 노작부 '교육구국론'의 형성 배경

노작부는 민국시기 교육자들과 지식인들이 서구 특히 미국에 유학을
한 경험자들었던 것과 달리 정규 교육기관에서도 학업을 하지 못하였고
독학으로 지식을 쌓았다. 그럼에도 교육자로서 자격을 인정받을 만큼 유
능하였으며 당시의 교육 흐름을 수용하여 그의 교육관과 방식에 적용하
였다.

노작부의 교육관의 형성과정을 그의 성장과정과 함께 살펴볼 수 있을
것이다. 그는 1893년 사천성 合川縣의 빈한한 가정에서 태어나 소학을
졸업한 뒤 학업은 중단되었으나 私塾과 瑞山書院에서 전통문화에 대한
교육도 받았고 그 과정에서 '천하의 필망은 필부의 책임'이라는 지식인으
로서의 소명을 받아들였다. 이후 서양의 사상과 문화를 적극적으로 받아
들여 루소의 『민약론』, 다윈의 『진화론』, 헉슬리의 『천연론』과 손문의 혁
명학설 등을 수용하였고 그의 삼민주의를 신봉하였다.[4] 이에 1910년 사천
成都에서 손문의 동맹회에 가입하고 保路 동지회 투쟁에도 참여하였다.
신해혁명 이후 1913년 軍閥 胡景伊이 도독으로 부임하여 혁명당원을

---

4) 吳洪成·陳興德,「盧作孚教育思想及其實踐活動述論」,『西南師範大學學報』, 第26卷
第5期, 2000, 159쪽.

체포하자 成都를 떠나 江安과 고향 合川에서 교사로 일하였다. 1914년 여름에는 上海에 가서 黃炎培와 상무인서관의 黃警頑 만나게 되면서 황염배에게 많은 영향을 받았다. 황염배는 1913년 8월 〈학교교육 실용주의 채용 논의〉라는 글을 통해 생활과 교육과 교육과 사회의 관계라는 실용주의 교육을 창도했는데 노작부는 황염배를 통해 직업교육에 대해 이해하게 되었다.[5] 황염배는 江蘇, 安徽, 江西, 浙江, 山東, 東北지역을 고찰한 『교육고찰일기』를 노작부에게 주어 각 지역의 상황을 이해하도록 도왔다. 이외에 황염배가 시행하는 민중교육 활동을 직접 참관하면서 교육을 통해 민중을 환기 시키는 것이 중국이 전제와 제국주의의 약탈에서 벗어나는 길이라고 확신하게 되었다.

　민중교육에 대한 중요성을 인지한 가운데 1915년 가을 노작부는 上海를 떠나 四川省 合川縣을 향했다. 당시 중학교 교장 劉極光의 초빙으로 수학교사로 부임하려 했는데 湖北 宜昌에서 배를 탔으나 경비가 부족하여 배를 제대로 타지 못해 기한을 맞추지 못하여 결국 교사가 되지 못했고 1916년초 合川縣 福音堂小學의 산술과 교사가 되었다.[6] 이 과정에서 교통의 불편함과 경제적 곤란에 대한 각성이 있었다.

　교사를 하던 그는 1916년 6월에는 成都에서 발간되는 『群報』의 기자 겸 편집이 되어 당시 전국적으로 확산된 교육독립 사조에 부응하여 이와 관련된 글을 기사화 하였다. 그는 교육경비와 교육행정이 자주적이고 독립적이 되어야 한다고 주장했다.

　노작부는 '사람은 모두 천부적 본능이 있고 모두 교육을 받을 기회가 있다. … 양호한 교육을 받는 것은 인류 전체가 되어야 한다.'는 교육의

---

5)　李向紅, 『盧作孚職業教育思想硏究』, 西南大學碩士論文, 2010, 26쪽.
6)　吳洪成·郭麗平, 「一代實業家盧作孚在四川瀘州的"新教育"實驗」, 『靑海民族大學學報』, 第2期, 2011, 52쪽.

천부인권적 특성과 평등이라는 인식을 지녔는데 이 때문에 교육에 차별을 두는 원세개의 교육정책을 우민정책으로 비판하였다. 나아가 교육은 국가의 근본적인 대계라고 주장하면서 '각 성교육청의 설립'이라는 행정의 제도화를 제안하였다.[7] 이에 대해 당국이 제제를 가하자 1917년 여름 사직하고 다시 합천으로 돌아가 合川縣立中學에서 수학과 국문교사를 하였다.

교사외에 언론활동도 활발히 하였는데 1918년 겨울 李劼人이 成都에서 『川報』를 창간하자 주편으로 활동하고 1919년 5.4운동이 일어나자 백화문으로 발간을 하고 반북양정부의 글을 싣는 등 5.4운동에 참여하다가 1921년 주편직을 사직하였다.

1921년 노작부는 王光祈, 李大釗 등이 조직한 "少年中國學會"에 陳愚生의 추천으로 참여하게 되는데 이러한 활동을 통해 '국가지상, 사회본위'를 신념으로 지니게 되었다.[8] 이와 함께 노작부는 당시 유행한 듀이의 실용주의 교육사조에도 심취하였다. 듀이의 교육 즉 생활, 학교 즉 사회, 실천을 통해 배운다는 것이었는데 가장 좋은 교사는 학생이 스스로 학습을 하도록 돕는 것이라고 하고 학생의 잠재적 능력을 이끌어 내어야 한다고 주장하였으며 아동경험의 작용을 중시하고 몸으로 직접 체득하게 하였다. 또한 아동의 주체성을 중시했고 체벌을 하지 못하게 하였다. 이외 문

---

7) 盧作孚, 「各省教育廳之設立」, 『群報』, 1916.9.17, 淩耀倫·熊甫 編, 『盧作孚文集』, 北京大學出版社, 2012, 1-5쪽.
8) 소년중국학회는 1918년 6월 창건된 조직으로 발기인은 일본 유학생 출신인 陳淯, 張尚齡, 曾琦, 李大釗, 周無, 雷寶菁, 王光祈 등이다. '과학적 정신을 근본으로 사회를 위한 활동을 하며 소년 중국을 창조한다'를 종지로 분투, 실천, 인내, 검소를 신조로 하였다. 1919년 7월 정식으로 성립하여 각 지역에 분회를 두고 외국에도 회원을 두어 121명의 회원이 있었다. 1924년 7월 이후 左舜生과 曾琦가 『醒獅』주간을 별도로 발행하면서 분열되었다. 吳洪成·郭麗平, 「一代"船王"盧作孚的教育救國夢—早期教育活動探析」, 『文史博覽』, 4期, 2010, 6쪽.

자와 독서 중심에서 아동의 경험과 체험을 중시한 것은 듀이의 영향을 받은 것이라고 볼 수 있다.[9] 1921년까지 청년기의 노작부는 줄곧 교사와 언론인으로 사회활동의 참여자로 활동하면서 5.4운동에 적극 참여하였다.

2. 瀘州에서의 '新教育' 시행과 좌절

1921년 四川 瀘州에서 新政을 수행한 사천 군사장 겸 永寧道尹 楊森의 초빙으로 瀘州로 가게 되었고 노작부는 永寧道尹公署의 교육과 과장이 되어 1922년 여름까지 新川南 건설계획을 도왔고 이후 양삼과는 친구의 관계가 지속 되었다.

양삼의 지원으로 노작부는 노주에서 민중교육을 폭넓게 시행할 수 있었다. 永寧道에 소속된 25개 縣의 교육을 수행하게 되면서 우선 1922년 『教育月刊』 잡지를 발행하여 교육의 취지를 널리 알렸다.

그는 '교육월간 발간사', '교육경비와 교육진행' 등의 글에서 특히 경제적 행정적 지원과 교육의 독립과 보급 등의 필요성을 주장했고[10]

> "구미열방과 비교해서 보면 우리나라에서 시행하는 것보다 양호하다. 교육가가 더 양호한 법을 발견해도 이에 미치지 못하니 시행을 연구하고 서로 보완하여 나아가야 개혁이 속도가 붙고 나날이 증가할 것이다. 우리나라는 불량한 상황이나 대다수 교육계와 교육계 이외의 사람들도 이 불량한 것을 알지 못한다. 더 좋은 것을 많이 발견해서 우리나라에 효과적으로 시행하고 적어도 우리에게 참고가 될 만한 것을 제공해야 할 것이다."[11]

---

9) 吳洪成·陳興德, 「盧作孚教育思想及其實踐活動述論」, 『西南師範大學學報』, 第26卷 第5期, 2000, 156쪽.
10) 盧作孚, 「教育月刊發刊詞」, 『教育月刊』, 第1卷 第1期, 1922.1, 『盧作孚文集』, 5-7쪽.
11) 盧作孚, 「教育經費與教育進行」, 『教育月刊』, 第1卷 第1期, 1922.1, 『盧作孚文

라고 한 것은 서구의 교육사상을 적극적으로 소개하면서도 국내의 실정에
부합해야 한다는 것을 강조한 것이다. 그는 신사상, 신도덕, 신문화의 건
립을 전파하는 것인데 특히 행정체계를 통한 질적 제고를 개혁으로 보았
으며 이것이 노작부가 말하는 '신교육' 실험이었다.

신교육 실험은 크게 두 가지 방향에서 이루어졌는데 먼저 川南사범학
교를 중심으로 구교육을 개혁하고 신교육을 시행하고자 한 것이었다.

노작부를 소년중국학회에 추천했던 陳愚生은 당시 重慶에서 川東道
尹公署 비서장으로 있었는데 그는 소년중국학회 회원들을 신교육을 시행
하기 위한 교사들로 노작부에게 추천하였다. 이에 노작부에게 왕덕희를
천남사범학교 교장으로 임명하고 당시 안휘성의 宣城師範학교에서 근무
하던 운대영을 천남사범학교의 교무주임으로 임명했다. 이외 소년중국학
회 회원인 穆濟波, 周曉, 胡蘭畦, 秦德君, 朱昌文 등을 교사로 오게 하
여 교육개혁을 전개했다. 이는 당시 천남사범학교가 봉건세력의 요새라고
할 만큼 구세력이 장악하고 있었기 때문이었다.[12]

이들 새로운 인사들은 학교의 관리체제를 새롭게 하고자 했고 惲代英
은 '학교공유운동'을 주창하는 글을 〈중화교육계〉 잡지에 실어 전국에 알
리기도 하였다. 학교의 최고 권력기관은 교무회의가 되어야 하고 이는 학
생과 교직원이 참여할 수 있어야 한다는 학교행정의 민주적 운영을 제기
한 것이었다. 이를 위해 교육과 과장으로 1922년 4월에는 25개현의 교육
국장과 중학교장들을 고찰단으로 구성해서 상해와 남경 등지를 살펴보게
하고 학교기구의 체계화를 도모했다.

노작부는 특히 교육의 새로운 방법도 제시하였는데 그는 '첫째 교과서

集」, 8-9쪽.
12) 吳洪成·郭麗平, 「一代實業家盧作孚在四川瀘州的"新教育"實驗」, 『青海民族大
學學報』, 第2期, 2011, 52쪽.

를 타파하여야 한다. 교과서를 사용하지 말고 최저한도에서만 교재로 택하고 나머지는 학생이 환경 가운데에서 선택하도록 한다. 학생은 자연계와 사회로 나아가 거기에서 학교로 가져오게 한다'고 하였는데13) 이는 듀이의 실용주의적 교육방법을 적용한 것이었다. 그는 교육은 실제 사물을 통해 아동의 흥미를 이끌어 내고 교사는 학생들에게 지행합일을 이끌어 내게 한다는 아동위주의 교육방법을 시행하고자 했다. 구교육방법과 수단으로는 아동의 심신에 유해한 일만 끼칠 것이라고 주장하였으며 특히 그가 강조한 것은 학교의 환경과 설비나 자료의 배치였는데 학생들의 흥미와 자주적인 학습을 가능케 하기 위한 것이라고 보았다. 교육의 문화적 설비로 도서관의 건립에도 주력했다.

신교육의 두번째는 통속교육회를 통해 민중운동교육을 전개한 것이다. 노작부는 노주의 白塔寺에 통속교육회를 수요일과 토요일 밤에 강좌를 열어 시행했다. 강연자로는 茅盾, 惲代英, 蕭楚女 등이었고 이들을 통해 신문화운동의 사상이 이 지역에도 전파되었다.14) 강연의 내용도 민주와 평등, 여자교육, 남녀공학, 청결과 위생의 시행 등이었다.

특히 1922년 봄에는 교육과의 주관으로 川南연합운동회를 개최하고 부녀와 학생도 참가하게 하여 그의 아내 蒙淑儀도 참가했고 운동장의 입구에는 머리를 자를 수 있는 준비를 하여 양삼의 아내가 단발의 시범을 보이면서 운동회를 통해 신문화를 전파하였다. 운동회는 7일간 열렸고 참가자는 1,400여명으로 각종 운동경기가 진행되기도 하고 각 현의 토산품을 진열하기도 했는데 당시 永寧과 瀘州의 민중들은 거부하지 않고 환영했으

13) 盧作孚, 「敎育方法與暗示」, 『敎育月刊』, 第1卷 第1期, 1922.1, 『盧作孚文集』, 13-15쪽.
14) 趙曉玲, 『盧作孚的夢想與實踐』, 成都: 四川人民出版社, 2002, 32쪽, 吳洪成·郭麗平, 『現代敎育家盧作孚的事業與敎育思想研究』, 河北大學碩士論文, 2006, 53쪽 재인용.

며 활기가 넘쳤다. 이렇게 운동회를 통해 자연스럽게 건전한 여가문화와 풍속의 개량을 민중들이 경험하게 된 것이다.

하지만 짧은 교육개혁의 노력은 사천군벌들의 혼전에서 楊森이 패배하여 여름 川軍 第一軍賴心輝部가 노주를 점령하고 旅長 張挺生이 永寧道尹이 되면서 종료되었다. 다시 남녀공학의 일률 취소, 여자의 단발 금지 등을 발표하면서 구교육체제가 부활했다. 결국 노작부가 노주에서 신교육 실험인 천남사범학교를 통한 교육행정체제와 교육방법의 변화를 가져올 신교육의 시행과 통속교육강연을 비롯한 민중에게 신교육을 확산시키기 위한 방법의 시행은 중단되었다. 盧作孚과 惲代英은 결국 노주를 떠날 수밖에 없었다.

Ⅲ. '敎育理想主義'의 모색과 실천

1. 成都통속교육관과 民生公社

1922년 말 노주를 떠나 노작부는 다시 上海로 가서 黃炎培를 만났다. 이때 '중화직업교육사'와 중화직업학교를 참관하면서 "노동자의 병사화 寓兵於工"와 "집단생활건설"에 대한 구상하게 되었다. 또한 江蘇 南通에서 장건의 사업을 살펴보고 직업과 결합된 민중교육의 필요성에 대해 자각하였다.[15]

노작부는 1923년 여름 다시 重慶으로 돌아와 重慶省立第二女子師範學校의 부이사장 겸 국어교사로 부임하고 蕭楚女, 惲代英과도 지속적으로 교류를 이어갔다. 그러다 1924년 楊森이 재기하자 四川軍務督理와

---

15) 劉來兵, 『盧作孚北碚鄉村教育建設探析』, 西南大學碩士論文, 2008, 9쪽.

민정겸찰을 맡아 사천성 성장으로 권력을 장악하게 되었고 노작부는 成都 교육청장으로 초빙되었다. 하지만 노작부는 이를 거절하고 노주에서 민중교육운동을 다시 계속할 수 있기를 희망했다. 이는 상해에서 구상한 집단생활건설과 노동자의 병사화라는 구상을 실현하고자 했기 때문이다. 이에 成都로 가서 민중통속교육관을 설립하고 관장이 되었다.

통속교육관은 노작부에게는 민중교육을 시행하기 위한 총체적인 인프라였다. 통속교육관 내에는 박물관이 있었고 박물관에는 자연박물관, 역사진열관, 농업진열관, 공업진열관, 교육진열관, 위생진열관, 武器진열관, 金石진열관이 있어 지식의 집합소와 같은 작용을 하도록 했다. 도서관도 두었는데 도서관은 아동뿐 아니라 성인열람실과 수많은 도서를 갖추어 지식을 쌓게 하였다. 이외에도 문화시설을 갖추어 구풍속과 습관을 대체하고자 했는데 음악당에서는 전통음악이나 경극 뿐 아니라 서양음악을 공연할 수 있게 하였고 통속관내에 동물원, 공공운동장을 설치해서 현대적인 여가와 문화로 봉건적 문화를 대체하고자 하였다.

이러한 현대적 시설을 통해 현대적 감각과 문화 및 지식을 접할 수 있도록 하기 위해 과학과 교육보급, 사회개혁을 내용으로 하는 강연을 개최하고 영화 상영도 하고 서양회화의 전람회도 개최하였다. 이렇게 통속교육관은 정치, 과학, 문화, 예술의 중심지의 역할을 함과 동시에 '집단생활'을 경험하는 장으로 기능하게 되었다.[16]

그는 '집단생활'은 교육을 통해 이루어지는 것으로 현대화를 위해 조직되는 것이라고 하였다. 그는 직업교육도 이 집단생활 건설의 일환이라고 보았다.[17]

16) 王安平,「盧作孚的鄉村建設理論與實踐述論」,『社會科學研究』, 5期, 1997, 114-115쪽.
17) 盧作孚,「要解決當前的問題」, 1938, 1.17,『新世界』, 第12卷 2期,『盧作孚文集』, 479-483쪽.

하지만 성도의 통속교육관 건설과 실험은 역시 군벌 혼전으로 좌절을 맞게 되는데 1925년 군벌 혼전으로 양삼이 성도를 떠나게 되었기 때문이었다. 이에 노작부는 정치적 혼란 상황에서 교육실험은 이루어지기 어렵다고 판단하였고 '하나의 촌에 하나의 기업(一個事一個村)'을 통한 교육의 시행을 주창하게 되었다. 기업이 기초가 되고 경제적 뒷받침이 있어야 문화교육이 시행될 수 있다고 판단하게 되었고 이를 '기업민생' 즉 산업과 교육의 결합으로 이후 향촌건설의 전반적 과정에서 관철하게 된다.[18]

1925년 노작부는 다시 合川으로 돌아가 10월 11일 통속교육관에서 발기인회의를 열고 1926년 6월 10일 중경에서 民生實業有限公司(이하 민생공사)창립회를 열었다. 7월 23일부터 민생호가 중경과 합천 간의 정기 여객운수 업무를 시작하였다. 당시 사천을 장악한 劉湘은 1927년 노작부가 운수업무를 위해 지역의 비적의 문제를 해결한 것을 보고 1929년 그를 川江航務管理處長에 임명했다. 노작부는 관리처장으로 당시 세금징수 체계를 합리적으로 개선하였고 이익을 독점하던 外輪에 대해 검사를 단호하게 하면서 사천지역 이익을 증대시켰다. 이를 통해 민생공사는 더욱 성장하게 되었고 사천지역도 지역적 고립에서 벗어날 길이 열렸다. 비적을 소탕하고 분할된 지역의 이권을 통합하고 합리적인 기업의 운영과 행정의 체계화 등으로 사천 전체의 이익을 도모하는 것은 '집단생활'의 건설로 현대화를 이루고자 한 그의 소신에서 비롯된 것이라 할 수 있다.

2. 北碚의 향촌건설운동

1926년 이후 전국적으로 향촌건설과 이에 따른 향촌교육이 진행되기

---

18) 李秉禍,「民國時期三種鄕村建設模式的比較與借鑒」,『現代經濟探討』, 第4期, 2006, 26쪽.

시작했다. 민생공사를 설립하고 운영하게 되면서 노작부는 이제 기업가의
입장에서 교육과 건설을 연결지었다. 기업을 운영하면서 성정부의 관리가
되었고 劉湘의 안정적 체제가 비교적 장기화 되면서 향촌건설운동이 지
속적으로 전개될 수 있게 되었다.[19]

　1926년 여름 劉湘이 사천을 통일하고 11월 국민정부 혁명군 제21군
군장이 되어 사천지역이 안정되자 민생공사의 영업도 궤도에 오르게 되었
다. 노작부는 지역의 유지와 군벌정부와도 긴밀한 관계를 맺었는데 사천
지방 紳士들의 도움을 받았다. 또한 자신의 고향인 합천현, 강북현 신사들
과 친구관계인 것을 통해 1927년 봄 노작부는 사천 江巴璧合 峽防團務
局 국장이 될 수 있었다. 1927년 2월 15일 협방단무국의 총부가 北碚縣에
두어지면서 노작부의 주요한 활동무대가 되었다. 협방단무국은 嘉陵江三
峽地區를 관할하는 것으로 가릉강삼협은 重慶에서 合川 사이의 曆鼻峽,
溫塘峽, 觀音峽 및 그 주변 지역을 총칭하는 것이며 江北, 巴縣, 璧山,
合川 4현의 교계에 위치하면서 39개의 향진을 포괄하는 수륙교통의 요지
를 말하는 것이다. 그러나 당시에는 교통이 발달하지 않았으며 경제가 낙
후된 군벌할거지역이었다.

　노작부는 이 지역에서 향촌건설을 시행하기로 하고 "구차한 안일함을
타파하고 이상적 사회를 창조하자打破苟安現局, 創造理想的社會"라고
하였다.[20]

　우선 비적의 출몰 등 치안을 안정시키기 위해 1927년 여름 학생대, 소
년의용대, 경찰 학생대를 발기해서 중학교 졸업 수준 정도의 5백여 명의
청년들을 모아 훈련을 시켰다.

19) 謝文慶, 「論本土化的教育家辦學管理——以雷沛鴻和盧作孚辦學爲例」, 『基礎教
　　育』, 5期, 2013 참고.
20) 王安平, 「盧作孚的鄕村建設理論與實踐述論」, 『社會科學硏究』, 5期, 1997, 117쪽.

이들 의용대와 학생대의 훈련의 내용은 군사 정치 상식, 사상 행위, 업무와 생활작풍에 관한 것으로 현대세계에 적합한 두뇌를 지니고 국가의 긴급한 상황에서 자신의 의무를 다할 것을 가르치도록 했다. 학생들은 과학적 방법으로 처리하고 낭비를 반대하고 결혼, 장례, 생일을 번잡하지 않고 소박하게 해야 한다고 교육했다. 특히 교육받은 내용의 실제적인 실천을 중시하였다.

이러한 교육을 시행하면서 노작부는 학생과 관병을 이끌고 향진을 순회하였다. 향진에서는 문화, 위생, 체육을 선전하고 홍보하면서 민중들에게 각종 공공활동에 참여하도록 독려했다. 이를 통해 흡연, 음주, 기녀, 도박, 사치를 못하게 하여 풍속을 변화시켰으며 토비 조직도 와해 되었다. 이는 민생공사의 운항이 원활하게 되는 바탕을 마련한 것이기도 하였다.

한편 1927년 8월 노작부는 합천과 江北 두 縣의 탄광과 관련된 인사들에게 20만원의 모금을 받아 北川鐵路公司를 설립했다. 이는 가릉강삼협지구가 풍부한 광업자원을 지니고 있지만 교통이 뒷받침되지 못한 것을 고려한 것이었다. 노작부는 덴마크 기술자를 초빙하여 철로총공정사로 삼아 上海에서 기차와 철로기재들을 구입하여 일년에 걸쳐 三峽의 심산유곡에 8.5킬로미터의 석탄 운반을 위한 민영철로를 놓았다.

치안의 안정과 민생공사의 원활한 발전을 바탕으로 산업의 발전을 진행함과 동시에 노작부는 민중교육에 바탕을 둔 향촌교육을 시행해야 한다고 보고 1928년 北碚에 민중교육판사처를 설립하여 본격적인 교육과 결합 된 향촌건설을 진행해 나갔다.

北碚는 가릉강의 하류 중경과 합천의 중간에 있는 곳으로 39개의 향진을 포괄하는 곳이었다. 중경의 위성향촌의 성격이 강했고 합천에서 중경으로 가는 운항의 중간거점이기도 했다. 민국 초에는 巴縣의 일부였고 면적은 백평방킬로미터 정도였다.[21]

당시 북배의 총인구수는 86,158명으로 직업인구는 40,515명이었다. 직업의 구성은 남성은 농업종사자가 20%, 공업, 광업, 상업과 교통운수업 종사자가 14.7%, 20%, 11.2%, 13.1%였다. 농업과 광업종사자가 많았으며 공업과 교통운수업의 비율도 높은 편이었다. 여성은 농업종사자가 8.7%, 공업, 상업, 인사복무는 20.8%, 10.1%, 37%로 공업 종사자의 비율이 적지 않았다.[22] 그러나 교육기관은 1927년 당시 2개의 공립소학과 7개의 私塾만 존재하는 상황이었다.[23]

노작부는 1928년에는 우선 북배실용소학을 건립하여 교육보급을 도모했는데 실용적인 교육의 시행과 함께 이를 가정에서도 이루어지도록 이끌었다. 가정의 재무, 위생, 가사활동, 위생습관 등도 가르치도록 했고 특히 국가와 세계의 상황을 알도록 했으며 교육방법도 직접 관찰, 실험, 현지참관을 위주로 한 실용적 교육을 시행하였다.[24]

한편 노작부는 1928년 협방국 학생대를 이끌고 북배의 관제사당에 가서 신상을 없애고 여기에 도서관을 건립하려 했다. 당시 민중들의 불만이 고조되었고 노작부는 곤경에 처하게 되었는데 민중대회를 열었다. 그는 '사묘의 보살은 무엇인가? 단지 흙과 풀로 만든 것에 불과하다. 뭐가 두려운가!, 두려운 것은 사묘의 보살이 아니라 내 마음속의 보살이니 그것은 내 마음에 오랫동안 수백 년 수천 년을 압박했던 것이다. 반드시 타도해야 하고 타도하지 않으면 아름다운 삼협은 절대 건설할 수 없을 것이다'라고 설득하였고 북배도서관을 건립할 수 있었다. 도서관은 점차 큰 규모로 확

---

21) 潘洵·李桂芳, 「盧作孚與中國近代鄕村現代化的"北碚現像"」, 『重慶師範大學學報』, 第5期, 2011, 44쪽.

22) 龍海, 『試論民國時期盧作孚在北碚的衛生建設對人口和社會發展的意義』, 重慶醫科大學 碩士論文, 2005.

23) 陳剛, 「嘉陵江三峽鄕村建設實驗; 中國現代化啓蒙的新路徑」, 『重慶社會科學』, 1期, 2005, 102쪽.

24) 李向紅, 『盧作孚職業敎育思想硏究』, 西南大學碩士論文, 2010, 14-15쪽.

장되면서 鄕鎭에도 분관을 두고 순회서고를 운영하였으며 1945년까지 북배민중도서관, 민생공사도서관, 서부과학도서관이 결합된 24만권 소장의 대규모 도서관으로 확대되었다.[25]

　1929년 12월 노작부는 이미 향촌의 교육을 개선하고 추진하는데 그치는 것이 아니라 향촌이 직면한 곤궁과 재난을 구제하는 것과 관련을 지어 시행해야 한다고 보았다. 이와 관련하여 농업실험장, 수리시설, 정수시설 등의 인프라도 구축되었다.

　이에 北碚 현대교육에 대한 계획을 발표했는데 소학교육의 보급, 사회교육의 확산과 과학원 설립이 주요한 내용이었다. 우선 소학교육은 실험실, 운동장, 진열관, 도서관 등 설비의 완비를 하고자 했다. 사회교육은 鄕鎭마다 도서관, 박물관, 강연장, 운동장 등을 설립해야 한다고 하였는데 이를 통해 봉건적인 작품의 공연 대신 현대적인 연극, 영화, 음악을 감상할 수 있게 해야 한다고 보았다.[26] 특히 과학원은 기상대, 이과 실험실, 식물관, 동물원, 지질관, 사회과학관을 두어야 한다고 하였다.[27] 이는 노주와 성도에서 앞서 시행한 '신교육'수행의 방식과 같은 것으로 설비와 시설을 통해 생활방식을 바꾸고 이를 통해 의식을 변화시키고자 한 것으로 볼 수 있을 것이다.

　이러한 풍속의 변화를 위해 1929년 4월 22일 운동회를 개최했고 1,161명의 운동선수가 각종 경기를 진행했다.[28] 한편 현대적인 의료와 위생을 전파하기 위해서 7월에는 협방국이 주도하여 지방병원을 건립하여 의사

25) 潘洵·李桂芳,「盧作孚與中國近代鄕村現代化的"北碚現像"」,『重慶師範大學學報』, 第5期, 2011, 47쪽.
26) 方舟,「民衆敎育旗手盧作孚」,『敎育與職業』, 34期, 2005, 76쪽.
27) 陳興德·覃紅霞,「論盧作孚在中國近現代敎育史上的地位」,『中華文化論壇』, 3期, 2003, 104-105쪽.
28) 劉來兵,『盧作孚北碚鄕村敎育建設探析』, 西南大學碩士論文, 2008, 16-17쪽.

와 진료실을 두었고 내과, 외과, 약제실 등으로 확대했으며 1931년에는 현대적인 의료시설을 갖추게 되었다. 병원을 통해 보건 위생 지식의 전파, 각종 접종이 시행되었다. 1931년 가을에는 동악묘의 신생을 없애고 박물관을 건립했다.

한편 1936년 가릉강 향촌건설실험구(嘉陵江三峽鄉村建設實驗區)가 건설되었다. 북배를 중심으로 5개의 향진구역이 포괄되었고 노작부는 향촌건설설계위원회의 부주석으로 있으면서 북배는 사회발전 실험구 교육문화실험구가 되었다. 그는 가릉강삼협을 범위로 파현의 북배향을 중심으로 이상으로 시작하여 가릉강삼협을 생산구역, 문화구역, 유람구역으로 구축하려 했다. 이러한 계획은 1937년까지 아름다운 공원을 조성하는 것으로 이어졌는데 근대적 시설과 건물로 신문화를 담아내고자 한 일관된 방식이자 북배 향촌건설에 나타난 특징이라고 할 수 있을 것이다.

Ⅳ. 향촌 현대화와 교육의 확장

1. 향촌의 현대화와 '집단생활'조직

노작부의 향촌건설의 구상에 보이는 특징을 살펴보는 것은 기업가이면서 교육을 중시한 이유를 밝히는데 중요하기 때문이다. 그가 1930년 1월에 쓴 〈향촌건설〉에는 국가의 건설이라는 전체적인 방향 속에서 향촌의 지위를 중시하고 있음이 드러난다.

그는 향촌은 전국 정치 경제생활의 중요한 지위를 지니는데 정치적으로는 전국 정치의 기초가 되며 인구가 많고 도시를 둘러싸고 있어서 향촌 인민이 자치를 해야만 토호열신과 군벌의 전횡을 없애고 국가의 문제가 해결될 수 있다고 하였다.

그러므로 향촌건설의 목표를 향촌의 현대화, 도시화로 하였고 이는 산업의 발전을 내용으로 하는 것인데 향촌을 구제하거나 교육을 하는 것에 그치는 것이 아니라 향촌의 현대화로 국가 전체의 현대화를 이룩한다는 것이었다. 그는 특히 향촌을 도시와의 관계 즉 상호 의존관계의 측면에서 바라보았고 인민이 직업을 갖고 교육을 받아 공공복무를 하고 향촌은 청결하고 아름다우며 질서 있고 거주하기에 합당할 것을 구상했다.

즉 향촌이 낙후하면 빈궁한 농민이 도시로 이주를 하게 되어 도시의 건설도 부담이 되고 다시 향촌의 농업 생산에도 악영향을 줄 것이라고 하고, 도시의 공업원료도 농촌에서 조달되는 것으로 도시공업과 교통이 발전하면 원료의 필요가 증가할 것인데 향촌경제가 이러한 미진한 상태라면 도시 원료의 조달도 이루어지기 어렵다고 보았다. 도시의 경제발전에 농촌경제의 낙후가 제약이 될 것이므로 정치, 경제, 문화, 교육을 도시에만 집중 시켜서는 안되며 교육, 경제, 교통, 치안, 위생 방면에서 향촌건설을 추진해야 한다고 주장했다.

그러므로 현대적인 집단생활을 조직해야 한다고 주장했는데 그 이유는 중국사회는 이중적 집단생활을 하고 있다고 보았기 때문이었다. 중국사회는 가정관계가 제1중이고 이것이 확대된 가족, 친척, 지인, 친구관계가 2중으로 사람들은 가정만 알고 사회는 모르며 이러한 이중 집단생활은 무능력하고 관계에만 의존해 생존하고자 하는 봉건적 상태라고 진단하였다. 그리고 이것이 중국 사회 낙후의 원인이며 현대화를 방해하는 요소라고 보았다.[29)]

그러므로 현대적 집단생활에 장애를 없애기 위해 개인을 중심으로 하는 가정단위의 소집단생활과 사업을 중심으로 사회를 단위로 하는 대집단생활로 바꿔야 한다고 보았다. 이렇게 전통적인 심리, 행위방식을 현대적

---

29) 盧作孚,「郷村建設」,『嘉陵江報』, 1930.1.7-2.8,『盧作孚文集』, 86-101쪽.

으로 바꾸기 위해서 사회의 공공가치관념과 행위준칙이 필요하며 전통적
인 중국인의 인성인 私를 서구의 집체정신으로 바꾸어야 한다고 주장하
였다.[30]

1930년 『建設月刊』에 발표한 『사천인의 각성(四川人的大夢其醒)』에
서도 국민소질의 문제가 국가 위망과 관련이 깊다고 하면서 인적 훈련이
가장 중요한 문제라고 하였다.[31] 이것은 1933년 7월 申報月刊에서 현대
화 문제의 특집호를 시작으로 당시 중국의 지식계가 벌인 반년간의 중국
현대화를 둘러싼 열띤 토론에 영향을 받아 발표한 견해였고 노작부도 자
신의 견해를 나타내기 시작하면서 1933년부터는 북배의 건설의 경험에
기반하여 향촌의 도시화를 정치에 의존하지 않고 산업과 교육에 의존하는
방식의 모델을 직접 진행하고 이것으로 전국적 모델로 삼을 수 있기를
바랐다.

당시 盧作孚는 1934년 1월 대공보에 〈오사운동에서 중국의 통일까지〉
이라는 글을 발표하고 현대화 개념을 적극적으로 사용하고 현대화 추구를
건설의 목표라고 보았고[32] 1934년 3월에는 〈중국의 근본문제는 인적 훈
련〉이라는 글을 발표해서 '내우외환의 두 문제는 모두 하나의 해결방법만
있는데 이것은 바로 중국현대화'이며 이를 위해 인적 훈련의 문제를 해결
하는 것이 필요하다고 강조하였다.[33]

1934년 10월에 발표한 〈사천가릉강 삼협의 향촌운동〉라는 글에서도 향
촌에서 중화민국의 작은 실험을 하여 전체가 참고하게 했다고 하고 향촌
운동의 가장 중요한 건설사업은 교육이라고 하였다.[34]

---

30) 王欣瑞, 『現代化視野下的民國鄕村建設思想硏究』, 200-201쪽.
31) 盧作孚, 「四川人的大夢其醒」, 『建設月刊』, 1930, 『盧作孚文集』, 61-85쪽.
32) 盧作孚, 「從四個運動做到中國統一」, 『大公報』, 1934.1.29, 『盧作孚文集』, 266-270쪽.
33) 盧作孚, 「中國的根本問題是人的訓練」, 『大公報』, 1934.3.20, 『盧作孚文集』, 294-298쪽.
34) 盧作孚, 「四川嘉陵江三峽的鄕村運動」, 『中華敎育界』, 1934.10.1, 『盧作孚文集』,

1934년에 〈중국의 근본문제는 개인의 훈련〉, 〈사회생활과 집단생활〉, 〈중국건설의 환란과 그 필연적인 길〉, 1936년의 〈국가의 진보를 가속하려면〉, 〈사업의 몇 가지 요구〉, 〈중국은 어떻게 해야 하는가〉등을 통해 현대화와 관련된 견해를 설파했다.[35] 그의 이러한 주장에서 일관되는 점은 혁명이 아닌 계급조화와 경제건설 등의 비폭력적 방법을 주장한 손문의 민생주의를 향촌건설로 실현한다는 것이고 특히 교육이 이러한 개량적 방법을 추구하기 위한 가장 적절한 방안이고 수단이라는 것이었다.

2. 민중교육과 학교교육의 확대

노작부의 향촌건설에 대한 구상은 1930년 3월 8일부터 6개월간 일본과 독일, 중국의 동북지역인 대련, 심양과 산동, 남경, 상해를 시찰하여 더 심화되는데 동삼성 지역과 도시지역을 시찰한 뒤 산업발전을 위한 연구의 필요성을 절감했다. 또한 陶行之가 운영한 燕子磯소학을 참관한 이후 1928년에 설립했던 북배실용소학에도 적극적으로 그 방식을 적용하였다.

한편 본격적인 민중교육은 1930년 '협구민중교육위원회판사처'를 설립으로 본격화 되었다. 그리고 민중교육 4개운동을 전개했다. 이는 신지식과 생활의 상식을 소개하는 민생과 관련된 정보의 전파를 목적으로 하는 현대생활운동, 문맹을 제거하는 식자운동, 직업의 의의를 교육을 통해 알리

353-360쪽.

35) 盧作孚,「中國的根本問題是人的訓練」,『新生周刊』, 第11期, 1934, 5,『盧作孚文集』, 296-298쪽;「社會生活與集團生活」,『新世界』, 第42期, 1934, 6, 16,『盧作孚文集』, 308-311쪽;「建設中國的困難及其必循的道路」,『大公報』, 第11期, 1934, 8.2-11,『盧作孚文集』, 315-345쪽;「如何加速國家的進步」,『大公報』, 1936, 10,『盧作孚文集』, 437-439쪽;「一椿事業的幾個要求」,『新世界』, 第103, 104 合刊期, 1936, 10,『盧作孚文集』, 440-445쪽;「中國應該怎麼辦」,『工作月刊』, 第11期, 1936, 11, 1,『盧作孚文集』, 446-455쪽.

는 직업운동, 민중의 사회공익활동과 노동에 관심을 갖고 참여하게 하는
사회공작운동이었다.[36]

　이를 위해 민중학교, 민중구락부, 민중회장, 민중직업소개소, 민중전습
소, 방송국을 판사처가 주도하여 건립하였고 이를 통해 문맹의 제거, 직업
교육, 생활교육, 사회교육을 시행하였다.

　주요한 활동을 보면 우선 船夫學校, 力夫學校, 婦女學校 등 10여 개
의 민중학교를 설립, 10개의 민중야학을 만들고 교사를 노동자와 부녀자
들에게 파견하여 교육한 것이다.[37]

　교재는 노작부가 주도하여 上海 상무인서관에서 발행한 晏陽初의『평
민천자과』와 도행지의 책을 구입하여 사용하였다. 교육의 방법도 안양초
평민교육회가 河南 定縣에서 시행한 '전습교육법'과 도행지의 '소선생제'
를 채용하였다.

　노작부는 '지식의 향유는 권리이고 지식의 전습은 의무'이며 나의 지식
을 타인에게 반드시 전수해야 한다는 '卽知, 卽傳, 卽建設'을 구호로 하
였다. 그리고 대중들이 이러한 전습의 주체가 되어야 하고 직업교육도 이
러한 방법를 통해 이루어져 대중들이 자본과 힘을 주도할 수 있기를 희망
했다.

　『嘉陵江日報』에는 '북배의 민중교육은 평민오락장과 평민문사처 이외
민중학교가 있다. 남학생반은 개학한지 오래되었고 여학생반은 11월 17일
실용소학분교에서 정식으로 개학했다. … 매일 밤 많은 남녀 청년들이 여
기에서 공부를 하고 북배 중학교의 길거리나 체육관 근처에는 밤 8시 이
후에도 계속해서 책을 손에 들고 다니는 사람을 볼 수가 있다'는 기사도

36) 吳洪成·陳興德,「盧作孚教育思想及其實踐活動述論」,『西南師範大學學報』,
　　第26卷 第5期, 2000, 156쪽.
37) 陳興德·覃紅霞,「論盧作孚在中國近現代教育史上的地位」,『中華文化論壇』, 3
　　期, 2003, 104-105쪽.

실렸다.

민중교육의 구체적인 내용을 보면 현대적인 물질건설과 사회조직을 하는데 필요한 것으로 국내외 중대사건, 새로운 과학발명과 창조에 대한 정보, 국가건설의 상황, 일상생활에 필요한 쌀가격, 은가격, 세금, 위생, 질병, 자녀교육 등과 관련된 실용적인 지식의 전달이었다.

이러한 지식의 보급은 협방국출판사가 간행한 『嘉陵江日報』, 『신생명화보』, 『공작주간』, 『北碚月刊』, 『農民周刊』등을 열람처 세 곳에서 무료로 볼 수 있도록 했다.38) 이외 사천의 풍경, 삼협 건설 사업의 내용 등을 영화, 슬라이드 광고 등 영상물로 소개하는 방법과 신극, 창가, 무용 등 문화활동을 통한 방식으로 교육하였다.

노작부는 민중교육은 학교교육이라는 방식 외에 병원, 박물관, 동물원, 도서관 등을 활용해야 한다고 했는데 점차 민중들은 다양한 취미를 갖게 되고 민중문사처와 직업소개처를 통해 실제적인 민중생활의 곤란함을 해결하였다.

그는 제도적 교육의 설립도 중시했는데 1930년 9월 北碚兼善중학교를 창판하였다. 兼善은 孟子의 '盡心 上'에 나오는 '窮則獨善其身 達則兼善天下'에서 가져온 것으로 이는 학생들이 곤란할 때에 학문을 구하고 자신의 수양을 쌓게 한다는 의미를 지닌 것이었다. 겸선중학은 특히 직업기능교육을 과정에 추가하고 중시했다.39)

한편 높은 수준의 과학지식교육의 보급과 체계에도 관심을 기울였던 노작부는 1930년 상해에 갔을 때 노작부는 채원배, 황염배 秉農三 등의 지지로 중국서부과학원 주비처를 만든 뒤 서부과학원을 10월 사천성에 건립하였다. 이는 사천성의 첫 번째 과학연구기구로 과학원 내에는 생물,

38) 劉來兵, 『盧作孚北碚鄕村敎育建設探析』, 西南大學碩士論文, 2008, 19쪽.
39) 李向紅, 『盧作孚職業敎育思想硏究』, 西南大學碩士論文, 2010, 17쪽.

이과, 농업, 지질의 4개 연구소가 갖추어졌다. 생물연구소에는 식물 동물과 곤충의 표본을 소장하고 각 대학들이나 학술단체들과 교류하였으며 1932년에는 江北縣에 식물원을 설립하였다. 이과연구소는 사천에 매장된 석탄의 실용성에 대해 분석한 책을 출판하였고 지질 연구소는 사천의 지질을 연구했다. 과학원은 사천지역의 지역에 대한 이해를 높이는 작업도 병행한 것으로 볼 수 있고 동시에 과학을 통한 건설을 도모한 것을 보여주는데 1933년 여름에 중국과학사의 회의가 北碚에서 열린 것은 이러한 의미가 있었다.

노작부는 서구의 문화와 지식에 대해 개방적인 태도를 지니고 있었는데 華西協和大學의 창립인이자 총장으로 오랫동안 임직한 비치(Joseph Beech, 1867-1954)의 영향을 많이 받았다.[40] 서구와 미국에서의 도움을 받을 수 있는 방법을 알려주기도 하였으며 그 자신이 기독교학교의 중국화를 추구한 점에서 중서문화의 회통을 중시하였고 노작부에게 영향을 끼쳤다.

1932년 華西協和大學 총장이 成都에서 직접 협구를 참관하러 와서 강연을 하고 협화대학은 사회조사를 중시해서 사천과 서남지구의 민족, 사회, 역사, 자원, 민속 등에 대한 조사를 시행하면서 북배협항국소년의용대, 겸선중학의 학생들이 사회조사의 능력을 배양할 수 있도록 지원하였다. 협화대학 자체도 실사구시적인 복무와 활동을 강조하였고 이는 노작부의 영향력과도 관련이 있었다.

향촌에도 소학부터 대학까지 학교교육체계를 완비해야 한다고 하였고 "학교는 실험적 소학교, 직업적 중학교, 완전한 대학교가 있어야 한다"고

---

40) 영국에서 태어났고 미국으로 건너가 기독교 선교사로 1903년 사천에 와서 重慶求精中學, 成都華美中學을 건립하였고 1905년 화서협화대학의 창건에 참여하고 1913년 협화대학 교장이 되었고 1946년 79세의 나이로 미국으로 돌아가 1954년 87세로 사망하였다. 李向紅, 『盧作孚職業教育思想研究』, 西南大學碩士論文, 2010, 10쪽.

주장하여 제도적 교육체제를 갖추어야 함도 강조했다.

이러한 제도적 설립 노력의 일환으로 1936년이 되면 북배에는 소학교 17개, 사숙 66개로 학령아동의 21%를 입학시킬 수 있게 되었고 항일전쟁 시기 북배는 후방기지로 대학이 13개, 과학연구기관 13개, 문화, 신문, 출판기관이 17개, 신문잡지가 37개가 있었고 중국 과학사 생물연구소, 경제부의 광야연구소, 중앙지질조사서 등이 이전하였다. 이러한 상황은 1936년 국민정부자원위원회의 지원으로 황염배가 방문하고 1939년에는 안양초가 참관하고[41] 양수명, 도행지도 참관 후 미래 신중국의 축소판이라며 높이 평가하고 교류하며 인정을 받은 건설의 성과를 바탕으로 한 것이었다.[42]

3. 현대화와 '산업 교육 모델'의 구현

노작부의 교육과 실업의 결합을 통한 구국방안은 그의 현대화 구상과 긴밀한 관련이 있으며 이는 산업화를 통한 향촌건설을 이루어가면서 더 구체화 되었다고 할 수 있다.

민생공사의 발전에 따라 1928년에는 민영기계창인 民生機器廠이 설립되고 1930년에는 사천에서는 처음으로 전력을 사용하는 면염직 기업인 三峽染織廠을 설립하였는데 상해에서 선진적 설비와 기술을 도입했다. 당시 북배지역의 민중들은 삼협염직창의 직물만 사용할 정도였다. 1930년 상해에서 들여온 탈곡기를 비롯해 기계를 합작사를 통해 도입했고 농민들도 점차 기술과 경영을 이해해 나가기 시작했다.[43] 나아가 1933년에는

41) 晏陽初,「四川建設的意義與計劃」,『晏陽初全集』 2集, 湖南敎育出版社, 1992, 122-125쪽.
42) 陶行之,「在北碚實驗區記念周大會上的講演」,『陶行之全集』, 第3卷, 湖南敎育出版社, 1985.

서남지역 최대의 탄광기업인 天府煤礦公司를 설립하면서 사천지역 산업에서 큰 비중을 차지하게 되었다.

기업의 건립과 함께 교통을 발전시키기 위한 도로의 포장, 우체국의 건립 및 전보와 전화의 설치도 이루어졌고 북배에는 당시 重慶에도 없던 공중전화도 설치되었는데 외부와의 소통을 적극적으로 도모한 것임도 알 수 있다.[44]

한편 민생공사의 발전에는 사천성을 주관한 유상뿐 아니라 양삼의 적극적인 지원이 중요했다. 유상은 애국주의와 민족주의에 동조하였고 이점에서 노작부와 연대하였다고 볼 수 있다.

1934년 민생공사는 중경하류에서 宜昌에 이르는 모든 華輪을 사들여 민족자본 최대 항운기업이 되었고 외부세계와의 소통을 독점했던 외국자본과의 경쟁에서 이겨 내륙의 폐쇄된 지리 환경을 극복하고 소통할 수 있는 조건을 마련했고 1936년 민생공사가 소유한 윤선은 46척에 달하였고 구관습을 없애고 새로운 경영관리체제도 수립하였다.[45]

노작부는 민생공사를 사회대학이라고 하였는데 이는 좁은 의미의 직업교육을 의미하는 것은 아니었다. 1926년 민생기업고분유한공사가 성립된 이후 '사회복무, 인군편리, 산업개발, 국가부강服務社會, 便利人群, 開發産業, 富强國家'를 민생정신이라고 해석하고 직공교육을 발전시키고자 했다. 그는 사업은 학교이며 실제적 학교라고 하고 기업과 학교를 연계하고자 직공교육관을 설립하였다. 1930년 상해와 남통등의 공장을 견학하게 한 청년들은 상해에 남겨 기술을 익히게 하였고 1931년 11월 협방국은 평민공장을 설립했다.

---

43) 李向紅, 『盧作孚職業教育思想研究』, 西南大學碩士論文, 2010, 32쪽.
44) 王安平, 「盧作孚的鄕村建設理論與實踐述論」, 『社會科學研究』, 5期, 1997, 116쪽.
45) 김희신, 「1926-1935년 重慶의 '內的'·'人的' 요소와 도시근대화」, 『동양사학연구』, 109, 2009, 241-244쪽.

그가 초빙하여 강연을 하게 한 사회인사에는 張瀾, 鄒韜奮, 馬寅初, 郭沫若 등이 있었다. 직공교육연합회를 설립했고 노천교실을 만들어 항상 독서와 글씨쓰기 공부를 할 수 있도록 했다. 청년직공들은 소년의용대에 들어가 훈련을 받을 수 있도록 했다.

민생공사는 또한 『신세계』라는 간행물을 발행하였고 1931년 도서관을 회사내에 건립했다. 고정된 강연도 이루어져 황염배, 남개대학총장 장백령, 진독수, 풍옥상, 양수명 등이 초청되었다.

1933년 11월 20일 민생공사는 훈련위원회를 성립하고 1936년 식자교육운동을 전개했고 『민생공사직공임용과 훈련판법民生公司職工任用及訓練辦法』으로 구체적인 직업교육의 내용을 규정하였다.

1936년까지 10년간 훈련 받은 직공은 3580명으로 전체 직공인수의 93%에 달했다. 민생공사의 직업교육은 기업문화의 탁월한 모델로도 주목받았다.[46]

공정기술인원에게 높이 우대했고 이들을 외국 유학도 보내주어 1949년 이후 전국 기술자들로 전국에 분포하여 기술의 골간이 되었다.[47]

그리고 이러한 기업의 설립과 산업의 확장에 따라 은행과 합작사 등의 금융업도 발전되어 나갔으며 화공, 의약, 인쇄, 건축재료, 전력, 도자기, 식품, 축산품 등과 관련된 기업이 건립된 지역으로 변화하였다. 북배의 인구는 1949년에는 10만에 이르게 되었다.

1940년에 이미 27개의 소학교가 건립되어 있었고 1944년 말까지 북배에는 전문민중교육을 받은 학생은 12,673명이며 졸업생은 27,354명으로 전체 공부하지 못한 6만명 가운데 60% 이상을 포괄하였다.

---

46) 吳洪成·陳興德, 「盧作孚教育思想及其實踐活動述論」, 『西南師範大學學報』, 第26卷 第5期, 2000, 159쪽.

47) 潘洵·李桂芳, 「盧作孚與中國近代鄕村現代化的"北碚現像"」, 『重慶師範大學學報』, 第5期, 2011, 49쪽.

노작부는 1948년 '현재 기업에 힘쓰고 있으나 실제는 교육에 힘쓰고 있는 것이며 내 전반생의 시간은 교육에 쏟았던 것이다. 기업을 운영한다는 것은 교육을 한다는 것과 같으며 사업은 전체 공작인원을 배양해 가면서 기술과 관리능력을 제고시키는 것이기 때문이다'라고 하여 끊임없이 교육을 통한 인재양성을 강조하고 실천하였다.[48)

V. 맺음말

이상 盧作孚의 삶을 따라 그의 향촌건설운동의 전개과정을 사천의 북배지역을 중심으로 살펴보았다. 이러한 지식인의 향촌건설에 대한 계획과 실천과정을 검토하여 향촌현대화의 과정에서 교육을 통한 현대적 지식이 중요한 기제가 되는 실제를 파악할 수 있었다.

노작부는 현대화된 국가를 건설하려는 구국의 관점에서 소학교육만 받아 당시 교육계의 인사들과는 달리 정규교육의 계통을 밟지 못하였으나 서구의 학문과 손문의 삼민주의 등에 경도되어 혁명에 참여했다.

기업가이면서 관리자로 교육자로 교육과 산업을 접목한 구국의 방안을 민생을 실현하는 건설의 방법으로 추구한 그는 고립에서 개방으로 나아가는 방법을 실용적인 교육에서 찾았다.

그는 봉건과 전통을 현대화로 극복해야 한다는 입장을 고수하였으며 이를 물적 환경의 구비와 서구의 지식과 기술을 적극적으로 도입하고 활용하는 것으로 현대화를 추구했다는 점에서 中西回通의 전형적인 지식인이었다고 볼 수 있을 것이다. 또한 현대화를 구축하기 위해서는 자본의

48) 陳興德·覃紅霞, 「論盧作孚在中國近現代教育史上的地位」, 『中華文化論壇』, 3期, 2003, 101-103쪽.

형성과 인적 자원의 배양이 중요하다고 보았으며 이를 위해 개명군벌과 신사들과도 적극 연대하였다고 민중들에게는 계몽적 교육의 방법으로 이들을 조직하고 동원하였다. 그러므로 그가 기업가가 된 것은 국가의 현대적 건설을 교육을 통해 하고자 한 것에 있었던 것임을 확인할 수 있었다.

그는 향촌을 도시와 같은 시설과 건물 등의 인프라를 구축할 수 있도록 하는 향촌도시화를 기획했고 당시 구축된 각종 인프라들은 도시 못지 않은 것이었다. 또한 산업정책과 긴밀하게 관련된 인재양성은 그에 필요한 기술지식과 교육에 주력할 수 있었기 때문에 실제 지역에 필요한 인재양성으로 직결되었다고 할 수 있다. 이외 건축이나 예술활동 등도 함께 이루어지면서 향촌민의 소양을 높이고 만족도 줄 수 있었다.

이러한 활동은 외부의 지식인들이 타지역에 들어가 계몽적 지식인으로서의 한계와 토착세력과의 갈등을 빚었던 다른 지역과 달리 자신의 터전에서 직접 문제를 타개해 나간 노작부가 당시 중국에서 '下江'으로 인식된 사천 지역에서 시행할 수 있는 현실적인 방안이었을 것으로 생각된다. 그는 사천지역이 고립되지 않도록 인프라 구축으로 개방이 가능하게 하였을 뿐 아니라 서구의 신문화와 지식의 수입을 다양한 경로로 적극적으로 수용하여 지식과 문화의 고립에서 탈피하였다.

노작부는 첫째, 지식과 기술의 직업과 관련된 교육과 교육방식으로 전환하여 향촌을 건설하고자 했다는 점에서 다른 향촌건설운동의 방식과 다른 특성이 있었다.

둘째, 지리적으로 고립되고 문화적으로 낙후된 문제를 외부의 문화를 수용하고 지식과 기술을 활용하여 적극적으로 해결하는 개혁과 개방을 통해 해결하였다는 점에 의의가 있다. 물질적 자원과 인적 자원을 서구의 과학과 기술과 지식을 수용해 현대적 체제를 갖춤으로 중국의 문화를 창출할 수 있는 기반을 마련했다는 점도 의의가 있다. 또한 구국을 위해서는 교육과 물질적 기초가 될 산업의 융합이 필요하다고 보았는데 이를 '현대화'라고 보았다. 현대화를 위해서는 서구학문의 수용이 중요하다고 보고 중국에 적합한 서구학문의 적용을 중시했다.

셋째, 다른 지역의 향촌건설운동의 경험을 적극적으로 수용하고 연대함으로 항전시기에 향촌건설운동이 지속할 수 있는 기반을 마련하였다는 점이다. 그의 인적교류의 폭은 이념에 매이지 않았으며 교육계와 실업계, 언론계를 망라하여 광범위하였다. 특히 황염배의 직업교육에도 크게 공감하여 직업교육에도 관심을 가졌으며 민간이 만든 최초의 과학사를 설립하여 四川지역만이 아닌 전국의 과학지식의 생산과 확산에 크게 기여했다.

중앙정부와의 관계와 지방정부와의 관계를 어떻게 설정했는가 하는 점도 연구해야 하는데 盧作孚의 경우 南京政府와의 관련도 있지만 초기에는 주로 지방정부와의 관련 속에서 건설을 진행해 나갔다고 할 수 있다. 이것이 전국의 발전과 연계하게 하는 것도 그의 의도였다고 할 수 있는데 많은 참관자들이 왔던 것을 보면 성공하였음을 알 수 있다. 그러므로 향후 신중국 성립 이후 노작부가 자살로 마감하는 과정까지 포괄하여 연구를 확장할 필요가 있다.

| 참고문헌 |

김희신, 「1926-1935년 重慶의 '內的'·'人的' 요소와 도시근대화」, 『동양사학연구』, 109, 2009.

淩耀倫·熊甫 編, 『盧作孚文集』, 北京大學出版社, 2012.

淩耀倫·周永林, 『盧作孚研究文集』, 北京大學出版社, 2000.

王景新·魯可榮·劉重來 編著, 『民國鄉村建設思想研究』, 中國社會科學出版社, 2013.

吳洪成, 『教育開發西南——盧作孚的事業與思想』, 重慶出版社, 2006.

郭麗平, 『現代教育家盧作孚的事業與教育思想研究』, 河北大學碩士論文, 2006.

李向紅, 『盧作孚職業教育思想研究』, 西南大學碩士論文, 2010.

劉來兵, 『盧作孚北碚鄉村教育建設探析』, 西南大學碩士論文, 2008.

王孝風, 『盧作孚的鄉村教育思想與實踐研究』, 齊魯工業大學碩士論文, 2013.

王欣瑞, 『現代化視野下的民國鄉村建設思想研究』, 西北大學博士論文, 2007.

謝文慶, 『本土化視域中的西部地區兩種辦學取向比較』, 華東師範大學碩士論文, 2013.

鄭文華, 『盧作孚民生公司職工教育研究』, 西南大學碩士論文, 2009.

陳剛, 「嘉陵江三峽鄉村建設實驗; 中國現代文化啓蒙的新路經」, 『重慶社會科學』, 第5期, 2005.

陳興德·覃紅霞, 「論盧作孚在中國近現代教育史上的地位」, 『中華文化論壇』, 第3期, 2003.

鄧麗蘭, 「1933年的兩場思想論爭與盧作孚中國現代化思想的形成」, 『福建論壇』, 第9期, 2011.

苟翠屏, 「晏陽初與盧作孚的交情」, 『文史精華』, 第11期, 2009.

郭劍鳴, 「試論盧作孚在民國鄉村建設運動中的曆史地位─兼談民國兩類鄉建模式的比較」, 『四川大學學報』, 第5期, 2003.

黃勇樽·李曉蘭, 「鄉村教育運動先驅者的教育精神──以黃炎培、陶行知、晏陽初、梁漱溟、盧作孚爲典型代表」, 『教育與教學研究』, 第6期, 2014.

何強·劉倩, 「現代化視域下盧作孚鄉村教育實踐探究」, 『教育探索』, 第2期, 2016.

何光全, 「盧作孚與四川、重慶的民眾教育和鄉村教育運動」, 『當代繼續教育』, 第1期, 2011.

劉重來, 「論盧作孚鄉村建設之路」, 『西南師範大學學報(哲學社會科學版)』, 第4期, 1998.

_____, 「盧作孚與張伯苓」, 『紅岩春秋』, 第4期, 2000.

_____, 「難能可貴的超前思考──試論盧作孚教育思想與實踐」, 『重慶社會科學』, 第5期, 2001.

_____, 「民生主義視野下盧作孚的區域教育現代化建設」, 『湖北社會科學』,

第3期, 2015.

_____, 「黃炎培與盧作孚的莫逆之交」, 『炎黃春秋』, 第9期, 2017.

_____, 「1938年盧作孚爲何招餐梁漱溟?」, 『世紀』, 第2期, 2019

柳作林·李敏昌, 「中國抗戰史的1938年宜昌大撤退」, 『福建論壇』, 第2期, 2009.

龍海, 「試論民國時期盧作孚在北碚的衛生建設對"鄕村現代化"的意義」, 『重慶社會科學』, 第9期, 2005.

潘洵·李桂芳, 「盧作孚與中國近代鄕村現代化的"北碚現像"」, 『重慶師範大學學報』, 第5期, 2011.

宋開友, 「抗戰前的盧作孚與民生公司」, 『民國春秋』, 第4期, 2001.

王安平, 「盧作孚的鄕村建設理論與實踐述論」, 『社會科學研究』, 第5期, 1997.

王金霞·趙丹心, 「定縣模式——北碚模式:兩種不同鄕村建設模式的取舍」, 『河北師範大學學報』, 第3期, 2005.

王繼文·王秀玉, 「盧作孚的"愛國"職業敎育及其時代特色」, 『蘭台世界』, 第34期, 2013.

吳洪成·陳興德, 「盧作孚敎育思想及其實踐活動述論」, 『西南師範大學學報』, 第 26卷 第5期, 2000.

吳洪成·郭麗平, 「一代"船王"盧作孚的敎育救國夢—早期敎育活動探析」, 『文史博覽』, 第4期, 2010.

_____, 「一代實業家盧作孚在四川瀘州的"新敎育"實驗」, 『靑海民族大學學報』, 第2期, 2011.

吳洪成·辛然, 「現代實業家盧作孚敎育功能論探微」, 『保定學院學報』, 第33卷第2期, 2020.3.

吳洪成·張文超, 「盧作孚敎育思想述評」, 『重慶社會科學』, 第7期, 2009.

向雨婷, 「現代化視域下盧作孚鄕村敎育思想探析」, 『河北大學成人敎育學院學報』, 第3期, 2018.

謝文慶, 「論本土化的敎育家辦學管理——以雷沛鴻和盧作孚辦學爲例」, 『基礎敎育』, 第5期, 2013.

趙曉鈴,「盧作孚及其創造的北碚奇跡」,『重慶與世界』, 第4期, 2000.

張瑾,「近年美國的盧作孚研究」,『博覽群書』, 第9期, 2003.

周鳴鳴,「二十五年來盧作孚研究述略」,『重慶社會科學』, 第2期, 2004.

_____,「近十年盧作孚研究新進展(2005~2015)」,『國家航海』, 第3期, 2015.

周紹東,「論盧作孚教育教學思想及其現實意義」,『涪陵師專學報』, 第2期, 2001.

Kristin Stapleton, "Yang Sen in Chengdu Urban Planning in the Interior", Esherick, Joseph, *Remarking the Chinese city: Modernity and National identity, 1900-1950*, Honolulu: University of Hawaii Press, 2000.

http://www.luzuofu.cn/

중국 역사교과서의 개편과 자국사 및 세계사의 '현대' 서술

: 중국 지식 생산구조 속의 역사교과서의 역할과 함의

● 우성민 ●

Ⅰ. 머리말

최근 중국 공산당 중앙선전부 소속 기관지인 광명일보는 사상정치, 어문, 역사교과서가 당의 교육방침을 실천하고, 국가적 의지를 구현하며, 민족의 우수한 문화를 전승하는 중요한 매체가 된다고 발표하였다.[1]

중국 교육부 고시에 의거하여 "초중(중학교), 고중(고등)학교의 사상정치, 어문, 역사 과목에 대한 중앙의 요구를 관철하기 위해 의무교육인 도덕과 법치, 어문, 역사부터 교육부에서 통일적으로 구성, 편집하고 전국 각지 학교에서 통용되는 교과서인 통편 교재를 투입하여 사용하고, 중학교 교과서를 개발한 기초위에, 역량을 집중하여 고등학교 3과목 교과서를

---

* 이 글은 「역사와교육」, 제30권 30호, 2020.05.31에 게재된 논문을 수정·보완한 것이다.
** 동북아역사재단 연구위원
1) 「일반 고등학교 사상정치·어문·역사 통편교재 금년 가을부터 사용 개시(普通高中思想政治 語文、歷史統編教材今秋啓用)」, 『광명일보(光明日報)』, 2019.08.28. news.gmw.cn/2019-08/28/content_33112634.htm

일률적으로 편찬했고, 국가 교과서위원회 심의를 통과했다"고 밝혔다.

'통편 교재'는 올바른 방향성을 견지하여 편찬했는데, 시진핑의 '신시대 중국특색의 사회주의 사상'을 전면적으로 구현하여 사회주의 핵심 가치관을 유기적으로 융합하고 중화 우수 전통문화와 혁명문화와 사회주의 선진문화를 널리 알리기 위함이라고 강조하고 있다.

전면적으로 '사회주의를 발전시키는 건설자와 후계자로 키우기 위해 노력하며 학생들의 개성적인 발전에 관심을 가지고 핵심 역량을 발전시키는' 당 중앙의 목표를 드러낸 것이다.

동시에 '시대성을 구현하며, 경제 사회 발전·과학 기술 진보·마르크스주의 중국화의 최신 성과를 반영하고, 학생들의 세계적 안목과 국제 시야를 배양하는 것'을 중시하였다고 설명하였다.

이른바 '통편 교재'를 사용하는 사상정치, 어문, 역사 중 역사교과서는 차세대의 역사인식 형성에 가장 큰 영향을 주는 직접적인 매체라 할 수 있다.

중국 정부는 지난 2017년 7월 6일 당의 교육·방안을 완전히 관철시키는 중요한 수단으로 정치사상과 어문을 포함한 역사교과서를 제작하기 위해 국가 교과서위원회를 설립하였다[2]. 교육부의 상위 단위인 국무원 산하기관으로 국무원 부총리 리우옌동(劉延東)이 국가 교과서 위원회의 주임을 맡고, 교육부 장관 천바오성(陳寶生)과 중앙 선전부 부부장 황쿤밍(黃坤明)이 부주임을 맡았다. 중국 최고 영도층의 직접 지휘를 받고 있는 셈이다. 중화 인민 공화국 설립 이후 처음으로 설립된 국가 교과서위원회가 최고 권력의 지지를 받으며 국정교과서와 같은 '통편 교재'로서 역사

---

2) 「국무원이 국가 교과서위원회 성립을 결정하고, 리우옌동(劉延東)이 주임을 역임하다(國務院決定成立國家教材委員會劉延東)」, 『중국신문망(中國新聞網)』, 2017.07.06, chinanews.com/gn/2017/07-06/8270494.shtml

교과서를 편찬한 것이다.[3]

국가 교과서위원회의 부주임인 황쿤밍(黃坤明)의 경우 시진핑 주석의 신임을 받는 중앙정신문명건설지도위원회 판공실 주임이기도 하며 지난 2019년 1월 3일 공식 출범한 중국역사연구원 현판식에 참가한 시진핑 주석을 대리한 인물이다.[4]중국역사연구원은 중국사회과학원 소속 역사 관련 연구소 5개를 통합한 명실상부한 역사 관련 최고 연구기관이다.[5] 이는 당 중앙을 중심으로 교육부, 학계가 모두 통일된 목소리를 내고자 하는 의도를 드러내려는 것으로 볼 수 있다.[6]

중국 정부가 교과서를 통해 국가의 의지를 전달하고자 국정화로 전환하여 시행하고 있는 시점에서 중국 미래세대의 역사 인식에 대해 고려하지 않을 수 없는 것이다.[7]

역사교과서는 국가 정체성과 미래 구상을 진단할 수 있는 매체가 되며 주변국의 상호 이해를 위해서도 중요한 의미를 갖기 때문이다.

한국의 미래를 전망할 때 중국을 염두에 두지 않고서는 균형잡힌 시각을 갖기 어려울 정도로 중국의 영향력을 간과할 수 없게 되었다. 더욱이

---

3) 윤세병, 「중국의 역사 교과서 논쟁과 국정화」, 『역사교육연구』, 36, 2019, 25-27쪽.
4) 「시진핑이 중국사회과학원(산하) 중국 역사연구원의 설립 축하 메시지를 전하다(習近平致信祝賀中國社會科學院中國歷史研究院成立」, 『신화사(新華社)』, 2019.01.03, www.gov.cn/gongbao/content/2019/content_5358674.htm
5) 중국 역사연구원 홈페이지의 개황 및 조직도 참조, http://cah.cass.cn
6) 「당의 19대 정신 '역사 허무주의 반대'의 학습과 관철" 세미나를 북경에서 개최하다(學習貫徹党的十九大精神反對歷史虛 無主義"研討會在京召開)」, 『광명일보(光明日報)』, 2018.01.03, news.gmw.cn/2018-01/03/content_27251156.htm에서 시진핑 주석은 '역사 허무주의'의 폐해에 대해 지적하며 이는 근본적으로 마르크스주의와 중국 사회주의 제도와 중국공산당의 지도를 부정하는 것이라고 밝히면서 '중국 특색의 역사학의 학문체계, 학술체계, 담론체계' 구축의 중요성을 언급하고, 또한 '역사연구와 역사교육 결합'을 강조하였다.
7) 권소연 외, 『중국의 역사교육과 교과서』, 고구려연구재단, 2006, p.9.

중국 역사교육 정책의 변화와 當代 정치 흐름의 유기적 관계에 대해 국내 학계의 역사교육 및 역사학뿐 아니라 중국학 등 여러 분야에서 동시에 주목해야 하는 주요한 사안이라 할 수 있다.

중국의 역사교육과정 편제상 공식적인 역사 과목은 중학교 1학년부터 배우기 시작한다.

2018년을 기준으로 한 중국 교육부 사이트에 의하면 전국 의무교육단계에 해당하는 중학교는 5만 20개교로 지난해보다 88개교 늘었다. 한국교육개발원에서 매년 발간하는『교육통계연보』에 의하면 우리나라의 전국 중학교의 숫자는 3,223개교로 중국의 지식 생산 구조에 비해 저조한 상황이다. 중국의 중학교 입학·재학생 규모는 계속 늘고 도시 중학교는 빠르게 늘고 있다. 중학교 모집인원은 1,602만 5,900명으로 전년보다 55만 3,700명인 3.6% 늘었다. 중학교 재학생은 4,652만 5,900명으로 전년보다 210만 5200명인 4.7% 증가하였다.

그들 중 상당수는 대학에 진학하여 중국의 지식 지형을 형성하는 중국 경제 사회 발전의 중요한 인재들이 될 것이다

중국의 중학생들이 차세대 리더가 되어 중국의 미래를 이끌어가는 지식 구조를 형성하게 되었을 때 그들의 주변국에 대한 역사인식과 동아시아에 대한 이해는 어떻게 표출될까?

그렇다면 그들의 역사인식에 영향을 주는 역사교과서에 대한 서술은 주변국의 입장에서도 중요한 의미를 지니는 것이다. 이는 곧 중국 지식 생산 구조 속의 역사교과서의 역할과 함의를 파악하는 전제가 될 것이다.

그동안 국내학계의 중국 역사교과서에 대한 연구는 적지 않았고, 한중 수교 이후부터 현재까지 근 20여 년간 국내에서 진행된 중국 역사교과서에 대한 논의를 분석한 연구 결과도 발표되었지만[8], 김유리의「국정제로

---

8) 김유리,「국정제로 회귀한 중국의 중학교 역사교과서 분석」,『역사교육』, 148, 2018,

회귀한 중국의 중학교 역사교과서 분석」에서 지적하고 있듯이 '통편 교재'
로서 초중 역사 의무교육교과서에 대한 연구는 시작단계라고 할 수 있다.

2019년 3월을 기준으로 2016년과 2017년 중국 교육부 검정을 통과한
중학교 역사교과서 7·8·9학년 상·하가 모두 간행되었다.

자국사인 7·8학년 『중국역사』(상·하권)에 이어 2019년 3월까지 9학년
『세계역사』 하권을 마지막으로 의무교육 역사교과서가 완간된 것이다.

의무교육 역사과정표준은 2011년판을 근거로 적용한 것이라 볼 수 있
는데, 시진핑 집권 이전에 집필된 기준이라 중국 현대사 관련 과정 내용에
서 중국공산당 제16차 전국대표대회이래 중국이 성취한 새로운 성과로서
2008년 북경 올림픽을 사례로 들고 있다.9)

그러나 2018년에 출간된 중국현대사에 해당하는 『중국역사』 8학년 하
책에서는 중국공산당 제19차 전국대표대회에서 중국공산당이 반드시 장
기적으로 견지해야 하는 지도사상으로 '시진핑 신시대 중국 특색의 사회
주의사상'이 확정된 내용이 포함되어 있는 것이다.10)

그만큼 새롭게 개편된 중국 역사교과서는 중국 당대 정치 및 사회 현황
과 최신 연구성과를 갱신하여 반영하였음을 알 수 있다.

본고는 이러한 맥락에서 중국 당대 국가 전략을 가장 많이 서술한 자국
사와 세계사의 현대 부분을 집중하여 살펴보고자 한다.

특히 9학년 『세계역사』 하권이 2019년 1월 출간된 이래 국내학계에 자

77쪽에서 중국의 역사교과서 전반에 관한 연구는 오병수, 「국내학계의 중국 역사교과
서 연구 경향과 과제」, 『동북아역사논총』, 53, 2016, 147~170쪽에서 자세하게 다루었다
고 소개하고 있다.
9) 中華人民共和國教育部, 『義務教育 歷史課程標準(2011)』, 北京師範大學出版社,
2012, 1쪽.
10)教育部組織編纂 齊世榮 總主編, 『義務教育教科書 中國歷史 八學年 下冊』, 人
民教育出版社, 2018, 51쪽.

세히 다뤄지지 않은 시점에서 최근 발표된『중국역사』 7·8학년 상·하책
의 내용11)과 함께 중국의 신간 중학교 역사교과서 전 과정을 조망해보는
매우 긴요한 작업이 될 것이다.

고등학교 역사교과서의 경우 2018년 1월에 2017년 중국 고등학교 역사
과정표준이 출판되었지만 이를 적용한 새로운 교과서가 베이징, 상하이
등 일부 지역에서만 사용되고 있는12) 실정이기에 이에 대한 연구는 차후
의 과제로 삼고자 한다.

다만 중국 역사교과서의 국정화 전환 이래 발표된 2017년 중국 고등학
교 역사과정표준의 핵심 내용과 중학교 역사과정표준이 동일하기에 본고
에서 부분적으로 소개하기로 한다.

II. 중국 역사교과서의 개편 현황과 배경

11) 최근 국내학계에서 발표된『중국역사』 7·8학년 상·하책에 관한 연구는 다음과 같다.
동북아역사연구재단 한중관계연구소 편, 학술회의자료집:「중국 역사교과서 문제의
현황과 전망」, 동북아역사재단, 2017; 동북아역사연구재단 한국고중세사연구소 편,
학술회의자료집:「중국 역사교과서 분석 학술세미나 :개정 중국 중등 역사교과서의
영토 및 역사인식에 대한 주변국의 평가」, 동북아역사재단, 2018; 김유리,「국정제로
회귀한 중국의 중학교 역사교과서 분석」,『역사교육』, 148, 2018; 우성민,「신간 중국
중등 역사교과서 개편 동향의 특징과 한국사 관련 서술 검토」,『중국학연구』, 86,
2018; 김지훈,「국가의지(國家意志)와 역사교과서의 정치화-2018년 중국 중학교 역
사교과서의 현대사 서술」,『역사교육연구』, 33, 2019; 권소연「중국 의무교육교과서
『중국역사』 근대사 서술분석『역사교육연구』, 33, 2019; 정동준,「중국『역사』 교과서
의 고대사 서술 분석-2016년판 중학교 국정교과서의 특징과 문제점을 중심으로-」,
『중국고중세사연구』, 52, 2019.
12) 2019년 8월 중국 교육부 고시에 고등학교 1학년은 9월부터『중외역사강요』를 사용할
것을 공지하였고, 신교재를 사용하는 곳으로 북경, 상해. 천진, 요령성, 산동성, 해남성
등 6개 지역을 발표하였다.

중국은 개혁개방 40주년을 맞이하는 2018년 1월 신년 벽두부터 시진핑 주석이 '역사 허무주의 반대'를 주제로 발언한 논설 내용이 중국사회과학망 홈페이지에 탑재되었다. 올바른 역사관 수립을 위한 전제로 '역사 허무주의 반대'를 강조한 것이다. 이어서 새롭게 개편된 『2017년 중국 고등학교 역사과정표준』을 출간했다.

'역사 허무주의 반대'는 중국학계에 중국 공산주의 이론을 뒷받침하는 마르크스 사학 이론에 대한 문제가 제기됨에 따라 중국 고대 사학이론을 총결하여 중국 마르크스주의 사학의 우수한 전통을 계승하고, 중국 중심의 사학이론을 구축하기 위해 나타난 개념이라고 알려져 있다.

흥미로운 사실은 2018년 1월 출간된 『2017년 중국 고등학교 역사과정표준』의 머리말에서 '중국이 직면한 사회의 주요 모순과 새로운 상황'을 지적하였는데,[13] 이는 상술한 마르크스 사학 이론에 대한 모순을 의미한다는 점이다.

역사교과서 개정 작업의 지도적 사상과 기본 원칙으로 마르크스주의를 강조하며 역사학과 핵심 역량의 첫 번째 요소로 유물사관을 내세운 것이다.

중국 교육부가 스스로 밝힌 '중국이 직면한 사회의 주요 모순과 새로운 상황'은 구체적으로 무엇을 의미할까? '중국이 직면한 사회의 주요 모순과 새로운 상황'은 중국 역사교과서의 개편 배경과 무관하지 않을 것이다.

중국은 개혁 개방한 이래 '경제 발전'의 논리에 의해 급격한 변화에 직면하게 되었고, 공산당은 '사회주의냐 자본주의냐에 대한 판단을 하지 않는다'는 고육지책을 내기에 이르게 된다.[14]

1980년대 초 기존의 '교조적 사회주의'의 퇴조와 함께 그 공백을 메꾸

---

13) 李卿 編輯, 『보통 고중(고등학교)역사과정표준(普通高中歷史課程標準)(2017)』, 北京: 人民敎育出版社, 2018, 1쪽.
14) 이상옥, 「역사의 종결 - 당대 중국 사상의 지형(地形)-」, 『중국지역연구』, 5, 2018, 285쪽.

기 위해 서양식의 자유, 민주와 인간 권리를 주창하는 '신자유주의파'가
생겨난다. 1980년부터 1984년까지 인간 본질에 기초한 '인간 주체성'에
논쟁의 초점이 모아졌지만 논쟁은 마르크스주의에서 벗어나 중국 전통
가치에 대한 새로운 해석과 가치 부여를 시도하기 시작한다. 그 후 서양
사상을 경원시하는 경향으로 나아가 1990년대 이후 민족주의 흥기의 주요
사상 기원이 된다.[15]

2000년대 들어 '역사주의'가 대두하게 되는데 '역사주의'는 천안문 사태
와 그 뒤를 이은 소련과 동구권 몰락 이후 사상의 진공 상태에서 '자유주
의파'의 퇴조와 '좌익 보수파' 사상으로 볼 수 있다. 이어 중국 경제의 신속
발전으로 민족주의 의식이 드러나게 되었고 2008년 올림픽 개최, 2009년
유고 중국대사관의 미국 오폭 등으로 절정에 이르게 되었다.[16]

'역사주의'는 중국의 특수한 민족 본체성을 발견하여 이로써 서양의 문
명일원론에 대항하려 시도한다. 서양 문명의 계몽 가치를 포기하고 국가
주의를 받아들여 다른 형태의 가치를 제거해버린 막스 베버식의 제도 합
리화인 것이다.[17] 중국식 '역사주의'의 특징은 서양 중심의 이른바 보편적
인 진리와 가치를 부정하고 세계화와 표준 가치를 거부하며 서양 중심의
담론 체계를 탈피하여 중국 지식의 자주성을 모색하는 것이다. 서양과 세
계성의 표준이 되는 중국 문화 건설이 그 기치라 할 수 있다.[18]

시진핑 주석이 상술한 중국역사연구원 설립을 축하하면서 2019년 1월
에 보낸 축하 전신에서 '중국 특색의 역사학의 학문체계, 학술체계, 담론

15) 이상옥, 앞의 논문, 2018, 285-287쪽.
16) 이상옥, 앞의 논문, 2018, 291쪽.
17) 許紀霖, 「보편적 가치인가, 아니면 중국적 가치인가? - 근 10년간 중국의 역사주의
    사조(普世問名,還是中國價值? - 近十年中國的歷史主義思潮)」, 『개방시대(開放時
    代)』, 5, 2010, 65-82쪽.
18) 이상옥, 앞의 논문, 2018, 293쪽.

체계' 구축의 중요성에 대해 언급한 것을 보면'중국 중심의 담론 체계 구축'은 현재 진행형임을 알 수 있다.

중국은 왜 이렇게 서양 중심의 담론 체계를 탈피하여 '중국 중심의 담론 체계를 구축하고자 하는 것일까?

이는 1980년대와 1990년대 영미를 비롯한 유럽의 보수 정치인들은 국민 국가라고 하는 단일 공동체가 허물어지는 새로운 상황을 타개하기 위해 시민 정신과 애국심을 배양하고자 하였고, 자국사 중심의 관점으로 돌아가 역사교육을 통제하려고 시도했는데, '문화 전쟁'으로 회자된 당시 상황과 관련이 있다고 할 수 있다. 1990년대 미국 교과서 집필 기준과 관련된 '국가 표준 논쟁'은 역사교육이 정치 분쟁화된 대표적인 사례로 알려져 있다.

미국의 전통적인 세계사 교육에서는 서구만이 문화전파의 유일한 중심지이며, 서구의 가치가 세계보편적인 가치로 간주되었다. 이러한 서구 중심 세계사는 편협한 서구 민족주의를 강화할 뿐 아니라 서구우월주의를 조장하는 배경이 되었다.[19]

한편 1994년 9에 발행된『미국세계사표준서』는 전통적인 서구 중심적인 세계사 서술의 틀을 깨고, 다문화적 시각과 글로벌 시각을 반영하였다. 학생들이 다양한 문명의 특징이나 문화적 전통을 이해할 것을 제안한 것이다. 다른 한편으로는 서구 중심적인 세계사관을 해체 하려는 노력도 내포되어 있었다.[20]

그러나 서구 문명중심, 국익중심의 세계교육을 주장하는 지식인들 대부분은 표준서의 관점과 내용에 대해 비판적인 입장을 취하였다. 서구문명

19) 강선주,「미국의 세계교육을 둘러싼 논쟁다원론적 관점과 국익중심 관점」,『미국사연구』, 11, 2001, 174쪽.
20) 강선주, 앞의 논문, 2001, 174쪽.

이외에 아시아, 아프리카 등 다양한 역사를 강조하다보니, 서구문명을 경시한다는 것이다. 또한 서구문명이 현대 세계에 가져온 병폐를 강조하여, 의도적으로 반 서구적 관점을 부추긴다고 강조하였다[21].

궁극적으로는 민주주의가 세계에서 가장 우월한 정부의 형태라는 것을 주장하고, 민주주의를 세계적으로 계속 확대해 나가기위해서 민주주의의 역사를 담고 있는 서구문명사를 세계 교육의 중심으로 놓아야 한다고 역설하였다.

국익 중심 세계교육론에서는 학생들에게 국가의 이익, 힘의 정치 등에 대한 현실주의적 관점과 태도를 함양하고, 개인은 국가에 충성해야하며, 국가의 정책을 지원하는 태도를 가져야 한다는 것을 명시하였다.

그들은 미국의 전통적인 문화, 정치사상, 역사 등에 대한 무장 없이 외국의 문화, 역사, 정치, 경제, 사회체제를 배우고 받아들이는 것은 다양한 민족, 다양한 인종으로 구성된 미국 사회의 통합을 와해시키는 길이라고 이해하고 있었다[22].

중국의 개혁 개방 이래 21세기 세계화, 정보화 시대의 경제 성장과 인터넷 발달로 민주 시민 의식이 향상되면서 중국은 미국의 서구 문명중심, 국익중심의 세계교육으로 인한 정체성 확립에 영향을 직접적으로 받지 않을 수 없었을 것이다.

이와 같은 배경 속에서 상술한 『2017년 중국 고등학교 역사과정표준』[23]의 머리말에서 언급한 '새로운 시대 사회의 주요 모순'이 사회적 문

21) 강선주, 앞의 논문, 2001, 175쪽.
22) 강선주, 앞의 논문, 2001, 177쪽.
23) "2003년 교육부는 일반 고등학교 교육과정 프로그램과 교육과정 표준 초안을 발표하였다. 10여 년 동안 일반 고등학교 교과 과정 개혁의 실천을 지도하고, 올바른 개혁 방향과 선진 교육 이념을 고수하여, 중국의 국가정서와 맞고, 시대발전 요구에 부응하는 일반 고등학교 교과 과정 체계를 기본으로 구축하고, 교육 개념의 갱신을 촉하며,

제가 되었고, '역사 허무주의'가 전형적인 사례가 되는 것이다.

'역사 허무주의'를 극복하고 중국의 국가 정서에 부합하는 '마르크스 유물사관'으로 재정비해야 하는 당위성이 『2017년 중국 고등학교 역사과정표준』에 명확하게 드러나 있다.

구체적으로는 '마르크스 유물사관과 사회주의 핵심 가치관, 조국의 정체성과 올바른 국가관 형성, 중화민족의 정체성과 올바른 민족관, 민족의 자신감과 자존감, 애국주의와 민족정신' 등을 역설하였다.

'기본 원칙'에서도 사회주의의 학습 방향을 고수하며 마르크스주의의 지도적 지위와 기본적 입장을 충분히 나타낼 것을 요구하고 있다.

역사학과 핵심 역량과 교육과정 목표인 '유물사관', '시공관념', '사료실증', '역사해석', '애국주의' 중 '유물사관'이 모든 역량을 성취할 수 있는 이론적 보증이라고 강조하였다.[24]

중국 역사교과서의 국정화 단행 이후로도 중국 역사교과서의 국정화의 당위성을 제고시킬 만한 사건들이 있었다.

지난 2019년 8월 타이완 일간지 『중시전자신문(中時電子報)』에 의하면 타이완의 고등학교 새 역사교과서들에 이른바 '타이완 주권미결정론'[25]이

인재양성 모델의 변화를 추진하고, 교사들의 전반적인 수준을 끌어올리고, 시험평가제도의 개혁을 효과적으로 추진하여 중국의 기초교육의 질 향상에 적극 기여했다. 하지만 경제, 기술의 급속한 발전과 사회생활의 중대한 변화와, 새로운 시대 사회의 주요 모순, 모든 국민의 질과 인재 양성의 질을 향상시키는 새로운 요구, 그리고 중국 고등학교의 교육의 기본 보급에 대한 새로운 상황에 직면하여, 일반 고등학교 교육 과정 방안 및 교육 과정 표준 실험 초안은 다소 부적합하여 절실히 개선되어야 한다." 李卿 編輯, 『보통 고중(고등학교)역사과정표준(普通高中歷史課程標準)(2017)』, 北京: 人民敎育出版社, 2018, 1쪽.

24) 李卿 編輯, 앞의 책, 2018, 4-5쪽.

25) 「타이완 매체 : 타이완 신판교과서에 "타이완 주권미결정론" 편입, 황당하기 그지없어 (臺媒 : 臺新版敎科書編入"臺灣主權未定論"荒謬至极)」, 『인민일보해외망(红星新闻人民日報海外網)』, 2019.08.13, baijiahao.baidu.com/s?id=1641683446310884902

들어간 것이다. 『중시전자신문』은 논설을 통해서 '민진당 당국의 국가 정체성 왜곡의도가 더욱 잘 드러나는 것이다'라고 지적했고, '역사교과서를 통해서 정치적 세뇌를 꾀하고자하는 음모로 변질되었다'고 강조했다.

"'타이완주권은 중국에 속한다'는 역사적 사실에 대한 법리적 논증은 이미 충분하며, 불변의 진리라고 역설하며, 국가의 역사교육의 기초는 초중등 학문에 있고, 선현들은 나라를 망하게 하려면 반드시 그 나라의 역사를 없애야 한다고 말해왔는데 '타이완 주권미결정론'은 국가 정체성에 혼란을 야기할 수 있다"고 밝혔다.

공교롭게도 같은 시기인 2019년 8월 중국 교육부는 언론보고회를 개최하여, 고등학교의 역사, 사상정치, 어문 3개 교과목에 교육부에서 통일적으로 구성, 편집하고 전국 각지 학교에서 통용되는 교과서인 '통편 교재'를 투입하여 사용한다고 발표했다.[26]

타이완의 고등학교 새 역사교과서에 포함된 '타이완 주권미결정론'은 마치 중학교 교과서의 국정화에 이어 고등학교 교과서의 국정화의 정당성을 시사하는 듯하다.

또한 홍콩 민주화 시위가 불거지기 전 이미 예상한 것처럼 중국의 한 역사교육 전문가는 홍콩의 고등학교 역사 과목이 개인, 사회, 인문교육에서 하나의 선택 과목의 하나로 규정된 것이 문제임을 지적하였다. 역사교육의 부재가 국가 정체성의 부재로 이어지게 됨[27]을 예측했고, 2019년

&wfr=spider&for=pc

26) 「교육부: 새로 편찬한 고등학교역사교재, 국가주권, 해양의식 교육강화(教育部：新編高中歷史教材突出國家主權、海洋意識教育)」, 『홍성신문(紅星新聞)』, 2019.08.27, aijiahao.baidu.com/s?id=1641683446310884902&wfr=spider&for=pc

27) 張漢林·能巧藝, 『한중 역사교육 전문가 세미나 자료집-한중 역사교육 및 교과서의 현재와 미래(國家認同的建構──以英國、加拿大和德國歷史課程標準爲例)』, 동북아역사재단, 2018.12.

여름에 홍콩 사태가 일어난 것이다.

대만과 홍콩의 사례 모두 중국의 입장에서는 '역사 허무주의'의 결과로 간주할 수 있는 사건들이다.

개편된 중국 역사교과서는 대만의 중국 귀속과 홍콩 반환 사건 등을 강조하며 학생들이 역사적 시각을 가지고 국가의 명운에 관심과 주의를 기울일 수 있도록 설계되었다. 국가의 번영, 민족의 자강을 위해 자발적인 충성을 유도하는 애국주의를 부각시킨 것이다.

중국 중고등학생들이 '중국 중심의 담론 체계 구축'과 민족의 자신감과 자존감이 중시되는 가운데 애국주의를 강조하는 역사교과서를 지속적으로 배운 뒤 앞으로 중국 지식 생산구조 속의 중요한 차세대 리더가 되었을 때 동아시아 교류와 협력에 방해가 되는 외교적 마찰을 피하기 어려울 것이다.

향후 중국의 민족주의가 더욱 고조되고 장기화가 예상되는 시점에서 개정판 중국 역사교과서 중 현대 관련 서술 내용 파악은 의미 있는 작업이 될 것이다.

다만 신간 중학교 『중국역사』 8학년 하권의 경우 최근 국내학계에서 관련 연구 성과가 발표되었다.[28] 이에 본고는 기존 연구에서 다루지 않은 부분과 『세계역사』 9학년 하권의 내용을 중심으로 검토하고자 한다.

Ⅲ. 신간 중국 중학교 『중국역사』의 현대 서술

2017년 교육부 검정 통과 후, 2018년 2월에 인쇄된 신간 『중국역사』

---

28) 김지훈, 「국가의지(國家意志)와 역사교과서의 정치화－2018년 중국 중학교 역사교과서의 현대사 서술」, 『역사교육연구』, 33, 2019, 83-117쪽.

8학년 하권은 중학교 2학년 하반기에 배우는 과정이다.

『중국역사』 7학년 상권은 선사시대부터 남북조시대까지의 전근대사 앞 부분으로 1학년 상반기에 배정이 되어 있고,[29]하반기에 학습하는 『중국역사』 7학년 하권은 수당시대부터 명청시대까지를 다루고 있다.[30] 『중국역사』 8학년 상권부터가 근대시기로 아편전쟁부터 갑오중일전쟁까지 다루며, 2학년 상반기에 배정되어 있다.[31]

자국사에서 현대를 서술한 『중국역사』 8학년 하권은 중화인민공화국의 성립이후 2017년 10월 제19차 중국 공산당 전국대표대회까지 소개하고 있다.[32]

이는 중국 교육부에서 전국성 교육과정으로 전일제의무교육역사과정 표준(實驗稿)을 반포한 이후 2001년 가을부터 전국의 각 실험지구에서 사용하였던 기왕의 교과서에 대해 대대적인 개정 작업을 거쳐 새롭게 출판되면서 처음 공개된 것이다. 2011년 12월에 공포된 새 교육과정을 근거로 제작된 것으로 당시 애국주의 정치교육으로서 역사교육을 강조하는 교육과정을 제정한 뒤 2017년 중등 역사교육과 관련하여 국정화 방안을 공식 발표한 후 새롭게 개발된 교재라는 점에서 주목할 필요가 있다.[33]

주요 내용으로는 중국 특색의 사회주의를 위대한 역사적 전환으로 높이 평가하면서 공산당의 역할을 강조했고, 2049년까지 사회주의 현대화

---

29) 教育部組織編纂 齊世榮 總主編, 『義務敎育敎科書 中國歷史 七學年 上冊』, 人民敎育出版社, 2016, 1-95쪽.

30) 教育部組織編纂 齊世榮 總主編, 『義務敎育敎科書 中國歷史 七學年 下冊』, 人民敎育出版社, 2016, 1-110쪽.

31) 教育部組織編纂 齊世榮 總主編, 『義務敎育敎科書 中國歷史 八學年 上冊』, 人民敎育出版社, 2017, 1-129쪽.

32) 教育部組織編纂 齊世榮 總主編, 『義務敎育敎科書 中國歷史 八學年 下冊』, 人民敎育出版社, 2018, 1-101쪽.

33) 김지훈, 앞의 논문, 2019, 89-91쪽.

강국으로 만들기 위한 중국 당 지도부의 가이드라인을 반영하고 있다. 비약적인 경제성장과 생활환경의 거대한 변화의 강조를 통해 애국심을 고양시키며, 신시대 중학생으로서 중국몽 실현을 위해 필요한 노력을 스스로 사고하게 하였다.[34]

최근 발표된「국가의지(國家意志)와 역사교과서의 정치화 - 2018년 중국 중학교 역사교과서의 현대사 서술」[35]에 의하면 개편된 중학교 역사교과서 현대사 부분의 특징을 다음과 같이 정리하였다.

개혁 개방 이후 중국공산당의 역대 전국대표대회와 지도자들의 사상인 덩샤오핑 이론과 더불어 장쩌민의 "3개 대표" 중요사상, 후진타오의 과학적인 발전관, 시진핑의 신시대 중국특색의 사회주의 사상과 중국공산당 전국대표대회를 서술한 내용을 소개한 점을 주목하였다.[36] 이어서 시진핑 정부의 중국의 꿈과 "두 개의 백년" 분투목표, "네 개 전면", 반부패 투쟁, 신 발전이념, "일대일로" 등의 정책을 설명하며, 중국공산당이 인민을 지도하여 중국을 "부흥의 길"로 이끌었고 부강한 중국이라는 "중국의 꿈"을 실현시켜가고 있다는 점을 강조하고 있다.[37]

이상의 특징을 감안하여 본고에서는 구판과 비교해 새롭게 추가된 내용을 중심으로 고찰하고자 한다.[38]

---

34) 教育部組織編纂 齊世榮 總主編, 앞의 책, 2018, 58쪽.

35) 김지훈, 앞의 논문, 2019, 83-117쪽.

36) 教育部組織編纂 齊世榮 總主編, 앞의 책, 2018, 48-51쪽.

37) 教育部組織編纂 齊世榮 總主編, 앞의 책, 2018, 53-57쪽.

38) 본고에서는 2001년도 전일제 의무교육역사과정표준이 적용되고 2002년 전국중소학교 교재 사정위원회 초심을 통과한 2006년 인쇄본을 참조하였다.

인민교육출판사 『중국역사』 8학년 하권(2006/2018) 신·구판 단원편제 비교표 139)

구판(2002)전국중소학교 교재 사정위원회 초심통과 2006년 1월 인쇄40)	신판(2017.12월 제 1판) 교육부 검정 통과 2018년 2월 인쇄
8학년 하권	8학년 하권
제1단원 중화인민공화국의 성립과 공고 제1과 중국인민이 일어났음 제2과 가장 사랑스러운 사람 제3과 토지개혁	제1단원 중화인민공화국의 성립과 체제강화 제1과 중화인민공화국 성립 제2과 항미원조 제3과 토지개혁
제2단원 사회주의길의 탐색 제4과 공업화의 첫걸음 제5과 3대 개조 제6과 사회주의 건설의 길의 탐색 제7과 문화대혁명의 10년	제2단원 사회주의제도의 설립과 사회주의건설의 탐색 제4과 공업화의 첫걸음과 인민대표대회제도의 확립 제5과 3대 개조 제6과 험난한 탐색과 건설의 성취
제3단원 중국특색의 사회주의 건설 제8과 위대한 역사적 전환 제9과 개혁개방 제10과 중국 특색의 사회주의 건설 활동과1 사회조사연구-고향의 어제와 오늘	제3단원 중국 특색의 사회주의의 길 제7과 위대한 역사적 전환 제8과 경제체제의 개혁 제9과 대외개방 제10과 중국 특색의 사회주의 건설 제11과 중국몽 실현을 위한 노력과 분투
제4단원 민족단결과 조국통일 제11과 민족단결 제12과 홍콩과 마카오의 회귀 제13과 해협 양안의 왕래	제4단원 민족단결과 조국통일 제12과 민족대단결 제13과 홍콩과 마카오의 회귀 제14과 해협 양안의 왕래
제5단원 국방건설과 외교 성과 제14과 강철의 장성 제15과 독립자주와 평화외교 제16과 외교사업의 발전 활동과2 역사 현장기록을 모두 대담하다 - 신중국의 외교	제5단원 국방건설과 외교 성과 제15과 강철의 장성 제16과 독립자주와 평화외교 제17과 외교사업의 발전
제6단원 과학 기술교육과 문화 제17과 과학기술의 성과1 제18과 과학기술의 성과2 제19과 개혁발전중의 교육 제20과 백가지 꽃을 만발시키며 옛것을 밀어내고 새것을 창조함	제6단원 과학 기술문화와 사회생활 제18과 과학기술문화의 성과 제19과 사회생활의 변천 제20과 활동과 생활환경의 거대한 변화
중국역사대사연표, 현대부분	중국근현대사 大事年表(하)

---

39) 『중국역사』 8학년 하권은 2002년 12월에 제1판을 발행했고, 2006년에 제2판을 발행했으며 2016년에 12차 인쇄본을 발행했다. 2011년 12월에 공포된 새 교육과정을 적용한 교과서는 2017년에 교육부 검정을 통과한 후 2018년 2월 제1차 인쇄판을 발행했다. 이를 기준으로 구판, 신판으로 표기했음을 밝힌다. 김지훈, 앞의 글, 96쪽 표2에도 2004년 2018년 역사교과서 8학년 하책을 비교하였다.

제1단원 '중화인민공화국의 성립과 체제강화'의 경우 중국인민지원군
의 '항미원조'의 필요성을 강조한 한국전쟁 관련 내용이 '방과후 활동',
'지식 확장' 등 보조적 학습코너에서 새롭게 추가되었다. 구판의 '가장 사
랑스러운 사람'이라는 소제목이 '항미원조'로 변경되었다는 점이 눈에 띈
다.41) 10월 25일을 '항미원조' 기념일로 밝히고, 중국 인민이 미국 침략의
죄상에 대해 성토하고 '항미원조'를 지지하는 시위사진도 추가되었다.42)
중국공산당이 중국 인민을 영도해서 '항미원조' 전쟁을 이끌고 토지개혁
운동을 전개, 신생 인민공화국을 공고히 하여 대규모 경제건설을 이루었
음을 강조하고 있는데, '항미원조'가 국가 정체성 확립에 동원된 점을 주
목할 필요가 있다. 미국이 근본적으로 중국이 참전하는 것을 파악하지 못
했다고 비판하면서 중국인민지원군이 조선군민들과 함께 작전을 하여 자
신들이 승리한 것으로 묘사하였는데, 이에 대해 국내학계의 최근 한국전
쟁을 집중적으로 다룬 「현대 중국의 한국전쟁 인식 변화 – 역사 교과서의
서술 변화를 중심으로 –」에서 지적하고 있다.43)

제2단원에서는 구판에 없는 중국 인민정치협상회의 내용을 추가하였는
데, 이른바 '정협(政協)'으로 많이 알려져 있다. 중국 인민정치협상회의는
중국 공산당 일당 정치를 보완하고 다당협력제를 지향하는 정책 자문회의
로 신판에서 비교적 상세하게 소개하고 있다.44)

---

40) 程敎材研究所, 歷史課程敎材研究開發中心 編著, 『義務敎育敎科書 世界歷史
九學年下冊』, 人民敎育出版社, 2006.
41) 敎育部組織編纂 齊世榮 總主編, 앞의 책, 2018, 8쪽.
42) 敎育部組織編纂 齊世榮 總主編, 앞의 책, 2018, 9쪽.
43) 김지훈, 「현대 중국의 한국전쟁 인식 변화 – 역사 교과서의 서술 변화를 중심으로 –」,
『사림』, 64, 2018, 311-348쪽.
44) 敎育部組織編纂 齊世榮 總主編, 앞의 책, 2018, 2쪽.

인민교육출판사 『중국역사』 8학년 하권(2006/2018) 신·구판 비교표 2

구판(2006)	신판(2018)
없음	• 2쪽 • 중화인민정치협상회의 1949년 9월 중화인민정치협상회의 제1차 전체회의가 북평에서 성대하게 열렸다. 중국공산당, 각 민주당파, 무당파인사, 인민해방군, 각 인민단체, 각 지역, 각 민족 및 해외화교 등 여러 분야의 대표 600여명이 회의에 출석하여 신중국 수립에 관한 문제를 의논하였다. 회의에서는 중화인민공화국을 수립하기로 결정하였고 "중화인민정치협상회의공동강령"을 통과하였는데 강령에는 중화인민공화국은 신**민주주**의 즉 인민 **민주주**의국가이며 노동자계급이 이끄는 노동자·농민연맹을 기초로 하는 각 **민주**계급과 국내 각 민족을 단결하는 인민**민주**독재 국가이며 국가정권은 인민에게 속하고 각급 정권기관은 일률로 **민주**집중제를 실시한다고 했다. 중국인민정치협상회의는 잠시 향후 개최되는 전국인민대표대회의 직권을 대행하며 "중화인민정치협상회의공동강령"은 임시헌법의 역할을 한다. 회의에서는 중앙인민정부위원회를 선거하였는데 마오쩌둥이 중앙인민정부주석에 당선되었고 주더, 류사오치, 쑹칭링, 이지선, 장란, 가오강이 부주석에 당선되었다. 회의에서는 북평을 베이징으로 바꾸고 새 중국의 수도로 하였고 "의용군행진곡"을 국가로 대신하고 오성홍기를 국기로 하고 서기를 기년으로 하였다. 회의에서는 또 베이징 톈안먼 광장에 인민영웅기념비를 세워 혁명선열들에 대한 존경과 기념을 나타냈다. 중화인민정치협상회의의 성공적인 개최로 중국공산당이 이끄는 다당협력과 정치협상제도가 초보적으로 구축되었다.
없음	• 3쪽 **"관련 역사적 사건"** 1954년 전국인민대표대회가 소집된 후 중국인민정치협상회의는 더 이상 전국인민대표대회의 직권을 대행하지 않았지만 정치협상회의는 통일전선조직으로 여전히 존재하여 각 **민주**당파와 애국**민주**인사들이 정치에 참여하고 국정을 논의하는 무대가 되었다. 정치협상회의의 주요한 직능은 정치협상, **민주**감독과 의정참여이다. 중국공산당과 **민주**당파는 "장기적으로 공존하고 서로 감독하고 마음을 털어놓고 친밀하게 지내며 영욕을 함께 한다"는 방침을 시행하여 각 **민주**당파의 열렬한 지지를 받았다. 중국공산당은 각 **민주**당파와 각계 애국인사들을 수용하여 의정참여를 광범위하게 이끌어내 가장 광범위한 애국통일전선을 구성하였는데 이는 중국의 정치생활에서 사회주의**민주**를 발양하는 중요한 형식이다.

중국인민정치협상회의를 소개하면서 '민주'라는 키워드를 12회 이상 반복하여 사용하고 있다. 최근 국제사회를 통해 지적되는 공산당 독재 비판에 대해 중국 내에도 '민주당', '다당협력', '의정참여' 등의 개념을 중시하고 있음을 강조하고 있다. 중국이 민주주의국가임을 밝혀 중국 정부의 입장을 대변하고 있는 것으로 보인다.

구판의 중화인민공화국헌법 제정과 관련하여 신판에서는 전국인민대

표대회에 대해 인민대표대회제도를 확정한 것이라고 해석하고 있고 "인
민대표대회제도의 확립"이라는 주제 아래 중국식 민주주의를 추진한 근
거로 선거 실시를 사례로 들었다.[45]

인민교육출판사 『중국역사』 8학년 하권(2006/2018) 신·구판 비교표 3

구판(2006)	신판(2018)
없음	• 21쪽 **"관련 역사적 사건"** 　1953년 12월 신중국은 전국규모의 기층선거를 하였는데 선거구역의 인구가 약 5.7억 명이었다. 전국각지에서는 모두 500여 만 명의 기층 인민대표를 선거하였고 선거를 통해 지방의 각급 인민대표대회를 만들었다. 많은 공업, 농업과 기타 각 방면의 우수한 인재들이 인민대표로 선출되었고 인민들은 선거일을 명절로 여겨 대대적으로 경축행사를 벌이면서 자신들의 선거권을 엄숙하게 행사하였다. 이것은 중국 역사에서 최초로 전체 인민들이 참가한 전대미문의 보통선거였다.

　1953년 12월 신중국은 전국규모의 기층선거를 중국 역사에서 최초로
전체 인민들이 참가한 보통선거로 해석하고 있다.

　제2단원의 특이 사항으로 구판의 '대약진 운동', 제7과 '문화대혁명의
동란과 재난', '농촌 하방' 내용 등이 삭제되고, 신판에서 '문화대혁명'을
소주제로 다루면서 이 기간 동안에도 과학기술의 성과가 있었음을 언급하
고 있다.[46] 구체적으로는 1962년 1월11일~2월 7일 중국공산당이 북경에
서 중앙공작회의 개최한 7천인 대회 설명을 추가하였고, 국민 경제의 전
면 조정에 적극적인 영향을 준 긍정적인 내용을 소개하면서 문화대혁명은
당과 국가 인민에게 엄중한 좌절을 주고, 거대한 손실을 가져왔는데 여기
에는 사회의 복잡한 원인이 있다고 해명하였다. 문화대혁명 기간 동안 국
민경제가 많은 손실을 입었지만 과학기술의 성과가 있었음을 강조하고
있다.[47] 역사교과서 내 부정적인 서술을 삭제하여 역사 학습을 통한 민족

45) 教育部組織編纂 齊世榮 總主編, 앞의 책, 2018, 21쪽.
46) 教育部組織編纂 齊世榮 總主編, 앞의 책, 2018, 28쪽.

적 자신감과 자존감을 세우려고 하는 교육목표를 반영한 것으로 보인다.

제3단원 '중국 특색의 사회주의의 길'에서 새롭게 제11과 '중국몽 실현을 위한 노력과 분투'를 추가하고 있다.

'중국몽'의 웅대한 청사진으로서 '두 개의 백년'이라는 목표, '네 개의 전면적 전략 배치' 등을 상세히 설명한 뒤 중화인민공화국 성립 100년 때 부강 ⋯ 민주 ⋯ 문명 ⋯ 화해의 사회주의 현대화 국가를 이루는 것이 중화민족의 위대한 부흥을 실현하는 것임을 강조하였다.

'중국몽'의 경우 '자료 탐구'라는 항목에서 제12차 전국인민대표대회 제1차회의의 시진핑의 발언을 인용하여 아래와 같이 역사적 배경을 설명하며, 학생들에게 "중국몽을 실현하기 위해 왜 반드시 중국의 길을 견지해야 하는가?"를 사고하도록 유도하고 있다.

> "'중국몽'을 실현하기 위해 반드시 중국의 길로, 중국 특색의 사회주의 길로 나아가야 한다. 이 길은 개혁개방 30여 년 간 위대한 실천 속에서 걸어온 쉬이 얻어진 길이 아니며 중화인민공화국 60여 년 간 계속 된 탐구 중에서 모색해 온, 근대 이후 중화민족의 170여 년 간의 발전 속에서 결론지어 낸 것이고 중화민족 5천여 년의 유구한 문명의 전승 속에서 헤쳐 온 깊은 역사적 근원과 광범위한 현실적 기초를 갖추었다."[48]

중국몽을 실현하기 위한 구체적인 실천방안에 해당하는 "네 가지 전면" 전략을 '새로운 형세 아래 중국공산당 국정 운영의 총전략'이라고 설명하며 '전면적인 샤오캉사회건설, 전면적인 개혁 심화, 전면적인 의법치국(依法治國), 전면적인 종엄치당(從嚴治黨)' 등의 구상을 소개하고 있다. 또한 중국몽을 실현하기 위한 이론으로서 '신발전 이념'을 서술하고 있다.

47) 教育部組織編纂 齊世榮 總主編, 앞의 책, 2018, 28-31쪽.
48) 教育部組織編纂 齊世榮 總主編, 앞의 책, 2018, 54쪽.

2015년 10월, 중국공산당 제18차 5중전원회의가 베이징에서 열린 회의
에서 '중국공산당 중앙 국민경제와 사회발전의 13번째 5개년 계획을 정한
데 관한 건의사항'을 통과시켰는데, 여기서 창의적이고, 협조적이고, 친환
경적이고, 개방적인, 함께 누리는 '신 발전이념'을 확고하게 세울 것을 제
기했다. 품질과 이익을 향상, 발전시켜 균형 잡힌 발전구조가 형성되고,
생태환경을 개선하며 합작에서 쌍방이 이익을 얻어 인민의 복지를 증진시
킬 것을 강조했다.

'신 발전이념'은 중국의 발전과정중의 두드러진 모순에 입각해 현시대
중국에서 제일 급박한 현실문제에 답을 주었고 중국의 전체적인 발전 국
면, 미래전망과 관계된다고 밝혔다.[49]

이어서 개혁개방 이후 경제 건설의 중대 성과를 설명하면서 '관련 역사
적 사건' 항목에서 '실크로드 경제벨트'와 '21세기 해상 실크로드'를 의미
하는 상술한 '일대일로'에 대해 소개했다.

60여개 국가와 지역이 포함되고 동으로 아시아태평양경제권, 서쪽으로
유럽경제권을 연결하며 약 44억 인구가 포함되어 경제총량 21만억 달러를
차지하는 개방형 신경제체제 구축 건설을 위한 전략임을 역설하였다.[50]

구판에 비해 분량이 축소되어 교과서 본문에 들어가지 못했지만 비중
있게 다룰만한 내용을 보조 학습 코너를 통해 간접적으로 강조하고 있음
을 알 수 있다.

'일대일로' 정책이 대외적 국제적 전략인 만큼 다음 '관련 역사적 사건'
항목에서 중국이 여러 차례 개최한 국제 대회를 소개하였다.[51]

49) 敎育部組織編纂 齊世榮 總主編, 앞의 책, 2018, 56쪽.
50) 敎育部組織編纂 齊世榮의 앞의 책, 2018, 57쪽.
51) 敎育部組織編纂 齊世榮의 앞의 책, 2018, 58쪽.

인민교육출판사 『중국역사』 8학년 하권(2006/2018) 신·구판 비교표 4

구판(2006)	신판(2018)
없음	• 58쪽 **"관련 역사적 사건"** 종합국력과 발전의 수요에 의거해 중국은 성공적으로 여러 차례 국제대회를 개최하였다. 예를 들면 2008년 베이징 제29회 하계올림픽, 2010년 상하이에서 개최한 41회 세계엑스포대회, 2014년 난징에서 개최한 제2회 청소년올림픽대회, 저장성 우전에서 개최한 월드인터넷대회 등이다. 2015년 베이징, 장자커우시는 2022년 제24회 동계올림픽 개최권을 따냈고 항저우시는 2022년 제19회 아시안게임의 개최권을 따냈다. 일련의 국제행사를 개최함으로써 세계를 향해 자신감 있고 개방적이고 포용력 있고 우호적인 중국을 보여주었다.

2022년 장자커우(張家口)시에서 개최되는 제24회 동계올림픽, 2022년 항저우시에서 개최되는 제19회 아시안게임이 포함돼 있어 교과서에서 현대사 이상으로 국가 미래 전략이 중시되고 있음을 주목할 필요가 있다.

국제 행사와 연결하여 '지식 확장' 항목에서 '인류운명 공동체'라고 하는 '신시대 중국 특색 사회주의의 기본방침'을 거론했다.

시진핑 주석이 2015년 제70회 유엔대회에서 제안한 것으로 "평등하게 상대하고, 서로 의논하고 서로 양해하는 파트너관계를 구축하며, 합리주의로 함께 누리는 안전한 구도를 형성하고; 개방적이고 창신적이며, 포용호혜의 발전모드를 도모해야 하고, 화이부동(和而不同, 타인과 화목하게 지내지만 자기중심과 원칙을 잃지 않는다), 겸수병축(兼收幷畜, 모든 것을 받아들여 보존한다)의 문명교류를 촉진하는 구체적인 실천 방안"을 서술하였다.[52]

대내적으로는 '중국몽'을 강조하면서도 대외적으로는 '인류운명 공동체'와 같은 협력 원원을 핵심으로 하는 신형 국제관계를 추구하고 있음을 드러내고자 하는 의도로 보인다.

제4단원 '민족단결과 조국통일'에서는 신구판 모두 단원 제목은 같으나

52) 教育部組織編纂 齊世榮의 앞의 책, 2018, 58쪽.

구판의 '제11과 민족단결'이 제12과 '민족대단결'로 수정되었음을 확인할
수 있다. 중화인민공화국은 전국 각 민족 인민 공동체로 구성된 통일적
다민족 국가임을 강조하고 조국통일은 중화민족의 공동 염원임을 밝히며,
단원 개요도 다음과 같이 새롭게 추가되었다.[53]

인민교육출판사 『중국역사』 8학년 하권(2006/2018) 신·구판 비교표 5

구판(2006)	신판(2018)
제4단원 민족단결과 조국통일 제11과 민족단결	• 59쪽 **제4단원 민족단결과 조국통일** 　제12과 민족대단결 ◎ 단원 개요 　중화인민공화국은 전국 각 민족 인민이 공동으로 창건한 통일된 다민족국가이다. 우리나라는 민족지역 자치제도를 실행하고 어울리고 조화롭게 발전해 민족대단결을 실현한다. 　조국통일은 중화민족의 공동의 숙원사업이다. "일국양제"구상의 지도하에 홍콩, 마카오는 순리롭게 조국의 품으로 반환되었고 대만과의 양안관계는 지속적으로 발전했다. 모든 중국인의 공동 노력으로, 조국통일의 대업은 반드시 이뤄질 것이다.

　대만과의 통일의 대업에 대한 내용은 신판의 단원 개요부터 강조되고
있고,『중국역사』 7학년 하권 명청시대 과정내용에서도 정성공이 대만 수
복이후 청대에 대만을 건설한 내용과 함께 조어도 및 그 부속도서가 중국
영토에서 분리할 수 없는 일부분임을 가르치고 있음을 알 수 있다.[54] 대만
이 중국의 영토임을 강조하는 영토교육은 2001년판 역사과정표준에 대한
문제점을 보완하기 시작한 이래 일관되게 중시됐지만[55] 신간 교과서에서
조어도의 귀속권과 함께 한층 더 고조되었음을 확인할 수 있다.

53) 教育部組織編纂 齊世榮의 앞의 책, 2018, 59쪽.
54) 教育部組織編纂 齊世榮 總主編,『義務教育教科書 中國歷史 七學年 下冊』, 人民教育出版社, 2016, 88-93쪽.
55) 課程教材研究所 歷史課程教材研究開發中心 編著,『義務教育教科書 中國歷史 七學年 下冊』, 人民教育出版社, 2005, 103-104쪽.

　　제5단원 '국방건설과 외교성과'에서는 군대사업 건설의 거대한 성취를 거두고, 국제사무 방면에서 세계 평화와 공동발전을 위해 공헌했음을 강조하였다. 우선 국방 역량강화와 관련하여 핵미사일 부대, 재래식 미사일 부대, 작전보장부대 등으로 구성되어 '둥펑(東風)' 시리즈 탄도 미사일과 '창젠(長劍)' 순항 미사일 등을 구비하고 있다고 소개하고 있다. 신판에 추가된 '신시대 강군의 길' 주제에서는 2016년 중국인민해방국은 5대 전구(戰區)를 설립했는데 동부전구, 남부, 서부 북부, 중부로 나누었고 군대 연합 작전체계를 구축했음을 설명하고 있다.[56] 보조 학습 항목인 '생각해 보기'에서는 신중국의 해군이 어떻게 자국의 해역을 지킬 수 있었는지를 이유를 묻는 질문이 추가되어[57] 이른바 '해양 강국'의 의지를 드러내고 있다.

　　제17과 '외교사업의 발전'에서 구판은 중미관계 정상화를 소개한 반면 신판에서는 중·미, 중·일 수교를 동시에 소개하면서 중국은 현재 170여 개 국가와 수교하고 있고 100여개의 정부 간 국제조직의 일을 참가했음을 밝혔다. 신판에 추가된 '전방위 외교' 주제에서는 중국 특색의 대국외교가 전면적으로 추진되고 전방위, 다차원, 입체화의 외교 배치가 형성되었다고 역설하였다.[58] 특히 '일대일로' 국제협력 서밋포럼, 아시아태평양경제협력체(APEC) 정상 비공식회의, G20 정상회의, BRICS 정상회의, 아시아 교류 및 신뢰구축 회의(CICA)등 중요한 국제회의를 개최하여 중국의 국제 지위는 계속 제고되어 국제사무에서 날로 중요한 역할을 발휘하고 있다고 자평하였다.[59]

　　마지막 제6단원 '과학기술·문화사업·사회생활의 변화'에서 구판의 문

---

56) 敎育部組織編纂 齊世榮의 앞의 책, 2018, 79-80쪽.
57) 敎育部組織編纂 齊世榮의 앞의 책, 2018, 77쪽.
58) 敎育部組織編纂 齊世榮의 앞의 책, 2018, 88쪽.
59) 敎育部組織編纂 齊世榮의 앞의 책, 2018, 88쪽.

화와 체육 내용은 삭제하고, 신판에서 과학기술 문화의 성과로 수정하면
서 중국의 원자폭탄, 수소폭탄, 인공위성 개발을 지휘한 과학자 덩자센(鄧
稼先)·첸쉐썬(錢學森)인물 등 청소년들에게 롤모델을 제시하고 있다.[60]
신판에 추가된 '문화사업의 발전' 주제에서는 '자료탐구' 항목을 통해 시
진핑 주석의 '철학사회과학업무좌담회에서의 담화'를 인용하여 중국 특색
의 사회주의 길의 자신감, 이론 자신감, 제도 자신감을 확고히 해야 하고,
결국 문화 자신감을 확고히 해야 한다고 강조하고 있다.[61] 이어 구판 '개
혁발전중의 교육'을 '사회생활의 변화'로 수정하고 신판의 '교통, 통신의
지속적인 발전' 주제에서 현재 중국의 고속도로 길이는 세계 1위임을 강
조하면서 상해의 세계 최초 진공관 초고속 자기부상열차 사진을 추가하였
다. 중국의 통신네트워크 규모와 이용자 수도 모두 전 세계 1위이며 성장
속도 역시 세계에서 가장 빠르다고 서술하였다.[62]

이상으로 신간『중국역사』 8학년 하권을 구판과 비교하면서 새롭게 추
가된 내용을 중심으로 검토해 본 결과 신간 교과서가 전반적으로 중화인
민공화국시대를 다루면서 당대 중국의 변화와 국가 이데올로기를 강화하
는 현실을 소개하고 있고 중국의 미래 전략과 당 지도부의 국가발전 플랜
을 명시하고 있음을 살펴볼 수 있었다.[63] 당대 중국의 변화와 정치, 경제,
문화, 사회의 현황을 압축적으로 소개하고 있어 국내 학계와 일반인들이
중국을 이해하는 지침서로 참고할 필요가 있을 것이다.

---

60) 教育部組織編纂 齊世榮의 앞의 책, 2018, 91쪽.
61) 教育部組織編纂 齊世榮의 앞의 책, 2018, 95쪽.
62) 教育部組織編纂 齊世榮의 앞의 책, 2018, 99쪽.
63) 우성민, 「신간 중국 중등 역사교과서 개편 동향의 특징과 한국사 관련 서술 검토」,
『중국학연구』, 86, 2018, 397쪽.

VI. 신간 중국 중학교『세계역사』의 현대 서술

『중국역사』 8학년 하권을 배운 학생들은 중학교 3학년 상반기에『세계역사』 9학년 상권, 하반기에 세계현대사에 해당하는『세계역사』 9학년 하권을 학습하게 된다.

『세계역사』 9학년 상권은 '인류문명부터 제1차 세계대전'까지『세계역사』 9학년 하권은 '러시아의 농노제 폐지'부터 현대까지 다루고 있다.[64]

본 장에서는『세계역사』 9학년 하권을 중심으로 신구판을 비교하면서 개편의 현황과 특징을 살펴보고자 한다.

중국 학생들의 학습 부담을 덜어주기 위해 구판에 비해 신판에서 1/3 가량의 분량을 줄인 가운데『중국역사』 7·8학년과 동일하게『세계역사』 9학년 하권도 기존의 8단원에서 6단원으로 축소되었다.[65]

『세계역사』 9학년 하권의 제1단원 '식민지 인민의 반항과 자본주의제도의 발전' 도입부분에서 19세기 자본주의가 더욱 발전함에 따라 서방열강의 대외확장과 식민활동은 식민지 인민의 반항을 야기하였다고 서술하면서 라틴아메리카와 인도의 반식민지배를 위한 민족독립과 무장기의가 발발한 경위를 소개하고 있다[66]

제1단원 제 2과 '러시아의 개혁'에서 17세기 이후 서구유럽국가에 혁명과 개혁이 발생, 자국의 경제 발전을 촉진했음을 설명하면서 러시아 농노

64) 敎育部組織編纂 齊世榮 總主編,『義務敎育敎科書 世界歷史 九學年 上冊』, 北京: 人民敎育出版社, 2018쪽; 敎育部組織編纂 齊世榮 總主編『義務敎育敎科書 世界歷史 九學年 下冊』, 北京: 人民敎育出版社, 2019쪽.

65) 김지훈,「국가의지(國家意志)와 역사교과서의 정치화-2018년 중국 중학교 역사교과서의 현대사 서술」,『역사교육연구』, 33, 2019, 96쪽.

66) 育部組織編纂 齊世榮 總主編,『義務敎育敎科書 中國歷史 九學年 下冊』, 北京: 人民敎育出版社, 2019, 1쪽.

제의 성행을 언급하였다. 농노제를 개혁하기 위해 표트르 1세가 자본주의
길인 농노제 해방을 실시하였음을 강조하였다.[67]

인민교육출판사 『세계역사』 9학년 하권(2004/2019) 신·구판 단원편제 비교표 6[68]

구판(2002)전국중소학교 교재 사정위원회 초심통과 2004년 1차 인쇄본[69]	신판(2018.12월 제 1판) 교육부 검정 통과 2019년 1월 인쇄
9학년 하권	9학년 하권
제1단원 소련의 사회주의 노선 탐색 제1과 러시아 10월 혁명 제2과 사회주의 길에 대한 탐색	제1단원 식민지 인민의 반항과 자본주의제도의 발전 제1과 식민지 인민의 반항 투쟁 제2과 러시아의 개혁 제3과 미국 내전 제4과 일본의 메이지 유신
제2단원 베르사유·워싱턴 체제 하의 세계 제3과 베르사유·워싱턴 체제 제4과 대공황 제5과 파시즘의 성장 활동과 1 옛 사진에 해설 달기-사진으로 파시스트의 폭행 설명	제2단원 제2차 산업혁명과 근대과학 문화 제5과 제2차 산업혁명 제6과 산업화 국가의 사회변화 제7과 근대과학 문화
제3단원 제2차 세계대전 제6과 제2차 세계대전의 발발 제7과 세계 반파시즘전쟁의 승리 활동과 2 종군 취재-반파시스트 전쟁은 필승한다! 제4단원 대전 후 주요 자본주의국가의 변화·발전 제8과 미국 경제의 발전 제9과 서유럽과 일본 경제의 발전 제5단원 사회주의 국가의 개혁과 변화발전 제10과 소련의 개혁과 해체 제11과 동유럽 사회주의 국가의 개혁과 변화·발전	제3단원 제1차 세계대전과 전후 초기 세계 제8과 제1차 세계대전 제9과 레닌과 10월 혁명 제10과 베르사유조약과 9국 조약 제11과 소련의 사회주의 건설 제12과 아시아·아프리카·라틴아메리카의 민족·민주운동 고조

67) 敎育部組織編纂 齊世榮 總主編, 앞의 책, 2019, 8쪽.
68) 2001년도 구판 전일제 의무교육역사과정표준(實驗稿)을 근거로 편찬한 『세계역사』 9학년 하권은 2003년 12월에 제 1판을 발행했고, 2004년에 1월에 제1차 인쇄본을 발행했다. 2011년 12월에 공포된 새 교육과정을 적용한 교과서는 2018년에 교육부 검정을 통과한 후 2019년 1월 제 1차 인쇄판을 발행했다. 이를 기준으로 구판, 신판으로 표기했음을 밝힌다.

제6단원 아시아·아프리카·라틴아메리카 국가의 독 립과 진흥 제12과 아시아·아프리카·라틴아메리카의 성장 제13과 동요하는 중동지역 활동과 3 팔레스테인과 이스라엘 인민에게 드리는 공개편지-중국 학생들은 팔레스테인과 이스라엘 인민들이 평화에로 나아가기를 기대한다	제4단원 대공황과 제2차 세계대전 제13과 루즈벨트의 뉴딜정책 제14과 파시즘 국가의 침략확장 제15과 제2차 세계대전
제7단원 전후 세계 질서의 변화 제14과 냉전 속에서의 대치 제15과 세계정치질서의 다극화 추세 제16과 세계경제의 "세계화"	제5단원 제2차 세계대전 후의 세계 변화 제16과 냉전 제17과 전후 자본주의의 새로운 변화 제18과 사회주의 발전과 좌절 제19과 아시아·아프리카·라틴아메리카 국가의 새로 운 발전
제8단원 현대과학기술과 문화 제17과 제 3차 과학기술문명 제18과 현대 문학과 미술 제19과 현대 음악과 영화 활동과 4 역사 소논문 쓰기-"과학기술과 미래"	제6단원 평화 발전의 세계를 향하여 제20과 UN과 세계무역기구 제21과 냉전 후 세계질서 제22과 부단히 발전하는 현대사회 제23과 활동과
세계역사 대사년표	세계역사 대사년표(하)

구판에는 없는 '미국의 남북전쟁'을 '미국 내전'으로 표현하여 추가하였으며, 미국은 독립 후 영토 확장을 태평양연안까지 신속히 하여 자본주의 발전을 촉진하였고 남북 모순으로 남북전쟁이 발발했음을 설명하였다.[70]

제4과에서 '일본의 메이지 유신'을 단독으로 신설하여 구판에 비해 서술 비중을 높이며 중요하게 다루고 있다. 메이지 유신은 일본 역사의 중요한 전환점이며 일본이 신속히 자본주의의 길을 걸어 부국강병을 이루게 했지만 군국주의 색채가 강하여 대외 침략 확장의 길을 가게 했다고 평가하고 있다.[71]

---

69) 程教材研究所,歷史課程教材研究開發中心 編著, 『義務教育教科書 世界歷史 九
學年 下冊』, 人民教育出版社, 2004, 1-120쪽; 教育部組織編纂 齊世榮 總主編, 『義
務教育教科書 中國歷史 九學年 下冊』, 北京: 人民教育出版社, 2019, 1-112쪽.
70) 教育部組織編纂 齊世榮 總主編, 앞의 책, 2019, 10쪽.

제2단원 '제2차 산업혁명과 근대과학 문화'의 도입부분에서 1860~70년
대 자본주의 세계가 제2차 산업혁명을 시작하면서 인류가 '전기시대'에
진입하고 제2차 산업혁명의 추진아래 주요한 자본주의 국가들은 계속 산
업화한 강국의 대열에 들어갔다고 소개하였다.[72]

제5과에서 '제2차 산업혁명'을 단독 항목으로 신설하여 제2차 산업혁명
의 발전으로 자본주의 국가들의 경제가 발전했으나 주요 자본주의 국가들
이 자본주의를 농단하여 제국주의 단계의 과도기로 향하였다고 서술하였
다.[73]이로 인해 대외확장이 늘어나고 세계에 심원한 영향을 주었다고 하
여 자본주의의 문제점을 지적하고 있다.

신판에 추가된 내용으로 1903년 라이트형제의 시험 비행을 서술하면서
동시에 신판에서 중국인 '펑루(馮如)'가 뒤이어 더 뛰어난 비행기를 제작
해 국제 대회에서 수상한 내용을 소개하고 있는데, 궁극적으로는 중국의
발전 모습과 국제사회에서의 역할 강조하고 있다.[74] '아시아·아프리카·
라틴아메리카 국가의 새로운 발전'에서 반둥회의에 참석한 주은래가 '구
동존이(求同存異)' 발언을 통해 중국이 국제사회에서 승인을 얻은 내용
을 추가하여 실례를 제시하고 있다.[75]

또한, 제20과 'UN과 세계무역기구'가 신판에 추가되면서 UN안보리에
중국, 프랑스, 러시아, 영국, 미국 등 5개국이 상임이사국이며, '경제 글로
벌화와 세계무역기구'에서 1999년 미국과 중국이 G20을 결성, 2008년 금
융위기 발생 후 국제 금융의 새로운 질서를 세우는데 중요한 역할을 했음
을 강조하였다.[76] 상술한 신간 『중국역사』 8학년 하권의 서술 구조와 동

---

71) 教育部組織編纂 齊世榮 總主編, 앞의 책, 2019, 16쪽.
72) 教育部組織編纂 齊世榮 總主編, 앞의 책, 2019, 17쪽.
73) 教育部組織編纂 齊世榮 總主編, 앞의 책, 2019, 21쪽.
74) 教育部組織編纂 齊世榮 總主編, 앞의 책, 2019, 20쪽.
75) 教育部組織編纂 齊世榮 總主編, 앞의 책, 2019, 88쪽.

일하게 중국의 국제 지위의 제고를 강조하고 있음을 알 수 있다.

제6과 '산업화 국가의 사회변화'의 도입부분에서 "산업혁명은 산업화 국가에 중대한 변화를 주었는데, 기쁨도 있었지만 많은 새로운 고통도 체험했다"고 서술하면서 "이 변화는 인류에 유익인가 해인가?"라고 질문하여[77] 학생들로 하여금 '산업혁명'에 대해 부정적인 시각을 갖게 하고 있다.

예를 들면 19세기 중엽 영국 도시의 위생상황이 극도로 열악하여 아이들이 쓰레기 옆에서 놀고 있다고 설명하거나 미국도 대도시의 쓰레기 처리방식이 낙후하여 밤에 도시 밖에 쓰레기를 버렸고 파리의 도시도 빈민굴과 같았다고 소개하고 있다.[78] 전반적으로 산업혁명 이후 빈부격차가 극심해졌고 노동자들의 투쟁이 심해졌음을 부각시켰다.

제7과 '근대과학과 문화'의 경우 유물사관을 설명한 다아윈의 『종의 기원』을 강조하면서 프랑스 발자크의 '인간희극'을 새롭게 추가하였다. '고리오 영감'은 자본주의 사회 안에서 가정도 기만과 약탈의 장소로 변해가는 것을 반영하였다고 서술하여 자본주의 사회를 간접적으로 비판하고 있다.[79]

제3단원 '제1차 세계대전과 전후 초기 세계'는 도입부분에서 1914년 제1차 세계대전이 폭발한 뒤 세계에 심원한 영향을 미쳤는데, 전쟁 후 베르사유조약과 9국 조약을 체결하여 잠시 전승국이 유럽, 서아시아, 아프리카 동아시아 태평양의 관계를 조정하고, 베르사유-워싱턴체제의 국제 신질서를 건설하였다고 설명하였다.[80] 이어서 전쟁은 아프리카 식민지와 반식민

76) 教育部組織編纂 齊世榮 總主編, 앞의 책, 2019, 93쪽.
77) 教育部組織編纂 齊世榮 總主編, 앞의 책, 2019, 23쪽.
78) 教育部組織編纂 齊世榮 總主編, 앞의 책, 2019, 25쪽.
79) 教育部組織編纂 齊世榮 總主編, 앞의 책, 2019, 29-30쪽.
80) 教育部組織編纂 齊世榮 總主編, 앞의 책, 2019, 33쪽.

지 국가와 종주국가 사이의 모순을 격화시켜 라틴아메리카의 민주개혁을 초래하고, 러시아는 10월 혁명을 일으켜 세계에서 처음으로 무산계급 정권의 국가를 탄생시켜 기세등등하게 사회주의의 건설을 개시하였다고 서술하여[81] 궁극적으로 사회주의가 대두된 배경을 드러내고자 하였다.

제8과 '제1차 세계대전'에서는 19세기 후반기 자본주의 발전에 따라 서방 열강은 세계를 등분하고 그들 간의 충돌이 극화되면서 1차 세계대전이 발발하게 되었다고 서술하여 학생들에게 1차 세계대전 발발의 원인을 질문하게 하는데, 자본주의의 책임을 간접적으로 명시한 것으로 볼 수 있다.[82] 특히 '관련 역사적 사건'항목에서 미국은 중립하면서 세계대전 후 전쟁을 통해 부를 축적했음을 밝히고 있다.[83]

제4단원 '대공황과 제2차 세계대전'은 구판과 비교해 새롭게 추가된 내용이 가장 많은 단원이라 할 수 있다.

도입부분에서 1929년 자본주의 세계에 경제대공황이 폭발하면서 미국은 뉴딜정책으로 어려움을 극복하고, 독일, 이탈리아, 일본은 침략을 통한 세력 확장의 길을 걸어 제2차 세계대전이 발발하게 되었다는 원인을 규명하고 있다.[84]

제13과에서 '루즈벨트 뉴딜정책'을 단독 항목으로 신설하여 뉴딜 기간 동안 미국 경제가 회복되었으며, 자본주의 세계에 심원한 영향을 주었다고 설명하고 있다. 그러나 뉴딜은 자본주의를 비호하는 전제아래 정책을 조정한 것임을 지적하며 자본주의의 본질과 미국사회의 근본적 모순을 해결하지 못했다고 평가하였다.[85]

---

81) 敎育部組織編纂 齊世榮 總主編, 앞의 책, 2019, 33쪽.
82) 敎育部組織編纂 齊世榮 總主編, 위의 책, 2019, 34쪽.
83) 敎育部組織編纂 齊世榮 總主編, 앞의 책, 2019, 37쪽.
84) 敎育部組織編纂 齊世榮 總主編, 앞의 책, 2019, 58쪽.
85) 敎育部組織編纂 齊世榮 總主編, 앞의 책, 2019, 61쪽.

구판에서 루즈벨트의 뉴딜은 뚜렷한 효과를 거두었고 미국과 세계자본주의 발전사에서 중요한 의의를 가지고 있다고 한 서술[86]과는 대조적으로 신판에서는 자본주의와 미국을 부정적인 측면을 드러내는 경향이 반복되고 있음을 알 수 있다.

제14과 '파시즘 국가의 침략확장'에서는 일본의 중국 침략 관련 새로운 내용을 추가하고 학문적 근거를 제시한 점을 주목할 만하다. '아시아 전쟁 발원지의 형성'이라는 소주제에서 일본이 중국에 눈독을 들인 마음을 지닌 유래는 이미 오래됐다고 서술하면서 구체적인 사례를 제시하였다.[87]

1927년 일본내각이 '중국정복론, 반드시 먼저 만주와 몽골을 정복한다; 세계를 정복하려면 반드시 먼저 중국을 정복해야 한다'고 선포했음을 강조하며 일본 내에도 경제대위기 중 수백만 실업자, 공업, 농업 모두 위축, 국내 모순이 격화된 상황에서 파시스트 조직이 생겼다고 소개하였다.[88]

이어 1931년 일본관동군이 918사변을 일으키고 이미 오래전부터 음모를 꾸민 중국 침략 전쟁을 발동했음을 반복하여 밝히고 있다. 9·18사건은 중국 인민의 항일 전쟁의 기점이 되었고, 세계반파시스트 전쟁의 서막이 되었으며 일본은 신속히 중국의 동북 3성을 건립하고 위만주국을 세우고, 중국 화북지역을 한걸음 더 잠식했음을 설명한 뒤, 1936년 히로타 코키(廣田弘毅)가 히로타 코키 내각으로 파시즘 독재 정권을 세워 제 2차 세계대전의 아시아 전쟁의 근원지를 형성했다고 부연하였다.[89]

특히 일본은 군비를 확충하였는데 군비가 재정의 반 이상이 되었으며 일본이 『國策基準』을 제정하여 '제국이 동아시아 대륙의 지위를 확보하

---

86) 程教材研究所,歷史課程教材研究開發中心 編著, 『義務教育教科書 世界歷史 九學年下冊』, 人民教育出版社, 2004, 23쪽.

87) 教育部組織編纂 齊世榮 總主編, 앞의 책, 2019, 65쪽.

88) 教育部組織編纂 齊世榮 總主編, 앞의 책, 2019, 65쪽.

89) 教育部組織編纂 齊世榮 總主編, 앞의 책, 2019, 65쪽.

기 위해 남방을 향한 해양을 발전시켜야 할 것을 일본의 근본 국책을 삼는 다'고 명시하여 학문적 근거를 제시하고 있다.[90]

제15과 '제2차 세계대전'의 경우 신판에서 구판의 '제2차 세계대전의 폭발'과 '세계반파시즘 전쟁의 승리' 두 과를 합하여 서술하였다. '제 2차 세계대전의 전면 폭발과 주요 전장', '반파시즘 연맹의 설립과 전쟁 형세의 전환', '얄타회의와 전쟁의 종결'의 소제목으로 구성하고 있고,[91] 그 중 '얄타회의와 전쟁의 종결'에 대해 상세히 다루고 있다.[92]

1945년 세계 반파시즘 전쟁은 대전환이 있었고 연합군의 협조로 인해 최후 승리를 얻어 같은 해 2월 미·영·소 3국 수뇌가 얄타에서 회의를 했다고 밝히고 있다. 회의에서 독일의 파시즘을 철저히 소멸하고 전쟁 후 독일은 미국과 영국과 소련 등이 나누어 점령하며 전쟁 후 연합국을 성립할 것을 결정했다는 사실과 소련은 유럽에서의 전쟁을 종결한 후 일본과의 전쟁에 참가할 것을 승낙했음을 강조하였다.[93]

1945년 7월 미·영·소 3국 정상은 포츠담에서 회의를 열었는데 회의에서는 얄타회의의 정신을 거듭 천명하여 중국·미국·영국 3국의 명의로 일본 투항을 촉구한 '포츠담 선언'을 발표하면서 '카이로 선언'의 조건을 반드시 실시할 것을 선언했다고 서술하였다.[94]

이에 상응한 '관련 역사적 사건'항목을 통해 1943년 12월 초, 미·영 3국의 수뇌는 '카이로선언'을 발표하면서 일본이 불법으로 중국 영토를 점거하고 있는데, 예를 들면 중국 동북, 대만, 팽호열도(彭湖列島)를 반드시 중국에 귀환한다.'고 명확히 규정했음을 강조한 것이다.[95] 신판에서 추

90) 教育部組織編纂 齊世榮 總主編, 위의 책, 2019, 66쪽.
91) 教育部組織編纂 齊世榮 總主編, 앞의 책, 2019, 67-71쪽.
92) 教育部組織編纂 齊世榮 總主編, 앞의 책, 2019, 70쪽.
93) 教育部組織編纂 齊世榮 總主編, 앞의 책, 2019, 70쪽.
94) 教育部組織編纂 齊世榮 總主編, 앞의 책, 2019, 70쪽.

가한 '얄타회의와 전쟁의 종결'에서 타이완 및 그 부속도서, 남중국해 도
서 등 역사적 사실에 기초하여 중국 영토로서 역사적 연원을 가르치려는
중국 정부의 의도를 엿볼 수 있다.

제5단원은 '제2차 세계대전 후의 세계 변화'를 주제로 도입부분에서 전
쟁 이후 미국은 자본주의 세계의 최대 강국이 되었고 사회주의 소련은
유일하게 미국을 필적하는 국가였음을 설명하였다. 제2차 세계대전 후 자
본주의국가는 계속 정치 정책을 조정하여 경제회복을 실현했고, 소련과
동유럽은 사회주의 건설에 큰 성공을 거두지만 적지 않은 좌절을 겪게
되었으며 이와 동시에 아시아, 아프리카, 라틴아메리카 지역의 민족해방
운동이 고조돼 세계자본의 식민체제는 붕괴되고 개발도상국가들은 점점
더 세계발전에 영향을 주는 주요한 역량이 되었다고 개괄하고 있다.[96]

제16과 '냉전'은 구판과 항목은 동일하나 신판에 추가된 내용으로 제2
차 세계대전 후 미국이 소련과 기타 사회주의 국가의 발전을 저지하기
위해 실시한 정책 때문에 미, 소를 대표하는 두 집단의 투쟁이 나타난
원인을 소개하였다.[97]

달러 중심의 자본주의 화폐체계와 미국 중심의 자본주의 국제무역체계
를 세웠는데 패권의 욕망이 매우 강렬했다고 비판하거나 미국은 자신의
제도와 관념이 가장 우월한 것으로 생각하고 전 세계가 그와 같은 제도를
실행해야 한다고 여긴다고 하는 서술도 신판에 추가된 내용이다.[98]

제2차 세계대전 후 소련의 서부변계가 서쪽으로 이동했고 소련은 동유
럽에 소련과 유사한 사회주의제도를 건설하려고 했음을 설명하였다. 소련
은 전쟁은 자본주의의 농단과 경쟁의 산물이고, 미국은 최강대 자본주의

---

95) 敎育部組織編纂 齊世榮 總主編, 앞의 책, 2019, 70쪽.
96) 敎育部組織編纂 齊世榮 總主編, 앞의 책, 2019, 73쪽.
97) 敎育部組織編纂 齊世榮 總主編, 앞의 책, 2019, 74쪽.
98) 敎育部組織編纂 齊世榮 總主編, 앞의 책, 2019, 74쪽.

국가로서 자연히 소련이 잠재적으로 방어해야 하는 대상으로 여겼다고
서술했는데,[99] 사회주의 국가로서의 소련을 변호하는 의도가 보인다.

'관련 역사적 사건'항목에서 2차세계대전후 초기 미국은 이미 세계 유
한 핵무기 대국이 되었고, 가장 많을 때 30척의 항공모함을 보유하였고
세계 각지에 500개의 군사기지를 설치했다는 내용을 신판에 추가하고 있
다.[100]

제17과 '전후 자본주의의 신변화'는 구판의 '미국의 발전과 일본의 굴
기'를 하나로 합쳐 서술한 항목이다.

본문에서 한국전쟁 폭발 후 일본은 대량의 군수주문을 받아 경제의 신
속한 발전을 촉진했고 1968년 미국 다음의 제 2 경제 대국이 됐음을 밝힌
내용을 신구판에 동일하게 서술하고 있음을 주목할 필요가 있다.[101]

'관련 역사적 사건' 항목에서 1951년 미국은 일본과 일방적인 대일강화
조약을 체결한 뒤 미국의 세계전략의 궤도에 들어가게 됨을 설명하였고
일본은 미국이 아시아에서 진행한 한국전쟁과 베트남전쟁에 군수물자를
제공하여 전쟁에 의한 큰 부자가 됐음을 재차 강조하고 있다.[102]

20세기 70년, 80년대 이후 일본의 정치대국을 도모하려는 욕망도 팽창
되기 시작하였으며 군비지출도 끊임없이 늘어나 아시아 주변국의 관심과
불안을 야기했음을 설명하였다.[103]

이어 '사회보장제도의 성립'이라는 소주제를 신판에 추가하여 루즈벨트

---

99) 敎育部組織編纂 齊世榮 總主編, 앞의 책, 2019, 74쪽.
100) 敎育部組織編纂 齊世榮 總主編, 앞의 책, 2019, 74쪽.
101) 程敎材硏究所, 歷史課程敎材硏究開發中心 編著, 『義務敎育敎科書 世界歷史
　　九學年 下冊』, 人民敎育出版社, 2004, 65쪽; 敎育部組織編纂 齊世榮 總主編,
　　앞의 책, 2019, 80쪽.
102) 敎育部組織編纂 齊世榮 總主編, 앞의 책, 2019, 81쪽.
103) 敎育部組織編纂 齊世榮 總主編, 앞의 책, 2019, 81쪽.

의 뉴딜 기간에 미국이 사회보장법을 반포했는데 제2차 세계 대전 이후 사회모순을 완화하기 위함이라고 서술하였다.[104) 1960~70년대 서방 주요 자본주의 국가의 사회보장제도가 진일보하였다고 소개하면서 사회보장제도는 노동계급 투쟁의 결과라고 하여 마르크스 유물사관의 논리를 적용하여 해석하고 있다. 자산계급이 이러한 제도를 실행하면 계급 모순을 완화할 수 있을 것이라고 여기고 경제발전의 안정에 유리한 사회 환경을 창조한다는 것이다. 그러나 사회보장제도는 자본주의 제도의 기본적 모순을 해결할 수 없다고 평가하여 자본주의의 한계를 드러내고 있다.[105)

제18과 '사회주의 발전과 좌절'이라는 소주제에서 제2차 세계대전 이후 동유럽 아시아 라틴아메리카 등에 사회주의 국가가 출현했음을 설명하였다.[106) 사회주의 국가로 동유럽의 동독, 유고슬라비아, 폴란드 그리고 아시아의 중국, 북한, 베트남, 라틴아메리카의 쿠바 사회주의 역량이 강대해졌음을 서술하면서 1949년 중화인민공화국 성립 후 얼마 안 돼 소련은 중국과 외교관계를 맺고 신중국에 대해 중요한 지지를 했다는 내용을 신판에 추가하여 중국의 입지를 부각시키고 있다.[107)

1950년 중소우호동맹조약을 체결하였고, 사회주의 진영의 힘을 강화하고 신중국은 소련 학습의 열기가 가득했다고 설명하였다. '상관사실'항목에서 제2차 세계대전 이후 소련은 핵기술과 항공우주기술 등 영역에서 큰 성과를 거두었다고 서술하였는데 자본주의와 사회주의 국가의 이미지가 완연하게 대조적으로 묘사되고 있다.

제19과 '아시아 아프리카 라틴아메리카 국가의 새로운 발전'에서는 제2차 세계대전 이후 민족해방운동이 고조되고 점점 더 많은 아시아와 아프

104) 敎育部組織編纂 齊世榮 總主編, 앞의 책, 2019, 81쪽.
105) 敎育部組織編纂 齊世榮 總主編, 앞의 책, 2019, 82쪽.
106) 敎育部組織編纂 齊世榮 總主編, 앞의 책, 2019, 83쪽.
107) 敎育部組織編纂 齊世榮 總主編, 앞의 책, 2019, 84쪽.

리카 국가가 독립을 얻게 됨을 설명하면서 1955년 4월 인도네시아 반둥에서 29개 국가 대표들이 처음으로 아시아·아프리카 회의를 거행했다고 소개하고 있다. 회의에서 아시아 아프리카 라틴아메리카 국가들의 민족독립투쟁을 고무시키고, 중국은 화평 공존의 5가지 원칙을 제시했고 국제사회의 승인을 얻었음을 강조하였는데, '관련 역사적 사건' 항목에서 주은래의 반둥회의의 발언을 부각시키고 있다.

반둥회의에서 어떤 국가 대표가 공산주의를 공격했고, 중국으로 화살을 겨누었을 때 주은래가 18분간 연설을 했으며 '구동존이'의 방침을 제안하여 회의가 성공하는 데 중요한 공헌을 했음을 강조한 것이다.

이어 '아프리카 독립의 해'에서 아프리카 민족운동은 북쪽에서 시작했음을 서술하면서 1951년 리비아가 독립하고 1952년 이집트에서 혁명이 일어났는데 영국을 지지하는 봉건왕조를 뒤엎고 이집트 공화국을 성립했음을 설명하였다. 알제리도 장기간 민족해방전쟁을 통해 프랑스 식민통치를 극복했다고 소개하면서 1960년 17개 국가가 독립하여 이 해를 '아프리카의 해'라 명명하는 배경을 밝히고 있다.

라틴아메리카 인민의 국가 주권 수호를 위한 투쟁이 있었는데 1959년 미국이 지지하는 독재정권을 타도함을 강조하면서 후에 쿠바는 미국이 지지하는 고용정부의 침입을 좌절시키고 사회주의의 길을 갔다고 서술하였다.

1960~70년대 파나마에서는 지속적으로 대중적인 반미운동이 폭발하여 1999년 말 파나마 운하의 주권 수복을 요구하였음을 사례로 들고 있다.[108]

마지막 제6단원 '평화 발전의 세계를 향하여'와 상술한 제20과 'UN과 세계무역기구'는 모두 신판에 새롭게 추가된 항목이다.

도입부분에서 UN을 대표로 하는 국제조직은 세계 평화와 경제 발전

---

108) 敎育部組織編纂 齊世榮 總主編, 앞의 책, 2019, 89쪽.

촉진을 위해 중대한 공헌을 했음을 설명하면서 냉전 종결 후 세계구조에
새로운 변화가 발생했고 두 체제 구조는 끝났으며 세계는 다원화의 방향
으로 나가고 있음을 밝히고 있다. 경제글로벌화가 깊이 발전하고 있으며
문화의 다양화, 사회정보화가 인류 사회생활을 더 풍부하게 하고 있음을
강조하였다.[109]

　우선 제20과에 'UN과 세계무역조직'이 신판에 추가되었는데 제2차 세
계대전 후 유엔은 국제사무 중 점점 더 중요한 역할을 발휘하였음을 설명
하고 있다. "UN이 어떻게 성립됐나? 그의 취지는 무엇인가?, 경제글로벌
화 시대에 세계무역조직은 또한 어떤 역할을 하나?" 등의 질문을 통해
학생들에게 UN의 중요성을 인지하도록 유도하고 있다.[110]

　'UN과 국제 안전'이라는 소주제를 신판에 추가하여 제2차 세계대전 후
전세계 반파시즘 국가가 전후 국제안전기구를 설립할 것을 제안하였고
1945년 10월 UN이 정식으로 설립하였음을 소개하고 있다.[111]

　UN은 인류가 세운 세계평화의 성과이며 영향이 가장 큰 국제 기구이
고, UN 총회는 전체 회원국으로 구성되며 1년에 한번 총회를 개최하는
등 상세한 내용을 반영하였다.[112]

　UN 안보리는 중국, 프랑스, 러시아, 영국, 미국 등 5개의 상임이사국과
10개의 비상임이사국으로 조성됨을 설명하여 중국의 국제적 위상을 부각
시키고 있다.

　'관련 역사적 사건' 항목에서 2001년에 중국이 세계무역조직에 가입하
였고 2016년에 세계무역기구의 성원은 164개국이 되었음을 소개하면서
1999년 미국과 중국은 G20을 결성했고, 2008년 금융위기 발생 후 G20

109) 教育部組織編纂 齊世榮 總主編, 앞의 책, 2019, 91쪽.
110) 教育部組織編纂 齊世榮 總主編, 앞의 책, 2019, 92쪽.
111) 教育部組織編纂 齊世榮 總主編, 앞의 책, 2019, 92쪽.
112) 教育部組織編纂 齊世榮 總主編, 앞의 책, 2019, 92쪽.

정상회담을 개최하여 세계 금융위기에 대응하고 국제 금융 신질서를 세우는 데 중요한 역할을 하고 있음을 강조하였다. 또한, 2016년 항주에서의 G20 정상회담 개최 사례를 소개하여 중국이 정치와 경제면의 세계 기구에서 모두 큰 역할을 하고 있음을 강조하려는 의도를 확인할 수 있다.[113]

제21과 '냉전 후 세계의 구조'에서 냉전 종결 후 세계 구조에는 큰 변화가 발생하였고 새로운 세계구조가 아직 형성되지는 않았지만 일련의 새로운 특징이 형성됐다고 설명하고 있다.[114] "세계구조에 어떤 새로운 특징이 생겨났나? 평화와 발전의 시대의 주제아래 각국은 새로운 국제 질서를 세우기 위해 어떤 노력을 하고 있나?" 질문하면서 '패권주의와 지역 충돌'이라는 소주제에서 미국은 세계패권주의 지위를 보호하기 위해 부단히 다른 국가와 지역의 군사 간섭을 강화하고 있으며, 세계 평화와 발전을 엄중하게 방해하고 있다고 역설하고 있다.[115] 1999년 미국을 선두로 한 나토는 '주권보다 인권우선'의 간판을 내걸고 유엔 안보리를 거치지 않고 유고연방을 향해 78일간 지속적으로 폭격한 사례를 제시하면서 5월 8일 중국대사관이 나토 미사일의 공격을 받아 3명의 중국기자가 불행히 희생당한 사건에 주목하였다.[116] 또한 2003년 미군은 이라크가 대규모 살상무기를 보유하고 있다는 것을 구실로 UN의 승인도 받지 않고 일부 국가들을 끌여들여 전쟁을 일으키고 이라크를 점령했음을 강조하였다.[117]

특히 '세계 다극화 추세의 발전'이라는 소주제에서 소련 해체 후 미국은 유일한 초대형 대국이 되었다고 소개하면서 미국은 스스로 '이 세상을 리드할 수 있는 가장 능력 있는 나라'라고 여겼음을 부연하였다.[118]

---

113) 敎育部組織編纂 齊世榮 總主編, 앞의 책, 2019, 94-95쪽.
114) 敎育部組織編纂 齊世榮 總主編, 앞의 책, 2019, 99쪽.
115) 敎育部組織編纂 齊世榮 總主編, 앞의 책, 2019, 97쪽.
116) 敎育部組織編纂 齊世榮 總主編, 앞의 책, 2019, 97쪽.
117) 敎育部組織編纂 齊世榮 總主編, 앞의 책, 2019, 97쪽.

거듭하여 미국은 강대한 경제, 군사, 과학 역량에 의거하여 미국이 주도하는 '패권 제국'을 건립하고자 함을 강조하였다.[119] 한편 EU, 일본, 중국과 러시아 등 비교적 강한 종합적 국력을 구비한 국가들이 국제적으로 중요한 역할을 발휘함에 따라 세계는 다극화 방향으로 발전하게 될 것임을 설명하면서 EU 성립 후 유럽의 국력도 진일보 증가하고 지위도 높아져 미국에 대한 의뢰를 벗어나고자 함이라고 해석하고 있다.[120]

일본의 경우 적극적으로 정치 대국의 지위를 모색하고 있는데 중국도 개혁개방이후 경제가 급속히 발전하여 국가 경쟁력이 현저하게 증강했으며 2010년 중국 경제규모는 미국 다음 세계 2위를 차지하게 되었다고 설명하고 중국의 평화 굴기는 세계 구조에 중대한 영향을 주고 있다고 자평하였다.[121]

'국제 신질서를 세우기 위한 노력'이라는 소주제에서는 1950년대부터 새로 독립한 민족국가들은 국가 독립을 보호하고 미국과 소련의 규제를 벗어난 상태에서 평화와 비동맹 대외정책을 실행하기 위해 비동맹운동을 시작했음을 설명하면서 비동맹운동의 흥기는 개발도상국가가 국제정치 무대에서 하나의 중요한 힘이 되었다고 서술하였다.[122]

최대 개발도상국으로서 중국은 국제관계 중 상호 신뢰와 평등, 포용하고 서로 살피며, 합작하여 원원하는 정신을 주장하여 국제 공평과 정의를 보호하고자 함을 강조하였다.[123] 또한, 중국은 시종 평화 발전의 길을 걸어왔고 자주독립과 평화 외교정책을 견지하였다고 역설하였다.[124] 절대

118) 敎育部組織編纂 齊世榮 總主編, 앞의 책, 2019, 98쪽.
119) 敎育部組織編纂 齊世榮 總主編, 앞의 책, 2019, 98쪽.
120) 敎育部組織編纂 齊世榮 總主編, 앞의 책, 2019, 98쪽.
121) 敎育部組織編纂 齊世榮 總主編, 앞의 책, 2019, 98쪽.
122) 敎育部組織編纂 齊世榮 總主編, 앞의 책, 2019, 100쪽.
123) 敎育部組織編纂 齊世榮 總主編, 앞의 책, 2019, 100쪽.

다른 나라의 내정을 간섭하지 않았음을 밝히면서 중국은 적극적으로 전세계 파트너 관계를 발전시켜 각국의 이익의 합류점을 확대시키고, 대국의 협조와 협력을 추진하여 '인류운명공동체'를 건설하며 평화 유지와 안보, 공동 번영, 포용과 개방, 청결하고 아름다운 세계를 건설하고자 함을 부연하였다.[125]

여기서도 상술한 신간 『중국역사』 8학년 하권에서 명시한 '인류운명공동체'를 다루면서 중국의 국제적 역할을 강조하고 있음을 알 수 있다. 또한, 중국은 전 세계 통치 변혁을 적극적으로 추진하여 인류문제를 해결하는데 중국의 지혜와 중국 스타일로 공헌하고자 함을 설명하면서 '관련 역사적 사건' 항목에서 상하이 협력기구 성립 선언의 의의를 소개하고 있다.[126]

제22과 '부단히 발전하는 현대사회'에서 인류가 발명한 컴퓨터, 인터넷으로 인한 인류 생활방식의 변화와 발전을 서술하였고, 여성의 사회지위의 발전을 강조하였다.[127]

'관련 역사적 사건'항목에서 2013년 중국 네티즌이 6억 1800만 명으로 세계 네티즌 27억 3,000만 명 중 22.7%를 차지함을 강조하면서 중국네티즌 규모는 OECD 국가의 64.5%로, 유럽연맹, 미국, 일본의 각각 1.6배, 2.3배, 5.4배임을 소개하고 있다.[128] 중국 네티즌 규모는 세계 선두로 인터넷 경제를 위한 견실한 발전의 기초를 제공하고 있음을 부각시켰다.

아울러 "생태와 인구문제"가 신판에 추가되었는데 전지구의 공업화 추진으로 인해 환경악화는 엄중한 문제가 된다고 지적하고 있다. 화학오염

---

124) 敎育部組織編纂 齊世榮 總主編, 앞의 책, 2019, 100쪽.
125) 敎育部組織編纂 齊世榮 總主編, 앞의 책, 2019, 100쪽.
126) 敎育部組織編纂 齊世榮 總主編, 앞의 책, 2019, 100쪽.
127) 敎育部組織編纂 齊世榮 總主編, 앞의 책, 2019, 102쪽.
128) 敎育部組織編纂 齊世榮 總主編, 앞의 책, 2019, 103쪽.

이 오존층을 파괴해서 인류의 생존을 위협한다고 서술하면서 삼림 자원의 남벌도 생태계를 파괴함 이에 현대사회가 면한 중대한 경제와 사회문제가 됨을 밝혔다.[129]

마지막 소단원에 해당하는 제23과 활동과 '시사 근원'에서는 많은 시사의 발생이 역사와 연결됨을 설명하면서 2007년에 미국에서 서브프라임 모기지론 위기가 폭발하고 2008년 전 세계 금융위기로 발전함을 소개하였다.[130]

특히 "약속이나 한 듯이 1929년에 폭발한 경제대위기를 생각나게 한다"고 강조하면서 이 두 위기 모두 미국에서 먼저 발생되어 나아가 전 세계에 영향을 준 것임을 역설하였다.[131]

역사가 다시 반복된 것이라고 생각하지 않을 수 없다고 설명하면서 "2008년에 시작된 전 세계 금융위기는 1929년 폭발한 경제 대위기처럼 자본주의 스스로 조정하는 진행방식을 추진한 것인가?"라고 반문하여 궁극적인 책임이 미국에 있음을 시사하며 마무리하고 있다.

지금까지 살펴본 『세계역사』 9학년 하권의 서술의 특징을 정리하여 부연하면 다음과 같다.

첫째, 국제사회에서 중국의 정치적·경제적 영향력을 강조하는 가운데 미국에 대한 부정적 서술이 강화되었다.

둘째, 제2차 산업혁명의 영향으로 자본주의 국가들의 경제가 비약적으로 발전했으나 주요 자본주의국가들에 의한 제국주의적 세력 확장으로 이어져 결국 2차 세계대전을 유발하였음을 지적하면서 산업혁명의 부정적 측면 등 자본주의의 문제점 부각시켰다.

셋째, 제1차 세계대전 중에 러시아는 10월 혁명을 일으켜 세계 최초로

---

129) 教育部組織編纂 齊世榮 總主編, 앞의 책, 2019, 105쪽.
130) 教育部組織編纂 齊世榮 總主編, 앞의 책, 2019, 107쪽.
131) 教育部組織編纂 齊世榮 總主編, 앞의 책, 2019, 107쪽.

'무산계급 정권'을 탄생시키고 '기세등등하게' 사회주의 건설을 시작했다
고 서술하여 사회주의에 대한 긍정적 인면을 강조하였다.

넷째, 일본이 『國策基準』을 제정하여 '동아시아에서 제국의 지위를 유
지하기 위해 남방의 해양을 확보할 것을 일본의 근본 국책으로 삼는다.'는
자료를 제시하여 일본의 해양 전략을 드러냄과 동시에 일본의 '중국정복
론', 중국 침략 전쟁을 강조하면서, 제2차 세계대전 중 일본이 아시아 전쟁
의 근원지였음을 밝히고 있다.

다섯째 구판과 비교해 신판에서 일본의 메이지 유신이 한 단원으로 독
립돼 서술 분량이 증가된 사례와 비교하면 한국은 동남아 주변국과 함께
과도하게 경시되어 강대국 중심으로 한 서술 경향을 파악할 수 있다.

전체적으로 신판은 구판에 비해 자본주의 체제와 미국에 대한 부정적
인 서술이 의도적으로 많이 추가되어 향후 중국의 반미감정이 더 고조될
것으로 예측된다.

'패권주의와 지역 충돌'에서 '미국은 세계패권 국가로서의 지위를 유지
하기 위해 타국에 대한 군사 간섭을 강화하고 있으며, 세계 평화를 심각하
게 방해하고 있다'는 서술을 통해 중국의 미국에 대한 시각이 그대로 투영
된 것으로 보인다.

오늘날 중국이 '인류운명공동체 건설'을 표방하여 '공동 번영', '포용과
개방'을 강조하는 모습과 대비되고 있다. 또한, 제 15과 '제2차 세계대전의
종결'을 상세히 다루면서 포츠담 선언이 재확인하고 있는 카이로선언 내
용 중 '중국 동북, 대만, 팽호열도(彭湖列島)는 모두 중국으로 귀속된다.'
는 서술을 통해 알 수 있듯이 일본과의 조어도(센카쿠 열도) 분쟁을 의식
해 일본이 불법으로 중국 영토를 차지하고 있음을 보여주는 증거를 새로
추가하여[132) 중국 내의 반일 민족주의를 자극할 것으로 보인다.

---

132) 教育部組織編纂 齊世榮 總主編, 앞의 책, 2019, 70쪽.

마지막으로 '국제 신질서를 세우기 위한 노력'이라는 소주제에서 중국
은 세계 정치의 변화를 적극적으로 추진하여 인류 문제를 해결하되, 중국
의 지혜와 중국 스타일로 기여할 것임을 시사한 바와 같이 국제사회에서
중국의 역할의 당위성을 확대할 것으로 전망된다.

V. 맺음말

최근 중국학계는 국가사회과학기금 프로젝트의 일환으로서 '해외 역사
과목 표준 중 국가 정체성 연구'의 주제로 영국·독일·캐나다 역사과정표
준을 비교 검토한 사례를 발표하였다.[133]

이를 통해 역사의 전통과 현실의 필요에 근거하여 정체성 형성의 기반
을 다지고 자국의 역사와 세계사의 관계, 지역사와 국가의 관계를 올바르
게 규정하여야 한다는 시사점을 도출하였다고 밝혔다. 영국·독일·캐나
다의 역사교육과정표준 및 국가 정체성 확립 연구를 통해 '국가 정체성'이
국제사회의 보편적인 법칙임을 강조한 것이다.[134]

홍콩 민주화 시위가 불거지기 전 역사교육의 부재가 국가 정체성의 부
재로 이어지게 됨을 예측했고, 홍콩의 고등학교 역사 과목이 개인, 사회,
인문교육에서 선택 과목의 하나로 규정되었음을 지적하였다.[135]

대만의 경우도 고등학교 새역사교과서들에 '타이완 주권미결정론'이 포
함되었는데, 대만의 역사교육과정의 특징도 '글로벌 사고'와 '분역(分域)'
을 통해 '탈중국화'를 의도하고 있음을 알 수 있었다. 이에 대해 중국 언론

---

133) 張漢林·能巧藝, 앞의 논문, 2018, 3-12쪽.
134) 張漢林·能巧藝, 앞의 논문, 2018, 3쪽.
135) 張漢林·能巧藝, 앞의 논문, 2018, 4쪽.

에서 국가 정체성에 혼란을 야기할 수 있다고 우려를 표명했다.[136]

　한편 서구 문명중심, 국익중심의 세계교육을 주장하는 미국 지식인들은 민주주의가 세계에서 가장 우월한 정부의 형태라는 것을 주장하고, 민주주의를 세계적으로 계속 확대해 나가기위해서 민주주의의 역사를 담고 있는 서구문명사를 세계 교육의 중심으로 놓아야 한다고 역설하였다.[137]

　서구 문명중심, 국익중심의 세계교육에 대해 정체성 확립에 영향을 직접적으로 받게 된 중국은 서양 중심의 세계화와 표준 가치를 거부하며 서양 중심의 담론 체계를 탈피하여 중국 중심의 담론을 모색하게 된다. 개혁 개방한 이래 '경제 발전'의 논리에 의해 급격한 변화에 직면하게 되면서 중국 공산주의 이론을 뒷받침하는 마르크스 사학 이론에 대한 문제가 제기됨에 따라 중국 내부에서 '역사 허무주의 반대'를 강조하기 시작한 배경아래 중국 정부는 결국 역사교과서의 국정화를 단행하게 된 것이다.

　2019년 3월을 기준으로 2016년과 2017년 중국 교육부 검정을 통과한 중학교 역사교과서 7·8·9학년 상·하가 모두 간행되었고, 자국사인 7·8학년『중국역사』상·하책에 대해서는 최근 국내학계에 관련 연구가 발표되었다.

　이에 본고에서는 신간 중학교『중국역사』8학년 하권과『세계역사』9학년 하권의 신판에 새로 추가된 내용을 중심으로 현대 관련 서술의 특징을 살펴보았다.

　상술한 '중국 역사교과서의 개편 현황과 배경'에서 언급한 대로 신간 중학교『중국역사』8학년 하권과『세계역사』9학년 하권 모두 시진핑의 신시대 중국의 특색 있는 사회주의 사상을 지침으로 삼고 마르크스 유물사관과 사회주의 핵심 가치관을 기본 원칙으로 고수하며 서술하였음을

---

136)『인민일보해외망(红星新闻人民日報海外網)』, 2019.08.13 보도.
137) 강선주, 앞의 논문, 2001, 176쪽.

확인할 수 있었다.

학생들이 역사적 시각을 가지고 조국의 정체성과 올바른 국가관 형성하고 국가의 명운에 관심과 주의를 기울일 수 있도록 설계되었으며 국가의 번영을 위해 자발적인 충성을 유도하는 애국주의를 강조하고 있었다.

특히 『세계역사』 9학년 하권도 자본주의 체제와 미국에 대한 부정적인 서술이 많이 추가되어 향후 중국의 반미감정이 더 고조될 것으로 예측된다.

2018년 중국 교육부 현황 통계에 의하면 중국 중학교 신입생의 경우 1,602만 명, 전년대비 55만 명이 증가했고, 전체 재학생수는 4,652만 명으로 전년대비 210만 명 증가하였다. 전국적으로 일반 초등학교 규모도 계속 증가하고 있다.[138]

하지만 한국교육개발원에서 매년 발간하는 『교육통계연보』에 의하면 우리나라의 전국 중학교의 숫자는 3,256개교로 중국의 6%에도 못 미치는 저조한 상황이다.

우리나라 인구수의 80%에 달하는 중국 중학생들이 '중국 중심의 담론 체계 구축'과 민족의 자신감과 자존감이 중시되는 가운데 애국주의를 강조하는 역사교과서를 지속적으로 배운다면 앞으로 그들이 중국 지식 생산 구조의 흐름에 따라 차세대 리더가 되었을 때 동아시아 교류와 협력에 방해가 되는 외교적 마찰을 피하기 어려울 것이다.

비록 본고에서는 다루지 않았지만 『중국역사』 7학년, 상하권[139] 및 『중외역사강요』[140]등 중국 중고등학교 역사교과서에 반영된 한국사 관련 내

---

138) 「2018년 전국 교육사업발전현황(2018年 全國敎育事業發展情況)」, 中國 敎育部, 2019.09.29, www.moe.gov.cn/jyb_sjzl/s5990/201909/t20190929_401639.html

139) 敎育部組織編纂 齊世榮 總主編, 『義務敎育敎科書 中國歷史 七學年 上·下冊』, 人民敎育出版社, 2016, 2017, 2018.

140) 敎育部組織編寫, 『普通高中敎科書 必修 中外歷史綱要 上·下』, 人民敎育出版社, 2019, 2020.

용은 매우 소략하며, 일부 한국사 서술 중에는 중국의 동북공정식 역사 인식이 반영돼 있다. 직접적인 한국사 서술 내용이 아니더라도 중국 중심의 아시아사·세계사를 정립하는 가운데 한국사를 위축시키는 내용들이 포함되어 있다는 점 또한 간과할 수 없다.

2019년 2월 중앙국무부에서 발표한 『중국 교육현대화 2035』에 의하면 미래 교육 목표와 전략이 제시돼 있는데 2035년까지 교육강국 대열에 진입하여 인재 강국으로 도약하고, 2050년까지 민주문명, 사회주의 현대화 강국 건설의 기초를 다지겠다고 명시했다.[141]

이를 위한 전략 임무로써 시진핑 신시대의 중국 특색의 사회주의 사상을 연구하고, 중국 특색의 세계 수준의 양질의 교육 발전을 도모할 것임을 밝혔다.

'교육 강국'이라는 원대한 포부아래 전방면의 교육 개혁을 추진하는 가운데 국정화된 중국 역사교과서는 장기간 사용될 가능성이 높아 보인다.

중국 중학교뿐 아니라 고등학교 역사교과서에 대한 종합적인 분석을 통해 중국 역사학계의 새로운 시각과 역사 인식에 대해 총체적으로 확인하는 작업은 국내학계의 과제로 남아있다.

다만 국내학계의 연구 인력이 중국에 비해 턱없이 부족하다는 점을 감안한다면 현재 중국 지도부가 강조하고 있는 '역사연구와 역사교육의 결합'[142]을 국내학계에서도 적용할 필요가 있어 보인다.

---

141) 「중공중앙, 국무원발행 『중국교육현대화2035』(中共中央、國務院印發『中國教育現代化2035』)」, 신화망(新華網), 2019.02.23, www.xinhuanet.com/2019-02/23/c_1124154392.htm

142) 2019년 8월 중국 언론 보도에 의하면 제1회 '항전 문헌 데이터 플랫폼 및 중고교 역사 학습 원고 모집 활동' 및 '항전 문헌 데이터 플랫폼 및 중고교 역사 교육' 세미나가 24일 베이징에서 개최되었다. 이는 현재 중국 지도부가 강조하고 있는 '역사연구와 역사교육의 결합'의 전형적인 사례라고 볼 수 있다. 「제1회 항전문물데이터베이스플랫폼과 중학역사교육 학술회의 베이징 개최(第一屆"抗战文献数据平台与中学历

역사 및 역사교육학계 연구자들과 현직 교사까지 활발하게 지식과 정
보를 공유하여 중국의 새로운 역사교과서에 대한 이해를 높이고 지나친
자국사 중심의 역사 서술의 한계와 문제점 및 한국사에 대한 역사 인식의
차이를 극복 할 수 있는 학문적 근거에 대한 지식 축적이 필요하다.

아울러 한국 역사교과서의 중국사 관련 서술에 대해서도 중국과의 문
화 교류나 충돌, 전쟁 등이 어떻게 묘사되어 있는지 성찰적 검토 또한
병행되어야 할 것이다.

역사교과서는 차세대의 역사인식 형성에 큰 영향을 주며 주변국의 상
호 이해를 위해서도 중요한 의미를 갖는다. 자라나는 미래세대가 극단적
인 대립과 단절이 아니라 좀 더 넓은 시각에서 세계를 이해하고, 주변국을
존중하여 새로운 미래 창조에 앞장설 수 있도록 국내 학계의 연구성과
축적과 함께 국내외 학계의 연구자와 교육자들의 학술교류를 지속적으로
확대해야 할 것이다.

| 참고문헌 |

강선주, 「미국의 세계교육을 둘러싼 논쟁다원론적 관점과 국익중심 관점」, 『
      미국사연구』, 11, 2001.
권소연, 「중국 의무교육교과서『중국역사』근대사 서술분석」, 『역사교육연구』,
      33, 2019.
김유리, 「국정제로 회귀한 중국의 중학교 역사교과서 분석 」, 『역사교육』, 148,
      2018.

史学习征文活动"暨"抗战文献数据平台与中学历史教育研讨会在京召开)」, 중
국사회과학망, 중국사회과학학보(中國社會科學網, 中國社會科學學報), 2019.08.26,
news.cssn.cn/zx/zx_gjzh/zhnew/201908/t20190826_4962365.shtml

김지훈, 「현대 중국의 한국전쟁 인식 변화 - 역사 교과서의 서술 변화를 중심으로―」, 『사림』, 64, 2018.

_____, 「국가의지(國家意志)와 역사교과서의 정치화-2018년 중국 중학교 역사교과서의 현대사 서술」, 『역사교육연구』, 33, 2019.

동북아역사연구재단 한중관계연구소 편 학술회의자료집, 「중국 역사교과서 문제의 현황과 전망」, 동북아역사재단, 2017

오병수, 「국내학계의 중국 역사교과서 연구 경향과 과제」, 동북아역사논총, 53, 2016.

우성민, 「신간 중국 중등 역사교과서 개편 동향의 특징과 한국사 관련 서술 검토」, 『중국학연구』, 86, 2018.

윤세병, 「중국의 역사 교과서 논쟁과 국정화」, 『역사교육연구』, 36, 2019.

이상옥, 「역사의 종결 - 당대 중국 사상의 지형(地形) -」, 『중국지역연구』, 5, 2018.

張漢林·能巧藝, 『한중 역사교육 전문가 세미나 자료집 - 한중 역사교육 및 교과서의 현재와 미래(國家認同的建构――以英國、加拿大和德國歷史課程標準爲例)』, 동북아역사재단, 2018.

정동준, 「중국『역사』교과서의 고대사 서술 분석 - 2016년판 중학교 국정교과서의 특징과 문제점을 중심으로 - 」, 『중국고중세사연구』, 52, 2019.

許紀霖, 「보편적 가치인가, 아니면 중국적 가치인가? - 근 10년간 중국의 역사주의 사조(普世問名,還是中國價值? ―― 近十年中國的歷史主義思潮)」, 『개방시대(開放時代)』, 5, 2010.

課程敎材硏究所 歷史課程敎材硏究開發中心 編著, 『義務敎育敎科書 中國歷史 七學年 上冊』, 北京: 人民敎育出版社, 2006.

_____, 『義務敎育敎科書 中國歷史 七學年 下冊』, 北京: 人民敎育出版社, 2005.

_____, 『義務敎育敎科書 中國歷史 七學年 下冊』, 北京: 人民敎育出版社, 2005.

_____, 『義務敎育敎科書 中國歷史
八學年 上冊』, 北京: 人民敎育出版社, 2004.

_____, 『義務敎育敎科書 中國歷史
八學年 下冊』, 北京: 人民敎育出版社, 2006.

_____, 『義務敎育敎科書 中國歷史
九學年 下冊』, 北京: 人民敎育出版社, 2004.

敎育部組織編纂 齊世榮 總主編, 『義務敎育敎科書 中國歷史 七學年 上冊』,
北京: 人民敎育出版社, 2016.

_____, 『義務敎育敎科書 中國歷史 七學年 下冊』,
北京: 人民敎育出版社, 2016.

_____, 『義務敎育敎科書 中國歷史 七學年 上冊』,
北京: 人民敎育出版社, 2017.

_____, 『義務敎育敎科書 中國歷史 七學年 下冊』,
北京: 人民敎育出版社, 2018.

_____, 『義務敎育敎科書 中國歷史 八學年 上冊』,
北京: 人民敎育出版社, 2016.

_____, 『義務敎育敎科書 中國歷史 八學年 上冊』,
北京: 人民敎育出版社, 2017.

_____, 『義務敎育敎科書 中國歷史 八學年 下冊』,
北京: 人民敎育出版社, 2018.

_____, 『義務敎育敎科書 世界歷史 九學年 上冊』,
北京: 人民敎育出版社, 2018.

_____, 『義務敎育敎科書 世界歷史 九學年 下冊』,
北京: 人民敎育出版社, 2019.

中華人民共和國敎育部, 『義務敎育 歷史課程標準(2011)』, 北京: 北京師範大
學出版社, 2012.

李卿 編輯, 『普通高中歷史課程標準)(2017)』, 北京: 人民敎育出版社, 2018.

「국무원이 국가 교과서위원회 성립을 결정하고, 리우옌동(劉延東)이 주임을 역임하다(國務院決定成立國家教材委員會 劉延東)」, 『중국신문망(中國新聞網)』, 2017.07.06.

「당의 19대 정신 '역사 허무주의 반대'의 학습과 관철" 세미나를 북경에서 개최하다(學習貫徹党的十九大精神反對歷史虛無主義"研討會在京召開)」,중국『광명일보(光明日報)』, 2018년.01.03.

「타이완 매체 : 타이완 신판교과서에 "타이완 주권미결정론" 편입, 황당하기 그지없어(臺媒：臺新版教科書編入"臺灣主權未定論"荒謬至极)」, 『인민일보해외망(紅星新聞人民日報海外網)』, 2019.08.13.

「교육부: 새로 편찬한 고등학교역사교재, 국가주권, 해양의식 교육강화(教育部：新編高中歷史教材突出國家主權, 海洋意識教育)」, 『홍성신문(紅星新聞)』, 2019.08.27.

「일반 고등학교 사상정치·어문·역사 통편교재 금년 가을부터 사용 개시(普通高中思想政治、語文、歷史統編教材今秋啓用)」, 중국『광명일보(光明日報)』, 2019.08.28.

「시진핑이 중국사회과학원(산하) 중국 역사연구원의 설립 축하 메시지를 전하다(習近平致信祝賀中國社會科學院中國歷史研究院成立」, 『신화사(新華社)』, 2019.01.03.

중국 역사연구원 홈페이지의 개황 및 조직도, http://cah.cass.cn

「중공중앙, 국무원발행『중국교육현대화2035』(中共中央、國務院印發『中國教育現代化2035』)」, 신화망(新華網), 2019.02.23, www.xinhuanet.com/2019-02/23/c_1124154392.htm

中國 教育部, 「2018년 전국 교육사업발전현황(2018年 全國教育事業發展情況)」, 2019.09.29, www. moe.gov.cn/jyb_sjzl/s5990/201909/t20190929_401639.html

말레이시아 화문교육의 메커니즘

● 김주아 ●

Ⅰ. 서론

말레이시아 '화인(華人)사회'는 전 세계에 뻗어있는 화인사회 중에서도 민족공동체[1] 활동이 가장 활성화된 곳으로 중국본토와 대만을 제외하면 중국적인 문화가 가장 잘 유지·보전되었다는 평을 받는다. 말레이시아는 문화적 다원주의와 종교적 일원주의를 목표로 하는 말레이 정부의 방침에 따라 이슬람문화를 중심으로 한 말레이계의 문화와 중국계 및 인도계의 문화가 분리되어 모자이크 형태의 다원 문화사회가 구축되었다.[2] 영국식 민지 시절부터 이어져 온 문화 분리주의가 오히려 화인사회의 안정적인 성장을 할 수 있는 기반을 제공한 셈이다. 이처럼, 말레이시아 화인사회가 이주 2세기가 지나 이제는 3, 4세대가 주축을 이루는 오늘날에도 자신의

* 이 글은 「말레이시아 화문교육(華敎)의 메커니즘 - 화문학교(華校)의 역사와 현황 및 문제점」, 『중국인문과학』, 제76집, 2020을 수정·보완한 것이다.
** 국민대학교 중국인문사회연구소, HK연구교수.

1) 본문에 사용된 '민족공동체(Great Ethnic Community)'는 혈연적, 문화적 동질성을 근거로 한 이주민족의 커뮤니티 활동을 가리킨다.
2) 말레이시아는 말레이 우선 정책과 함께 종교(이슬람교)를 중심으로 한 신정정치를 펼치고 있지만, 소수민족이나 타 종교의 활동에 대해서는 선택권을 부여함으로써 다문화사회를 구축하고 있다.

민족어(華語)와 전통을 계승하고 유지할 수 있는 비결은 바로 교육시스템에 있다.[3] 말레이시아는 전 세계에 유일하게 초등학교부터 대학에 이르기까지 '화문(華文)'으로 교육받을 수 있는 소위 '종족(Ethnic)교육'의 시스템이 완비되어 있다. 이 같은 말레이시아의 교육정책과 언어환경을 바탕으로 말레이시아 화인은 중국어(華語)를 제1언어(first language)로 사용하고 있으며, 거주국의 언어인 말레이어와 영어를 제2언어 또는 제3언어로 사용하고 있다. 말레이시아 화인의 언어사용 실태 조사에 따르면, 말레이시아 화인(3, 4세대)의 98%가 최소한의 중국어는 구사할 수 있는 것으로 나타났다. 특히, 초등학교의 경우 90%가 넘는 화인이 화교학교(華校)를 선택하고 있다.[4]

2011년을 기준으로 약 148개국에 4,030만 명의 화교·화인이 있을 것으로 추정되는데,[5] 해외 다른 지역의 화인사회와 비교해도 말레이시아처럼 대다수의 화인인구가 화어를 제1 언어로 사용하는 사례는 발견되지 않는다. 이는 구화교(老華僑)의 이민이 집중적으로 이루어졌던 동남아시아 각 국에도 화인인구가 많이 분포되어 있지만, 민족교육(언어 및 문화)이 체계적으로 이루어진 곳은 말레이시아가 유일하기 때문이다. 따라서 말레이시아의 화문교육은 중국본토는 물론 그 밖의 화인사회에서도 관심을 가지고 연구하는 주제이다. 최근 중국 정부가 소프트파워 제고를 위해 중국적 가치를 효율적으로 전파할 수 있는 '문화교육'에 관심을 기울이면서, 민족교육의 성공사례로 손꼽히는 말레이시아의 화문교육이 더욱 주목을 받고 있다. 하지만, 국내의 화교연구는 주로 화교경제권에 초점을 맞춘 연구

3) 이주 초기에는 각 지방어가 이들의 모국어였지만, 이제는 표준 중국어인 '화어(華語)'가 모국어의 역할을 담당하고 있다.
4) 김주아, 「말레이시아 화인의 다문화 수용성 조사」, 『중국연구』, 제81권, 2019, 28쪽.
5) Dudley L Poston Jr, Juyin Hele Wong, "The Chinese diaspora: The current distribution of the overseas Chinese population", *Chinese Journal of Sociology* Vol.2(3), 2016, p.351.

또는 정체성에 관한 논문이 주를 이루고 있는 반면에 상대적으로 해외화인의 교육관련 주제를 전문적으로 다룬 연구는 부족한 실정이다.[6] 말레이시아의 이러한 현실은 다양한 종족으로 구성된 먼 나라의 이야기처럼 들릴 수 있지만, 우리도 외국인 체류 비율이 4.9%에 달하면서 다문화사회로 진입하였다.[7] 즉, 다문화 국가로서 말레이시아의 고민은 우리의 미래가 될 수도 있고, 소수종족으로서 그들의 문화와 정체성을 유지하기 위한 화인사회의 노력은 750만 재외동포(韓民族)의 모습이기도 하다.[8] 따라서 본 연구는 해외화인의 대표적인 민족공동체이자 민족의 정체성을 양성하는 주체인 화인학교의 화문교육 역사와 현황을 분석하는 데 목적을 두고 있다. 이를 위하여, 문헌 연구와 관련 기관의 데이터를 바탕으로 화문교육의 메카라고 할 수 있는 말레이시아 화인사회의 화문교육 정착과정과 조직 및 교육기제와 인식의 변화를 살펴보고자 한다. 이를 통해 화교·화인

---

6) 화교의 오랜 이주 역사만큼, 중화권에서는 화교·화인에 관한 연구가 활발하게 이뤄지고 있다. 동남 연안 지역의 주요 대학을 중심으로 국제관계사의 하나로 화교·화인에 관해 연구하였다. 국내의 화교에 관한 연구는 2000년 이후 상대적으로 급증하였다. 이는 국내의 중국학계와 역사학계 그리고 경영학 분야 등에서 1990년대 중반 이후 놀라운 성장을 보이는 세계 화상들의 성공과 네트워크 역사에 관한 연구들이 증가한 데서 기인한다. 한국화교학교에 관한 연구로는 유현진, 2003; 이정희, 2007(2); 나여훈, 2008; 오영신, 2008; 김흥매 외, 2009; 이지현, 2009; 김중규, 2010; 추승연, 2010; 김명희, 2011; 두언문, 2013; 이덕수, 2012; 노혜진, 2012; 김희신, 2016; 유효영, 2019; 손염, 2020 등이 있다. 이 밖에도 해외 화문교육에 관한 연구로는 김판준, 2015; 김혜련, 2016, 2017; 김주아, 2018, 2020 등이 있다.

7) OECD 기준으로 인구의 5% 이상이 외국인일 때 그 사회를 다문화사회로 분류한다. 우리나라는 2019년 통계자료에 따르면 국내 체류 외국인의 비율이 4.9%(252만4656명)로 다문화사회에 진입했다고 해도 과언이 아니다. 2018년 기준으로 다문화 혼인 건수(2만3600건)가 전체 혼인 건수의 9.3%에 달한다. http://www.index.go.kr/참고.

8) 전 세계 재외동포 수는 약 750만 명(7,493,587명, 2018년 기준)으로, 외국국적 동포(시민권자) 4,806,473명, 재외국민 2,687,114명으로 구성된다.(2018.12. 기준) http://www.mofa.go.kr/참고.

연구의 다변화를 꾀하고, 향후 해외화인의 민족교육과 중국 대외문화정책의 연계성 등 후속 연구를 위한 토대를 마련하고자 한다.

II. 말레이시아 화문교육(華敎)의 정착

1. 말레이시아 화교·화인 사회의 형성

(1) 중국계 인구의 유입과 정착

제2차 아편전쟁에서 청(淸)이 패하면서 영국과 북경조약을 체결하였고, 그 결과 청 정부는 외국인이 중국인들을 고용해 해외에 근무할 수 있도록 허가하였다.[9] 당시 영국 정부는 말레이반도에 식민지를 만들고 있었기 때문에 중국 동남연안지역의 사람들이 말레이반도의 광부나 농부로 가게 되었다.[10] 이처럼 영국식민지 시기 중국과 인도에서 말레이반도에 유입된 노동인력이 2차대전 이후 현지에 정착하면서 말레이시아는 다종족사회(multiracial society)가 구축되었다. 말레이시아의 인구구성과 화인인구를 살펴보면 전체인구 약 3,273만 명 중에 말레이계(Bumiputra)는 69.3%, 중국계 22.8%, 인도계 6.9% 그 밖의 민족(1.0%)이 있으며, 각 종족은 고유의 언어와 종교 및 문화유산을 보유하고 있다.[11] 하지만, 말레이시아 정부는

---

9) 중국 출신 노동자(苦力, coolie)는 저렴한 노동 인력으로 동남아는 물론 세계 각지로 뻗어나갔다.

10) http://my.china-embassy.org/chn/zt/nycf/t314470.htm

11) Demographic Statistics First Quarter 2020, Malaysia. (인구통계는 2020년 기준, 종족별 비율은 2019년 기준) 말레이시아 정부의 인구통계 조사에 따르면, 1961~2000년까지 화인인구는 300만에서 560만 명으로 증가하면서 87%의 인구성장률을 보였다. 하지만, 화인인구의 비중은 오히려 감소한 것으로 나타났다. 1961년 화인인구 비율은 35.6%를 기록했지만, 2000년에는 25.5%로 감소했고, 2010년에는 화인의 인구수는 640만

독립 이후 말레이족(이슬람) 위주의 정책을 펼치고 있으며, 이러한 분리·차별 기조는 오히려 화인사회가 더욱더 응집력을 갖추게 하는 동인으로 작용하고 있다.

(2) 배화(排華) 정책에도 경제적 입지와 사회적 지위 구축

일찍이 16세기부터 말레이시아에 유입된 화인은 해외화인 중 싱가포르 다음으로 인구 비율이 높은 편이며, 거주국의 경제와 정치, 사회 전반에 있어서 막강한 영향력을 발휘하고 있다. 따라서, 전 세계에서 화교·화인의 영향력이 가장 큰 나라로 말레이시아를 빼놓을 수 없다. 특히, 말레이시아 화인은 중국본토와의 정치·경제·사회·문화·교육 네트워크가 끈끈하게 연결되어 있으며, 해외 화인사회 중에서 본토의 문화유산(언어, 사상)이 가장 잘 보존된 곳이다. 20세기 들어, 말레이시아와 중국의 외교적 관계가 호전되면서 말레이시아 화인의 입지도 더욱 탄탄해지고 있다. 말레이시아 전체인구 중에서 중국계(華族)의 비율은 22.8%로 인구 점유율이나 정치적 영향력에서는 서열 1위가 아니다. 그러나 이들이 말레이시아 자본 시장에서 보유한 주식의 시가총액만 60%가 넘고, 행정·경영 부문에도 화인이 60% 가까이 차지하고 있어, 경제 분야에서는 그 영향력을 무시할 수 없다.[12] 2005년 기준으로 말레이시아 화인은 71.9%의 상업용 부동산을 소유하고 있는데, 이는 말레이인이 11.7%, 인도인이 4.6%의 지분을 소유하고 있는 것과 비교된다(Shafii et al). 특히, 기업경영은 대부분 다종

명으로 증가했지만, 인구 비중은 24.6%로 감소했다. 文平強(2018 : 184), 王淑慧, 「調整與轉型 : 馬來西亞華人社團對華文教育的作用」, 『중국지식네트워크』, 제16호, 2020, 재인용.

12) https://news.joins.com/article/21472293, 말레이시아 화교 "정치는 그들이 해도, 경제는 우리가 주무른다!" 중앙일보, 2017.04.13.

족체계가 아닌 단일종족(중국계)에 의해서 이루어지고 있다(Bhopal and Rowley).13) 화인의 도시화율은 85.9%로 다른 종족(말레이인 56.7%, 기타 토족 34%)에 비해 높게 나타나고 있으며, 월평균 소득도 7,666링깃으로 다른 종족(말레이계 5,548링깃, 인도계 4,246링깃)에 비해 높은 편이다(孙和声, 2017).14) 실제로 2020년 포브스지에 선정된 말레이시아의 경제부호 명단 12명 중에서 10명이 중국계 말레이인으로 집계됐다.15)

2. 말레이시아의 화문교육과 관련 조직

(1) 화문(華文) 교육의 개념

먼저 본 논문의 주요 연구대상이라고 할 수 있는 '화문교육'에 대한 개념을 살펴볼 필요가 있다. 해외에 거주하는 중국계를 '화교(華僑)' 또는 '화인(華人)'이라고 부르는데, 이는 거주국의 국적 소유 여부에 따라 구분된다. 중국 국적자가 해외에 거주하는 경우 '중국의 교민'이라는 의미에서 '화교'라고 부르고, 말레이시아 화인처럼 조상의 뿌리는 중국이지만, 거주국에서 태어나고 자라 거주국의 국적을 소지하고, 거주국 국민으로서의 정체성이 있는 사람을 '중국계 외국인'이라는 의미에서 '화인'이라고 부른다. 우리의 재외동포와 같은 의미로 중국에서는 이들을 '화교·화인(華僑華人)' 또는 '해외화인(海外華人)', '해외교포(海外僑胞)'라고 부른다.16)

---

13) Swee Hoon Chuah, Robert Hoffmann, Bala Ramasamy, Jonathan H.W.Tan, Is there a Spirit of Overseas Chinese Capitalism?, *Small Business Economics* 47, 2016, pp.1097-1098, 재인용.
14) 김주아, 「말레이시아 화인기업(華商)의 네트워크 활용 실태 조사」, 『중국과 중국학』, 제37호, 2019, 95쪽.
15) https://www.forbes.com/billionaires/#version:static
16) 법률적 의미로 화교(華僑)는 재외국민, 화인(華人)은 재외동포를 뜻한다. 중화인민공화국에 속하지만, 문화 정체성의 혼종성을 보이는 '홍콩과 마카오, 대만'의 경우는

여기서 '화(華)'는 중국을 상징하는 단어로 '중국계'라는 의미가 내포되어 있다. 하지만, 화인은 오늘날의 중국과는 구별되기 때문에 이들이 사용하는 언어도 '중국어(漢語)'나 '중문(中文)'이라는 표현 대신 '화어(華語)' 또는 '화문(華文)'이라고 한다.

따라서, 본문에 사용된 '화어' 또는 '화문'은 중국계 말레이인(華人)의 모국어(mother tongue)로 '화문교육'이라고 할 때는 '모어(華語) 교육'과 '민족문화교육'을 포괄하는 의미로 사용했다. 한편, 화인은 말레이시아라는 다문화사회에서 자기 종족의 문화와 언어를 가르치고 배우는 일련의 과정을 '민족교육(民族敎育)'이라고 부르며 말레이어 위주의 교육과 구별하고 있다. 이처럼 중화민족의 언어로 중화민족의 문화를 가르치는 곳을 '화문학교(華校)', 이러한 교육을 '화문교육(華敎)'이라고 한다. 중국의 언어학자 꾸어시(郭熙, 2015)는 교육유형과 교육대상 및 교육환경과 목적에 따라서 아래와 같이 중국어(漢語) 교육의 분류와 범주를 설정하였다.

〈표1〉 僑敎, 華敎 그리고 語文교육의 차이점

교육유형		국가통용언어교육(국어교육)			화문교육	중문교육
교육대상		한어(漢語) 민족군	非한어 민족군	화교	화인	非중국계 외국인
성질, 환경, 목표						
모국어 교육		+	-	+	+	-
제1언어		+	-	+/-	+/-	-
교육 목표	국가 정체성	+	+	+	-	-
	중화민족의 정체성	+	+	+	+	-
	중화문화의 정체성	+	+	+	+	-
기능적 목표	의사소통의 수단	+	+	+	+	+

郭熙(2015) 참고.

동포(同胞)라고 구별해서 부르기도 한다.

먼저, 교육유형에 따라 '국어교육'과 '화문교육', '중문교육'으로 분류하였는데, 국어교육은 다시 교육대상에 따라 중국어(漢語)를 모국어로 하는 민족과 소수민족 및 화교로 분류하였다. 여기에서 화교는 중국 국적을 소지한 중국 공민으로 해외에서 거주하고 있는 재외국민을 뜻한다. 때문에, 이들 세 부류에 대한 교육은 국가통용언어교육, 즉 '국어(國語)'교육에 속한다. 이 밖에도 앞서 설명한 화인을 대상으로 한 교육은 '화문교육'으로 분류하였으며, 외국인을 대상으로 한 교육은 '중문교육(Chinese as second language)'으로 명명하였다.[17] 여기서 우리가 주목할 부분은 화인을 대상으로 한 화문교육은 '모국어(母語) 교육'에 해당한다는 점이다. 물론 해외 화인의 거주국과 개인적인 언어환경에 따라 '화어'가 제1언어(First language)인 경우도 있고, 그렇지 않은 예도 있다.[18] 교육의 핵심가치라고 할 수 있는 교육목적 있어서도 화인을 대상으로 한 '화문교육'은 중화민족으로서의 '민족 정체성'과 '문화 정체성'을 함양하는 것을 목표로 하고 있다. 물론 화어가 이들의 국어가 아니기 때문에 '국가 정체성'에 관한 내용은 포함되어 있지 않다.

---

17) 중국교육부는 전 세계 650여 개 대학에 공자학원을 설립하고, 중고교에 공자학당의 설립을 지원하고 있다. 말레이시아의 경우는 화문 교육시스템이 완비되어 있어서, 공자학원에 대한 의존율이 낮은 편이지만, 화어가 제1 언어가 아닌 주변국의 화인들은 중국 정부가 제공하는 '외국인을 위한 중국어 학습'에 대한 기대치가 높은 편이다. 관련 내용은 후속 연구를 통해 살펴보고자 한다.

18) 말레이시아 화인은 해외화인 중에서도 모국어 교육기제가 완비되어, 화어를 제1언어로 사용하는 비율이 높다. 화인 2·3세대는 물론 3·4세대 중에서도 화어를 제1언어로 사용하는 비율이 68.7%로 그들의 국어인 말레이어보다 모어 사용률이 높게 나타났다. 반면, 영어 우선주의 정책을 펴는 싱가포르의 화인의 경우, 영어 사용 비율이 56.7%, 중국어 사용 비율이 38%로 나타났다.

(1) 교육조직과 제도

주류종족이 아닌 말레이시아 화인은 거주국에서 민족문화와 언어를 계승하기 위해서 민족교육 기관이라고 할 수 있는 화문학교를 유지하기 위해 부단한 노력을 기울이고 있다. 그 이유는 말레이시아 화인에게 '화문학교교육(華文學校敎育)'은 자신의 언어와 문화를 계승하기 위한(다른 말로 '華人性 - Chineseness-'을 유지하기 위한) 수문장(custodian)의 역할을 하고 있기 때문이다.[19] 말레이시아 화인사회를 이끄는 3대 축은 '화문교육'과 '화인단체' 및 '화문언론'라고 할 수 있는데, 이 중에서도 말레이시아의 화문교육을 이끄는 대표적인 기관(社團)으로는 '동교총(董敎總)'이 있다. 동교총은 화문학교의 이사 연합회인 '동총(董總)'과 교사총회인 '교총(敎總)'의 통칭으로 말레이시아 화문교육의 유지와 발전을 위해 조직된 민간기구이다.[20]

말레이시아의 교육제도는 유아교육(Nursery Education)과 유치원(Kinder-garten), 초등교육(Primary School), 중등교육(Secondary School), 대학 예비교육(Pre-University), 고등교육(대학, Higher Education)으로 구분된다. 이 같은 말레이시아의 학제는 영국 식민시절의 관습에 따라 '5+2제', 즉 5년 중학 과정과 2년의 대학 예비교육(豫科)을 시행하고 있다. 한편, 말레이시아의 화인사회는 해외에서 유일하게 초등학교부터 대학에 이르기까지 '화인학교(華校)' 시스템이 갖춰진 국가로 화문교육의 메카로 알려져 있다.[21] 다시 말해, 말레이시아에는 화문을 '교수언어'로 하는 화인 유아

---

19) Shamsul A.B, "Identity Contestation in Malaysia: A Comparative Commentary on 'Malayness' and 'Chineseness'", *Akademika* 55, UKM Press 19, 1999, 17-37쪽.
20) 말레이시아 동교총(董敎總)은 '馬來西亞華校董事聯合會總會(United Chinese School Committees Association of Malaysia, UCSCAM)'와 '馬來西亞華校敎師會總會(The United Chinese School Teachers' Association of Malaysia, UCSTAM)'의 약칭이다.
21) 김주아, 「동남아 화교·화인 사회의 형성과 화문교육에 대한 小考」, 『문화와 융합』,

교육에서부터 초등교육과 중등교육 및 고등교육시스템이 갖춰져 있다.[22] 공교육에 해당하는 초등교육과 중고등교육은 다시 '국민 교육'과 '국민형 교육'으로 구분되는데, '국민 교육'은 정부의 지원을 받는 공립학교에 해당하고, '국민형 교육'은 소수종족의 언어(중국어 또는 인도어)를 교수언어로 사용할 수 있는 '소수종족을 위한 공교육' 제도이다. 하지만, 말레이시아 정부의 교육시스템을 따르지 않고 제도권 밖에 있는 '화문독립중학(獨中)'의 학제는 중국과 같이 '3+3제'를 채택하고 있다.[23] 즉, 3년의 중등과정과 3년의 고등과정으로 운영되고 있다. 이 밖에도 중·고등교육과정에서 제도권 교육과 비제도권 교육의 차이점은 '독립중학'은 화어를 주요 교수언어로 사용하고 있으나 공립 중·고등학교는 영어나 말레이어를 교수언어로 사용하고 있다는 점이다. 말레이시아 화인사회가 굳이 제도권 밖의 교육시스템을 고수하는 이유는 바로 '화어(華語)'를 '교수언어'로 사용하기 위함이다. 물론, 최근에는 글로벌화 추세에 따라 독립중학 중에서도 수리과목의 교수언어를 화문에서 영문으로 전환한 사례도 있다.

3. 말레이시아 화문교육의 정착과정

화문교육에서 가장 핵심이 되는 부분은 무엇보다도 모국어를 잃지 않기 위한 노력이다.[24] 말에는 혼이 담겨 있기에 언어를 익히는 일은 단순한

제42권 8호, 2020, 911-938쪽.

22) 본문에 사용된 '교수 언어'는 중국어로는 '教學媒介語(medium of instruction) - 교학 매개어 또는 교육 매개어'를 뜻한다. 우리말로는 '교수언어' 또는 '교수어(敎授語)'라고 할 수 있는데, 교육할 때 교사가 사용하는 언어이다. 말레이시아 화문교육에서는 이 '교수언어(수업용 언어)'가 핵심사안으로 다뤄지고 있다.

23) 화문독립중학(華文獨立中學)은 우리의 중·고등학교에 해당하는 교육기관으로 모든 수업과 시험을 '화문'을 진행하는 화인사회의 독립된 학제 시스템이다. 말레이시아에서는 '독중(獨中)'이라고 줄여서 말하는데, 본 논문에서는 '독립중학'으로 표기하겠다.

수단을 넘어서 문화를 전달하고 의식을 변화시키는 능력이 있다. 고국을 떠나 타지에서 거주하는 '디아스포라'는 대부분 정체성의 혼란을 경험하게 되는데, 이런 면에서 말레이시아의 '화문교육'은 이들이 현지에서 민족적 정체성을 유지하며 문화적으로 자립할 토양을 제공해 주고 있다.

(1) 말레이시아 화문교육의 시작

초기 화교학교는 절이나 사당 또는 회관의 사숙(私塾)에 세워졌다. 이러한 글방은 현지에 정착한 지역민 출신지의 방언을 교수언어로 사용했으며, 삼자경(三字經)과 백가성(百家姓), 천자문(千字文), 사서(四書)와 같은 중국 고전이나 주산을 가르쳤다. 고전을 통해 중국의 예절문화(도덕성)를 교육하고, 생업을 위해 주산과 같은 실용적인 기술을 전수하려 했다. 역사에 기록된 말레이시아 최초의 화문 교육기관은 1819년 말레이시아 페낭에 설립된 오복서원(五福書院)이다. 이후, 청 말기에 중국의 유신파(維新派)가 교육개혁을 주장하고, 신해혁명을 거치면서 이러한 말레이시아의 서원문화는 현대식 학교로 대체되었다. 당시 중국 혁명사상의 영향을 받은 말레이의 화교학교는 전에 없는 성황을 이루었다. 신세대 화교학교는 보통화(중국식 표준어)를 교수언어로 사용했으며 학교의 학제와 교수법, 교학 지침 등을 모두 중국교육부의 교육 요강을 표준으로 삼았다.

최초로 화어(華語)와 영어, 역사, 지리, 산수, 물리 등 지식 과목을 개설한 신식 학당은 1904년 장필사(張弼士) 선생에 의해 설립된 중화학당(中華學堂)이다.[25] 화문교육이 말레이반도에서 처음 정착될 무렵, 영국 식민

---

24) 말레이시아의 중국계 인구는 1840년 아편전쟁 이후 대거 말레이반도에 이주해 점차 인구가 증가하였다. 이들은 주로 중국의 복건(福建)과 광동(廣東), 해남(海南) 출신으로 일상생활에서는 출신지의 방언과 함께 화어를 제1언어로 사용한다.

25) 沈慕羽,「馬來西亞華文教育奮鬥史篇」,「東南亞華人教育論文集」, 1995;「馬來

정부는 사실상 자유 방임의 정책 태도를 보였다. 하지만, 후에 화인들의 민족주의 의식이 고취되고 교직에 있는 선생님들이 사회개혁과 국가재건에 대한 사명감을 드러내면서, 이를 경계하기 시작한 영국 식민정부는 '학교등록법령'을 반포하여 종족교육을 배척하고 영어 지상주의를 강조하기 시작했다.[26] 이후, 1941년 일본이 말레이시아를 점령했던 3년 8개월 동안 화문학교는 일본군에 의해 점거되어 정부 기관으로 사용되었고, 일부는 일문(日文) 학교로 탈바꿈되기도 했다. 당시 거의 모든 화문학교가 폐쇄되었지만, 2차 세계대전이 막을 내리고 일본이 투항하면서 영국의 식민지 배자들이 다시 말레이시아를 점령하였고, 이를 계기로 화문학교가 재개할 수 있었다.

하지만, 화인사회에서 '화문교육 문제(華敎問題)'가 본격적으로 '화문교육 운동(華敎運動)'으로 전환하게 된 계기는 앞서 1920년 영국 식민정부가 실시한 학교등록법령이다. 당시 화교 지도자였던 莊希泉(Chuang Si Chuan)은 이 법령이 말레이시아 화교학교의 발전에 불리하다고 판단해 각 화교단체를 동원하여 영국 추밀원(Privy Council)에[27] 상소를 제기하였지만 아무런 소득을 거두지 못했다. 이 일은 말레이시아 '화문교육 운동'의 서막을 열었고 후에 화문교육 발전의 기반을 다지는 계기가 되었다. 아울러 이 시기 반(反)식민주의와 국가의 독립에 대한 목소리도 높아지기 시작했다. 영국 식민정부는 화문교육의 지위가 점점 확대되는 것을 경계

西亞的華文教育運動—馬來西亞華文教育184年簡史(1819-2003)』, 馬來西亞董總, 2003.

26) 林水豪,「馬來西亞小學及中學華文教育的發展」, 朱浤源主編『東南亞華人教育論文集』, 屛師院出版, 1995;『馬來西亞的華文教育運動—馬來西亞華文教育184年簡史(1819-2003)』, 馬來西亞董總, 2003.

27) 추밀원(樞密院, Her Majesty's Most Honourable Privy Council)은 영국 군주의 자문기관이다.

하여 1952년 교육법령을 제정하고 화문(華文)학교와 인문(印文)학교를 영어와 말레이어를 사용하는 '국민학교'로 전환할 것을 선포하였다.[28]

(2) 말레이시아 화문교육의 전개

화문교육 운동의 불을 지핀 '학교등록법령' 이후, 관련 정책이 여러 차례 수정·발표되었다. 그중에서도 1951년 영국 식민정부가 발표한 'Barnes Report'에서 '국민학교제도'를 제정하였는데, 이 보고서에는 영어와 말레이어를 교수언어로 사용하여, 방언학교(종족학교)를 대체하고자 하는 내용이 포함되어 있다. 이러한 제안은 화어와 타밀어 같은 소수종족의 언어를 교수언어가 아닌 교과목의 하나로 취급하고자 하는 의도가 숨어 있었다. 국가 차원에서는 교육언어와 학제를 통일하여 국민통합을 이루고자 하는 목적이었지만, 비(非)말레이족의 입장에서는 소수종족의 언어와 문화교육을 억압하는 차별정책으로 받아들여졌다. '단일학교'의 개념이 포함된 이 보고서의 내용은 이후 1956년 발표된 '교육위원회 보고서(Razak Report)'에도 그대로 반영되었다. '3대 민족(말레이족, 화족, 인도족)'의 단결을 통해 영국 정부로부터 독립을 얻어내기 위해 말레이 연방정부가 승인한 'Razak Report'에 따르면 ① 각 민족의 학교는 병존하며, 모어를 교수언어로 사용한다. ② 말레이연방의 모든 종족이 받아들일 수 있는 교육정책을 실시한다. ③ 말레이어를 연방의 국어로 함과 동시에 비(非)말레이인의 언어와 문화를 보존하고 발전시킨다. 하지만, Razak Report의 말미에는 말레이어를 주요 '교수언어'로 하고자 하는 '최종목표'도 제시되었다.

정부의 이 같은 조치에 위기의식을 느낀 화인 교육자들이 화문을 교수언어로 하는 진정한 의미의 '화문교육'을 사수하기 위해 행동에 나서기

---

28) 沈慕羽,「馬來西亞華文教育奮鬥史篇」,『東南亞華人教育論文集』, 1995.

시작했고, 화문교육자 林連玉(Lim Lian Geok)과 沈慕羽(Sim Mow Yu)
의 제안으로 쿠알라룸푸르와 말라카에서 '화교학교 교사회'가 조직되었
다. 이후, 1952년 11월 3대 기관인 교총(教總)과 동총(董總), 마화공회(馬
華公會)가 한데 모여 제1회 합동회의를 개최하였다.[29] '화문교육 운동'은
이 같은 시대 상황과 정치적 배경하에서 전개되었는데, 이는 건국 이후
말레이시아 '화인사회 운동'의 초석이 되었다.

(3) 말레이시아 화문교육 정착의 동력

영국 식민정부는 각 종족의 민족학교 운영은 제한하지 않았지만, 이들
의 기본적인 교육방침은 영어를 우선시하고 말레이어의 육성은 지원하면
서 소수언어(화문과 인도어)는 제한하는 것이었다. 당시 영어로 교육을
받으면 사회적인 성공이 보장된 영어 지상주의 시대에도 많은 화인 학부
모들은 자녀들을 화인학교에 보냈고, 이 같은 사회 분위기 속에서 화문교
육도 더욱 발전하여 해외에 설립된 최초의 화인 민족대학인 남양대학(南
洋大學)을 설립하기에 이른다.[30]

이처럼 제한된 여건에서도 화문교육이 발전할 수 있었던 가장 중요한
요인은 화인 학부모들이 자녀 세대를 '화인다운 화인'으로 양육하고자 했

---

29) 莊華興,「當前馬來西亞華教問題與知識人的參與」,『互動與創新多維視野下的華
僑華人研究(暨南大學華僑華人研究院會議論文集)』, 廣西師範大學出版社, 2011.
30) 남양대학(Nanyang University)은 세계 최초로 해외지역에 설립된 화문대학으로 1955
년 싱가포르 지역에 설립된 사립대학이다. 1965년 싱가포르가 말레이시아로부터 축출
당하기 전까지 이 지역은 말라야(Malaya)에 속했으므로 말레이시아 대학이라고 할
수 있다. 하지만, 싱가포르가 독립 이후, 1970년대부터 영어를 제1언어(교수언어)
로 하는 정책을 실행함에 따라, 1981년 남양대학의 터에는 '남양이공대학(Nanyang
Institute of Technology, NTI)이 세워졌고, 남양대학은 싱가포르대학과 합병해 싱가포
르국립대학으로 재탄생하면서 최초의 '해외화문대학'은 막을 내리게 되었다.

기 때문이다. 소위 '화인다운 화인'이란 국가는 물론 민족의 전통을 사랑하고, 민족성에 대한 자부심을 가진 '뿌리' 있는 사람으로 성장하는 것을 말한다. 이를 위해 말레이시아 화인은 대부분 자녀를 민족문화를 계승하는 '근본을 갖춘 인간'으로 육성하기 위해 화인학교에 보냈다.[31] 화문교육에 대한 말레이시아 화인의 결의를 잘 알 수 있는 예로, 1983년 말레이시아 '전국 화인단체 지도자 기구연합'은 '국가문화비망록'을 통해 문화·청년체육부에 다음과 같은 메시지를 전했다.

> "이슬람문화와 중화문화는 각각 말레이족과 중화민족(華裔)의 '뿌리'라고 할 수 있다. 문화의 '뿌리'가 끊어지면 민족문화의 자양분과 정수를 빨아들일 수 없어 결국 '길을 잃고 헤매는(失落)' 문화적 위기에 직면할 수밖에 없다. 즉, 뿌리를 잃거나 문화를 잃게 되면, 더는 문화를 계승할 수 없다".[32]

이처럼, 말레이시아의 화문학교는 19세기 이후, 이곳에 뿌리를 내리기 시작하여 지금에 이르기까지 중화민족의 언어와 문화를 계승하기 위한 숭고한 사명을 감당하고 있다.

Ⅲ. 말레이시아 화문학교(華校)의 현황과 쟁점

말레이시아의 화문교육은 중국본토와 대만, 홍콩, 마카오 지역을 제외한 곳에서 유일하게 초등교육부터 대학교육에 이르기까지 화문교육의 시

---

31) 莫泰熙, 「英文敎育迴流對馬來西亞華文敎育的挑戰」, 『暨南大學華文學院學報』, 第3期, 2003.
32) 林水豪, 「馬來西亞小學及中學華文敎育的發展」, 朱浤源主編『東南亞華人敎育論文集』, 屛師院出版, 1995.

스템을 갖춘 나라로 동남아시아 지역은 물론 세계에서도 최고로 손꼽힌다.[33]

말레이시아 화문학교 체계는 크게 '초등교육(小學)'과 '중·고등교육(中學)'으로 구분할 수 있다. 그중 화문 초등학교를 비롯한 말레이시아의 모든 초등학교는 정부의 지원을 받고 있으며, 학력이 인정된다. 단, 중고등교육은 '국민중학(國民中學)', '국민형중학(國民型中學)', '독립중학(獨立中學)'으로 나뉘는데,[34] 그 중 '국민중학'은 말레이시아 정부가 관리하는 학교로 교육부의 지원과 통제를 받는다. '국민형중학'도 정부가 주관하는 교육기관으로 정식 학력으로 인정받으며, 교재와 교과과정은 모두 정부의 요구에 따라 편성된다. 이 같은 국민형중학의 교사와 학생의 90% 이상은 화인으로 구성되어 있다. 하지만, 제도권 밖의 교육기관이라고 할 수 있는 '독립중학'은 전적으로 화인이 운영하는 학교로 정부의 지원과 관리를 받지 않기 때문에 국가로부터 학력을 인정받지 못한다.

1. 말레이시아 화문학교의 현황

말레이시아 교육부의 자료(2018)에 따르면 말레이시아에는 '국민형 초등학교(華小)' 1,290개, '화문독중' 60개, '화문전문대학'은 3개(南方學院, 韓江學院, 新紀元學院)가 있다. 이 밖에도 153개의 '국민 초등학교'에서 화문(중국어) 교과목을 개설하고 있으며 78개의 '국민형중학(華中)'에서

---

33) http://my.china-embassy.org/chn/zt/nycf/t314470.htm

34) ① 국립중학(말레이어 : Sekolah Menengah Kebangsaan, "SMK", 영어 : Secondary School)은 5년간의 의무교육과 2년간의 선택 교육으로 구성된 공립 중고등학교이다. ② 국민형 화문중학(말레이어 : Sekolah Menengah Jenis Kebangsaan, "SMJK")은 국민형 중학 또는 화중(華中)이라고 하며 공립 중·고등학교이다. ③ 화문독립중학(말레이어: Sekolah Tinggi Persendirian Cina, 영어 : Chinese Independence High School)은 독립중학 또는 독중(獨中)이라고 하며 非공립 중·고등학교이다.

화문을 필수과목으로 개설하고 있다. 24개소의 기숙중학(SBP)에서는 말레이 학생을 대상으로 화문 교과목을 제공하고 있으며, 16개 사범대학에서 초·중·고의 중문(中文) 교사훈련과정을 개설하여 운영하고 있다. 말레이시아 3대 공립대학인 말라야대학(UM)과 푸트라말레이시아대학(UPM), 말레이시아 국립대학(UKM)에 중문과가 개설되어 있으며, 그 중 말라야대학에는 중국문제연구소가 개설되어 있다.35)

(1) 말레이시아 초등학교의 현황

〈표 2〉 말레이시아 초등학교의 현황

유형	명칭	학급수(반)	비율(%)	학생수(명)	비율(%)
국민	국민 초등학교	80,587	76.57%	2,071,890	76.92%
국민형	화문 초등학교	19,219	19.21%	518,543	19.25%
	인도어 초등학교	4,425	4.2%	81,488	3.02%
기타	특수학교 등	1,003	0.95%	21,397	0.79%
총계		105,240		2,693,318	

출처: 말레이시아 교육부 학교관리부서 (2018년1월31일까지 반영)

말레이시아 초등교육은 공립과 사립으로 구분되지만, 대부분 공립으로 운영되며, 소수의 사립학교와 국제학교 및 종교학교가 있다. 공립초등학교는 다시 '국민 초등학교(SRK)'와 '국민형 초등학교(SRJK)'로 구분된다. 국민 초등학교는 정부의 지원을 받아 운영되는 학교로 말레이어를 교수언어로 사용하고 있다. 국민형 초등학교는 일명 소수종족학교 또는 민족학교라고 할 수 있는데, '화문 초등학교'와 '타밀어 초등학교'가 있다. 현재 1,290개의 '화문 초등학교(華小)'가 운영되고 있지만, 이는 화인인구의 출생률 저하로 이전과 비교해 현저히 줄어든 수치이다. 보통 '국민초등학교'는 정부의 전액 지원을 받고, '국민형 초등학교'는 부분적인 지

---

35) www.dongzong.org.my/ebook/2018report/

원을 받는다고 알고 있지만, 규정에 따르면 말레이시아의 '화문 초등학교'
는 정부 지원을 받는 학교에 해당한다(government-aided schools).[36] 이처
럼 정부의 지원을 받으면서 '화어(華語)'를 중심으로 교육을 진행할 수
있는 이유는 기존의 '화문 초등학교'가 모두 정부가 아닌 '이사회(Board
of Governors)'에 의해서 설립되었고, 또 학교 이사회에 의해 운영되기
때문이다.[37]

  '국민형 초등학교'로 분류되는 '화문 초등학교'는 만 6세 이상을 대상으
로 교육의 기회를 제공하며, 화문(華文)을 주요 교수언어로 사용할 수 있
고, 국어(말레이어)와 영어를 필수과목으로 한다. 이 밖에도 화문 초등학
교의 교육과 시험 및 행정업무에 사용되는 모든 언어는 화문으로 이루어
진다. 초등학교 1학년 학생을 예로 들면 화문 수업은 일주일에 360분(30분
수업, 12교시), 말레이어 수업은 300분(10교시)을 학습해야 한다. 영어는
필수 교과목으로 수업 시간은 화어의 절반 정도를 차지한다.[38] 때문에,
소수종족학교에 다니는 학생은 일반 초등학교보다 과중한 학습 부담을
감수해야 한다.

  비록 초등교육이지만 말레이시아 화인사회에서 '화문 초등학교'가 갖는
의미와 영향력은 모든 교육단계 중에서도 가장 크다고 할 수 있다. 우선,
화인사회 구성원의 90% 이상이 화문 초등학교 출신으로 중국계 말레이인

---

36) 1996년 교육법령에 따라, 모든 '국민형 화문초등학교'는 정부의 자금지원을 받는다.
   하지만, 교육 현장 일선에 따르면 국민형 초등학교에 대한 정부의 지원이 교사월급
   등 부분적인 항목에 제한되어 있어, 결국 화인단체의 지원과 기부금을 통해 자체적으
   로 운영자금을 마련하는 경우가 많은 것으로 확인된다.
37) 1996년 교육법령에 따르면 모든 '화문 초등학교(국민형)'는 반드시 이사회를 조직하고
   '학교관리규정(Instrument of Government)'에 따라 학교를 운영해야 한다(화문 초등학
   교 이사회).
38) 牟英·陳明輝,「馬來西亞話語教育現狀及發展趨勢」,『國際視野』, 上旬刊(12月),
   2018, 78-79쪽.

들은 대부분 초등교육 단계에서는 '국민학교'가 아닌 '국민형학교(華小)'를 선택하고 있다.[39] 물론 중·고등교육부터는 이러한 비율은 크게 달라지지만, 말레이시아 화인이 대부분 일정 수준의 '중국어(華語)'를 구사할 수 있는 이유는 바로 초등교육을 민족어(華語)로 배울 수 있는 교육시스템과 언어환경에서 찾을 수 있다.

(2) 말레이시아 중·고등학교(中學)의 현황

1961년 말레이시아 국회에서 통과한 교육법령은 연맹 정부가 공식적으로 단일화 교육정책을 추진했다는 면에서 상징적인 의미가 있다. '1961년 교육법령'은 화인학교를 정부의 보조금을 받는 '국민형 초등학교(華小)' 및 '국민형 중·고등학교(華中)'로 전환하였지만 계속해서 화문을 주요 교수언어로 사용할 수 있음 또한 명시하였다. 한편, 이 법률에는 '교육부장의 직권으로 적절한 시기'에 '국민형 학교'를 말레이어를 주요 교수언어로 하는 '국민 초등학교' 및 '국민 중고등학교'로 전환할 수 있음을 시사해 화인사회의 우려와 반발을 샀다.

이러한 정부의 조치에 대한 저항으로 말레이시아 동교총(董敎總)은 '민족교육의 수호'를 고수하며 자금지원을 받지 않는 한이 있어도 화문을 교수언어로 하는 '화문중학(中學)'을 중단할 수 없다는 견해를 밝혔다. 일부 화문중학은 이러한 동교총의 입장을 견지해 정부의 지원과 인가를 포기하는 대신 계속해서 화문을 교수언어로 사용하면서 말 그대로 '화문독립중학(獨中)'이라는 비(非)제도권 교육기관이 생겨났다. 비영리 회사의 형태로 설립된 독립중학은 학비만으로는 운영이 어려워 화인단체(華社)

---

39) 蘇秀滿,「大馬華裔家長選擇華校爲孩子的教育源流之原因探討」,『華人移民與全球化遷移, 本土化與交流』, 新加坡: 華裔館, 2011; 牟英·陳明輝,「馬來西亞話語教育現狀及發展趨勢」,『國際視野』, 上旬刊(12月), 2018, 78-79쪽.

의 자금지원과 기부금으로 현상을 유지하고 있다. 따라서, 실제 운영 형태
는 완전한 사립학교라고 볼 수도 없다. 이처럼, 학력이 인정되지 않는 독
립중학은 우리식으로 표현하면 각종학교 중에서도 '비인가 대안학교'와
유사하다고 할 수 있다. 하지만, 적어도 말레이시아 화인사회에서 '독립중
학'은 화족(華族)의 핵심가치를 전수하는 교육의 전당으로 민족교육을 대
표하는 상징적인 의미가 있다. '독립중학(獨中)'은 말레이시아 화인이 주
축이 된 민간단체에서 자금을 후원하여 운영되는 민족교육 기관이다. 말
레이시아 특유의 사립 교육기관으로 전국에 분포되어 있다. 독립중학의
실질적인 운영은 화문학교 이사연합회(華校董事聯合總會, UCSCAM)와
화문학교 교사공회(華校敎師公會, UCSTAM), 즉 동교총(董敎總)이 맡
고 있다. 독립중학의 교육목표는 중화민족의 모국어 교육을 발전시켜, 국
가의 인재를 양성하는 것이다.

〈표 3〉 2018년 말레이시아 중·고등학교(中學) 통계

	유형	수량(개)	총계
1	국민중학(SMK)	1,990	
2	국민형중학(SMJK)	81	
3	기숙중학(SBP)	69	
4	체육중학(SMS)	5	
5	예술중학(SMS)	3	
6	직업중학(SMV)	80	2,723개
7	기능중학(SMT)	9	
8	종교중학(SMKA)	57+180	
9	특수교육중학(SKPK)	6+12	
10	화문독립중학(Chinese Independence High School)	61	
11	사립/국제중학(International Secondary School)	170	

출처: 말레이시아 교육부

말레이시아의 중·고등학교(中學)는 초등학교와 마찬가지로 크게는 공
립학교와 사립학교로 구분할 수 있다. 공립학교는 다시 '국민중학'과 '국

민형 중학' 및 '기타 유형'으로 분류할 수 있다. 공립학교와 사립학교는
서로 다른 학제 시스템으로 운영되는데, 그중에서도 학력을 인정받지 못
하는 '독립중학'은 학교가 자체적으로 규정한 교육과정을 시행하고 있다.

〈표 4〉 2018년도 말레이시아 사립중학 현황

	유형	수량
1	학술중학(Academic Secondary)	79
2	화문독립중학	60
3	국제중학(International Secondary)	0
4	종교중학	36
5	기숙중학	2
	총계	177

출처: 말레이시아 교육부사립교육부(2018.1.31)

독립중학은 앞서 설명한 것처럼 사립학교와는 구별되지만, 유형별 범주
에서 사립학교에 해당하며, 전국적으로 60개가 설립되어 있다.[40]

〈표 5〉 화문초교와 독립중학의 재학생 수(단위: 만 명)

년도	화문초등학교	화문독립중학
2010	604,604	63,765
2011	598,488	66,968
2012	591,121	70,266
2013	564,510	75,923
2014	559,157	79,264
2015	550,519	82,608
2016	542,406	84,604
2017	527,453	85,199
2018	518,543	84,462
증감	-86,061	+20,697

출처: 말레이시아 교육부

---

40) 통계에 따라서 조호르주(Johor)의 新山寬柔(Foon Yew High School) 독립중학의 kulai
분교를 하나의 학교로 인정해 61개로 계산하기도 한다. 최근에 이 학교가 Bandar Seri
Alam지역에 분교를 신설하면서, 이 같은 분교를 포함하면 2020년 기준으로 모두 62개
교의 독립중학교가 있다.

　　말레이시아 화문교육의 상징이라고 할 수 있는 '화문초등학교(국민형학교)'와 '독립중학(사립학교)'은 상반된 증감추세를 보인다. 대부분의 말레이시아 화인이 적어도 초등교육은 화문 초등학교(華小)를 선택하고 있지만, 재학생 숫자는 오히려 점차 감소하고 있다. 반면, 정부의 지원은 물론 학력 인정도 받지 못하는 '독립중학'은 오히려 재학생 수가 늘어나고 있다. 그 이유는 초등학교의 경우 전체적인 출생률의 저하로 학령인구가 감소하면서 재학생 수가 감소추세를 보이지만, 우리의 중고등교육에 해당하는 독립중학은 인구감소의 상황에서도 재학생 숫자가 증가하고 있다. 이러한 결과는 말레이시아 화인사회가 최근 들어 화문 중심의 민족교육을 더욱 선호하고 있음을 나타낸다.

(3) 말레이시아 독립중학의 입시제도

　　초기의 '화문중학'은 중학교 과정과 고등학교 과정을 마치고, '회고(會考)'라는 졸업 시험(수행평가)을 시행했다. 하지만 1961년 교육법령의 발효 이후 정부에서는 화문중학의 회고를 금지했다.[41] 이처럼, 한때 회고가 폐지되고 '통고(統考)'라는 입시(入試)제도가 생기기 전까지 학교별로 졸업시험을 시행하고 졸업장을 배부하기도 했다. 이 당시에는 싱가포르의 남양대학(현 싱가포르국립대학의 前身)과 대만의 대학만 진학할 수 있었다. 지금은 독립학교의 '통고'를 인정하는 학교들이 많아지면서 선택의 폭이 더 넓어지긴 했지만, 일반 '국민중학' 또는 '국민형중학'과 비교하면 여전히 독립중학 학생들의 선택 폭이 좁다고 할 수 있다. 때문에, 초등교육과

---

41) 1961년 교육법령 발효 이전에는 화문을 교수언어로 하는 '화문중학'이 있었다. 하지만, 정부가 화문을 교수언어로 하는 중·고등학교 과정의 시험제도를 폐지하면서, 화문중학은 '국민중학(공립중학)' 또는 '국민형중학(현 화문중학)'으로 편입할 것을 요구받았다. 이때, 이러한 정부 정책을 거부하고 계속해서 화문으로 수업과 시험을 강행한 학교는 '독립 중학'으로 분리되었다.

는 달리 중·고등교육 단계에서는 화인학생들도 '국민형중학(華中)'이나 '국민중학'으로 진학하여 영어와 말레이어로 교육을 받고 말레이시아 정부가 인정하는 학력을 취득하는 경우가 많다. 반면, 화문을 교수언어로 하는 독립중학에서는 화문으로 학생들의 교육 수준을 평가하기 위해 동교총에서 1970년대 '동교총 화문독립중학 업무위원회'를 개설하고,[42] 그 부속으로 '통일고시(統考)위원회'를 설립하여, 1975년 제1회 통고를 시행했다. 이후 매년 '중등과정 통고'와 '고등과정 통고'를 실시하고 있다. 이 시험은 독립중학의 내부시험으로 독립중학 재학생만 참여할 수 있다.[43]

이제는 대만과 중국, 홍콩 등 중화권 지역 외에도 싱가포르와 미국, 영국, 호주, 뉴질랜드 등지의 여러 공립학교와 사립학교에서 통고를 인정하면서 독립중학 출신의 선택폭이 넓어졌다. 하지만, 정치적인 문제로 인해 말레이시아 정부는 아직 '통고'를 승인하지 않고 있어서 독립중학 졸업생은 말레이시아의 공립대학에는 진학할 수 없다.

(4) 말레이시아 대학의 현황

〈표 6〉 2018년 말레이시아 대학교 통계

	유형	수량	전체
1	國立大學(University)	20	
2	私立大學(University)	83	542개소
3	私立大學學院(University College)	42	
4	私立學院(College)	397	

출처: https://upu.mohe.gov.my/, https://www.mqa.gov.my/

---

42) 董教總全國發展華文獨立中學工作委員會(董教總華文獨中工委會)

43) 독립중학교의 '통고'는 중국의 '중고(中考)'와 비슷하지만, 다른 점이 있다면 통고는 학생과 학교의 교육 수준을 평가하는 데 목적을 두고 있다. 말레이시아 독립중학은 모두 중등부와 고등부가 있어 중3은 중학교 졸업 자격에만 부합되면 바로 고등부에 진학할 수 있다.

말레이시아의 대학은 분류방식이 따라 4~5개의 유형으로 구분되는데, 화문 교육시스템의 고등교육기관은 私立大學學院(University College)에 속하며 南方大學학원(Southern University College)과 新紀元大學학원 (New Era University College), 韓江傳媒大學학원(Han Chiang University College of Communication)이 있다.[44]

말레이시아 정부는 신경제정책(부미부트라)을 추진하면서 대학진학 정원할당제를 채택하여, 성적이 아닌 종족의 비율에 따라 대학입학 인원을 배정하였다. 2002년 정부가 할당제를 성적제로 전환했지만, 교육차별 정책이 완전히 철폐된 것은 아니라는 것이 말레이시아 화인사회의 전반적인 의견이다. 이러한 현실 때문에 우수한 성적의 화인학생들이 정부 장학금 혜택에서 밀려나 해외유학을 선택하는 경우가 많다. 하지만, 말레이시아 정부는 독립중학의 학력뿐 아니라 중국대학의 학위도 인정하지 않아 중국 유학파에게 불리하게 작용하고 있다.[45] 이는 화인학생들이 중국 유학을 꺼리는 이유 중의 하나이다.

2. 말레이시아 '독립중학' 졸업생의 진로

전국 독립중학의 2016년 졸업생 진로 현황보고서에 따르면, 졸업생 전체현황은 58개 독립중학에서 8,646명의 졸업생 중 6,857명(79.31%)이 대학에 진학하였고, 1,056명(12.21%)은 취업을 선택하였다. 나머지 733명 (8.48%)은 진학 여부가 파악되지 않았다. 6,857명의 대학 진학생 중에서

---

44) 이 밖에도 중국계가 설립한 대학으로 라만대학학원(Tunku Abdul Rahman University College)이 있으며, 중국의 샤먼대학(厦門大學)이 말레이시아에 해외캠퍼스를 두고 있다.

45) http://my.china-embassy.org/chn/zt/nycf/t314470.htm 중국대학의 학위를 모두 인정하지 않는 것은 아니지만, 현실적으로 제약이 있다.

국내와 해외 대학 진학생 수는 각각 4,081명(59.51%)과 2,716명(39.61%)을 기록하였다. 그 밖에 60명(0.88%)은 진학대학이 불분명한 것으로 조사되었다.

〈표 7〉 2016년 화문독립중학 졸업생의 진학과 취업 현황[46]

졸업 후의 진로	학생 수(명)	비율(%)
진학	6,857	79.31
취업	1,056	12.21
불분명	733	8.41
합계	8,646	100

출처: 2018년 동총 업무보고서 참고

〈표 8〉 2016년 독립중학 졸업생의 국내외 진학 현황

진학대학	학생 수(名)	비율(%)
국내 진학	4,081	59.51
해외 진학	2,716	39.61
진학지 불분명	60	0.88
합계	6,857	100

출처: 2018년 동총 업무보고서 참고

보고서에 따르면 4,081명의 국내대학 진학생 중에서 3,383명(국내 82.88%; 총 49.33%)은 말레이시아의 사립대학교(University)나 대학(College)에 진학했고, 554명(국내 13.57%; 총 8.08%)은 말레이시아에 있는 해외 분교(캠퍼스)를 선택했으나 이중 2명(국내 0.05%; 총 0.03%)은 국립학교로 편입하였다. 나머지 142명(국내 3.48%; 총 2.07%)은 진학대학을 파악하지 못했다.

---

46) 본 통계자료는 말레이시아 동교총 학생사무국에서 61개 학교 대상으로 설문조사를 실시하였고, 그중 60개 학교의 설문지를 회수하였으며, 2개 학교는 자료가 불충분하여 58개소를 기준으로 정리하여, 95%의 회수율이 반영된 결과이다.

〈표 9〉 2016년 독립중학 졸업생의 국내외 진학 현황[47]

순위	유학 선택지	해외 진학생 수(2,716명)	전체 진학생(6,857명) 중 차지하는 비중	해외 진학생 중 차지하는 비중
1	대만	1,520	22.17%	55.96%
2	중국	332	4.84%	12.22%
3	싱가포르	309	4.51%	11.38%
4	오스트레일리아	174	2.54%	6.41%
5	영국	104	1.52%	3.83%
6	아일랜드	68	0.99%	2.50%
7	일본	66	0.96%	2.43%
8	홍콩	48	0.70%	1.77%
9	미국	23	0.34%	0.85%
10	한국	15	0.22%	0.55%

출처: 2018년 동총 업무보고서 참고

전체 대학 진학생 중 해외 유학을 선택한 학생은 39.61%인 2,716명이다. 졸업생들에게 가장 인기가 많은 지역은 대만으로 모두 1,520명이 선택했다. 그 주된 요인은 대만의 대학은 대부분 독립중학의 학위와 통고를 인정하기 때문이다. 또한, 대만은 학비가 적당하고, 장학금을 제공하는 대학이 많은 점도 이 지역을 선호하는 이유이다. 그다음은 최근 들어 '일대일로' 정책의 일환으로 화인학생에게 많은 장학금을 제공하는 중국으로 모두 332명이 선택했다. 이는 지난 2015년에 비하면 거의 배가 증가한 수치로 중국이 처음으로 해외 유학지 2위에 등극했다. 3위와 4위는 싱가포르와 오스트레일리아로 모두 영어권 국가이다. 이 국가들은 독립중학의 통고 학위를 인정하는 곳으로 입학기준에 통시를 입학 요건으로 둔 곳이다. 이상에서 살펴본 바와 같이 독립중학 졸업생들은 여전히 대부분 중국

47) 순위권 밖으로는 마카오 12명(0.18%), 캐나다 8명(0.12%), 뉴질랜드 7명(0.10%), 독일 6명(0.09%), 인도네시아 4명(0.06%), 프랑스 4명(0.06%), 태국 3명(0.04%), 헝가리, 스위스, 스코틀랜드, 네덜란드, 스페인이 각각 1명으로 0.01%를 차지했다. 이 밖에 8명(0.12%)은 유학지가 파악되지 않았다.

어권 국가를 선호하는 것으로 나타났다. 대만과 중국, 홍콩을 선택한 학생 수를 합하면 1,900명으로 해외취학생의 69.95%를 차지한다. 이는 전체 진학생의 27.71%이다. 영어권 국가 중에는 여전히 주변국인 싱가포르와 호주, 영국을 선호하는 것으로 나타났다.

3. 말레이시아 화문교육의 당면과제

지금까지 말레이시아 화문학교의 현황과 화문교육의 사례를 상세히 살펴보았다. 끝으로 말레이시아 화문교육의 당면과제를 정리해 보면 아래와 같다.

(1) 후속세대(華裔)의 화문교육에 대한 인식변화

먼저, 말레이시아 화인(후속세대)의 화문교육에 대한 인식의 변화에 주목할 필요가 있다. 천메이펑(陳美鳳, 2011)은 말레이시아에서 화문교육의 명맥이 유지되고 있는 이유를 연구하였다. 특히, 독립중학을 선택한 학생들을 대상으로 설문조사를 실시하여 이들이 민족학교를 선택하는 이유가 과연 '화인으로서의 의식(정체성)'이라는 '화교사회'의 당국의 권위적인 가치의 영향을 받은 것인지 또는 일상생활에서 경험을 통해 체득한 사회현실인지 아니면 시장의 상황을 고려한 서민 생활 가치의 반영인지에 관해 알아보고자 했다. 연구 결과에 따르면, 화문을 배우고 화인의 민족문화를 배우기 위해 독립중학을 선택한 경우는 18.65%로 민족적 정체성의 실현은 절대적인 선택조건은 아닌 것으로 나타났다. 반면, 50.49%의 학생이 독립중학을 선택하는 이유로 3개 국어를 배울 수 있다는 현실적인 강점을 들었으며, 수리능력을 함양시킬 수 있기 때문이라는 응답도 19.55%를 차지했다. 다시 말하면, 처음에 연구자가 의문을 제기했던 민족학교를 진학하는 이유에 대해 대다수(50.49+19.55=70.4%)가 실용적인 측면을 선택하였다. 즉, 시장경제의 원리가 반영된 것이다. 이는 3, 4세대 화인에게 화문학교의 진학 여부는 단순히 민족문화와 민족적 정체성의 함양이라는 감정적인 요소에만 호소할 수 없다는 것을 의미한다. 관점을 달리하면, 중국에서 해외화인이라고 부르는 말레이시아 화인(3·4세대)의 시각에서는 중국이 해외이고 거주국(말레이시아)이 국내임이 엄연한 현실이다. 이는 화문교육이 '종족문화의 계승'이라는 숭고한 사명만을 강조하고, 거주국에서의 삶을 영위하는 데는 아무런 메리트가 없을 때, 언제든 종족문화의 명맥은 폐기될 수 있다는 것을 의미한다.

(2) 화문교육 지도체계의 문제

두 번째, 말레이시아 화문교육의 지도부가 직면한 문제점이다. 흔히 말레이시아 화문교육이 직면한 문제점으로는 자금 부족과 교재와 교사 등 교육의 질적 재고 및 정부의 '최종목표 - 말레이어를 교수언어로 하고자 하는 정부비전'을 지적한다. 하지만, 말레이시아 지식사회는 이런 표면적인 문제보다는 교육계층 내부의 문제를 더 큰 병폐로 진단하고 있다. 예컨대, 許紀霖(2003)은 중국의 지식인(知識分子)은 20세기에 전통에서 현대로 전환기를 겪으면서 지식인의 독립적인 인격에 지나치게 의존하는 경향이 있다고 지적했듯이 오늘날 말레이시아 화문교육이 직면한 문제점과 한계에는 제도적인 문제보다는 제도를 이끌어 가는 사람들의 의식이 더 큰 문제로 부각되고 있다. 현재 말레이시아 교육계를 이끌어 가는 지식인의 대부분이 대학이라는 틀 안에 몸담고 있어, 척박한 환경에서 화문교육의 발전을 견인했던 기존의 공공지식인48)과는 많은 차이를 보인다. 이들

---

48) 공공지식인이라는 말은 Russell Jacoby가 제시한 말로 1987년 출판된 『최후의 지식인(The Last Intellectuals)』에서 사용한 말이다. 이전의 지식인은 공공성을 구비하고 있었

은 기성세대 같은 절박성의 결여로 사회적인 동원능력이 떨어진다는 한계
점이 있다. 게다가 지금의 말레이시아 화인교육의 투쟁 기조는 기존의 사
회운동에서 내부협상의 모드로 전환되었다. 전자가 의존하던 것은 군중의
힘이었기 때문에 사회와 밀접한 연관이 있었지만, 후자의 경우 일부 지도
층의 역할로 일반인이 참여한 데는 한계가 있다.49) 독립적인 '말레이시아
화인문화'의 현대화는 교육지도자의 교육철학과 교학 이념에 달려있다고
해도 과언이 아니다. 따라서 교육의 양적 성장과 질적 제고도 이들의 앞에
놓인 당면과제이지만, 눈에 보이지 않는 교육계층의 분열과 정신력 약화
를 우려하는 목소리도 간과해서는 안 된다.

Ⅳ. 결론

말레이시아처럼 다종족·다언어사회에서는 서로 다른 종족과 그들의
언어와 문화를 효율적으로 관리하는 것이 정부의 핵심사안 중의 하나이
다. 국가 차원에서는 통용어인 '국어(말레이시아의 경우, 말레이어)'를 보
급하는 것이 국가관리와 국민통합에 용이하다는 것은 자명한 사실이다.
하지만, 언어의 사회적 기능에는 '의사소통의 기능'뿐만 아니라 '정체성의
기능'을 포함하고 있다. 국어교육의 강화는 국민 간의 소통을 원활하게
하고, 사회질서 확립 등 정부의 통치 및 관리에 편의를 제공하며, 국가

는데 이들은 일정 수준의 문화적 소양을 갖춘 독자를 위해서 글을 쓴 반면, 1920년대
이후 미국의 '공공지식인'은 과학전문가와 대학교수로 대체되었고, 이들은 오직 전문
가집단을 위해 글을 쓰기 시작했다.

49) 莊華興,「當前馬來西亞華敎問題與知識人的參與」,『互動與創新多維視野下的
華僑華人硏究(暨南大學華僑華人硏究院會議論文集)』, 廣西師範大學出版社,
2011.

정체성을 함양할 수 있다는 긍정적인 요소를 포함하고 있다. 하지만, 다민족 사회에서 언어의 '정체성 기능'을 무시한 채 '단일언어'정책을 강요하게 되면, 언어(문화)로 인한 종족 갈등을 유발하여 오히려 국민통합을 저해하는 역효과를 창출할 수 있다.

한 민족의 '말(언어)'은 그 민족의 '얼(정신)'이라고 할 수 있다. 모국어를 배울 수 있고 말할 수 있는 언어환경은 우리처럼 국가 단위와 민족 단위의 경계가 크게 다르지 않은 경우는 그 가치를 가늠하기가 어렵지만, 모국이 아닌 타국에 정착해서 사는 '디아스포라'에 게 모국어 사용권은 민족정신의 존폐를 논할 만큼 절체절명의 과제이다. 자의적인 이유든 타의적인 이유든 이민 3, 4세대를 넘어가면 조상으로부터 물려받은 민족문화와 언어는 차츰 소멸하거나 혼종성을 보이며 흐려지기 마련이다. 이러한 '디아스포라'의 관점에서 볼 때 말레이시아 화인의 민족교육 사수를 위한 열정과 노력은 귀감이 될 만하다.

본문을 통해 살펴본 것처럼 그동안 말레이시아가 중국본토(대만, 홍콩, 마카오 포함)를 제외하고 중국의 민족문화(언어와 전통)를 가장 잘 계승하고 유지할 수 있었던 이유는 초등학교부터 대학에 이르기까지 민족교육의 시스템이 완비되었기 때문에 가능했다. 하지만, 같은 이유로 다음 세대가 더는 화인학교에 진학해야 할 이유를 상실할 때, 현 체제는 언제든지 와해할 수 있다는 위기의식도 공존하고 있다. 지금은 화인사회가 '단체, 학교, 언론'을 통해 잘 유지되고 있지만, 구성원의 가치관(정체성)에 변화가 생기면 현상 유지도 어려울 수 있다. 화인사회도 이것을 인지하고 있기에 사단을 중심으로 화문학교를 집중적으로 육성하고 있으며, 중국에서도 물심양면으로 해외화인의 민족교육을 활동을 지원하고 있다. 실제로 중국 정부는 화교·화인이 중국의 국가 이미지 제고와 중화문화의 가치를 전달할 수 있는 조력자로서의 가치를 확인하고, 화교·화인이 중국에 방문 또는 유학하여 모국어를 배우고, 중국의 문화를 체험할 수 있도록 장학금

등 다양한 혜택과 기회를 제공하고 있다.

끝으로 말레이시아 화인의 민족교육 메커니즘을 통해 다시 한 번 소수종족의 모국어 사용권에 대해 생각해보는 기회를 얻고자 한다. 앞서 말레이시아 화문교육의 사례는 다양한 종족의 혼재 속에 야기될 수 있는 갈등의 요소이자 소수종족의 권리문제로 연결될 수 있는 핵심사안임을 확인했다. 물론 국가별로 처한 상황과 소수종족의 이주 계기 및 시기, 규모, 방법에서 차이가 있으므로 모든 국가의 언어정책이 같아야 한다고 주장하는 것은 아니다. 다만, 말레이시아 화문교육의 사례를 통해 최근 중국 정부가 자국의 소수민족의 민족어 교육을 제한하는 일련의 조치들이 시대를 역행하는 행위로, 중국이 미국을 향해 그토록 반감을 보였던 '이중잣대'의 논란을 피하기 어려울 것으로 보인다.

| 참고문헌 |

金慶國·崔承現·李康馥·崔智賢, 「한국의 화교연구 배경 및 동향분석」, 『중국인문과학』, 제26집, 2003.

김주아, 「말레이시아 화인의 다문화 수용성 조사」, 『중국연구』, 제81권, 2019.

_____, 「말레이시아 화인기업(華商)의 네트워크 활용 실태 조사」, 『중국과중국학』, 제37호, 2019.

_____, 「동남아 화교·화인 사회의 형성과 화문교육에 대한 小考」, 『문화와융합』, 제42권 8호, 2020.

김혜련, 「말레이시아 화인디아스포라의 민족교육 실태연구」, 『인문사회21』, 8권 3호, 2017.

陳美鳳, 「馬來西亞新世代華人對華文教育態度之研究」, 『互動與創新多維視野下的華僑華人研究(暨南大學華僑華人研究院會議論文集)』, 廣西師範大學出版社, 2011.

陳業詩,「下南洋:東南亞華僑華人的過去,現代與未來'學術講座綜述」,『華僑華人歷史研究』, 第2期, 2013.

古鴻廷,『教育與認同:馬來西亞華文中學教育之研究(1945-2000)』, 廈門大學出版社, 2003.

郭熙,「論漢語教學的三大分野」,『中國語文』, 第5期, 2015.

洪麗芬,「馬來西亞華人的語言態度」,『互動與創新多維視野下的華僑華人研究(暨南大學華僑華人研究院會議論文集)』, 廣西師範大學出版社, 2011.

林蒲田 主編,『華僑教育與華文教育概論』, 廈門大學出版社, 1995.

林水豪,「馬來西亞小學及中學華文教育的發展」, 朱浤源主編『東南亞華人教育論文集』, 屏師院出版, 1995.

劉世勇·武彥斌,「馬來西亞華文教育現狀與發展策略」,『東南亞縱橫』, 第9期, 2012.

莫泰熙,「英文教育迴流對馬來西亞華文教育的挑戰」,『暨南大學華文學院學報』, 第3期, 2003.

牟瑛·陳明輝,「馬來西亞話語教育現狀及發展趨勢」,『國際視野』, 上旬刊(12月), 2018.

沈慕羽,「馬來西亞華文教育奮鬥史篇」,『東南亞華人教育論文集』, 1995.

蘇秀滿,「大馬華裔家長選擇華校爲孩子的教育源流之原因探討」,『華人移民與全球化遷移, 本土化與交流』, 新加坡: 華裔館, 2011.

許紀霖 主編,『公共性與公共知識分子』, 南京: 江蘇人民出版社, 2003.

王淑慧,「調整與轉型 : 馬來西亞華人社團對華文教育的作用」,『중국지식네트워크』, 제16호, 2020.

張茂桂,『族群關係與國家認同』, 臺北業強出版, 1993.

鄭通濤·蔣有經·陳榮嵐,「東南亞漢語教學年度報告之一」,『海外華文教學』, 第1期, 2014.

_____,「東南亞漢語教學年度報告之二」,『海外華文教學』, 第2期, 2014.

_____, 「東南亞漢語教學年度報告之三」, 『海外華文教學』, 第3期, 2014.

_____, 「東南亞漢語教學年度報告之四」, 『海外華文教學』, 第4期, 2014.

莊國土, 「東南亞華僑華人數量的新估算」, 『廈門大學學報』, 第3期, 2009.

_____, 「回顧與展望:中國大陸華僑華人研究述評」, 『世界民族』, 第1期, 2009.

莊華興, 「當前馬來西亞華教問題與知識人的參與」, 『互動與創新多維視野下的華僑華人研究(暨南大學華僑華人研究院會議論文集)』, 廣西師範大學出版社, 2011.

『馬來西亞的華文教育運動─馬來西亞華文教育184年簡史(1819-2003)』, 馬來西亞董總, 2003.

Dudley L Poston Jr, Juyin Hele Wong, "The Chinese diaspora: The current distribution of the overseas Chinese population", *Chinese Journal of Sociology* Vol.2(3), 2016

Shamsul A.B, "Identity Contestation in Malaysia: A Comparative Commentary on 'Malayness' and 'Chineseness'", *Akademika 55,* UKM Press 19. 1999.

Swee Hoon Chuah, Robert Hoffmann, Bala Ramasamy, Jonathan H.W.Tan, "Is there a Spirit of Overseas Chinese Capitalism?", *Small Business Economics 47,* 2016.

https://news.joins.com/article/21472293, 말레이시아 화교 "정치는 그들이 해도, 경제는 우리가 주무른다!" 중앙일보, 2017.04.13.

http://circ.kookmin.ac.kr/xe2010/knowledgemap/13192447 (검색일: 2020.06.05)

http://circ.kookmin.ac.kr/xe2010/knowledgemap/13192949 (검색일: 2008.06.05)

http://my.china-embassy.org/chn/zt/nycf/t314470.htm (검색일: 2008.07.06)

https://www.dongzong.my/resource/index.php/organization/list-of-committee/787-micss-00 (검색일: 2020.07.06)

www.dongzong.org.my/ebook/2018report/ (검색일: 2020.07.06)

https://www.dosm.gov.my/v1/index.php?r=column/pdfPrev&id=aFYzVjJ3anNyQ
    ythHZGxzcUZxTG9Ydz09 (검색일: 2020.08.20)

https://upu.mohe.gov.my/, https://www.mqa.gov.my/ (검색일: 2020.08.20)

https://www.forbes.com/billionaires/#version:static (검색일: 2020.08.31)

http://www.index.go.kr/potal/main/EachDtlPageDetail.do?idx_cd=2756 (검색일:
    2020.08.31)

http://www.mofa.go.kr/www/wpge/m_21507/contents.do (검색일: 2020.08.31)

중국 싱크탱크(智庫)의 역할과 특징

: 대만 관련 연구소를 중심으로

I. 서론

중국의 싱크탱크(Thinktank, 智庫)[1)]는 1980년대 초기 개혁개방노선으로의 전환과 함께 발전했다. 경제발전을 중심으로 사회주의 현대화 국가 건설을 당면 목표로 삼은 당정 지도부는 경제체제 전환에 따른 정치적 분권과 사회적 다양성을 토대로 하는 광범위한 변화에 직면하면서, 이념적 충성심과 전문 지식 및 경험을 갖춘 전문가 집단의 정책 조언이 필요하게 된 것이다.

따라서 싱크탱크 건립에 대한 요구가 당정 지도부 차원에서 시급하고 중요한 과제로 인식되면서 관련 발언들이 공표되었다.[2)] 개혁개방의 총설

---

* 이 글은 중국의 대만관련 싱크탱크에 관한 연구(중국학논총 70집)를 수정·보완한 것이다.
** 국민대학교 중국인문사회연구소 HK연구교수.
1) 1967년 미국의 랜드연구소(RAND Corporation)가 정부의 참모 집단이라는 개념으로 'Thinktank' 용어를 처음 사용했다. 중국은 사상고(思想庫), 브레인집단(腦庫, 智囊團) 등의 용어를 사용하지만, 최근 지고(智庫)를 일반적으로 가장 많이 사용한다. 정부나 기업의 정책결정자들을 위해 정치, 외교, 군사, 경제, 사회, 과학기술 등 국가(기업)운영과 관련한 거의 모든 분야에 걸쳐 연구를 진행하여, 가장 좋은 이론, 전략, 방법, 사상들을 제공하는 일을 담당한다.

계자로 불리웠던 덩샤오핑은 1978년 7월 12일 유네스코 간사 모보와의 회견에서 "그들에게 강의 설비를 요구하여, 우리의 학교를 세우고, 그들에게 교사를 요청하라고" 교육부장에게 제기했다. 또한 8월에 거행된 정부 간 정보학 전략 및 정책 세미나에서는 "이러한 활동은 반드시 참가해야 한다. 우리가 문을 닫으면 어떻게 하겠다는 말인가? 정보학은 새로운 과학영역이며, 우리는 가서 지식을 획득해야 한다." 등의 언급을 통해서 국제 싱크탱크와의 교류를 독려하고 중국의 싱크탱크 발전을 주문했다.[3] 1975년부터 국무원정책연구실, 중국사회과학원, 중앙서기처연구실, 중앙서기처농촌정책연구실, 국무원발전연구중심, 국가경제체제개혁위원회 등의 관련 싱크탱크가 연이어 설립되었다.

먼저 후진타오 시기인 2004년 1월《중공중앙 철학 및 사회과학 발전의 진일보한 번영에 관한 의견》문건을 통하여 처음으로 '중공중앙'의 명의로 철학사회과학 학계가 당과 정부의 업무를 위한 '사상 창고', '브레인 집단'이 되어야 한다면서 싱크탱크의 필요성을 언급했고, 2005년 5월에는 정치국회의에서 '사회과학원의 확충, 발전'의 필요성을 직접 언급하기도 했고, 다음으로 시진핑 시기 역시 2014년 국가의 소프트파워의 중요한 구성요소인 싱크탱크를 국가통치체계와 통치능력의 현대화 추진을 위해 '중국특색의 신형 싱크탱크 건설'을 당정의 중대한 임무라고 천명하면서 국가전략 차원에서 싱크탱크의 발전을 강조했다. 또한 2017년, 2018년 지속적으로 시진핑은 '사회주의 신형 싱크탱크 건설의 강화'에 대해 언급하면서 이데올로기적 측면을 강조하는 중국형 싱크탱크의 발전을 다시 천명하기도 했다.

---

2) 陳先才, 『台灣地區智庫硏究』, 九州出版社, 2015.

3) 溫勇, 「鄧小平的"智庫外交" 涉及面廣」, 『秘書工作』, 第2期, 2016. http://hk.crntt.com/crn-webapp/touch/detail.jsp?coluid=23&kindid=0&docid=104286764 (검색일: 2019.05.02)

이처럼 정책결정과정의 변화는 자연스럽게 비공식조직의 정책결정과
정 참여를 촉진시키는 것으로 작용하며, 그 과정에서 전문 지식과 축적된
경험을 토대로 구성된 싱크탱크의 발전과 국가 정책결정과정으로의 정치
참여가 다양한 형태로 나타나고 있다.[4]

최근 중국의 정책결정과정에서 기존 제도에 속하는 내부그룹(inner group)
에 의한 정책 결정과 함께 싱크탱크와 같은 전문가 그룹이 외부 그룹(outer
group)으로서 자문 역할을 통해 정책결정과정에 참여한다는 연구도 있다.
이 연구에 의하면 "공산당, 국무원, 인민해방군, 지방정부 이외에 기업,
시민사회, 매체, 싱크탱크 등 새로운 행위자들이 대외정책과정에서 차지하
는 역할이 증대되고 있다."로 나타나며,[5] 특히 시진핑 시기에 들어서서
'사회주의신형싱크탱크(社會主義新型智庫)의 건설'을 당정 사업의 주요
목표로 내세우는 것은 이를 반영한 것이며, 때문에 새로운 싱크탱크의 설립
과 기존 싱크탱크의 영향력 강화를 우선적인 목표로 하여 싱크탱크의 발전
을 국가전략 차원에서 추진하고 있다.[6]

특히 대만문제는 주권 및 영토 문제와 직결되기 때문에 국가의 핵심이
익으로 간주되면서 당정 지도부의 관심이 집중되며, 따라서 정책결정과정
에는 당정 공식 기구 이외에도 은퇴 관료, 대학 혹은 연구기관의 전문가
혹은 학자와 같은 비공식적 기구에 속한 싱크탱크가 정책결정과정에 직간

4) 대만의 중국문화대학 자오젠민 교수는 개혁개방이후 중국의 정책결정과정은 첫째,
   일원적 구조에서 다원적 구조로의 변화, 둘째, 개인중심에서 제도중심으로 변화, 즉
   패권형엘리트 모델에서 권위형엘리트 모델로 전환을 의미하며, 셋째, 단일정책결정모
   델에서 다원정책결정모델로 전환하고 있다고 분석했다. 자오젠민(趙建民) 저, 서상민
   ·이광수 역,『중국의 정책결정』, 학고방, 2018, 52-53쪽.
5) 김애경·정종필,「중국의 대외정책 결정과정에서의 싱크탱크의 역할과 지위 변화」,
   한국외국어대학교 국제지역연구센터,『국제지역연구』, 21(1), 2017. 4, 202쪽.
6) 中辦國辦印發 關於加強中國特色新型智庫建設的意見, http://theory.people.com.cn/
   n/2015/0121/c49150-26421134.html (검색일: 2019.05.02)

접적으로 참여하고 있다.

싱크탱크로서의 대만 연구소의 기능은 연구와 정책 제언이라는 본연의 역할 이외에 교육과 교류창구의 역할도 동시에 하고 있으면서 양안의 대화 통로 역할도 하고 있다.[7]

이글은 대만정책 혹은 대만문제에 관여하는 대만관련 싱크탱크의 역할과 특징을 살펴보는 것을 목적으로 한다. 이에 따라 먼저 중국 싱크탱크에 대한 분류와 기본적인 특징을 다음으로 대만정책을 결정하는 공식 구조를 살펴보고, 다음으로 대만관련 연구를 하는 싱크탱크의 설립 과정과 분류에 따른 특징을 분석하는 순서로 구성되었다. 결론에서 중국형 싱크탱크의 역할에 대해 나름의 평가를 해보고자 했다.

II. 대만관련 싱크탱크의 설립

중국 대만관련 싱크탱크 연구는 중국의 정책결정을 이해할 수 있는 통로 중의 하나이다. 중국의 건국 초기에는 싱크탱크의 활용 사례는 찾아보기 힘들다. 1980년대 이후 개혁개방정책의 추진에 따라 정치학, 경제학, 사회학 등 사회과학연구가 중시되면서 비로소 싱크탱크를 활용하기 시작했다. 중국의 대만관련 싱크탱크의 경우도 같은 시기에 설립이 이루어졌다.

중공 11기 3중전회 이후 중국의 고위층은 새로운 국내 및 국제정세를 근거로 대만에 대한 전략과 방침을 대폭적으로 조정하여, '대만문제의 평

---

7) 일반적으로 현대 싱크탱크의 기능은 다양하다. 천센차이 샤먼대학 교수는 10가지로 기능을 분류하는데, 정책결정자문, 전략기획, 인재양성, 의제토론, 이데올로기 형성, 여론유도, 계몽 교육, 플랫폼 교류, 위기예측, 대중 전파 및 동원 등으로 세분하여 설명하기도 했다. 陳先才, 『台灣地區智庫研究』, 九州出版社, 2015, 36-41쪽.

화적 해결' 전략을 제기한 이후, 대만문제에 대한 인식과 이해를 강화하려
는 노력을 하고, 대만문제 연구기구와 싱크탱크의 건립도 강화하기 시작
했다. 예를 들어, 하문대학 대만연구원 전신인 대만연구소가 1980년 설립
되어 중국에서 대만연구학술기구로 가장 먼저 설립되었는데, 이는 대만과
지리적으로 가장 근접한 복건성의 대도시라는 점과 개혁개방정책에 따라
선정된 4곳의 경제특구 중 하나로써 대만경제인과 자본의 유입이 우선적
으로 이루어질 대상지역이라는 지경학적 조건이 반영된 것이다. 두 번째
로 1984년 설립된 중국사회과학원 대만연구소는 관방 싱크탱크로 대만의
정치, 경제, 사회, 문화, 대외관계 및 양안 문제를 종합적으로 연구하는
학술기구이다. 또한 대만 관련 연구자들의 전국 조직 성격을 지닌 전국대
만연구회는 1988년 설립되어 해협양안 및 국내외에서 대만문제와 양안관
계 연구에 종사하는 전문가와 학자의 교류 창구 역할을 하고 있다. 앞서
언급했듯이 대만문제를 당정 차원에서 공식적으로 전담하고 있는 중공중
앙 대만사무판공실과 국무원 대만사무판공실도 2000년에 해협양안관계연
구중심을 설립하여, 당정 체제 내부에서의 전문적인 대만문제 연구기구
역할을 하도록 하면서 대만 연구 싱크탱크 역할을 하고 있다.

표1에 나타난 대만관련 연구기구의 설립 주체를 보면 대학이 13곳, 사
과원 계통 2곳과 국대판 소속 1곳 포함하여 관방이 3곳, 민간이 전국대만
연구회, 상해 동아연구소 2곳으로 분류되어 있다. 즉 대학 부설 연구기구
가 가장 많은데 이는 양안관계의 정치적 복잡성과 민감도에 따른 환경의
제약에 비교적 유연하게 대처할 수 있는 연구집단이 대학이기 때문으로
해석된다. 또한 중국학자에 의해 민간으로 분류된 전국대만연구회와 상해
동아연구소의 경우에 대표자나 구성원 분포에 있어서 반관방의 성격으로
보아야 합당할 것이다.

중국의 대만관련 싱크탱크는 정치환경에 영향을 크게 받기 때문에 중
국 정치의 특성상 민간 싱크탱크가 개입할 수 있는 요소가 제한적이다.

때문에 관방, 대학, 민간으로 분류하기보다는 는 국가급, 지방급, 대학급으로 분류하는 방식이 더 효율적이다. 국가급은 국무원대만판공실 소속의 해협양안관계연구중심과 중국사회과학원 대만연구소가 해당되며, 국가급 싱크탱크는 정책결정에 대한 영향력을 보유하고 있으며, 지방급으로 상해 동아연구소와 복건성 사과원 현대대만연구소와 같은 연구기구를 포함한다. 대학급은 현재 90여 개 대학에 대만 관련 연구소가 있다는 통계가 있다. 대학 연구소는 비교적 정책적 책임에 대한 압력이 없기 때문에 장기적 시간이 필요한 주제와 다양한 주제에 접근할 수 있다는 장점을 지니고 있다. 아래 표1은 중국의 대만관련 연구기구들로서 반관방 성격의 싱크탱

〈표 1〉 중국 대만관련 연구기구(설립시기순)

명칭	설립	기구 속성	홈페이지
하문대학 대만연구원	1980	대학	. http://twri.xmu.edu.cn/
중국사회과학원 대만연구소	1984	사과원	http://cass.its.taiwan.cn/
남개대학 대만경제연구소	1986	대학	
전국대만연구회	1988	민간	http://tyh.taiwan.cn/
북경연합대학 대만연구원	1989	대학	https://www.buu.edu.cn/
남경대학 대만연구소	1991	대학	
절강대학 대만연구소	1991	대학	
복건성사과원현대대만연구소	1992	사과원	복건사과원 http://fass.net.cn/
중국인민대학대항오연구중심	1993	대학	인민대 맑스주의학원 http://marx.ruc.edu.cn/
상해 동아연구소	1995	민간	http://www.sssa.org.cn/shdy1/index.htm
해협양안관계연구중심	2000	관방	
청화대학 대만연구원	2000	대학	http://www.sppm.tsinghua.edu.cn/yjjg/xjyjjg/2 6efe48920128920012018022f36000c.html
계남대학 대만경제연구소	2000	대학	
중산대학 대만연구소	2005	대학	
상해교통대학대만연구중심	2008	대학	http://taiwan.sjtu.edu.cn/index.htm
북경대학 대만연구원	2010	대학	
무한대학 대만연구소	2013	대학	
복단대학 대만연구중심	2014	대학	http://www.cts.fudan.edu.cn/index.aspx
개혁개방논단	1994	당교	http://www.crf.org.cn/

陳先才, 2015, 264-265쪽 기초로 내용 추가

크와 대학 연구소들이 많이 존재하며, 주로 강소, 절강, 복건, 광동 등 동남 연해지역과 북경과 상해 등 주요 도시 소재 연구소가 많다는 특징을 볼 수 있다.

Ⅲ. 대만관련 싱크탱크의 특징

싱크탱크는 당정기구의 외곽 조직(outer group)에 귀속되면서 정책 건의를 제공하기 위하여 정기적인 보고서를 제출하고, 보고서는 정책결정을 위한 참고자료, 해결방안의 제공 등의 참고문건의 성격을 갖는다. 실제 정책결정은 영도 기구(국가급 지도자)에서 이루어진다.

중국은 19차 당대회 이후 당과 국무원의 기구조정을 하는 과정에서 대만관련 조직정비를 하면서 싱크탱크에 대한 역할 변화를 시도했다.[8] 이른바 북경, 상해, 복건 세 곳을 대만 싱크탱크 '삼두마차(鐵三角)'로 위상을 재확인하고, 북경은 주로 대만정책결정연구를 하면서, 국제시각으로 대만문제를 연구하며, 상해와 복건은 혜대(惠台)와 대만사회인문연구를 중점적으로 하도록 조정한다는 것이다. 싱크탱크의 임무는 대만 학자들과 접촉하거나 직접 대만을 방문하면서 정보제공과 자료수집을 하는데 자문기관으로서의 싱크탱크 역할 범위를 뛰어넘기도 하지만, 실제 정책결정에 반영되는 건의는 비교적 제한적이라는 평가도 있다. 대만 언론은 이를 장강을 기준으로 이북(북경)은 강경한(hard) 대응을 기조로 하며, 이남(상해, 복건)은 온건한(soft) 대응을 기조로 역할 분담하는 것으로 평가하기도 했다.

---

8) 北京、上海、福建 對台智庫鐵三角, 2018.05.01, 旺報 https://www.chinatimes.com/newspapers/20180501000047-260301(검색일: 2019.08.12)

1. 국가급 싱크탱크의 특징

국가급 싱크탱크는 대부분 수도 북경에 소재하고 있으면서, 공식적, 원칙적 입장에서 활동하려는 특징을 보인다. 북경의 국가급 싱크탱크로는 중국사회과학원 대만연구소, 해협양안관계연구중심(海峽兩岸關係研究中心),9) 전국대만연구회, 개혁개방논단, 화평발전연구중심 등 당정군의 연구기구들로 구성되어 있다. 대만정책의 결정과정에서 시종일관 강경, 급진적인 독립반대(反独) 입장을 보이고, 조사관찰을 기본적 연구방법으로 하여, 대만의 대륙정책에 대항하는 논리를 개발하는 것을 기본으로 한다. 따라서 '정확한 정치'전략적 지도하에 '북경 주전파'의 참모 형상을 보인다.10)

중국 민간 연구소인 차하얼학회(察哈爾學會)의 덩위원(鄧聿文)는 2020년까지 대만을 무력 통일할 가능성이 있다고 경고했다.11)

국무원 대만판공실에는 '직속사업단위'로 정보중심, 해협양안관계연구중심, 해협경제과학기술합작중심, 구주문화전파중심, 전국 대만사무 간부연수중심 등의 조직을 두고 있는데, 이들 산하조직을 통해 대만 관련 연구와 사업을 지원하고, 인력을 양성하는 업무도 하고 있음을 알 수 있다.12)

특히 국대판의 싱크탱크이라고 할 수 있는 해협양안관계연구중심(해연중심)은 2000년 설립되었는데, 설립 취지를 "하나의 중국원칙을 견지하고,

---

9) 海峽兩岸关系研究中心, http://lib.taiwan.cn/institution/201109/t20110921_2075080.htm (검색일: 2019.08.12)

10) 2016년 대만선거를 관찰하면서 무력통일을 주장한 리이(李毅)교수는 북경의 중국인민대학 교수다. 李毅 : 2020選擧結果 兩岸和戰關鍵, http://www.chinatimes.com/newspapers/20170519000809-260301(검색일: 2020.01.12)

11) 中 전문가 "2020년 대만 '무력 통일' 가능성 있다", 2018.01.04. http://www.asiae.co.kr/news/view.htm?idxno=2018010414580743144(검색일: 2020.01.12)

12) http://www.gwytb.gov.cn/gtb/201101/t20110109_1685187.htm

분열반대, 양안관계발전, 조국통일촉진"으로 삼고, 주요 업무를 연구보고서 작성, 연구를 외부 위탁하거나 받기도 하고, 각종 학술회의를 개최하며, 학술교류활동의 전개, 연구논문집 출판 등으로 삼고 있다.[13] 창립 시기 해연중심은 61명의 겸직특약연구원을 두었는데, 이들은 중앙, 국가기관, 군대부문의 대만연구단위, 사회과학연구기구, 대학교 등지에서 정치, 경제, 법률, 군사, 역사, 사회, 언론, 대외관계, 국제관계 등의 연구영역으로 구성되어 있다.

그밖에 대만을 고향으로 둔 대만인 친목 조직의 성격을 지닌 사회단체로써 중화전국대만동포연의회(中華全國台灣同胞聯誼會: 약칭 全國台聯)이 있는데, 1981년 설립된 이 조직은 '평화통일 일국양제' 통일방안을 지지하는 입장을 밝히고 있다. 주요 활동은 대만동포의 가족 상봉, 성묘, 친구 방문, 정착을 지원하고, 경제, 과기, 문화, 학술, 체육 등의 교류도 관심과 지원을 한다고 소개하고 있다.[14] 또한 대만인의 소리(台声)라는 잡지를 월2회 발간하여 대만 관련 뉴스, 인물소개, 역사탐방, 문화교류 등 관련 소식을 전하고 있다.[15]

또한 대만경제인의 연합조직인 대륙대상협회(大陸台商協會)는 중국에서 비즈니스 활동을 하는 경제인들의 조직으로 정치 이슈와는 관여하지 않으려는 움직임을 보인다. 중국에서 경영활동을 하면서 정치적 입장을 밝히기가 쉽지 않기 때문이다.

한편 19차 당대회에서는 대만 가오슝에서 출생한 대만인 루리안(盧麗

---

13) 海峽兩岸關係研究中心在京成立, 新華社 2000.09.06. http://www.people.com.cn/GB/channel1/10/20000906/220725.html(검색일: 2020.01.12)

14) 全國台聯簡介, 2018.01.01, 來源：台胞之家, http://tailian.taiwan.cn/jj/201604/t20160422_11440915.htm(검색일: 2020.01.12)

15) 《台聲》2015年第一期(下)目錄, 2016.04.25. 來源:《台聲》, http://tailian.taiwan.cn/tszz/(검색일: 2020.01.12)

安) 푸단대학 교수가 처음으로 공산당 전국대표 자격으로 참가하기도 했다. 또한 대만 장교 출신인 린이푸(林毅夫) 전 세계은행 총재와 전국인대 대만성 대표이기도 한 부인 천윈잉(陳雲英), 대만 출신이지만 남편을 따라 대륙으로 이주한 린밍위에(林明月) 전 대련 부회장 등 대만 출생의 대만인들이 중국에서 정치활동을 하는 사례도 점차 늘어나고 있다.16) 이는 양안의 혈연적 유대관계와 문화적 일체감을 통해 민족단결 접근법을 채택하는 최근의 대만정책과 일맥상통한 부분이다.

또한 국대판 조직에는 지방 차원의 조직이 모두 설치되어 있는데, 각 성시 대만판공실이 그것이다. 2018년 3월 국무원 기구 개혁방안이 통과된 이후 최근 들어 중국의 일부 지방에서는 대만사무와 홍콩, 마카오 사무를 통합하는 기구조정이 이루어지고 있다. 산동과 영하 지역에서 먼저 구조조정이 이루어지고, 최근에는 복건성에서 기존의 대만판공실에서 대홍오판공실로 명칭을 변경했다. 여기에는 기존 대만판공실 주임이 수평이동하고, 5명의 부주임에 원래의 대만판공실과 화교판공실 부주임이 이동하여 구성했다.17) 지방대판은 정치적 경색관계에 처해 있는 상황에서 성시별로 대만과의 교류협력사업을 진행하는 기능을 담당한다. 일종의 출구 역할을 하는 것이다. 구체적 사례를 들자면, 상해대판은 상해와 타이베이시와 협상을 통해 12월 하순에 타이베이에서 '순환경제'를 주제로 '2018 타이베이－상해 성시논단'을 개최하고, 상해시가 대표단을 파견할 것이라고 한다. 또한 11월 24일 대만지방선거에서 가오슝시장에 당선된 한궈위(韓國瑜)는 12월 첫째 주 복건성 하문에서 개최될 예정인 양안기업가연말회의(兩岸企業家峰會年會)에서 양안 기업가들에게 가오슝시의 투자환경을 소

16) 高雄出生 盧麗安獲選陸十九大台籍黨代表, https://www.chinatimes.com/realtimenews/20171004001967-260409(검색일: 2020.01.12)
17) 福建整併台港澳辦 王玲首任主任, 2018.11.06., 旺報 https://www.chinatimes.com/realtimenews/20181106004936-260409(검색일: 2020.01.12)

개할 계획이라는 보도도 나왔다.[18]

북경의 대표적인 기구가 바로 중국사회과학원 대만연구소이다.[19] 1984년 설립된 중국에서 가장 규모가 큰 대만연구 싱크탱크로써 소속 인원이 90여명으로 가장 많고, 이 중 고급연구원이 20명이다. 대만연구소의 소속 단위는 명의상 중국사회과학원이나 실제 관할하는 상급부서는 국가안전부라고 한다.[20] 연구소 내부에 대만정치연구실, 경제연구실, 대외관계연구실, 대미관계연구실, 종합연구실, 대만사회문화 및 인물연구실, 자료실 등 행정지원실이 있다.

국제관계와 군사적 통제 연구를 주로 해온 양밍제(楊明杰)는 현대국제관계연구원 부원장 직위에서 사회과학원 대만연구소 소장으로 이동했고, 다이빙궈(戴秉國) 전 국무위원이 전국대만연구회 회장에 취임하였는데, 이는 북경의 싱크탱크 역할이 국제정치에서 양안관계를 보기 위한 것이라고 할 수 있다. 상해 싱크탱크는 경제중심지라는 지역적 특징을 반영하여 경제 교류와 협력을 발전시키는 연구에 집중하지만 때로는 정치적 이슈를 연구하기도 한다. 대만연구의 중요한 전초기지 중의 하나인 상해 동아연구소는 양안통일에 대한 구체적인 시간표를 2021년, 2035년, 2049년으로 예상하는 보고서를 발표하기도 했다. 복건 싱크탱크는 언어와 혈연 측면에서의 우위를 기반으로 오랫동안 대만연구의 중심기지 역할을 해왔다. 천수이볜, 차이잉원 시기의 민진당의 대륙정책에 대해서는 중심연구기지 역할을 한다.

대만 정책과 관련하여 CCTV-4의 해협양안(海峽兩岸) 프로그램에는 사회과학원 대만연구소 주웨이동(朱衛東) 정치실 주임 연구원이 자주 출

18) 韓國瑜下周或赴廈門參加「兩岸企業家峰會」, 大公文匯全媒體 http://www.takungpao.com.hk/taiwan/text/2018/1127/211949.html(검색일: 2020.01.12)
19) 중국사회과학원 대만연구소 http://cass.its.taiwan.cn/(검색일: 2020.01.12)
20) 홍루밍, 145쪽.

연하여 정세나 사건에 대한 전문적인 설명 논평을 통하여 여론조성을 하는 것도 이러한 경우에 해당된다고 할 수 있다.[21]

최근에는 새로운 연구기구도 만들고 있다. 중국사회과학원의 대항오(台港澳)연구중심은 복건성정부와 공동으로 복건성 하문에 해협양안교류기지를 설립하였다.[22] 대항오연구중심은 중국사회과학원의 대만연구소가 아닌 유럽연구소에 소속된 연구센터이다.[23]

북경은 중국의 대만사무와 관련한 정책결정의 중심이다. 때문에 대만문제를 전적으로 담당하는 연구기구가 필요하며, 대만관련 정보의 수집, 연구분석이 필요하다. 중국 정부의 지원 속에서 따로 중국 전역의 대만관련 싱크탱크의 연합체라 할 수 있는 '전국대만연구회'는 정부의 사상적 재정적 지원을 받아 구성되고 유지되고 있는데, 회장으로는 국무위원급을 추대하여 상징적 권위를 부여하고, 사회과학원 대만연구소장이 연구회의 부회장 겸 비서장 직책을 맡아 실제 연구회 업무를 담당하는데 이는 대만연구소의 특별한 위상을 증명하는 근거로 평가할 수 있다.[24]

지역 측면에서 각 성시는 대부분 자체 대만관련 싱크탱크를 보유하고 있으며, 또한 지방 각 성시에는 대학 연구소가 존재하고 자원의 중첩성도 매우 높다.[25] 복건성은 대만관련 연석회의(對涉台聯席會議)를[26] 통하여

---

21) 《海峽兩岸》專家評陳水扁 7月30日講話, 2018.08.05, http://www.cctv.com/special/670/4/40488.html(검색일: 2020.01.12)

22) 羅京輝, 中國社會科學院台港澳研究中心在廈門建立海峽兩岸交流基地, 歐洲研究所, 2017.06.19. http://ies.cssn.cn/wz/xshd/gnxsjl/201706/t20170619_3554514.shtml(검색일: 2020.01.12)

23) 台港澳研究中心, 中国社会科学院台港澳研究中心章程, 2017.08.22. http://ies.cass.cn/wz/yjzx/tgazx/201708/t20170822_3617203.shtml(검색일: 2020.01.12)

24) 周繼祥教授主持, 《大陸台研單位對台灣政治生態的研究之現況分析—以北京、上海、廈門台研單位為例》, 台北: 行政院大陸委員會委託研究計畫, 2002.04, 9-10쪽, 홍루밍, 146쪽 재인용.

대만연구에 대한 인력 자원을 제공하기도 하는데, 대만연구의 통일성과 수준의 제고에 크게 도움되고 있다. 향후 중국 싱크탱크의 연구를 통한 양안을 이해하는 데 촉진시킬 것으로 예상된다.

2. 지방급 싱크탱크의 특징

지방급 싱크탱크는 대표적으로 상해와 복건 두 지역이 있다. 상해는 경제교역, 민간교류를 중심으로 활동하려는 특징이 있고, 복건은 혈연, 언어의 이점을 매개로 학술 및 민간교류를 확대하려는 특징이 있다.

(1) 상해의 대만관련 싱크탱크

상해는 장쩌민 시기 양안관계 개선의 초석을 다졌던 해협회 초대 회장 왕다오한(汪道涵)의 참모진들이 다수 존재한 곳으로 상해 싱크탱크에는 상해 대만연구소, 대만연구회, 아태연구소, 장녠츠(章念馳), 천치마오(陳 啓懋)등을 포함하며, 대만정책결정과정에서 '평등협상, 통일 공동토론(平

---

25) 국무원대만판공실 산하에 현재 31곳의 지방 직할시, 성, 자치구에 대만판공실이 설치되어 있다. 지방의 대만판공실 관련한 소식은 모두 중국대만망(http://www.taiwan. cn/local/)에서 온라인으로 정보가 제공되고 있다.

26) 지방 대판은 국대판의 지도를 받는 관계이다. 대만과 근접한 복건성은 국대판, 성대판 의 지휘를 통해 '대만관련연구기구연석회의'를 조직하여 통일적인 대만연구를 목적 으로 구성했다. 여기에는 하문대학 대만연구원, 성위당교 민대(閩台)연구원, 복건성 사회과학원 현대대만연구소, 복건성 대만연구회 등이 구성기구이다. 2018년 4월 25 일 성당교에서 개최된 제1차 회의에는 국대판 연구국, 성대판 관료가 참석하여, 대만 관련 연구, 교학, 정책건의와 정책자문서비스 제공, 학술회의 개최, 연구인력 양 성, 대만연구기구 교류협력을 주도한다고 되어있다. 重組戰力 福建整合涉台資源, 2018.05.01, 旺報 https://www.chinatimes.com/newspapers/20180501000043-260301(검 색일: 2020.03.18)

等協商 共議統一)'[27]이라는 화해분위기를 제안하기도 하면서, 민진당 인사들과 적극적으로 교류하려는 입장을 보이며, 비록 대만공작의 핵심에는 있지 않지만, 상해 주화파 인상을 주고 있다. 상해 대만연구소는 전문적 학술기구이며, 상해 시정부 기구편제위원회의 비준을 거쳐 30명으로 편제되고 시재정국의 경비 지원을 받는다.

주관단위는 상하시정부 대만사무판공실이다.[28] 내부에 정치연구실, 양안관계연구실, 경제연구실, 법률연구실, 판공실과 자료실이 설치되어 있다. 왕다오한의 강력한지지 이외에 시정부가 커다란 주춧돌 역할을 하는데, 이는 상해가 중국의 경제통상 중심지로서 대만경제인과 대만자본의 유입을 필요로 하기 때문이라고 볼 수 있다.

(2) 복건의 대만관련 싱크탱크

중국의 대만관련 싱크탱크에 대한 정치적 태도를 기준으로 보면 복건성 싱크탱크는 북경의 선명한 입장에 비해 비교적 다원적이고 모호한 입장을 취하는 편이다. 물론 당국가체제 특성을 지닌 중국에서 남북 지역별 대만연구자들의 대만관련 사고의 본질적 차이는 그다지 크지 않다. 하지만 남방의 연구자들의 연구분석과 대만 정치경제 동적 상황에 대한 해석 능력은 기본적으로 북경 싱크탱크에 비해서 실용적, 이성적이며 이분법적 사고에 국한되어 무력 위협이나 정서적 대립이나 압력을 앞세우지 않는다 것이다. 이는 대만과의 지리적 근접성과 대만인구의 7-80%가 복건성 출신

---

27) 2017년 대만 내부의 통일파에서 유사한 입장을 밝히기도 했다. 台統派共同聲明 : 平等協商、共議統一, 中評社, 2017-05-18 http://hk.crntt.com/doc/1046/8/3/6/104683696. html?coluid=7&kindid=0&docid=104683696(검색일: 2020.03.18)

28) 中共上海市委台灣工作辦公室 http://www.shanghai.gov.cn/nw2/nw2314/nw2319/nw 32905/nw32914/nw32976/nw32986/index.html(검색일: 2020.03.18)

이주민의 후손, 복건어를 모태로 하는 대만어의 사용 등 지리, 혈연, 문화적 동질감이 작용하기 때문이라고 볼 수 있다.

남방의 대만연구 핵심기지 칭호를 받는 하문대학 대만연구원은 가장 먼저 대만연구를 시작하여, 연구 능력도 갖추었고, 연구 분야도 폭넓다. 특히 대만에서 사용하는 민남어, 풍속, 문화 측면에서 유사성이 높기 때문에 대만의 여야 정치경제인 네트워크에 대한 연구와 파악에 있어서 커다란 이점을 갖고 있으며, 다른 지역의 대만연구 싱크탱크로서는 쉽게 접근하기 힘들다. 연구소에서 발행하는 '대만연구집간(台灣研究集刊)'은[29] 1983년 창간되었고 중국 대학교에서 유일하게 국내외적으로 공개발행하는 대만연구학술간행물이다.

하문대학 대만연구원은 비록 하문대학의 소속단위이지만, 교육당국 이외에 최고정책결정기구의 비준을 통하여, 현재 33명의 연구원과 10명의 행정인원이 편제되었다. 2000년 1월 중국 교육부의 지원을 받아 교내외 대만연구전문가를 끌어들여 '하문대학 대만연구중심'을 구성하고, 전국 대학의 대만연구 학술교류 및 자료정보중심이 되었다. 하문대학 대만연구원은 지위 격상과 더불어 운영 자금의 확충 이외에 풍부한 정보도 취득하는 편이다.

3. 대학급 싱크탱크의 특징

대학급 싱크탱크는 대학의 장점을 활용한 다양한 방식의 대만 연구와 접촉 방식을 확대하려는 특징이 있다. 대학의 대만연구소는 사회주의 신형싱크탱크의 강화를 천명한 이후 양적으로 증가된 분야중의 하나다. 때문에 비교적 최근 설립된 것이 많다는 특징을 지니고 있다. 지역적으로

---

29) 台灣研究集刊, http://www.twyjjk.cn/(검색일: 2020.03.18)

복건과 광동과 같은 대만과 지리적으로 가깝고 경제통상교역 등 비정치적 분야의 교류가 빈번한 지역의 대학에서 많이 생겨나고 있다. 중국에는 현재 90여개의 대만관련 연구기구(연구소, 연구원, 연구중심 명칭)이 있다고 한다.[30]

2018년 4월 8일 복건성 하문대학에서는 '제3회 대학대만연구기구 협력회의 및 [대만연구집간] 발간 35주년 기념 학술회의'를 개최했는데, 전국 50여개 대학 대만연구기구 책임자와, 저명한 대만연구학자 150여명이 참석했다고 한데서 대학의 연구 규모를 알 수 있다. 이 회의에는 전국 40여개 유명 학술지와 출판사 책임자도 참여하여, 인문사회과학 학술지의 발간의 뜻도 공유하고, 정기간행물과 싱크탱크 건설 및 대학학과발전의 관계도 심도깊은 토론을 하여 대만관련 연구의 학술화와 전문화 수준을 높일 것을 토론했다.[31]

하문대학 대만연구원(GIfTS)에는 정치, 경제, 역사, 문학, 법률, 양안관계 등 6개 연구소가 있으며, 박사후 과정이 설치되어 있다.

하문대학에는 2013년 교육부와 재정부가 제기한 '대학교 창신능력 제고계획'(2011계획)과 시진핑 총서기의 '중국특색의 신형 싱크탱크건설(建設有中國特色的新型智庫)'[32]에 따라 하문대, 푸단대, 복건사범대, 중국사회과학원 대만연구소가 협력하여 '양안관계평화발전협동창신중심(兩岸關係和平發展協同創新中心)'을 창설했다. 창신중심은 하문대학에

30) 海達, 中國高校涉台智庫建設探討, 2017-09-25, 中評社 http://hk.crntt.com/crn-web app/touch/detail.jsp?coluid=136&kindid=0&docid=104824569(검색일: 2020.03.18)

31) 第三屆高校涉台研究機構協同工作會暨《台灣研究集刊》創刊35週年研討會在廈舉行, 2018.04.09, https://twri.xmu.edu.cn/2018/0408/c16678a336657/page.htm(검색일: 2020.03.18)

32) 建設有中國特色的新型智庫(原標題 : 加强中國特色新型智庫建設), http://theory. people.com.cn/n1/2017/1229/c40531-29736006.html(검색일: 2020.03.18)

5000평방미터의 연구, 교학, 행정업무동과 80명의 전업초빙연구인원, 연예산 3000만위안이 제공되었다. 양안관계평화발전협동창신중심은 북, 중, 남부의 대만연구기구를 하나로 묶어 시너지 효과를 내고자 하는 것으로 이해된다. 2011협동창신중심은 2014년까지 38개에 이른다.[33]

광동성의 대학 연구기구도 대만연구기구를 통하여 전국의 대만연구 고위급 플랫폼에 함께 참여하기도 한다.[34] 2017년 양안관계화평발전협동창신중심과 해협교류문화중심이 공동 개최한 제2기 '대학대만관련연구기구 협동공작회'에서 광동대만연구중심은 성내 대만연구소장이 참석하도록 하였고, 광저우대학 부교장이자 대만연구원장 쉬쥔충(徐俊忠)교수를 대표로 한 대표단이 전국 50여개 대학 대만연구기구의 200여명의 학자가 참여한 회의에 참여했다. 쉬쥔충 교수는 양안관계화평발전협동창신중심 주임이자 하문대학 대만연구원장인 류궈선(劉國深)교수와 인재양성, 학술자원공유, 연구플랫폼 건설 등의 협력사항에 대한 서명을 했다.

대학 대만관련 연구기구가 모두 대만 명칭을 붙인 것은 아닌 듯하다. '인재배양모델' 주제의 분과회의에 참석한 발표자를 보면 쟈잉학원 객가 연구원(嘉應學院客家研究院) 부원장 송더젠(宋德劍), 제양직업기술학원 삼산국왕 연구소(揭陽職業技術學院三山國王研究所) 소장 린슈링(林秀玲) 등이 참여하여 광동특색의 대만연구에 대한 구체적인 방법에 대해 토론했다는데, 지역 대학의 인문사회과학연구를 진행하는 곳으로 추측된다.[35]

대학의 대만관련 연구기구의 주요 기능가운데 또 하나 중요한 것은 바로

---

33) https://baike.baidu.com/item/ 兩岸關係和平發展協同創新中心.

34) 廣東涉台研究機構對接全國涉台研究高端平台, 2017-04-17 http://www.gwytb.gov.cn/local/201704/t20170418_11748870.htm(검색일: 2020.03.18)

35) 廣東涉台研究機構對接全國涉台研究高端平台, 2017-04-17 http://www.gwytb.gov.cn/local/201704/t20170418_11748870.htm(검색일: 2020.03.21)

대학생에 대한 교육이다. 특히 대만에서 대륙으로 유학온 대만유학생(台生)에 대한 교육인데, 2016년까지 10,823명의 대만학생이 대륙의 대학에서 학위과정을 이수하고, 9318명의 대륙 학생이 대만에서 학위과정에 있다. 2008년 이래 양안은 상호 교육인사 교류, 교사초빙, 학생교류, 학교 교류, 학교 공동 창립, 어문 교재 공동 집필[36] 대학교의 양안 공동 창립 사례는 민강학원(閩江學院)의 해협학원(海峽學院, http://hxxy.mju.edu.cn/)사례가 있다.[37] 2010년 복건농림대학(福建農林大學)은 대만의 중흥대학(中興大學)과 협력으로 민대과기학원(閩台科技學院)과 복흥과기연구원(福興科技研究院)을 설립했다.[38] 민강학원 해협학원이 주로 본과생의 교류를 한다면, 복건농림대학과 중흥대학이 설립한 교육교류는 주로 석박사생의 교류가 중심이다. 이를 통해 양안 대학교류의 시험지역(兩岸高校合作辦學試點) 역할을 한다고 의의를 두었다. 복건성 민남사범대학에도 '양안일가친 연구원(兩岸一家親研究院, aocs.mnnu.edu.cn)'이 2016년 새롭게 신설되어, 양안의 혈통적 유대를 강조하는 민족주의가 반영되었다는 평가를 받고 있다.[39]

양안의 학술교류도 대학 싱크탱크에서 가장 활발하게 이루어지고 있다. 북경대 대만연구원은 2016년 7월 6일~7일 세계화인정치학자포럼과 공동

36) 逾萬名台灣學生在大陸就讀學位課程, 2017.04.09, 新華社, http://tw.people.com.cn/BIG5/n1/2017/0409/c14657-29197547.html (검색일: 2020.03.21)

37) 2009年9月, 閩江學院과 대만의 中國文化大學,實踐大學과 공동 협력으로 "3+1"合作培养模式으로 閩台教育合作與交流의 項目을 진행했다. http://hxxy.mju.edu.cn/home/NewMessage?menuetypeId=1&menuId=2&menuTitle=%E8%B5%B0%E8%BF%9B%E5%AD%A6%E9%99%A2&listTitle=%E5%AD%A6%E9%99%A2%E7%AE%80%E4%BB%8B&currentId=3 (검색일: 2020.03.21)

38) 兩岸合作辦學項目落戶福建農林大學 主招研究生, 2010.01.29, http://big5.taiwan.cn/xwzx/la/201001/t20100129_1241038.htm (검색일: 2020.03.21)

39) 閩南師大召開兩岸一家親研究院智庫建設會議, http://hk.crntt.com/crn-webapp/touch/detail.jsp?coluid=7&kindid=0&docid=104703319 (검색일: 2020.03.21)

으로 '제10회 화인학자 대만문제 세미나'를 북경의 심천빌딩에서 개최하였는데, 연구원장 리이후, 포럼 대표 자오첸셩이 공동 대표로, 기타 중국 대륙, 대만, 홍콩, 마카오, 미국, 일본에서 20여명의 화인학자가 참석하여 대만문제를 토론했다. 토론회에서 북경대학과 대만 및 해외 유명 대학, 연구기구와의 교류협력상황을 보고했다. 대만문제에 대한 상호 의견교환과 양안정세에 대하여 토론했다.[40] 2018년 11월 29일 대만 국가도서관에서 개최된 '중국대륙개혁개방 40년 학술토론회'에서도 양안 대학과 연구소의 학자들이 모여 함께 개혁개방 40년 동안 당국가체제, 국가사회, 경제, 외교, 군사 등 분야에서 중국이 당면한 기회와 도전에 대해 토론을 하였는데, 주요 참가자들은 대부분 양안 주요 대학과 연구소의 전문가와 교수들이었다.

한편 대만연구 싱크탱크는 인재 양성 목적도 갖고 있다. 특이하게도 중국에는 대만문제 연구와 관련하여 석박사 연구생을 대상으로 하는 전국 단위의 연구 포럼이 개설되어 매년 연구토론회가 진행되고 있다. '전국대만연구박사생논단(全国台灣研究博士生论坛)'이라는 명칭의 연구토론 기구는 대만연구 싱크탱크가 개설되어 있던 인민대, 청화대, 북경대, 대외경제무역대, 남경대, 상해교통대 등 6개 대학이 추진하여 형성된 연구토론 모임이다. 2018년 개최된 제5회 모임에는 6개 대학 이외에 복단대, 하문대, 무한대, 남개대, 국제관계학원, 서남정법대, 북경연합대, 중국사회과학원, 복건성 사회과학원 등 15개 대학 연구기구와 36명의 석박사 연구생들이 참여하여 발표와 토론을 진행하고, 6명의 대만연구 전문가들도 논평을 하는 방식으로 참여했다. '신시대와 양안관계 전망' 주제로 이루어진 세부

---

40) 北京大學台灣研究院與全球華人政治學家論壇聯合主辦, "第十屆華人學者台灣問題研討會", 2016.07.08, 北京大學台灣研究院, http://news.pku.edu.cn/xwzh/2016-07/08/content_294373.htm (검색일: 2020.03.21)

토론에서는 청년 정체성과 양안관계, 양안경제무역과 융합발전, 양안통일
과 정치화법, 구역정합과 정경관계, 당정군정과 국수주의, 양안관계의 회
고와 전망, 대만독립과 전형정의, 미국 - 대만과 홍콩 - 대만 관계 등 8가
지 내용에 대해 발표와 토론을 진행했다.[41] 최근 양안관계에 대한 중국의
젊은 세대의 관심과 대만연구와 관련한 관심을 갖는 구체적인 주제에 대
해서 제한적이나마 알 수 있다.

Ⅳ. 통일전선전략의 활용

대만정책과 관련한 싱크탱크는 전체적으로 국가전략적 차원에서 운영
되고 있으면서, 개별적으로 현지 상황에 알맞게 적응하면서 발전하는 방
식을 채택하여 발전하는 추세이다.

이러한 발전추세는 공산당의 통일전선전략을 통해 설명될 수 있다.
통일전선이라 함은 경영학자 피터 드러커가 처음 제기했던 목표관리
(management by objective, MBO)[42]를 위해 다양한 접근법을 추진하는
것과 마찬가지로 대만문제의 해결은 조국통일의 완성이라는 중국의 목적
을 달성하기 위해 강온양면전술을 적시적소에 효과적으로 사용한다는 것
을 기본 내용으로 한다. 중국은 평화공존, 일국양제 방안을 평화적 해결
방식으로 제안하고 있는 한편, 대만의 독립 움직임에 대해서는 군사적

---

41) 폐막사를 한 왕잉진 교수는 박사생논단이 이제 5년 정도 지났으나 미래 양안관계 연구
영역에서 큰 작용을 발휘할 수 있을 것이라고 하면서 6회차는 호북성 무한에서 개최됨
을 알렸다. 대만문제에 관련한 중국 싱크탱크의 관심정도와 발전의 가능성을 일정정도
전망해 볼 수 있다. 第五屆全國台灣硏究博士生論壇在我院舉行, 2018.06.03, 人大
國關 http://sis.ruc.edu.cn/html/1/m/186/188/267/830.html(검색일: 2020.04.02)

42) Peter F. Drucker, *The Practice of Management*, NewYork: Harper & Row, 1986, pp.
121-156.

위협을 지속적으로 제기하면서 강약 조절을 통해 대만문제를 관리해오고 있다. 이른바 '문공무혁(文攻武赫)'이라는 통일전선전략을 채택하고 있는 것이다.

이러한 통일전략은 중국공산당의 혁명투쟁과 발전역사와 밀접한 관련을 맺고 있으며, 현재도 민족문제나 종교문제를 처리함에 있어서 중요한 지도원칙으로 삼고 있다. 1939년 마오쩌둥이 공산당인(共産黨人) 발간사를 통해 창당 이후 18년의 혁명투쟁과 역사경험을 정리하면서 이른바 공산당이 적에 승리할 수 있는 세 가지 수단(法寶)를 제기했는데, 바로 통일전선, 무장투쟁, 당의 건설이다. 마오는 "통일전선은 무산계급이 동맹군을 조직하고 영도하는 문제라고 정의했는데, 바로 무산계급이 거대한 혁명대군을 조직하는 것이며, 모든 적들을 공격할 수 있는 효과적인 무기이다. 무장투쟁은 중국혁명의 주요한 특징이자 형식이며, 당 건설은 공산당이 중국혁명을 영도할 수 있는 근본적 보장이다. 통일전선은 무장투쟁을 실행하는 통일전선이며, 무장투쟁을 주요한 지주로 해야, 통일전선이 비로소 존재하고 발전할 수 있다. 그리고 무장투쟁은 반드시 통일전선을 기초로 해야 비로소 발전할 수 있다. 통일전선과 무장투쟁은 당이 장악한 두 가지 무기이며, 이 두 무기는 공산당의 영도하에 있어야 비로소 효과적으로 작용을 발휘할 수 있다. 따라서 당의 건설이 3대 무기 중의 핵심이다."라고 밝힌바 있다.[43] 마오쩌둥이 혁명투쟁을 하던 1930-40년대와 직접적으로 비교하는 것이 어려울 수 있으나, 당국가체제라는 중국식 사회주의 정치제도를 유지하면서 중국몽을 실현하려는 시진핑 시기에도 세 가지 보물은 여전히 유의미하다.

시진핑 시기에 들어서 신형싱크탱크의 강화를 추진하면서 대만 관련 싱

---

43) 中國革命取得成功的"三大法寶"是什麼？http://cpc.people.com.cn/BIG5/64156/641
    57/4418419.html(검색일: 2020.04.02)

크탱크는 양적인 성장과 함께 질적으로도 다양한 형태로 발전하고 있다. 대만정책결정과정에서 정책결정자를 위한 정세분석, 구체적 사례조사를 통한 대책이나 정책을 제안하는 싱크탱크 본연의 역할 뿐만이 아니라, 대만의 연구기관이나 대학의 교수, 연구자, 학생들을 미디어, 방문, 행사 개최, 연구성과물 출판 등을 통해서 직간접적으로 접촉하면서 중국의 대만정책결정과정에 보다 능동적으로 참여하는 중요한 행위자로 부상하고 있다.

V. 결론

중국의 대만관련 싱크탱크는 전략적 목표와 싱크탱크의 속성 그리고 지역적 특성을 반영하여, 국가급, 지방급, 대학급으로 분류되고, 이는 통일전선전략에 따른 강온 양면 접근법을 사용하면서 대만문제 해결 방식에 있어서, 교류 영역의 다원성, 교류 방법의 유연성, 교류 콘텐츠의 독창성을 확보하려는 방향으로 변화하는 추세를 보이고 있다. 그러나 양안관계는 대만의 집권정당의 교체 여부에 따라 영향을 크게 받는 특징이 있다. 따라서 중국은 중국의 대만문제 해결을 위해서 기본적으로 먼저 독립을 억제하고, 다음으로 통일을 촉진하여 궁극적으로 통일을 완수한다는 기본원칙을 유지하려는 입장일 것이다.

따라서 중국의 싱크탱크는 일종의 역할분담을 통해서 대만과의 교류영역, 교류통로, 교류내용을 확대하는 것을 추구하면서, 대만정책결정과정과 양안관계의 발전에 영향력을 미치고자 할 것이다. 또한 대학급 싱크탱크에서는 양안의 젊은 세대와 직접 교류하는 창구 역할을 하기 때문에 중국 내부적으로는 애국주의 즉 민족주의 이데올로기에 기반한 대만문제 해결 방안을 교육적 차원에서 접근할 것이며, 대만의 젊은 세대나 민간인에 대해서도 다양한 형태의 접촉과 교류를 확대하고자 할 것으로 예상된다. 마지막으로 양안관계에 있어서 중국 싱크탱크와 대만 싱크탱크의 상호 교류와 영향에 대한 연구는 최근 한반도에서 평화와 교류 분위기가 고조되는 시점에서 남북의 싱크탱크가 해야할 역할에 대한 경험적 사례의 하나로 연구할 필요가 있다.

| 참고문헌 |

자오젠민(趙建民) 저, 서상민·이광수 역, 『중국의 정책결정』, 학고방, 2018.

김애경·정종필, 「중국의 대외정책 결정과정에서의 싱크탱크의 역할과 지위 변화」, 한국외국어대학교 국제지역연구센터, 『국제지역연구』, 21(1), 2017.

洪儒明, 『民進黨執政後的中共對台政策』, 台北: 秀威出版, 2004.

陳先才, 『台灣地區智庫硏究』, 九州出版社, 2015.

伍嬋提, 「中國智庫發展硏究綜述」, *Advances in Computer Science Research(ACSR)*, volume 61, 2017.

孫蔚·楊亞琴, 「論習近平智庫觀與新時代中國特色新型智庫的理論範式」, 南京社會科學, 2018.09.17.

陳思宇·李永先, 「國內外智庫評價硏究綜述」, 『改革與開放』, 2018.09.15.

張懷東, 「統戰智庫影響力生成機制與路徑選擇」, 『四川省社會主義學院學報』, 2018.06.26.

董成穎·李剛, 「改革開放以來中國智庫硏究綜述」, 『情報探索』, 2017.12.15.

郭香廷, 「我國高校智庫參與政策制定問題硏究」, 『瀋陽師範大學』, 2018.05.20.

溫勇, 「鄧小平的"智庫外交" 涉及面廣」, 『秘書工作』, 第2期 2016.

Peter F. Drucker, *The Practice of Management*, NewYork: Harper & Row, 1986.

中 전문가 "2020년 대만 '무력 통일' 가능성 있다", 2018.01.04. http://www.asiae.co.kr/news/view.htm?idxno=2018010414580743144(검색일: 2020.01.12)

http://hk.crntt.com/crn-webapp/touch/detail.jsp?coluid=23&kindid=0&docid=10 4286764(검색일: 2019.05.02)

中辦國辦印發 關於加强中國特色新型智庫建設的意見, http://theory.people. com.cn/n/2015/0121/c49150-26421134.html (검색일: 2019.05.02)

北京、上海、福建 對台智庫鐵三角, 2018.05.01., 旺報 https://www.chinatimes. com/newspapers/20180501000047-260301 (검색일: 2019.08.12)

海峽兩岸关系研究中心, http://lib.taiwan.cn/institution/201109/t20110921_2075 080.htm (검색일: 2019.08.12)

李毅：2020選擧結果 兩岸和戰關鍵, http://www.chinatimes.com/newspapers/ 20170519000809-260301 (검색일: 2020.01.12)

海峽兩岸關係研究中心在京成立, 新華社 2000.09.06. (검색일: 2020.01.12) http: //www.people.com.cn/GB/channel1/10/20000906/220725.html

《台聲》2015年第一期(下)目錄, 2016.04.25. 來源：《台聲》,http://tailian.taiwan.cn /tszz/ (검색일: 2020.01.12)

全國台聯簡介, 2018.01.01, 來源：台胞之家, http://tailian.taiwan.cn/jj/201604/t2 0160422_11440915.htm (검색일: 2020.01.12)

高雄出生 盧麗安獲選陸十九大台籍黨代表, https://www.chinatimes.com/realti menews/20171004001967-260409 (검색일: 2020.01.12)

福建整併台港澳辦 王玲首任主任, 2018.11.06., 旺報 https://www.chinatimes.com/ realtimenews/20181106004936-260409 (검색일: 2020.01.12)

韓國瑜下周或赴廈門參加「兩岸企業家峰會」, 大公文匯全媒體 http://www.tak ungpao.com.hk/taiwan/text/2018/1127/211949.html (검색일: 2020.01.12)

《海峽兩岸》專家評陳水扁 7月30日講話, 2018.08.05, http://www.cctv.com/special /670/4/40488.html (검색일: 2020.01.12)

羅京輝, 中國社會科學院台港澳研究中心在廈門建立海峽兩岸交流基地, 歐洲 研究所, 2017.06.19. http://ies.cssn.cn/wz/xshd/gnxsjl/201706/t20170619 _3554514.shtml (검색일: 2020.01.12.)

台港澳研究中心, 中国社会科学院台港澳研究中心章程 2017.08.22. http://ies.cass.

cn/wz/yjzx/tgazx/201708/t20170822_3617203.shtml (검색일: 2020.01.12)

中共上海市委台灣工作辦公室, http://www.shanghai.gov.cn/nw2/nw2314/nw2319
　　　/nw32905/nw32914/nw32976/nw32986/index.htm l(검색일: 2020.03.18)

台灣研究集刊, http://www.twyjjk.cn/ (검색일: 2020.03.18)

海達, 中國高校涉台智庫建設探討, 2017-09-25, 中評社 http://hk.crntt.com/crn-
　　　webapp/touch/detail.jsp?coluid=136&kindid=0&docid=104824569 (검
　　　색일: 2020.03.18)

第三屆高校涉台研究機構協同工作會暨《台灣研究集刊》創刊35週年研討會在
　　　廈舉行, 2018.04.09. https://twri.xmu.edu.cn/2018/0408/c16678a336657/
　　　page.htm (검색일: 2020.03.18)

建設有中國特色的新型智庫(原標題：加強中國特色新型智庫建設), http://theory.
　　　people.com.cn/n1/2017/1229/c40531-29736006.html (검색일: 2020.03.18)

廣東涉台研究機構對接全國涉台研究高端平台, 2017.04.17. http://www.gwytb.
　　　gov.cn/local/201704/t20170418_11748870.htm (검색일: 2020.03.18)

逾萬名台灣學生在大陸就讀學位課程, 2017.04.09, 新華社, http://tw.people.com.
　　　cn/BIG5/n1/2017/0409/c14657-29197547.html (검색일: 2020.03.21)

閩南師大召開兩岸一家親研究院智庫建設會議 http://hk.crntt.com/crn-webapp
　　　/touch/detail.jsp?coluid=7&kindid=0&docid=104703319 (검색일: 2020.
　　　03.21)

北京大學台灣研究院與全球華人政治學家論壇聯合主辦, "第十屆華人學者台
　　　灣問題研討會", 2016-07-08, 北京大學台灣研究院 http://news.pku.ed
　　　u.cn/xwzh/2016-07/08/content_294373.htm (검색일: 2020.03.21)

第五屆全國台灣研究博士生論壇在我院舉行, 2018.06.03, 人大國關 http://sis.ru
　　　c.edu.cn/html/1/m/186/188/267/830.html (검색일: 2020.04.02)

中國革命取得成功的"三大法寶"是什麼？ http://cpc.people.com.cn/BIG5/64156/
　　　64157/4418419.html (검색일: 2020.04.02)

부상하는 중국의 적극적 해양전략

: 안보전략의 지식기반으로서 지정학적 요인 분석

● 신영환 ●

I. 서론

탈냉전과 사회주의권의 붕괴로 유일한 초강대국 미국이 주도하는 단극적(unipolar) 세계가 유지되어 온 이래, 국제정치는 중국의 부상으로 새로운 전환점을 맞이하고 있다. 세계 2위의 경제대국이자 미국과 함께 G2로 명명되는 중국의 부상은 예견된 미래였다. 일찍이 태평양전쟁이 진행 중이던 1942년 니콜라스 스파이크먼(Nicholas J. Spykman)은 일본이 아닌 중국이 전후 아시아 지역의 안정과 세력균형에 중대한 영향력을 행사하게 될 것으로 전망하였다. 당시 아시아 지역은 유럽이나 미국에 비해 낙후되어 있었으며 태평양에서의 전쟁은 일본을 대상으로 하고 있었기에 연합국의 일원이었던 중국이 종전 이후 잠재적 위협이 될 것이라는 주장은 누구나 할 수 있는 전망이 아니었다. 스파이크먼은 중국이 가진 지리적인 광대함과 풍부한 인적자원 그리고 이를 통해 리더십을 발휘했던 역사적 경험에 근거하여 미래 잠재력을 평가하였으며 이것이 실현되었을 때 닥칠 안

---

* 이 글은 「중국의 협력적 대륙전략과 팽창적 해양전략: 니콜라스 스파이크먼의 지정학 이론을 중심으로」, 『중국연구』, 제87권, 2021을 수정·보완한 것이다.
** 고려대학교 평화와 민주주의 연구소 위촉연구원.

보 과제를 통찰하였다. 아시아 대륙의 넓은 영토를 보유한 중국은 대륙 국가이자 태평양에 접한 연안(littoral) 국가로서의 지정학적 조건을 가지고 있으며, 중국의 잠재력이 현실화되어 경제적 군사적 역량이 성장하게 되면 아시아 지역에서 헤게모니를 추구하게 될 것으로 내다보았다. 유럽의 경우 엇비슷한 규모와 힘을 가진 국가들이 공존하고 있기에 세력균형을 통한 안정과 질서 유지가 가능하지만, 아시아의 상황은 다르게 파악했다. 아시아의 다른 국가들은 중국에 비해 매우 취약하기에 중국을 견제하고 카운터 밸런싱할 수 있는 조건이 마련되어 있지 못한 이유였다. 이처럼 스파이크먼은 중국의 아시아 지역 헤게모니 추구 가능성이 전후 이 지역의 안정과 질서를 위협할 수 있는 가장 유력한 요인으로 전망하면서 아시아의 안정과 평화를 유지하기 위한 전후 미국의 외교안보 과제를 진단하였다.[1]

스파이크먼의 예언은 21세기에 들어 현실화되었다. 탈냉전 이후 중국은 비약적인 경제 성장을 바탕으로 지역의 강국, 나아가 세계의 강국으로 성장하였다. 중국의 부상은 동아시아 지역의 세력균형과 질서에 변화를 초래하게 될 위협 요인으로 인식되었다. 그리고 나아가 탈냉전 이후 유일한 초강대국으로서 미국이 구축한 현존 질서(status quo)를 변경하려는 도전자(revisionist)로 경계의 대상이 되었다. 그리하여 중국의 국력 증강이 현재의 세력균형과 안정을 해치는 위협이 될 것이라고 하는 중국위협론이 등장하였다.[2] 중국위협론에 대한 시각은 친중국이냐 혹은 반중국이냐 하는 정치적인 입장을 표현하는 것이지만, 그 바탕에는 국가의 힘(power)과 외교정책에 관한 국제정치의 오랜 이론적 논의가 존재한다. 즉 급속한 경

---

1) Nicholas J. Spykman, America's Strategy in World Politics: *The United States and the Balance of Power*, New York: Harcourt, Brace and Co., 1942, pp.468-470.

2) Denny Roy, "The "China Threat" Issue: Major Arguments", *Asian Survey*, Vol.36 No.8, August 1996.

제성장을 통해 축적한 부와 자원은 중국의 군사력을 증강시키기 위해 사
용될 것이며, 이것이 중국의 외교와 국방에 관한 태도를 바꿀 것이라는
주장이다. 국가의 가장 기본적인 목적은 안보이며, 증가한 경제력은 국가
안보에 보다 유리한 조건을 만드는 데 사용된다. 이렇게 볼 때, 중국의
경제력은 군사력 증강으로 이어질 것이며, 중국은 먼저 동아시아 지역에
서 보다 유리한 조건을 만들어내기 위한 정책을 추진할 것이라고 유추할
수 있다.

중국의 부상과 관련하여 오르간스키의 세력전이이론(power transition
theory)이 가장 빈번히 언급된다. 이에 따르면 강대해진 중국은 미국의
헤게모니가 구축한 질서에 만족하지 못하고 도전하게 된다. 신흥세력으로
서의 중국에 대해 상대적으로 미국은 쇠퇴해가는 기존의 헤게모니로서
이를 통제하고 억누르고자 할 것이며, 이는 불만족한 중국을 더욱 자극하
게 된다.[3] 세력균형의 관점에서도 부상하는 세력으로서 중국은 지역의
현상(status quo)과 세력균형에 변화를 일으키게 되고, 이것이 국제질서를
불안정하게 만드는 위협 요인이 된다.[4] 국가의 상대적인 힘과 이에 대한
정책결정자의 인식을 중시하는 신고전적 현실주의는 상대적인 물적 권력

---

3) A.F.K. Organski, *World Politics*, Second ed., New York, NY: Alfred A. Knopf, 1968;
Jacek Kugler and A.F.K. Organski, "The Power Transition: A Retrospective and
Prospective Evaluation", in Manus I. Midlarsky (ed.), *Handbook of War Studies*, New
York, NY: Routlege, 2011. 오늘날 중국의 부상과 미국과의 갈등 가능성에 대해 세력전
이이론을 적용한 논의에 대해서는, Steve Chan, *China, the US and the Power-transition
Theory: A Critique*, New York, NY: Routlege, 2008; Woosang Kim and Scott Gates,
"Power Transition Theory and the Rise of China", *International Area Studies Review*,
Vol.18 No.3, September 2015.

4) Hans J. Morgenthau, *Politics Among Nations: The Struggle for Power and Peace*, 6th
ed., ed. Kenneth W. Thompson, New York: Alfred A. Knopf Inc., 1985, pp.198-197;
John J. Mearsheimer, *The Tragedy of Great Power Politics*, New York, NY: W.W. Norton
& Company, 2001, pp.374-377.

(relative material power)의 변화는 기존 질서의 변화를 야기하는 불안정 요인으로 파악한다. 즉 중국은 보다 유리한 국제환경을 만들기 위해 증가한 힘을 정책 자원으로 동원할 것이며, 이것이 기존 질서를 위협하는 요인이 된다는 것이다.[5]

중국의 부상을 현존 국제질서에 위협적인 요인으로 이해하는 이러한 논의들은 탈냉전 이후 미국이 구축한 국제질서에 대한 도전 요인으로 중국을 정의한다. 그리고 2008년 금융위기 이후 미국의 상대적 영향력 하락에 따른 위기감은 중국의 부상과 이것이 제기하는 위협이 임박했음을 경고한다. 그런데 중국은 미국 헤게모니에 직접 도전하기보다는 자유주의 세계무역질서를 최대한 활용하여 경제발전을 도모하고 미국과 서구 민주주의 국가들로부터의 견제와 압력을 회피하거나 완화하는 방향으로 정책을 구사하고 있다.[6] 그리고 국경을 넘어 증가된 힘을 투사하게 될 것이라는 예측과는 달리, 주변국들과 활발한 경제 교류를 도모하고 이를 위한 다자적 제도를 도입함에 따라 상호간의 의존성이 증가하는 현상도 주목할 필요가 있다. 그리하여 중국의 경제 성장과 부상이 아시아 지역의 경제 발전과 안정에 기여하는 부분도 간과할 수 없다.[7] 다만, 그 동안 이 지역에서 억제되어 있던 안보 불안 요인들이 점차 수면 위로 떠오르면서 우려를 자아내었고, 이는 다른 지역에 비해 가파른 군비경쟁으로 나타나고 있다. 이것이 곧바로 지역 불안정을 야기한다고 말할 수는 없지만, 여기에 중국 부상의 요인은 매우 중대하게 고려되고 있다.[8]

5) Gideon Rose, "Neoclassical Realism and Theories of Foreign Policy", *World Politics,* Vol.51 No.1, October 1998, pp.144-172.
6) Rosemary Foot, "Chinese Strategies in a US-hegemonic Global Order: Accommodating and Hedging", *International Affairs,* Vol.82 No.1, 2006, pp.77-94.
7) David Shambaugh, "China Engages Asia: Reshaping the Regional Order," *International Security,* Vol.29 No.3, Winter 2004/2005, pp.64-99.

이처럼 중국 부상에 대한 논의는 대체로 미국과 중국의 경쟁이라는 양자 대결 구도 차원에서 이루어지고 있다. 그러나 중국의 부상이 직접 영향을 미치는 공간은 미중 경쟁 이전에 동아시아 지역이 더 직접적이고 즉각적이라 할 수 있다. 지역 차원에서 점증하는 중국의 위상과 역할은 오늘날 아시아가 당면한 문제이다. 아시아 지역은 중국의 부상이 제기하는 직접적인 위기와 변화를 현재 겪고 있기 때문이다. 상대적으로 취약한 아시아의 주변 국가들에 대해서는 중국이 보다 일방적인 전략을 구사하면서 유리한 지역 환경을 구축하고자 한다고 예상할 수 있다. 역사적으로 중국은 이웃 국가들과 영토와 국경 획정을 놓고 크고 작은 마찰을 빚어 왔다. 이에 상대적으로 유리한 권력 위치를 점하게 된 중국은 안보와 직결된 영토 문제에 대해 보다 적극적이고 때에 따라서는 과격한 행동을 취할 것이라는 우려를 자아냈다. 그러나 실제로 중국은 달랐다. 급속한 경제성장을 추구하던 1990년대 중국은 주변 국가들과의 국경 분쟁에 대해 매우 절제된 자세를 보여주었다. 심지어 국경 협상 과정에서 힘으로 위압하거나 갈등을 일으키기보다는 상당한 양보를 통해 분쟁 해결에 협력하는 모습을 보여주었다. 물론 이러한 예상 밖의 양상에 대해서 국내정치 및 정권의 불안정을 타개하기 위한 방편으로 타협적인 자세로 영토문제를 해결하고자 했다고 할 수 있다.[9] 그러나 중국이 정치적으로 안정되고 정권에 대한 심대한 도전이 없는 현재에도 육지 접경 국가들에 대한 자세가 위압적으로 변한 것은 아니다.

그러나 육지에서 이웃 국가들과의 협력적 관계와는 별개로 바다에서

8) Aaron L. Friedberg, "Ripe for Rivalry: Prospects for Peace in a Multipolar Asia", *International Security*, Vol.18 No.3, Winter 1993/1994, pp.5-33.

9) M. Taylor Fravel, "Regime Insecurity and International Cooperation: Explaining China's Compromises in Territorial Disputes", *International Security*, Vol.30 No.2, Fall 2005, pp.46-83.

중국은 사뭇 다른 모습을 보여주고 있다. 육지 국경에서와는 달리 중국은 해양에서 보다 적극적이고 선제적인 전략을 구사하고 있다. 남중국해와 동중국해에서 중국의 이익을 적극적이고 일방적으로 추구하면서 인접 국가들과의 갈등을 촉발시키고 있는 데서 찾아볼 수 있다. 중국은 남중국해의 대부분을 자국의 관할권으로 설정하는 구단선을 발표하여 영유권을 주장함으로써 주변국가들과 마찰을 일으켰다. 또한 남중국해의 작은 암초와 산호초 위로 인공섬을 구축하여 해양 영토를 확보하려는 공세적인 조치를 취함으로써 상대적으로 취약한 주변국들을 압박했다. 2016년 상설중재재판소는 중국이 주장하는 남해구단선(南海九段線)의 효력을 인정하지 않았고, 남중국해 스프래틀리 군도 및 스카버러 암초는 영해 및 배타적 경제수역을 설정할 수 있는 요건을 충족시키지 못한다는 판단을 내렸다. 중국 정부는 즉각 반발하며 수용할 수 없다는 입장을 확인하였다.[10]

이처럼 부상하는 중국이 적극적으로 국익을 추구함에 따라 주변국의 안보 이해를 침해할 수 있다는 일반적인 예상과는 다르게, 육지와 바다에서 차별적인 양상을 보여주고 있다. 그렇다면 이러한 차이는 어떻게 이해해야 할 것인가? 이 논문은 중국이 육지와 바다에서 가지는 차별적 태도에 관심을 가진다. 그리고 무엇이 이러한 차이점을 만들어내는지 밝히고자 한다. 이를 위해 육지와 바다라는 지리적 공간에 주목하면서, 지리적 조건이 국가 외교정책에 영향을 미친다는 지정학 이론을 활용하고자 한다.

국제정치의 지정학은 국가의 지리적 조건과 위치, 그리고 다른 국가들과의 지리적 배열 구조가 국가의 대외정책 결정에 영향을 미친다고 본다. 이것은 인간이 삶을 향유하는 공간으로서 자연 조건이 인간의 인식에 영

---

10) 정주호, "판결내용은 中완패···남중국해에 '섬' 없다·영유권·EEZ 불가", 『연합뉴스』, 2016.07.12, https://www.yna.co.kr/view/AKR20160712173700089 (검색일: 2019.03.21)

향을 미치고, 이러한 인식이 자연 조건에 적응하거나 혹은 자연적 도전을
극복하려는 행동으로 나타난다고 보는 시각에 근거하고 있다. 정책결정자
가 정책 과제를 판단하고 우선순위를 정하고 또 이를 위한 정책 방안을
마련할 때에도 지리적 공간이 만들어내는 가용 자원이나 도전 과제가 중
요한 고려 사항이다. 물론 전쟁과 같은 특별한 상황에서 군사력의 운용이
나 작전 수립에서 지리적 조건을 고려하는 것은 필수이며 자명하다. 그리
하여 지전략(geo-strategy)의 중요성에 대해서는 크게 이견이 없다. 그러나
지리적 조건은 외교정책에 영향을 미치는 많은 중요한 요소들 중에 하나
이며, 이것이 구체적으로 정책결정자의 인식과 정책결정에 어떻게 작용하
는지 규명해내는 것이 어렵기에 많은 비판을 받아왔던 것도 사실이다. 그
럼에도 정책 수립에서 국가가 처한 공간으로서 지리적 조건은 중요한 고
려 사항이며, 또한 지리적 조건이라는 것은 긴 세월을 두고 변하지 않는
지속성이 있기에 차별점을 가진다. 즉 장기적 관점에서 국가의 외교정책
방향을 이해하는 데 지정학은 의미 있는 시각을 제공할 수 있다.

　　지정학의 아버지라 일컬어지는 핼포드 매킨더(Sir Halford Mackinder)
이래 근대 지정학은 지속적으로 발전을 거듭하였다. 비록 제2차 세계대전
당시 나치의 팽창에 활용되었던 이유로 지정학 논의가 터부시되기도 했지
만, 인간과 국가의 삶의 터전으로서 지리적 공간에 대한 중요성은 결코
줄어들지 않았다. 여러 지정학 이론 중에서도 여기에서는 국가의 권력 추
구와 세력 확장의 행태를 지리적 조건과 연관하여 이해하고자 했던 니콜
라스 스파이크먼의 지정학 이론과 개념이 유용할 것이다. 스파이크먼의
지정학 이론은 핼포드 매킨더(Halford Mackinder)의 하트랜드(heartland)
이론에 대한 비판적 논의로서 림랜드(rimland)의 중요성을 주장했다고 알
려져 있다. 그런데 이에 앞서 스파이크먼은 국가의 행태를 이해하기 위해
국가가 처한 지리적 조건의 중요성을 강조하면서 고전적 지정학 이론의
주요한 개념들을 체계적으로 정리하였으며, 그 위에서 유럽과 아시아 대

륙의 주변부인 림랜드의 전략적 중요성을 강조하였다. 스파이크먼에 따르면, 첫째, 국가가 처한 지리적 조건은 국익에 대한 인식과 정책 과제 설정에 영향을 미치는 장기적이며 불변하는 요인이다. 둘째, 권력을 추구하는 국가의 본질적 성격을 수용할 때, 지리적 공간의 관점에서 국가의 세력 확장은 전방위적으로 동일하게 일어나지 않는데 여기에는 지리적 조건에 대한 고려가 중요하게 작용한다. 셋째, 전형적인 대륙 혹은 해양적 성격을 가지는 국가는 사실상 소수이며, 대부분의 국가는 대륙과 해양의 두 가지 조건을 동시에 고려해야 하는 지리적 조건을 가지고 있다. 여기에서 대륙과 해양 중에서 어디에 정책적 무게를 둘 것이냐는 정책적 판단에 따라 이루어진다.[11]

이 논문에서는 먼저 중국이 가지고 있는 지리적 공간의 특성과 이것이 제기하는 정책적 과제를 스파이크먼의 지정학 이론에 비추어 살펴본다. 그런 다음 육지와 바다 각각에서 중국이 가지는 정책 과제가 무엇이며 실제로 중국 정부가 추구하는 정책이 무엇인지 살펴볼 것이다. 그리하여 부상하는 중국이 제기하는 아시아 지역의 안보 과제를 지정학적 관점에서 논의하고자 한다.

Ⅱ. 니콜라스 스파이크먼의 이론과 중국의 지정학적 조건

니콜라스 스파이크먼은 태평양전쟁이 한창이던 때에, 『세계정치에서

---

11) Nicolas J. Spykman, "Geography and Foreign Policy, I", *The American Political Science Review*, Vol.32 No.1, February 1938a, pp.28-50; Nicolas J. Spykman, "Geography and Foreign Policy, II", *The American Political Science Review*, Vol.32 No.2, April 1938b, pp.213-236.

미국의 전략: 미국과 세력균형』(America's Strategy in World Politics: The United States and the Balance of Power)에서 전후 세계의 평화와 안정을 위한 미국 외교정책 방향을 제시했다. 특히 그는 중국의 부상 가능성에 대해 큰 우려를 표명하였다. 중국의 지리적 조건과 역사적 경험을 고려할 때, 아시아의 림랜드에 위치한 중국이 지역의 강국으로 부상할 것이며 지역 헤게모니를 추가하게 될 것이라고 내다보았다. 그리고 현대 국제정치가 보여주었던 림랜드의 불안정성을 고려할 때 중국의 지역 헤게모니 추구는 아시아와 유럽을 포함한 구대륙의 안보에 심대한 위협이 될 수 있다고 판단했다. 비록 대서양과 태평양이라는 두 거대한 바다로 미국은 고립되고 안정된 삶을 살아올 수 있었지만, 현대에 이르러 두 차례의 세계대전을 경험했던 것처럼 구대륙의 안보는 곧 미국의 국익과 밀접하게 관련되게 되었다.[12] 유럽과는 달리 중국 부상 시 이를 견제하여 세력균형을 도모할 수 있는 다른 국가가 없는 조건 속에서 미국이 중국의 지역 헤게모니 추구를 견제할 필요가 있었다. 스파이크먼은 반세기도 훨씬 전에 아시아 지역에서 미국의 균형자 역할을 주문했던 것이다. 이처럼 그는 지정학적 관점에서 중국의 부상을 예견하고, 이것이 초래하는 전략적 중요성을 지적하면서 미국의 역할을 강조했던 것이다. 이것이 여기에서 스파이크먼의 이론을 중요하게 다루는 첫 번째 이유이다.

둘째로, 오늘의 세계를 이해하는 데 지정학이 가지는 유용성을 들 수 있다. 냉전 시기 국제정치는 양극체제와 핵무기 경쟁이 주요한 요인으로 작용하였다. 그러나 탈냉전 이후 양극체제가 붕괴되고 또한 핵무기는 사실상 사용할 수 없는 무기로서 강대국 간 무력 충돌을 억지하는 역할을 지속해오는 가운데, 전통적인 국제정치 문제인 지리와 영토의 중요성이

---

12) Nicholas J. Spykman, *America's Strategy in World Politics: The United States and the Balance of Power*, New York: Harcourt, Brace and Co., 1942.

대두되었다. 오늘날에도 여전히 영토 분쟁의 잠재적 불안 요인이 지속되고 있으며, 각국의 대외정책은 지리적 공간과 자원에 대한 경쟁이 주요하게 나타나고 있다. 여기에서 스파이크먼은 국가의 권력 추구 양상을 지정학의 관점에서 분석하였으며, 이는 오늘의 국제정치를 이해하는 데 유용한 이론적 틀을 제공한다. 영토적 공간에서 국가의 세력 확장은 어떤 방식으로 나타나는지에 대한 스파이크먼의 이론은, 부상하는 중국의 세력 확장이 어떻게 나타나는지를 밝히고자 하는 이 글의 문제의식에 비추어 적절한 분석틀을 제공할 것으로 판단된다.

셋째로, 중국의 부상은 미국과의 관계를 빼놓고 이야기할 수 없다. 스파이크먼 지정학 이론의 핵심 내용은 2차대전 이후 미국의 외교정책 방향에 대한 실질적인 정책 제안을 위한 것이었다. 그리고 "아시아의 지중해"라 표현한 동해, 동중국해, 남중국해 등 해역이 가지는 전략적 중요성을 간파하고, 미국의 아시아 세력균형 정책은 이 해역을 대상으로 해야 한다고 주장했다. 그리고 오늘날 실제로 미국의 아시아 - 태평양 정책은, 소위 인도 - 태평양 정책으로 구체화되고 있다. 이를 고려할 때 스파이크먼의 지정학 이론은 실제로 정책적 유용성을 제공했다고 볼 수 있다. 이처럼 중국 부상에 대한 예측력, 오늘날 지정학 이론의 중요성, 그리고 정책적 유용성을 고려하여, 스파이크먼의 지정학 이론을 활용하여 부상하는 중국의 대외 인식과 정책 방향을 분석하고자 한다.

그렇다면, 중국은 어떠한 지리적 조건을 가지고 있는 것일까? 중국의 정책결정자에게 영향을 미치게 되는 중국의 지리적 조건과 위치, 혹은 이웃국가들과의 배열은 어떠한 모습일까? 지정학 이론에 대한 비판적 논의들이 흔히 문제삼는 것처럼 지리적 조건은 국가의 대외정책을 결정짓는 요인은 아니다. 정책결정자의 인식과 판단에 영향을 미치는 요인들은 매우 다양하다. 한 국가가 처한 공간적 조건으로서 지리는 수많은 요인들 중에 하나이다. 그럼에도 지리적 조건은 국가를 구성하는 중요한 요소이

며 국가의 이익과 정책적 과제를 판단하는 데 빠뜨릴 수 없는 고려사항이
다. 그리고 여러 정책적 고려사항들 중에 비교적 장시간 동안 변함없이
지속적으로 영향을 미치기에 장기적 관점에서 국가의 대외정책을 이해하
는 데 유용하다. 예를 들여 영토적 크기는 국가의 힘을 구성하는 중요한
요소이며, 자연자원의 존재와 배분은 인구밀도와 산업구조와 밀접하게 연
관된다. 또한 지리적인 위치와 관련하여 육지냐 아니면 바다와 인접해 있
느냐, 그리고 인접국은 어떠한지, 국경을 공유하는 국가들의 수나 상대적
권력관계는 어떠한지, 교통과 통신이 원활하게 이루어지는 조건을 가지고
있는지 아니면 고립되어 있는지 등은 정책결정자의 중요한 고려사항이
다.[13]

중국은 유라시아 대륙의 동쪽 동아시아와 동남아시아 지역까지 걸쳐
있는 넓은 영토를 보유하고 있다. 총 면적은 9,596,960 평방 킬로미터로
세계에서 네 번째로 넓은 영토를 보유하고 있다. 아시아 대륙의 동쪽 끝에
위치하며 총 연장 22,457 킬로미터의 육지 국경선을 따라 북쪽으로는 러
시아와 몽고, 서쪽으로는 중아시아, 남쪽으로는 동남아시아의 총 14개 국
가와 인접해 있으며, 동남쪽 방면으로는 14,500 킬로미터의 해안선을 따
라 태평양에 접해 있다.[14] 영토의 동남쪽으로는 바다에 접해 있으면서 풍
부한 수자원과 농경에 유리한 자연 조건을 가지고 있으며, 역사적으로 이
지역을 중심으로 인구와 산업이 발달하였다. 반면 북쪽으로는 척박한 산
악지대와 사막이 펼쳐져 있으며 이는 서쪽 변방으로까지 이어져 있고, 남
쪽 또한 히말라야 고산지대로 솟아 올라 접근성이 매우 제한적이다. 이러
한 지리적 환경의 영향으로 역사적으로 중국의 정치와 사회, 문화 및 경제

13) Spykman, 1938a, op. cit., pp.28-31.
14) US Government Central Intelligence Agency, "The World Factbook", https://web.archive.
org/web/20161013030611/https://www.cia.gov/library/publications/the-world-factbook/
geos/ch.html. (검색일: 2019.03.05)

의 중심은 항상 동쪽과 동남쪽 저지대에 형성되었으며, 오늘날에도 중국 인구의 90퍼센트 이상이 이 지역에 집중되어 있다.[15) 중국 육지 변방의 척박한 자연환경은 인간의 삶은 어렵게 만드는 악조건이기도 했지만, 한 편으로는 중국의 국경을 따라 외부로부터의 침입과 압력을 완화시키는 자연적 장애물(natural barrier)이 되기도 했다.

역사적으로 강국은 대체로 광대한 영토를 보유했다. 넓은 영토가 가지 는 잠재력 만큼[16) 중국은 역사적으로 동아시아의 강대국으로 군림하였다. 비록 19세기 서세동점(西勢東漸) 시대를 거치면서 세상의 중심이라는 타 이틀은 내려놓아야 했지만, 언제 다시 중국이 강대국으로 부상하게 될 것 이라는 전망과 염려는 항상 존재하였다.[17) 스파이크먼은 중국의 영토적 크기뿐만 아니라 지리적인 위치와 인접국들과의 역사적인 관계를 고려하 여, 중국이 이른바 '굴욕의 시대'를 극복하고 강대국으로 부상하게 될 미 래의 안보와 전략적 과제를 예견했다. 그는 제2차 세계대전이 종국에는 연합국의 승리로 마무리될 것이며 일본은 패전국으로서 전후 아시아 지역 에서 연합국의 통제를 받아야만 하기에 그 역할도 제한적일 것이라고 보 았다. 또한 과거 서구 국가들의 식민지였던 아시아 국가들이 민족국가 를 수립하게 될 것이며, 그 중에서 중국은 전통적인 강대국으로서의 지 위를 회복하게 될 것이라고 판단한 것이다.[18) 한편 스파이크먼은 매킨더

---

15) 동북 헤이룽장성의 헤이허(黑河)시와 남부 윈난성의 덩충(騰沖)시를 잇는 '후환용선 (Hu Huanyong Line)'을 기준으로 중국의 인구 분포를 보았을 때, 동ー남 지역과 서 ー북 지역을 비교해보면, 면적은 42.75%와 57.25%로 엇비슷하지만 인구는 93.88%와 6.12%로 매우 큰 불균형을 보여준다. M. Li et al., "Study on Population Distribution Pattern at the County Level of China", *Sustainability*, Vol.10 No.3958, 2018, pp.5-7.

16) Spykman, 1938a, op. cit, pp.31-32.

17) 강성학, 『한국의 지정학과 링컨의 리더십: 동아시아의 지정학적 변화와 국가통일의 리더십』, 서울: 고려대학교출판문화원, 2017, 44-45쪽.

18) Spykman, 1942, op. cit., pp.468-70; 니콜라스 존 스파이크먼, 『평화의 지정학』, 김연지

(Halford Mackinder)의 하트랜드(heartland) 이론을 비판적으로 수용하였다. 역사적으로 하트랜드를 점한 정치세력과 바다를 통한 무역으로 부를 추구했던 해양세력 간에 초승달지대(crescent)를 두고 세력 경쟁이 벌어지면서 거대한 역사적 갈등 구조가 만들어졌다는 매킨더의 주장은,[19] 당시 해양을 재패하던 영국인의 시각에서 유라시아 대륙의 중심을 장악하고 국가적 통일성을 구축해가던 러시아에 대한 위기감에서 나온 것이었다. 이에 스파이크먼은 반론을 제기한다. 즉 20세기 이후 역사에서 유럽과 아시아를 아우르는 구대륙의 안보에 위협을 제기했던 것은, 하트랜드가 아니라 림랜드였다는 지적이다. 매킨더의 경고와는 달리 하트랜드 대륙국가인 러시아는 두 차례의 세계대전에서 위협의 원인이 아니었다. 오히려 림랜드에서 발생한 세계대전의 화염을 진화하기 위하여 영국과 미국의 해양국가를 중심으로 성립된 연합국의 일원으로 합류하였다. 20세기의 역사는 매킨더의 이론과는 달리 하트랜드의 압력에 대한 해양세력들의 응전과는 거리가 멀었다. 오히려 림랜드에서의 팽창주의적 세력에 의해 세력균형이 무너짐에 따라 유라시아 대륙과 전세계의 안전이 위협받았던 것이다.[20]

스파이크먼에 따르면, 중국은 유라시아 대륙의 동쪽 림랜드에 위치한 잠재적인 강대국이었다. 국가의 지리적인 조건이 정책적 과제와 국가 이익에 대한 판단에 지속적이고 중대한 영향을 미친다고 했을 때, 중국이 처한 지정학적인 도전과 정책 과제를 이해하는 것이 필요하다. 이를 위해 먼저 중국을 단순히 대륙국가로 규정하는 것은 재고할 필요가 있다. 오늘의 미중 경쟁구도 혹은 과거에는 해양국가로 규정된 일본과의 충돌을 묘사할 때 중국을 대륙국가로 규정하는 일반적인 인식은 문제가 있다. 대륙

· 모준영·오세정 역, 서울: 섬앤섬, 2019, 106쪽.
19) Halford J. Mackinder, "The Geographical Pivot of History", *The Geographical Journal*, Vol.23 No.4, April 1904, pp.421-437.
20) 스파이크먼, 앞의 책, 77-85쪽.

국가에서 중요한 개념은 하트랜드인데, 중국은 유라시아 대륙의 하트랜드를 점유하고 있지 않다. 하트랜드로의 확장도 사막과 산악지대라는 험준한 자연조건이 장벽으로 작용하고 있으며 러시아라는 무시할 수 없는 강국과 인접하고 있다. 그리고 중국은 태평양에 접하면서 14,500 킬로미터의 해안선을 가지고 있는 연안국이다. 인구와 대도시 산업 단지의 대부분이 동남부의 연안 저지대에 편중되어 있으며 핵심 역량이 집중되어 있다. 따라서 중국은 림랜드의 연안(littoral) 국가로 이해하는 것이 보다 타당할 것이다. 이는 중국이 대륙적 성격과 해양적 성격이 동시에 존재할 수 있는 가능성을 말해준다.

육지와 관련하여 중국이 인접 국가들과의 관계에서 가지는 지정학적 과제가 있다. 국경은 국가의 권력이 미치는 최전선이며 외부로부터의 침투가 용인되지 않는 방어막이다. 육지와 관련하여 첫 번째 안보 과제는 국경을 철저히 방어하는 데서 출발한다. 이는 외부의 위협이 자국 영토 내로 침투하는 것을 막는 것이다. 만일 국가가 가진 힘과 자원이 허락한다면, 국가는 영토의 팽창을 통해서 안보상 보다 유리한 위치를 점하고자 한다. 국경의 수비는 외부의 잠재적인 적과 대치함으로써 팽팽한 긴장을 유지하는 것이라면, 영토의 확장은 외부의 적을 무력화함으로써 안보의 공간을 확장하는 것이다. 그리고 확장된 영토는 전략적 심도(depth)를 증가시켜 유리한 안보 조건을 제공한다. 그러나 대륙 국경에서의 국경 수호 혹은 팽창 정책은 현실에서 그렇게 단순하게 나타나지 않는다. 인접국과의 관계 속에서 이루어지는 문제이기 때문이다. 여기에는 인접국가와 상대적인 힘의 크기가 중요한 고려 요소 중 하나이다.[21] 중국은 육지 국경과 관련하여 매우 복잡한 상황에 놓여 있다. 육지에서 총 14개에 이르는 국가들과 국경을 맞대고 있으며, 여기에는 거대한 강대국인 러시아가 포함되

---

21) Spykman, 1938b, op. cit, pp.225-228.

어 있다. 다수의 국가와 접경하고 있다는 것은 그만큼 잠재적 갈등의 여지
가 많다는 의미이다. 더구나 러시아가 3,645킬로미터의 긴 국경을 공유하
면서 주변 지역에 대해 고유의 영향력을 주장하고 있기에, 중국이 단지
상대적으로 취약한 다수의 인접국들에 대해서 일방적으로 이익을 주장하
는 것은 간단하지 않다.

국내 정치와 관련하여 광대한 영토를 가진 국가는 내적 통합(integrity)
과 국가적 결속(cohesion)을 확보해야 하는 과제를 가진다. 역사적으로 팽
창주의를 통해 광대한 영토를 획득했던 제국들도 결국 중앙의 정치적 통
제의 한계가 노출되고 영토 내 다양한 이해들이 충돌함으로써 국가적 통
합을 달성하지 못함에 따라 해체의 수순을 밟았다.[22] 넓은 영토를 보유하
는 것은 강대국으로 성장할 수 있는 잠재적 기반이 되지만, 이를 위해서는
넓은 영토를 유기적으로 결합하여 정치적 통제를 가능하게 하고 통합과
결속을 구축하고 유지하는 것이 필수이다.[23] 그리하여 넓은 영토를 모두
아우를 수 있는 교통과 통신망을 구축함으로써 신속하고 효과적인 커뮤니
케이션이 가능하도록 하는 것이 국가 통합을 위한 선결 과제이다. 중국의
경우 넓은 영토와 지형적 조건을 고려할 때 서부 지역에 대한 통합이
중요한 정책적 과제이다. 동부 해안 연안지대를 중심으로 산업과 도시가
발달하였으며 인구가 집중되어 있는 반면, 서부는 변방지역으로 낙후되
어 있으며 인구 또한 희박하다. 중심부와 멀리 떨어진 원격지이기도 하거
니와 지형적으로 사막과 산악 지대로 접근이 용이하지 않으며 경제와 산
업 발전도 어려운 여건이다. 그리하여 인종과 문화적으로도 중국의 중심
부와는 이질적이다. 신장위구르와 티베트는 국가적 통합의 가장 어려운

---

22) Nicholas J. Spykman and Abbie A. Rollins, "Geographic Objectives in Foreign Policy,
    I", *The American Political Science Review*, Vol.33 No.3, June 1939a, p.393.
23) Spykman, 1938a, op. cit, pp.31-39.

과제이다.

다음으로, 바다와 관련하여 중국이 어떠한 지정학적 과제를 가지고 있는지 살펴보자. 과거에 바다는 외부로부터의 침략을 어렵게 만드는 매우 효과적인 자연적 방패물로 기능했다. 그러나 현대로 접어들면서 항해술의 발달로 인하여 바다가 가졌던 안보 방파제로서의 역할은 한계를 가지게 되었다. 이제 해양의 안보를 위해 해군력을 확보하는 것이 중요한 과제가 되었다.[24] 지리적으로 중국은 긴 해안선과 항구가 발달하기 좋은 불규칙한 해안선을 가지고 있음에도 불구하고, 해양국가로 발전하기보다는 대륙국가적 성격을 가지면서 육지를 보다 중요시하였다. 이는 중국이 바다보다는 육지에서 더 빈번하고 강력한 안보적 위협을 경험했기 때문이다. 15세기 명 시대에 정화(鄭和) 원정대가 동아시아 근해를 넘어 남아시아와 서남아시아 그리고 아프리카에 이르기까지 바닷길을 개척하며 외교와 교역을 펼친 것은, 중국의 항해술이 대항해를 가능하게 할 만큼 발전했음을 말해준다. 그럼에도 정화 원정대의 경험은 후대로 거듭 발전하지 못했다. 태평양을 통한 교역은 중세에 발전하지 못했고, 안보 상의 요구에 따라 중국은 육지에 집중했다. 그리하여 19세기 말 중국의 취약한 해군력은 일본과의 전쟁에서 무참히 파괴되었다. 국내적 분열과 정치적 격동 속에서 중국은 2차대전 시기까지도 제대로 된 해군력을 보유하지 못했다.[25]

스파이크먼은 림랜드의 중요성과 아시아 지역 중국의 부상 가능성을 예견하면서, 아시아 대륙을 에워싸면서 오세아니아 대륙과의 사이에 놓인 바다의 공간으로 '아시아 지중해'가 가지는 전략적 중요성을 강조하였다. 아시아 지역에서 세력균형을 위협하는 헤게모니가 등장하는 것을 견제하기 위해서는 전후 미국이 아시아 지중해에 대한 통제권을 확보하는 것이

---

24) Spykman, 1938b, op. cit., p.215.
25) Spykman, 1938b, op. cit., p.222.

필수적이라고 판단하였다.[26] 바다를 통제한다는 것은 육지에서처럼 영해로 삼고 영유권을 확보한다는 것과는 다르다. 바다에서 중요한 거점 지역들을 확보하고 이를 통해 바다에서 자유로운 항행(navigation)이 위협받지 않도록 주요한 해로(sea lane)를 보호하는 것이다. 이를 위해 우세한 해군력을 확보하는 것이 중요했다.[27] 이 점에서 오늘날 바다에 대한 통제권 확보도 크게 다르지 않다.

아시아 지중해로서 남중국해와 동중국해는 중국에게 경제적인 필요와 함께 안보를 위해서도 중요한 의미를 가진다. 이 해역에서는 중국을 비롯하여 다수의 국가들이 각기 이해관계를 가지며 인접하고 있다. 남중국해와 동중국해에는 중국, 일본, 베트남, 필리핀, 인도네시아, 브루나이, 그리고 좀 더 멀리 말레이시아와 싱가포르가 전략적 이해를 가지고 있다. 더구나 지리적으로 이 해역에는 파라셀 군도, 스프래틀리 군도, 센카쿠 열도 등 작은 섬과 산호초들이 흩어져 있으며, 복잡하고 모호한 지리적 조건이 국가들 간의 이해 충돌을 만들어내고 있다. 태평양으로의 자유로운 진출입과 함께 바다로부터의 적대적 압력을 견제하고 막아내기 위해서 연안에 대한 안보 확보가 필수적인 과제이다. 바다에 대한 통제권을 확보한다는 것은 우선 영해를 수호하고 인접 해역을 통제하는 것이 우선이다. 이것은 영토 수호라는 국가의 기본적인 안보 임무와 다르지 않다. 문제는 영해를 넘어 어느 영역까지 힘을 행사할 것인가이다.

스파이크먼은 바다를 통한 세력 확장(expansion)과 관련하여 크게 두 가지 유형을 제시하였다. 하나는 맞은 편 해안에 대한 통제력을 확보함으로써 외부로부터의 간섭과 개입을 차단하는 것이며, 이는 자국 해안과 맞

26) 스파이크먼, 앞의 책, 106-108쪽.
27) Alfred Thayer Mahan, *The Influence of Sea Power upon History, 1660-1783*, Boston: Little, Brown and Company, 1890, pp.26-28.

은 편 해안까지의 폭의 크기와 이를 통제할 수 있는 항해 기술과 해군력의 발전 정도에 달려 있다. 바다를 통한 확장은 육지와는 달리 모든 해역에 대한 점유나 통제가 불가능하기 때문에 주요한 해로를 수호하는 것이 중요하다. 여기에서 두 번째로 해역에서 특정 거점을 확보하는 것이 필요하다. 거점을 위해서는 연안의 항구나 섬 혹은 주요 해로의 길목이 중요한데, 이를 통해 해군력을 투사함으로써 해로를 보호하고 적대적 영향력을 차단할 수 있기 때문이다. 문제는 바다를 통한 확장은 필연적으로 다른 국가들과의 갈등을 일으키게 된다. 바다는 육지와 달리 경계가 불분명하기 때문이다. 맞은 편 해안까지 통제력을 확보하려는 노력은, 맞은 편 해안을 점유한 국가, 해로를 공유하는 국가, 인접 연안 국가의 이익과 충돌을 일으키게 되는 것이다.[28]

요컨대, 연안국가로서 중국은 육지와 바다에서 서로 다른 지정학적 조건을 가지고 있다. 육지는 천연 장벽과 인접국과의 관계, 그리고 국내 통합의 과제로 확장이 여의치 않은 반면, 국가의 핵심 역량이 집중된 동남부 연안 지역과 아시아 지중해의 전략적 중요성으로 인하여 과거와는 달리 해양에 대한 이익을 적극적으로 고려해야 하는 과제를 가지고 있다. 이와 관련하여 우선 대륙에 대해서 중국이 실제로 어떠한 정책을 추구하고 있는지 살펴보자.

Ⅲ. 대륙에 대한 다자적 협력 전략

중국은 역사적으로 대륙에 대해 보다 큰 이해를 가지고 있었다. 냉전시

---

28) Nicholas J. Spykman and Abbie A. Rollins, "Geographic Objectives in Foreign Policy, II", *The American Political Science Review*, Vol.33 No.4, August 1939b, pp.602-603.

기에도 주요한 안보 위협은 대륙에 있었다. 사회주의 형제 국가였던 소련과의 우호관계는 오래 지속되지 못했고, 오히려 1969년 소련과 일촉즉발의 군사적 갈등까지 야기하게 되면서 육지 국경선에 대한 압력은 중국에게는 지속적인 위협이었다. 그러나 냉전이 종식되고 소연방은 해체를 겪었으며, 이를 계승한 러시아는 국내적인 혼란 속에서 과거만큼 중국에게 위협적인 존재가 되지 못했다. 또한 중국은 일찍이 개혁개방을 통해 경제성장을 가속화하면서 동아시아의 새로운 강자로 등장하던 1990년대 이후에는 국경에 대한 이해를 인접국에게 강요할 수 있는 보다 유리한 위치에 있었다. 그럼에도 이 시기에 보여준 중국의 행동은 일반적으로 국가의 권력관계에 내포된 추론과는 달랐다. 힘의 우위에도 불구하고 인접 약소국들과의 국경 획정 문제에 협력적 자세를 보여주었으며 상당한 영토적 양보를 감수하면서 합의를 추구했던 것이다. 이것이 국내정치적 체제의 위기를 타개하기 위한 외교적 돌파구였을 수 있지만,[29] 2000년대 이후 국내정치적 안정이 확보된 이후에도 중국의 정책적 입장은 크게 달라지지 않았다. 더구나 중국은 인접 국가들과 다자적 협력과 지역의 안보를 위한 상하이협력기구(Shanghai Cooperation Organization: SCO)를 설립하여 군사 부문에서 당사국들의 협력을 도모하였고, 중앙아시아 국가들에 대한 인프라 투자 지원을 근간으로 하는 실크로드 경제 벨트를 추진하였다. 인접국들과의 국경 갈등에서 양자간 합의가 이루어진 뒤에 이를 제도화하는 다자주의적 접근은 중국이 증대되는 힘의 우위를 공세적이고 일방적으로

---

29) M. Taylor Fravel, *Strong Borders, Secure Nation: Cooperation and Conflict in China's Territorial Disputes*, Princeton: Princeton University Press, 2008, pp.126-172. 중국은 1991년 러시아와 동부 국경문제를 최종 합의하였고 1994년에는 서부 국경문제를 타결함으로써 양국 간에 더 이상 국경에 대한 갈등은 존재하지 않는다고 선언하였다. 이를 필두로 중국은 부탄, 라오스, 베트남, 카자흐스탄, 키르기즈스탄, 타지키스탄 등과 오랜 국경 문제에 합의를 이루었다. Fravel, 2005, op. cit, pp.56-57.

행사할 수 있는 여지를 축소시켰다.

러시아라는 전통적 강국과 접경하고 있는 지리적 조건은 육지 국경에 대한 중국의 공세적 접근을 제약하는 요인이었다. 비록 탈냉전으로 인하여 구소련 시절의 역량과 영향력은 상당 부분 상실하였지만, 러시아는 여전히 큰 나라이며 군사적으로도 막강한 위력을 유지하고 있다. 그런데 중국과 인접하고 있는 몽골과 중앙아시아 국가들은 모두 구소련 시절부터 소연방의 일부이거나 긴밀한 관계를 맺었다. 몽골은 중화민국 시기 소련의 도움으로 독립국을 수립할 수 있었으며 소련의 위성국가로 불릴 만큼 상당한 친교관계를 유지해 왔다. 오늘날에도 몽골은 중국과 러시아 사이에 위치한 지리적 조건 속에서 러시아와의 우호관계를 유지하고 있다.[30] 그리고 서쪽 국경을 공유하고 있는 카자흐스탄, 키르기스스탄, 타지키스탄은 중앙아시아의 우즈베키스탄과 투르크메니스탄과 함께 모두 구소련의 일원이었다가 소연방 붕괴와 함께 독립한 국가들이다. 그만큼 이들 국가들과 러시아는 긴밀하게 연결되어 있으며 경제, 사회, 문화 등 다방면에서 얽혀 있다. 또한 러시아는 이들 중앙아시아 국가들을 자국의 고유한 영향력 범위로 간주하고 있으며, 이들 국가들이 러시아로부터 이탈하는 조짐에 대해서 매우 민감한 반응을 보이고 있다.

이런 상황에서 중국 정부가 이들 국가들에 대해 일방적인 접근 방법을 취하는 것은 사실상 불가능했다. 몽골은 항상 중국과 러시아(구소련) 사이에서 러시아와 밀접한 관계를 유지하였고, 탈냉전 시기 중국은 대러관계가 회복됨에 따라 몽골과의 관계도 정상화하였다. 중앙아시아 3국과는 기존의 소연방 시절의 국경을 대부분 인정함으로써 합의를 이루었다. 카자흐스탄과는 분쟁 지역의 22퍼센트를 수용하였고, 키르기스스탄과는 32퍼

---

30) 제성훈, 「탈냉전기 러시아-몽골관계의 변화: 지정학적 '완충국' 개념을 중심으로」, 『국제정치논총』, 제50집 제2호, 2010, 167-192쪽.

센트만을 중국의 영토로 하는 데 합의하였다. 타지키스탄과는 파미르 고원 지역의 4퍼센트만을 중국의 영토로 하고 다른 분쟁 지역은 동등하게 분할하는 것으로 마무리되었다. 이렇게 구소련과 러시아의 직접적 영향력 범위에 속한 국가들과 국경 문제는 대체로 마무리되었지만, 남쪽 국경에서는 다소의 차이를 보였다. 라오스 및 베트남과는 분쟁 지역의 절반을 수용하는 것으로 분쟁을 마무리했지만, 인도와의 국경분쟁 지역은 현상을 유지하는 수준에서 아직 해결되지 않고 있다. 그리고 부탄에 대해서 중국은 상당한 영토적 양보를 제시하였지만, 이 지역이 인도와 해결되지 못한 부분이 있어 아직 합의에 이르지 못했다. 이처럼 러시아라는 강대국의 존재는 국경 문제에 대해 중국이 힘을 앞세워 강제할 수 없는 조건을 만들어 주었다고 할 수 있다.

국내정치적인 필요 또한 중국 정부의 협력적 태도를 만들어 주었다. 중국의 서쪽과 남쪽에는 신장위구르와 티베트가 있다. 이들 자치구는 중국의 국내정치적 통합과 안보에 약한 고리로 작용하고 있다. 신장위구르는 일찍이 18세기에 청나라가 복속하여 영토로 삼았지만, 중국의 중심지와 매우 멀리 떨어져있다 보니 중앙에서 통제가 어려웠다. 그리하여 점차 중국의 영향력으로부터 벗어났다가, 1949년 중국이 다시 군대를 보내 점령하였다. 그런데 이 지역은 10세기부터 이슬람교과 전파되어 오랜 시간 동안 이슬람 세계의 영향을 받으면서 역사적으로 문화적으로 중국과는 매우 이질적이다. 이 지역의 위구르족이 중국으로부터 분리독립을 주장하는 이유이다. 티베트는 1951년 중국에 의해 무력으로 복속되었다. 1959년 이에 반발한 대규모 시민 봉기가 벌어졌고, 달라이라마는 인도 다람살라로 망명하며 독립 정부를 설립하였다. 이를 계기로 티베트 문제는 세계적인 관심을 가지게 되었고, 티베트 망명 정부는 종교적인 연대를 기반으로 비폭력 독립운동을 계속해오고 있다. 그리고 1989년에는 달라이라마가 노벨평화상을 수상하기도 했다.

신장위구르와 티베트에서 계속되고 있는 분리 독립의 요구는 중국의 국내적 통합을 저해하는 요인이다. 그리고 이 지역들은 중앙아시아 및 남아시아 국가들과 접경하고 있다. 중국 정부의 입장에서 보면, 이들 지역의 분리독립 요구를 저지하고 중국으로 통합을 촉진함으로써 국내적 안정을 달성하는 것이 우선적 과제였다. 서부와 남부 국경에서 인접국과 갈등이 벌어지게 되면 이들 지역의 불안정을 가중시키면서 국내적 통합이 심각하게 손상될 수 있었다. 중국 정부는 서부 국경을 통해 이슬람 과격파 테러리즘가 유입되어 신장위구르의 긴장 상황이 악화될 수 있음을 경계해야 했으며,[31] 티베트 망명 정부가 티베트 지역을 동요시킬 가능성을 차단해야 했다.[32] 이에 이들 지역에 대한 대대적인 투자와 경제 개발을 실행함으로써 지역적 낙후에서 비롯되는 불만을 잠재우고 경제적 통합을 바탕으로 정치적 통합을 도모하였다. 2000년 3월부터 추진된 중국 정부의 서부대개발은 전력과 수자원, 천연가스, 교통의 사회간접자본을 건설함으로써 낙후된 서부 지역의 경제발전을 도보하고 지역 간 격차를 해소함으로써 성장의 새로운 동력을 마련하기 위한 것이었다.[33] 이후 이 지역의 경제성장률은 다른 지역들을 상회하는 성과를 거두었으며, 현재 "13.5규획"(2016-2020)에 따라 샤오캉사회(小康社會)를 목표로 추진되고 있다.[34]

광대한 영토를 바탕으로 역사적으로 아시아의 강대국이었던 중국은 21세기 새로운 강국으로 부상하기 위해 먼저 국내적 통합이 주요하였다. 이

---

31) Fravel, 2008, op. cit., pp.155-56.
32) Ibid., p.168.
33) 최성일, 「중국 서부대개발 10년의 성과와 과제」, 『한국동북아논총』, 제55호, 2010, 25-29쪽.
34) KIEP 북경사무소, 「'서부대개발 13.5규획'의 주요 내용 및 평가」, 『KIEP 북경사무소 브리핑』, 제20집 제13호, 2017, 5-16쪽.

는 인구와 산업이 집중된 동부와 낙후된 서부 간의 경제적 격차와 지리적 간격을 완화하는 것이 필요했다. 넓은 영토는 강대국으로 성장할 수 있는 잠재적 조건이 되지만, 이 잠재력이 현실화되기 위해서는 사회적 응집과 결속을 확보하는 것이 필수이다. 이를 위해 인적 교류와 물류의 이동을 원활하게 하고 국내적 자원이 효과적으로 분배될 수 있도록 하는 교통과 통신 기반을 구축해야 한다. 매킨더가 하트랜드 대륙국가가 가지는 전략적 강점을 강조한 것도 러시아가 유라시아 대륙을 가로지르는 시베리아 횡단철도를 구축함으로써 극동 지역으로까지 효과적인 물자 이송이 가능해진 것에 주목했기 때문이다.[35]

육지에서 커뮤니케이션 망을 확보하고 구축하는 것은 국가의 기간산업으로서 철도망 구축으로 대표된다. 특히 영토가 넓은 국가들일수록 원거리 교통망으로서 철도는 매우 중요하다. 중국의 철도망도 동부 지역에 편중되어 있었지만, 2000년 이후 지속적으로 기존 철도망을 정비하는 한편 서부 지역으로까지 확장하고 있다. 칭하이성에서 티베트의 라사에 이르는 세계에서 가장 높은 지대를 달리는 칭짱철로(青藏鐵路)의 장장 1,956킬로미터 구간이 2006년 개통되었으며, 현재 쓰촨성에서 접근하는 촨짱철로(川藏铁路)가 건설 중에 있다. 한편 철도망의 양적인 확대뿐만 아니라 질적인 고도화도 함께 병행되고 있다. 시속 200-300킬로미터의 고속철도 건설을 중국 전역으로 확대하여 원거리에서 신속한 이동망을 구축하고 있다. 그리하여 2014년 말 중부 간쑤성의 란저우(蘭州)에서 신장의 우루무치까지 8시간만에 도달할 수 있는 고속철도(蘭新鐵路)를 개통했다. 고속철도의 건설은 중국의 광대한 영토에서 비롯되는 접근성의 문제를 해결하는 동시에 지역 격차를 해소하고 경제 발전을 위한 새로운 동력을 제공하고 있다. 그리하여 현재 중국은 미국에 이어 세계에서 두 번째로 긴

---

35) Mackinder, op. cit., p.434.

철도망을 구축했으며, 새로운 성장동력으로서 고속철도망은 세계 1위 수준이다.[36] 이처럼 철도망의 확대와 고도화를 통해 중국은 지역에 따른 분업과 협력 구조를 만들어내고 도시화와 경제성장을 촉진하는 한편 원거리의 공간적 제약을 극복함으로써 국가적 통합과 동질화를 높이는 성과를 거두고 있다.[37]

이렇듯 부상하는 중국이 육지에서 이웃 국가들에 대해 협력적 태도로 접근하면서 국경의 안정적 관리와 국가 통합의 과제에 집중하고 있다. 그리고 한층 격상된 경제력을 동원하여 주변국들에게 안보와 힘의 논리가 아닌 경제적 영향력을 확대해 나가고 있다. 중국과 접경하거나 인접한 국가들은 대부분 경제적으로 낙후되어 있는 개발도상국들이다. 그리하여 중국의 성장 모델을 자국에서도 실현할 수 있기를 바란다. 이들은 대부분 2차대전 이전 시기에는 식민지를 경험하였다가 전후 독립을 이루었거나 냉전 시기에는 소연방에 편입되어 있다가 냉전 종식과 소연방 해체로 독립국가를 수립한 나라들이다. 이들은 중국이 정치적 영향력을 행사하는 것에는 경계하지만, 중국과의 경제 협력을 통해서 자국의 산업화와 경제 발전을 위한 토대를 마련하고자 한다. 중국은 경제개발 초기 해외로부터의 투자를 적극 유치함으로써 세계의 생산기지가 되면서 경제 발전의 토양을 마련하였다. 그리고 이제는 세계의 생산기지를 넘어서서 최대의 소비 시장이 되면서 세계경제의 성장을 견인하고 있다. 마찬가지로 중국은 투자의 대상이면서 이제는 축적된 경제적 자원을 해외에 투자하는 주체가

---

36) Frank Tang, "Full Speed Ahead for China's High-Speed Rail Network in 2019 in Bid to Boost Slowing Economy", South China Morning Post, Hong Kong, 3 January 2019, https://www.scmp.com/economy/china-economy/article/2180562/full-speed-ahead-chinas -high-speed-rail-network-2019-bid-boost. (검색일: 2019.11.08)

37) 배영순 외, 「고속철도건설이 지역경제에 미치는 영향에 관한 연구: 중국고속철도를 중심으로」, 『물류학회지』, 제27집 제3호, 2017, 48-50쪽.

되고 있다. 중국의 해외직접투자(outward direct investment: ODI)는 2016
년 정점을 찍으면서 해외로부터의 직접투자(foreign direct investment:
FDI) 규모를 넘어선 이래 점차 감소 추세에 있지만, 현재 일방적인 투자
대상에서 벗어나 대외 투자에도 적극 나서면서 투자 대상과 주체 사이에
서 균형을 이루어 가고 있다. 해외직접투자는 자본시장에 투자하는 것이
아니라 타국의 현지에 직접 공장을 짓거나 회사를 운영하는 데 참여하는
것으로 대상국가의 고용 창출과 경제 발전의 토대를 만드는 데 중요하다.
중국의 ODI 현황을 살펴보면, 2018년을 기준으로 유럽과 아시아 그리고
북미에 대한 직접투자가 상당한 규모를 차지한다. 그런데 ODI의 전반적
인 감소 추세에도 불구하고 중국 주변의 개발도상국가들을 대상으로 한
규모는 오히려 상승하는 모습들을 보여준다. 이것은 중국이 대대적으로
추진하고 있는 일대일로 프로젝트에 따라 대규모 인프라 투자가 견인하는
효과 때문이다.[38]

　부상하는 중국의 영향은 육지의 공간에서 힘의 논리를 중심으로 한 전
통적인 이론이 예측하는 바와 다르게 나타나고 있다. 중국의 군사력, 특히
육군은 국경을 넘어 힘을 투사할 수 있을 정도로 이동성과 역량을 겸비하
지 못한 것도 사실이다. 그렇다고 중국의 외교가 주변 약소국들에 대해
전적으로 힘으로 밀어붙이는 강압적 수단을 구사했던 것도 아니었다. 오
히려 지속적인 갈등 요인이었던 인접국과의 국경 분쟁은 협력적 자세로
상당한 양보를 전제하면서 평화적으로 해결하였다. 남아시아의 인도 등과
의 국경 문제는 여전히 갈등 요소로 남아 있지만, 이 또한 현상을 유지하
는 차원에서 관리하고 있다. 이렇듯 협력적 자세를 갖게 된 데에는, 중국

---

38) Betty Huang et al., "China, Five Facts about Outward Direct Investment and Their
　　Implication for Future Trend", *China Economic Watch*, March 2019, https://www.bbvare
　　search.com/en/publicaciones/china-five-facts-about-outward-direct-investment-and-their
　　-implication-for-future-trend/ (검색일: 2020.01.17)

의 북방과 서부 변방 지대의 지정학적 조건이 중요하게 작용했다. 다수의 국가들과 국경을 공유함에 따라 갈등과 분쟁의 가능성이 높은 조건 속에서 개혁개방을 통해 경제발전이 중심 과제였던 중국은 변방의 안정적 관리가 중요했다. 이를 위해 대외적으로는 강대국 러시아와 인접하면서 전통적으로 러시아의 영향력이 우세한 몽골 및 중앙아시아 국가들과 불필요한 마찰을 자제할 필요가 있었다. 그리고 서부 빛 남부 변방의 신장과 티베트 문제가 있었다. 적극적 대외정책보다는 대내적인 통합과 안정이 우선 과제였으며, 변방의 분리주의 운동을 통제하고 위협적 테러리즘의 유입을 경계해야 할 필요가 있었다. 대신 우월한 경제력을 바탕으로 인접 개발도상국가의 인프라와 산업에 대대적인 투자를 하면서 경제 협력을 도모하고 있다. 부상하는 중국은 대륙의 공간에서 힘의 우위를 행사하기보다 경제적으로 자본과 인적 네트워크를 통해 협력을 도모하면서 점차 영향력을 확대하고 있다.[39]

Ⅳ. 해양에 대한 적극적 세력 확장

냉전의 종식과 함께 중국의 해양에 대한 전략적 방향은 주요한 변화를 겪었다. 냉전 초기 중국은 한국과 일본을 동맹으로 아우르는 미국이 가장 큰 안보 위협으로 인식되었다. 그러다가 소련과의 갈등의 고조되고 1960년대 말 국경 갈등으로 무력충돌까지 벌이게 되자, 이제는 소련으로부터의 위협에 대비해야 했다. 이 때 해양에서의 안보와 관련하여 무게중심은 소련의 태평양함대로 옮겨갔다. 그리고 인민해방군 해군의 북해함대(北

39) Robert D. Kaplan, "The Geography of Chinese Power: How Far Can Beijing Reach on Land and at Sea?", *Foreign Affairs*, Vol.89 No.3, May/June 2010, pp.28-33.

海舰队)가 전략의 중심에 있었다. 북해함대는 칭다오 시에 사령부를 두고
롄윈강(連雲港) 시를 기점으로 북쪽의 황해와 발해만을 작전 지역으로
하며 수도인 베이징에 대한 경계와 해상위협에 대한 대처를 주요 작전
임무로 하였다. 그러나 냉전의 종식과 소련의 해체로 중국 해군의 전략적
관심은 소련의 태평양함대에서 타이완 섬으로 이동하게 되었다. 이에 타
이완과 마주하고 있는 난징 군사작전지역에 대한 중요성이 부각되었고,
전략적 무게는 동해함대(東海舰队)로 옮겨갔다. 동서 간의 갈등이 첨예
했던 냉전시대에 미국의 아시아 전략에서 맥아더 장군이 묘사했듯이 가라
앉지 않는 항공모함의 전략적 가치를 가지고 있던 타이완의 상황이 앞으
로 어떻게 변화할 것인지 확언할 수는 없었지만, 타이완의 완전한 독립이
초래할 안보 불안 요소에 선제적으로 대응해야 할 필요성이 있었다.[40] 동
해함대는 롄윈강 이남의 황해와 동중국해 그리고 타이완 해협 남단까지를
작전 지역으로 한다. 그리고 오늘날 남중국해의 전략적 중요성이 제고되
고 있다. 이에 파라셀 군도와 스프래틀리 군도를 포함하여 작전 지역으로
하는 남해함대(南海舰队)의 중요성이 부각되고 있다.[41]

태평양 연안에 위치한 지리적 조건에도 불구하고 중국은 해양보다는
대륙에 집중했다. 그리하여 취약한 해군력은 19세기 청일전쟁에서 일본에
게 무참히 패배하는 치욕으로 귀결되었다. 중국이 해양력의 중요성을 새
롭게 인식하고 정책적 변화를 도모한 것은 덩샤오핑이 전통적인 해안방어
(alongshore defense)에서 근해방어(offshore defense)로 해양에 대한 개념
을 전환하면서부터이다. 적국의 육지 상륙을 막는다는 소극적 해양전략
속에서 바다에 대한 통제라는 제해권의 개념은 존재하지 않았다. 실제로

40) Bernard D. Cole, *The Great Wall at Sea: China's Navy in the Twenty-First Century*, Annapolis, Maryland: Naval Institute Press, 2010, p.180.
41) Dean Cheng, "Sea Power and the Chinese State: China's Maritime Ambitions", *Backgrounder*, No.2576, 2011, p.7.

중국은 청일전쟁에서 일본 해군에 완패했던 뼈아픈 경험을 가지고 있었
다. 일본은 제해권의 개념을 습득하고 이를 전장에서 실현했지만, 중국은
이에 적절하게 대응하지 못했던 것이다. 이러한 전략적 반성은 덩샤오핑
에 와서야 구체적인 모습으로 나타나기 시작했다. 해양전략의 전환은 당
시 덩샤오핑의 최측근이자 중국 해군의 아버지라 일컬어지는 류화칭(劉
華清)의 영향이 컸다. 그는 중국 해군의 근대화 필요성을 주장하며, 궁극
적으로 중국이 항공모함을 보유하여 대양해군을 건설해야 한다는 생각으
로 중국 해양력 발전을 위한 청사진을 제시했다. 제1열도선을 제시하면서
해양에 대한 통제, 즉 근해에 대해 일차적으로 제해권을 수립해야 한다고
주장했다. 그리고 이러한 중국 대양해군 건설의 꿈은 오늘에 이르러 점차
실현되고 있는 모습이다.[42]

　냉전이 종식되고 경제적 발전을 통해 해양에 대한 역량 강화를 뒷받침
할 수 있는 자원을 동원할 여력을 가지게 되면서 해군력의 중요성과 증강
의 필요성을 보다 적극적으로 언급하기 시작하였다. 1992년 중국공산당
제14차 당대회에서 장쩌민(江澤民) 주석은 처음으로 중국인민해방군이
"바다에서 가지는 권리와 이익"을 주장하였다. 그는 "영해에서 중국의 주
권을 수호하고 국가의 통일성과 사회적 안정을 지키며, 국가의 경제발전
을 위한 안정적인 환경을 만들어야 하는" 중국 해군의 역할과 임무를 강
조하였다. 2000년 양회에서는 "해양강국 건설은 중요한 역사적 과제"라고
역설하였다. 이러한 인식은 후진타오(胡錦濤)에게로 계승되었으며,[43]
2004년 "바다의 발전은 중국의 경제 및 사회 발전을 촉진하기 위한 전략
적 과제"라고 말하면서 집권 초기부터 경제적 발전 과제를 수행하기 위하

42) 중국의 해양에 대한 인식 변화에 대한 역사적인 논의에 대해서는 다음을 참조. Lixin
　　Sun, "Chinese Maritime Concepts", *Asia Europe Journal*, Vol.8 No.3, 2010, pp.327-338.
43) Cole, op. cit., p. 179.

여 해양의 중요성을 강조하였다.[44]

  시진핑에 이르러서 중국의 해양에 대한 정책은 보다 공세적으로 나타났다. 2013년 시진핑은 중국이 육상강국일 뿐만 아니라 광범위한 해양 전략적 이해관계를 가진 해양강국이라고 강조하면서, 해양에 대한 중국의 권리와 이익을 수호해야 할 필요성을 역설하였다.[45] 해양에 대한 중국의 적극적 의지를 명확하게 보여주는 최근의 사례는 남중국해 문제이다. 이 해역은 중국이 역사적 권리를 내세우면서 영유권을 주장하는 지역으로, 베트남, 필리핀, 말레이시아, 브루나이 등의 해역 인접 국가들과 이해가 충돌하고 있다. 중국 정부는 이 해역에 점점이 존재하고 있는 스프래틀리 군도와 파라셀 군도 등을 포함하여 남중국해의 대부분을 아우르는 남해구단선(南海九段線)을 근거로 영유권을 주장하고 있다. 그러나 이러한 중국의 주장은 주변국들과 심각한 마찰을 벌이고 있다. 2012년 스카보러 섬에서 중국 해안감시선과 필리핀 함정 간의 대치로 갈등이 촉발되면서, 2013년 필리핀 정부는 이 문제를 국제사회의 판단에 맡기기로 하였다. 그리하여 유엔 국제해양법재판소(International Tribunal for the Law of the Sea: ITLOS)에 중국과의 남중국해 분쟁 문제를 제소하였다. 그러나 중국 정부는 상설중재재판소(Permanent Court of Arbitration: PCA) 소송에 참여하지 않겠다며 거부했다. 중재재판소가 관여할 문제가 아니라는 이유에서였다. 2016년 7월 12일 중재재판소가 최종적으로 필리핀의 손을 들어주며 중국이 남해구단선을 근거로 주장하는 남중국해 영유권이 법적인 근거가 없다고 판단하였다. 이에 중국 정부는 즉각 반발하며 중재재판소의 판

44) "紀念我國批准《聯合國海洋法公約》十週年座談會在京召開", 『中國海洋學會』 (Chinese Society for Oceanography), 2006, http://www.cso.org.cn/Xhdt/xuehuitongzhi/2013/0507/969.html (검색일: 2020.01.12)
45) "進一步關心海洋認識海洋經略海洋", 『人民網』(People.cn), 2013, http://politics.people.com.cn/n/2013/0801/c1024-22401311.html (검색일: 2020.02.02)

결을 받아들일 수 없다는 입장을 분명히 했다.[46] 사안을 접수하지도 않고 참여하지도 않고 승인하지도 않으며 이행하지도 않을 것(不接受, 不参, 不承认, 不执行)이라는 기존의 입장[47]을 재확인했다.

중국이 남해구단선을 영유권 주장의 근거로 삼는 것은, 제2차 세계대전에서 일본이 패배함에 따라 당시 중화민국이 이 해역과 통킹만까지 포함하는 영역에 대해 영유권을 주장한 것에서 연유한다. 이어 1949년 오늘의 중화인민공화국에서 통킹만에 대한 요구를 철회하면서 현재에 이르고 있다. 남해구단선 내의 해역은 작은 암초와 산호초들이 산재하고 있으며, 여기에서 스프래틀리 군도, 파라셀 군도 등은 국제법적으로 도서로 인정될 수 없는 작은 암초와 산호초들이다. 이들은 모두 해수면이 높아지거나 파도가 치면 수면 아래로 가라앉는 것으로 영토나 영유권을 주장할 수 있는 근거가 되지 못한다. 그럼에도 이 해역의 인접 국가들은 곳곳의 암초들을 둘러싸고 자국의 영역을 확대하기 위해 경쟁적으로 영토화를 도모하며 각축을 벌이고 있다. 역시 가장 적극적인 국가는 중국이다. 중국은 남중국해 7개 지점에서 인공섬을 건설하고 있는 것으로 알려졌다.[48] 그리고 이들 인공섬을 군사기지화함으로써 전략적 거점을 확보해 나가고 있다. 인공섬에는 격납고와 부두가 건설되었고, 전투기 출격을 위한 계류장과 기반시설을 비롯하여 대함 순항 미사일 방공호와 탄약저장고가 설치되었다. 가장 대표적인 피어리크로스 암초(Piery Cross Reef)는 규모로 볼 때

---

46) "'中남중국해 영유권·인공섬 불인정' … 중재재판소, 中패소 판결", 『연합뉴스』, 2016.07.12, https://www.yna.co.kr/view/AKR20160712159853084?input=1179m (검색일: 2020.02.12)

47) Colin S. Gray, "Nicholas John Spykman, the Balance of Power, and International Order", *Journal of Strategic Studies*, Vol.38 No.6, 2015, pp.873-897.

48) Isaac B Kardon, "China Can Say No: Analyzing China's Rejection of the South China Sea Arbitration toward a New Era of International Law with Chinese Characteristics", *The University of Pennsylvania Asian Law Review*, Vol.13 No.2, 2018, pp.35-36.

활주로도 건설이 가능한 곳이다.[49] 이는 마치 남중국해에 중국이 "가라앉지 않는 항공모함"을 건설하는 것과 같다고 해도 지나치지 않을 것이다. 남중국해 인공섬 건설은 중국이 이 해역에 대해 무력으로 실효적 지배를 추구하고 있다는 의도를 명확하게 보여준다.

한편 동중국해에서 센카쿠열도(다오위다오)에서 벌어지고 있는 일본과의 영유권 갈등 또한 첨예하게 나타나고 있다. 일본의 행정구역상 오키나와현에 속하며 중국에서는 타이완성에 속하는 섬들로 가장 큰 우오쓰리섬(다오위섬)을 포함하여 여덟 개의 작은 섬과 암초로 이루어진 지역이다. 19세기 청일전쟁 중에 일본이 무주지라고 하며 일방적으로 편입하였으며, 제2차 세계대전 종식 이후 오늘에 이르기까지 사실상 일본이 실효적 지배를 하고 있다. 이에 중국 정부는 일본의 점유가 이해당사국인 중국의 전통적인 이해를 배제한 체 일방적으로 자행된 불법적인 행위라고 문제를 제기하고 있다. 2010년 센카쿠열도 인근에서 조업하던 중국 어선의 선장을 일본 해경이 체포하면서 중일 간의 외교적 마찰이 가시화되었다. 이 문제로 중국은 일본에 대한 희토류 금수조치를 단행하였다. 자원을 무기로 일본의 취약한 부분을 공략한 것이다. 결국 양국 간 갈등은 일본 정부가 중국인 선장을 석방하면서 일단락되었고 중국의 대일 희토류 금수조치도 해제되었다.

센카쿠열도를 둘러싼 중일 양국의 갈등은 여전히 존재하고 있다. 일본은 실효적으로 지배하면서 중국을 견제하고 있으며, 중국은 당장 이를 외교적 문제로 만들고자 하는 움직임은 없다. 다만 중국 정부가 보이고 있는 과거와는 다른 행태에 주목할 필요가 있다. 센카쿠열도는 타이완섬과 인

---

49) Ankit Panda, "New Photographs Show China's South China Sea Artificial Islands Like You've Never Seen Them", *The Diplomat*, 7 February 2018, https://thediplomat.com/2018/02/new-photographs-show-chinas-south-china-sea-artificial-islands-like-youve-never-seen-them/ (검색일: 2020.02.14)

접해 있으며 중국이 태평양으로 향하는 관문에 위치해 있기에 전략적으로 중요한 의미를 가진다. 지리적으로 일본 열도가 남쪽으로 이어지며 오키나와를 거쳐 센카쿠열도에 이르기까지 동중국해를 아우르고 있으며, 이는 중국이 태평양으로 향하는 길목을 차단하고 있는 형세이다. 어업과 배타적 경제수역, 그리고 이 해역에 매장되어 있을 것으로 예상되는 천연가스 등의 자원과 같이 경제적인 이해도 중요하지만, 안보적 차원에서 궁극적으로 이 포위망을 해소해야 하는 필요성이 중대한 과제이다. 이에 중국 정부는 이 해역에 대해 일본과의 직접적인 대결은 피하면서도 일상적인 차원에서 이 지역에 대해 중국이 가지는 이해를 지속적으로 표출하고 있다. 센카쿠열도 부근에 중국 어선의 출몰은 일상이 되었고 자국 어업선을 보호한다는 명분으로 중국 정부는 해양순시선과 정찰선을 정기적으로 파견하고 있는 것이다. 일본 정부 입장에서는 중국의 이러한 행태를 좌시할 수 없지만, 달리 외교적 문제로 거론할 수도 없는 상황이다.

중국 정부가 해양에 대해서 보다 적극적인 의지를 피력하고 해양강국으로의 발전을 중대한 전략적 과제로 내세우면서 공세적인 조치들을 서슴지 않고 펼치는 것은 시진핑 시대에 두드러진 특징으로 보인다. 남중국해에 인공섬 건설을 위해 시진핑이 직접 해당 지역을 시찰하고 지정했다고 알려지며, 성과를 독려하고 치하하는 데에도 주저함이 없었다. 바다를 둘러싼 중국과 인접 국가들 간의 갈등은 시진핑 시대에 이르러 과거 어느 때보다도 수면 위로 부상하고 있으며 협력과 합의보다는 팽팽한 긴장 속에서 중국은 점차 유리한 환경을 만들어 나가고 있다. 그러나 중국의 적극적 해양 전략을 시진핑의 리더십 특징과 연관하여서만 이해하는 것은 충분하지 않다. 중국의 해양에 대한 적극적인 이해와 인식은 이미 오래 전부터 존재하였으며 이것이 최근에 실현되기 시작했다고 보는 것이 타당하다. 다만 시진핑은 해양에 대한 중국의 전략적 이해를 인식하고 이를 어떠한 정책으로 구현할 것인지를 판단하고 실행하는 문지기(gatekeeper) 역할

을 하고 있다고 하겠다.[50]

중국은 이른바 굴욕의 세기를 겪으면서 해양에 대한 인식을 전환하게 되었다. 취약한 해군력은 해안선을 따라 국가를 방어할 수 없게 만들었다. 무너진 해안선은 외부로부터의 공격에 속수무책이었다. 서구 제국주의는 중국의 해안을 유린하면서 침투하였고, 일본은 중국의 해군력을 무력화하면서 대륙으로의 팽창을 위한 교두보를 마련하고자 했다. 두 차례의 세계대전과 내전을 치르면서 중국은 전승국으로서의 이점을 취하기 어려울 정도로 쇠약해져 있었다. 국가적 존립을 유지할 수 있었던 것이 최대의 전리품이었다. 그러던 중국은 20세기 말에 개혁개방으로 경제성장의 발판을 만들었고, 이제 세계의 경제를 이끌어가는 선두적 위치에 서게 되었다. 50년 넘게 묵혀두고 있던 남해구단선을 당당히 공식문서를 통해 국제사회에 내세우게 된 것도, 해안선에 머물러 있던 전략적 관심을 점차 확대시켜 인근 해역을 넘어 동아시아 지역의 해역을 포괄하여 안보전략을 위한 확장적 도련선 전략과 방공식별구역 선포도 이제 중국의 역량이 해양력 건설 의지를 뒷받침할 수 있게 되었기 때문이다. 1992년에 중국 정부가 공포한 영해법은 해양강국 건설 의지를 법적으로 표현한 것이며, 시진핑에 이르러 점차 실현해가고 있는 것이다. 중국의 입장에서 과거에 연안국으로서 지리적 조건을 경시함으로써 겪어야 했던 뼈아픈 역사를 통렬하게 반성하고, 연안국으로서 대륙과 함께 해양의 이익을 적극적으로 인식한 것이다. 21세기의 새로운 안보환경과 시진핑의 리더십이 해양강국을 위한 중국의 전략적 공세를 초래했다기보다는 중국이 비로소 지정학적 관점에서 국익을 인식하고 안보전략을 추구할 수 있는 자원과 역량을 갖추게

---

50) Andrew Chubb, "Xi Jinping and China's Maritime Policy", *Global China: Domestic Politics and Foreign Policy*, 22 January 2019, https://www.brookings.edu/articles/xi-jinping-and-chinas-maritime-policy/ (검색일: 2020.02.13)

된 것이다.

스파이크먼은 해양력에 대한 기존의 논의들을 정리하면서, 해양을 통제한다는 것은 해안을 넘어서서 근해(offshore)에 이르기까지의 해역에 대해 우세한 힘을 투사할 수 있는 능력을 가지는 것이며, 이는 맞은 편 해안까지의 해역에 대해 우월적인 해양력을 투사하는 것으로 확대될 수 있다고 보았다. 또한 해양에서의 통제는 육지와는 달리 말뚝을 박고 철조망을 쳐서 통제하는 것이 아니라 주요 거점을 확보하고 이를 통해 해로의 안전을 확보하는 것이라고 했다. 이렇게 볼 때 오늘날 중국의 적극적 행동들은 복잡한 이해가 중첩되고 있는 남중국해와 동중국해에서 자국의 이익을 실현하고 해양력을 투사할 수 있는 거점을 확보하려는 것으로 이해할 수 있다. 인공섬의 건설이 대표적이다. 그리고 분쟁 해역에 해경의 순시를 점차 정기적이고 일상적으로 실행하고 있는 것은 해로에 대한 지배적 통제력을 강화하려는 조치이다. 그리고 이러한 중국의 적극적 해양 전략은 다른 국가들의 영해가 있는 맞은 편 해안까지의 근해(offshore)에서 통제력을 확보하기 위한 것으로 이해된다.

스파이크먼은 중국의 부상과 헤게모니 추구 가능성을 일찍이 전망하면서 아시아의 질서와 안보 유지를 위해서 아시아 지중해가 가지는 전략적 중요성을 강조하였다. 그리고 중국이 강대국으로 부상하여 지역 헤게모니를 추구하는 것이 아시아 지역의 안정을 해치는 위협이 될 것이라고 전망하였다. 그리고 이 때 아시아의 지중해에 대한 배타적 통제력이 지역 헤게모니를 추구하는 중국의 손에 넘어가는 것을 경계했다.[51] 그리고 오늘의 중국은 아시아의 지중해 일부인 동중국해와 남중국해에서 적극적인 전략을 추구하면서 영향력을 확대하고자 한다. 스파이크먼이 경계했던 중국의 지역 헤게모니 추구는 대륙이 아니라 해양에서 보다 분명하게 드러나고

---

51) 스파이크먼, 앞의 책, 106-108쪽.

있는 것이다. 해양에서 중국의 적극적 움직임은 미국과 갈등과 경쟁을 예
견하게 한다. 미국의 입장에서 보면 이 해역에서 중국의 배타적 영향력과
통제권이 확대되는 것을 허용할 수 없기 때문이다. 중국의 의도가 아시아
에서 "중국식 먼로독트린"을 실현하고 미국이 이를 인정해주기를 바라는
것이지만, 해군력을 증강하면서 마한주의를 추구하고 근해에 대한 통제력
을 확보하려는 적극적 조치들이 평화적인 접근이라고 인식할 근거는 없
다.[52] 따라서 해양 문제에 대한 당사자 우선 원칙, 군사적 충돌 억제, 평화
적인 합의를 추구한다는 중국 정부의 공식 입장에도 불구하고, 중국의 연
안 바다는 아시아 지역 안보를 위태롭게 할 수 있는 핵심 영역이 되었다.
　요컨대, 오늘의 중국은 침탈과 굴욕의 역사를 교훈으로 삼아 연안국으
로서 해양의 중요성을 자각하고 해양을 통한 국가 이익을 실현하기 위해
적극적으로 나서고 있다. 다만 오늘날 남중국해와 동중국해를 중심으로
나타나고 있는 중국의 행태는 인근 해역에 대한 배타적 통제권을 추구하
는 방향으로 나아가고 있으며, 이를 위해 해군력 증강을 포함하여 가능한
자원들을 동원하고 있다. 여기에서 동중국해와 남중국해에서 나타나고 있
는 중국과 주변국들 간의 이해 충돌과 갈등은 중국이 아시아에서 중국식
먼로독트린을 추구하고 이로 인하여 주변국들과 지역 안보에 중대한 위협
이 될 가능성이 있다. 이처럼 중국이 바다에 대해 공세적이고 적극적인
정책을 펼치고 있는 데에는, 중국이 가지고 있는 지정학적 조건이 있다.
대부분의 인구와 산업 시설 및 대도시는 연안에 집중되어 있다. 이는 비단
현대적 현상이 아니라 역사적으로도 연안 지역은 비옥한 토양과 인간 삶
에 유리한 환경으로 중국 발전의 중심에 있었다. 이와 함께 해양에 대한
소극적 태도는 중국에게 굴욕의 세기라는 비극적 경험을 안겨주었다. 그
리고 이제 경제적으로 부상한 중국은 해양의 중요성을 제고하고 제해권의

---

52) 강성학, 앞의 책, 50-54쪽.

확보와 대양해군 건설을 위한 물적 토대를 마련하게 되었다. 그리하여, 중국의 지리적 조건과 역사적 경험 그리고 현대의 경제적 발전은, 중국이 해양의 지정학적 중요성을 인식하고 적극적이고 공세적인 정책을 펼치게 된 주요한 요인으로 이해할 수 있을 것이다.

V. 결론

중국은 전통적으로 아시아 지역의 강국이었다. 아시아 대륙의 상당 부분을 영토로 보유하고 있는 지리적 조건과 주로 내륙으로부터 연안지대로 향하는 압력에 대처해야 하는 안보적 필요로 인하여 해양보다는 대륙국가로서 발전하였다. 태평양에 접하는 연안국가로서의 지리적 조건은 서세동점의 이른바 굴욕의 시기를 거치면서 변화를 맞이하였다. 그리하여 오늘날 중국은 과거의 대륙 중심성에서 벗어나 연안국가로서 태평양에 접하고 있는 해양 공간에 대한 인식을 제고하고 있다. 시진핑 시대에 본격적으로 현실화되고 있는 해양력 제고와 적극적 해양전략 추진은 부상하는 중국이 세력 확장을 위한 공간으로 대륙보다는 해양에 더 큰 비중을 두고 있음을 말해준다.

급속한 경제 성장을 토대로 한 중국의 부상은 아시아의 인접 국가들에게 안보적 위협 요인으로 작용할 것이라는 일반적인 예상과는 달리, 중국의 주변국가들에 대한 행태는 협력과 공세가 혼재한다. 즉 육지에서 인접 국가들과는 협력적 자세로 영토 문제에 합의함으로써 안정적 환경을 구축하였으며, 경제협력과 다자주의를 추구하고 있다. 반면, 바다에서는 인근 해역을 영해화하려는 적극적인 전략을 추구하면서 주변 국가들의 이익을 침해하면서 분쟁과 갈등을 만들어내고 있다. 서부의 대륙 변방의 척박하고 험준한 지리적 조건과 강대국 러시아와의 인접성은 힘의 확장에 유리하지 않다. 더구나 외부 위협 요인의 유입 가능성을 차단하기 위해 대륙의 국경선을 안정적으로 관리하고, 국내적으로 커뮤니케이션 인프라 네트워크를 구축함으로써 국가 통합을 도모하는 것이 우선이었다. 반면 동부 연안지대의 지리적 조건은 다르다. 주요 산업 시설과 대도시 및 대부분의 인구가 집중된 동부 저지대 연안은 중국의 핵심 역량이 결집된 지역이다. 동부 연안 저지대의 안보와 경제적 활력을 제고하는 것은 오늘의 중국에게 중대한 과제가 되었다. 그리하여 과거와는 달리 대륙 중심성에서 벗어나 해양에 대한 이해를 제고하게 되었고, 시진핑 시대에 이르러 해양강국 건설을 목표로 한 적극적인 해양전략을 추구하고 있다. 연안국가라는 지정학적 조건 위에서 대륙보다는 해양에 대한 국가이익에 더 큰 비중을 두게 된 것이다.

아시아 지역에서 오늘날 부상하는 중국의 세력 확장에 대해 지정학 이론은 세 가지 중요한 시사점을 제공한다. 첫째, 육지와 바다의 두 공간을 모두 가지고 있는 중국은 연안국가라는 지정학적 조건 위에서 힘의 확장 방향을 바다로 설정했다. 보다 유리한 공간으로 힘을 확장한다는 스파이크먼의 논의처럼, 중국은 연안의 근해를 향해 적극적인 전략을 구사하고자 한다. 둘째, 동중국해와 남중국해가 가지는 복잡한 지리적 조건으로 인하여 이 해역에 인접한 국가들 간에는 갈등이 일어날 가능성이 크다. 실제로 역사적으로 해결되지 못한 중첩된 이익들이 오늘에도 충돌하고 있다. 이 속에서 중국이 남중국해의 상당 부분을 자국의 영해로 선포하는 공세적 전략을 구사함으로써 상존하는 갈등은 점차 고조되고 있다. 셋째, 아시아 지중해에서 점증되는 갈등은 비단 지역 차원의 문제가 아니다. 미국은 재균형 이래 서태평양과 아시아에 대한 전략적 이해를 제고했으며, 부상하는 중국을 견제하기 위한 인도-태평양전략을 구체화했다. 중국의 적극적 해양전략은 전통적인 해양국가인 미국이 서태평양에서 가지는 전략적 이해와 충돌할 가능성이 매우 높다.

연안국가라는 지리적 조건은 중국이 육지와 바다를 모두 고려해야 하는 지정학적 필요를 만들어내었다. 역사적으로 중국은 대륙 중심의 전략을 구사했지만, 19세기 말 이후의 역사적 경험과 오늘날 전략 환경의 변화, 그리고 개혁개방 이후 급속한 경제적 부의 축적은 21세기 해양의 중요성을 제고하면서 해양에 대해 보다 적극적으로 고려하도록 만들었다. 물론 정책결정자 개개인의 인식의 변화를 말할 수는 없지만, 밖으로 표현되는 정책을 보았을 때 육지에서 이웃 국가들에 대해 가지는 타협과 협력의 태도와는 달리 바다에서는 적극적으로 국익을 추구하면서 공세적 조치를 마다하지 않는 모습은 시사하는 바가 크다. 이것은 결국 중국의 정책결정자들이 바다에 대한 이익을 보다 중요하게 인식했음을 보여주는 것이라 할 수 있다. 그리고 그 바탕에는 연안 중심의 중국의 지리적 조건과 오늘날의 전략적 필요성과 결부된 지정학적 요구가 함께 작용한 것이라 하겠다.

동중국해와 남중국해를 포함하는 해역으로서 아시아의 지중해를 전략적 핵심 공간으로 인식한다면, 해양의 질서와 안보에 관한 고전적인 가르침을 상기할 필요가 있을 것이다. 해양에서 안보의 핵심은 자유로운 항해를 보장하는 데 있다. 과거에는 항로를 통제한다는 것이 해적이나 적대적 국가의 개입으로부터 자국의 선박 운항을 보호하는 것이었다. 따라서 주요한 거점을 확보하고 이 거점을 중심으로 주요 항로의 안보를 지켰다. 거점과 거점을 이어 형성된 해역에서는 배타적인 통제권을 확보함으로써 불법적인 어로와 해적 행위를 방지했다. 평시에 해군의 기본적인 임무는 이렇듯 바다에서 교역이 안전하게 이루어질 수 있도록 환경을 만들고 자국 선박을 보호하는 것이었다.[53] 그러나 오늘날 바다는 배타적 통제권을 추구하는 것이 해양의 안보를 증진시키기보다는 오히려 갈등을 유발할

---

53) Mahan, op. cit., pp.25-27.

수 있다. 그리고 항로를 통한 선박의 이동은 과거 어느 때보다도 양적으로
증가하였기에, 자국 선박을 선별해서 보호하는 방식은 이미 불가능해졌
다. 교통로로서의 바다는 이미 국제 공유 자원이 되었으며 이는 어느 한
국가가 독점할 수 없는 구조가 되었다. 그리고 바다가 보유한 자원에 대해
서도 국제사회는 독점적 소유를 금지하고 공동의 자원으로 규정하는 데
합의하였다.[54] 따라서 다자간의 협력을 통해 갈등을 관리하고 대립을 최
소화하여 조화로운 해결책을 찾아야 할 것이다. 중국이 바다에 대해 가지
는 자국의 적극적 이익을 주변국가에게도 강요하는 것이 아니라, 인접 국
가들과 이해를 조정하고 조화할 수 있는 강대국으로서의 리더십을 발휘할
필요가 있다. 중국의 평화적인 접근이 아시아 지역의 안보와 질서를 지킬
수 있는 핵심이다.

| 참고문헌 |

강성학, 『한국의 지정학과 링컨의 리더십: 동아시아의 지정학적 변화와 국가통
    일의 리더십』, 서울: 고려대학교출판문화원, 2017.
스파이크먼, 니콜라스 존, 『평화의 지정학』, 김연지·모준영·오세정 역, 서울:
    섬앤섬, 2019.
김애경, 「중국의 화평굴기론 연구: 논쟁과 함의를 중심으로」, 『국제정치논총』,
    제45집 4호, 2005.
박병석, 「중국화평굴기론의 이론적 한계와 문제점」, 『정치사상연구』, 제5집
    2호, 2009.

---

54) 1994년에 발효된 국제연합해양법협약(The United Nations Convention on the Law of
    the Sea: UNCLOS)은 각국 영해 바깥의 바다에 대해서는 국제사회 공동의 자산이라는
    원칙에 기반하고 있다.

배영순·맹해양·양효붕·배기형, 「고속철도건설이 지역경제에 미치는 영향에 관한 연구: 중국고속철도를 중심으로」, 『물류학회지』, 제27집 3호, 2017.

이수형, 「동아시아 안보질서에서 강대국과 중견국의 헤징전략」, 『한국과 국제정치』, 제28집 3호, 2012.

제성훈, 「탈냉전기 러시아-몽골관계의 변화: 지정학적 '완충국' 개념을 중심으로」, 『국제정치논총』, 제50집 2호, 2010.

최성일, 「중국 서부대개발 10년의 성과와 과제」, 『한국동북아논총』, 제55집, 2010.

KIEP 북경사무소, 「'서부대개발 13.5규획'의 주요 내용 및 평가」, 『KIEP 북경사무소 브리핑』, 제20집 13호, 2017.

김문성, "'中남중국해 영유권·인공섬 불인정'···중재재판소, 中패소 판결", 『연합뉴스』, 2016년 7월 12일, https://www.yna.co.kr/view/AKR2016071 2159853084?input=1179m (검색일: 2020.02.12)

정주호, "판결내용은 中완패 ··· 남중국해에 '섬'없다·영유권·EEZ 불가", 『연합뉴스』, 2016년 7월 12일, https://www.yna.co.kr/view/ AKR201607121 73700089 (검색일: 2019.03.21)

"紀念我國批准《聯合國海洋法公約》十週年座談會在京召開", 『中國海洋學會』 (Chinese Society for Oceanography), 2006, http://www.cso.org.cn/Xhdt/ xuehuitongzhi/2013/0507/969.html (검색일: 2020.01.12)

"進一步關心海洋認識海洋經略海洋", 『人民网』(People.cn), 2013, http://politics. people.com.cn/n/2013/0801/c1024-22401311.html. (검색일: 2020.02.02)

Chan, Steve, China, the US and the Power-Transition Theory: A Critique, New York, NY: Routlege, 2008.

Cole, Bernard D., The Great Wall at Sea: China's Navy in the Twenty-First Century, Annapolis, Maryland: Naval Institute Press, 2010.

Fravel, M. Taylor, Strong Borders, Secure Nation: Cooperation and Conflict in China's Territorial Disputes, Princeton: Princeton University Press, 2008.

Mahan, Alfred Thayer, *The Influence of Sea Power Upon History, 1660-1783*, Boston: Little, Brown and Company, 1890.

Mearsheimer, John J., *The Tragedy of Great Power Politics*, New York, NY: W.W. Norton & Company, 2001.

Morgenthau, Hans J., *Politics among Nations: The Struggle for Power and Peace*, 6th ed. Edited by Kenneth W. Thompson., New York: Alfred A. Knopf Inc., 1985.

Organski, A.F.K., *World Politics*, Second ed. New York, NY: Alfred A. Knopf, 1968.

Spykman, Nicholas J., *America's Strategy in World Politics: The United States and the Balance of Power*, New York: Harcourt, Brace and Co., 1942.

Waltz, Kenneth N., *Theory of International Politics*, Waveland Press, 2010.

Cheng, Dean, "Sea Power and the Chinese State: China's Maritime Ambitions", *Backgrounder*, No.2576, 2011.

Chubb, Andrew, "Xi Jinping and China's Maritime Policy", *Global China: Domesti c Politics and Foreign Policy*, 22 January 2019. https://www.brookings.edu /articles/xi-jinping-and-chinas-maritime-policy/. (검색일: 2020.01.05)

Foot, Rosemary, "Chinese Strategies in a US-Hegemonic Global Order: Accommo dating and Hedging", *International Affairs*, Vol.82 No.1, 2006.

Fravel, M. Taylor, "Regime Insecurity and International Cooperation: Explaining China's Compromises in Territorial Disputes", *International Security*, Vol.30 No.2, 2005.

Friedberg, Aaron L., "The Future of U.S.-China Relations: Is Conflict Inevitable?", *International Security*, Vol.30 No.2, 2005.

_____, "Ripe for Rivalry: Prospects for Peace in a Multipolar Asia", *International Security*, Vol.18 No.3, 1993.

Gray, Colin S., "Nicholas John Spykman, the Balance of Power, and International

Order", *Journal of Strategic Studies*, Vol.38 No.6, 2015.

Huang, Betty, Alvaro Ortiz, Tomasa Rodrigo, and Le Xia, "China, Five Facts About Outward Direct Investment and Their Implication for Future Trend", *China Economic Watch*, March 2019, https://www.bbvaresearch. com/en/publicaciones/china-five-facts-about-outward-direct-investment -and-their-implication-for-future-trend/ (검색일: 2020.02.12)

Kaplan, Robert D., "The Geography of Chinese Power: How Far Can Beijing Reach on Land and at Sea?", *Foreign Affairs*, Vol.89 No.3, May/June 2010.

Kardon, Isaac B., "China Can Say No: Analyzing China's Rejection of the South China Sea Arbitration toward a New Era of International Law with Chinese Characteristics", *The University of Pennsylvania Asian Law Review*, Vol.13 No.2, 2018.

Kim, Woosang, and Scott Gates, "Power Transition Theory and the Rise of China", *International Area Studies Review*, Vol.18 No.3, 2015.

Kugler, Jacek, and A.F.K. Organski, "The Power Transition: A Retrospective and Prospective Evaluation", *In Handbook of War Studies,* edited by Manus I. Midlarsky, 171-94. New York, NY: Routlege, 2011.

Li, M., B. He, R. Guo, Y. Li, Y. Chen, and Y. Fan, "Study on Population Distribution Pattern at the County Level of China", *Sustainability*, Vol.10 No.3958, 2018.

Mackinder, Halford J. "The Geographical Pivot of History", *The Geographical Journal*, Vol.23 No.4, 1904.

Panda, Ankit, "New Photographs Show China's South China Sea Artificial Islands Like You've Never Seen Them", *The Diplomat*, 7 February 2018, https://t hediplomat.com/2018/02/new-photographs-show-chinas-south-china-se a-artificial-islands-like-youve-never-seen-them/. (검색일: 2020.02.12)

Rose, Gideon, "Neoclassical Realism and Theories of Foreign Policy", *World Politics*, Vol.51 No.1, 1998.

Roy, Denny, "The "China Threat" Issue: Major Arguments", *Asian Survey*, Vol.36 No.8, 1996.

Shambaugh, David, "China Engages Asia: Reshaping the Regional Order", *International Security*, Vol.29 No.3, 2005.

Spykman, Nicholas J., "Geography and Foreign Policy, I", *The American Political Science Review*, Vol.32 No.1, 1938a.

_____, "Geography and Foreign Policy, II," *The American Political Science Review*, Vol.32 No.2, 1938b.

Spykman, Nicholas J., and Abbie A. Rollins, "Geographic Objectives in Foreign Policy, I", *The American Political Science Review*, Vol.33 No.3, 1939a.

_____, "Geographic Objectives in Foreign Policy, II", *The American Political Science Review*, Vol.33 No.4, 1939b.

Sun, Lixin, "Chinese Maritime Concepts", *Asia Europe Journal*, Vol.8 No.3, 2010.

Tang, Frank, "Full Speed Ahead for China's High-Speed Rail Network in 2019 in Bid to Boost Slowing Economy", South China Morning Post, Hong Kong, 3 January 2019, https://www.scmp.com/economy/china-economy/article/2180562/full-speed-ahead-chinas-high-speed-rail-network-2019-bid-boost (검색일: 2019.11.08)

US Government Central Intelligence Agency, "The World Factbook", https://web.archive.org/web/20161013030611/https://www.cia.gov/library/publications/the-world-factbook/geos/ch.html (검색일: 2019.03.05)

시진핑 집권 초기 중국외교담화
: 『談治國理政』(第1券, 英文版)의 15개 문건의 텍스트네트워크분석

● 서상민 ●

Ⅰ. 머리말

"정치는 부분적으로 언어로부터 생겨나며, 언어를 놓고서 벌어지는 논쟁과 갈등으로 구성된다".[1] 정치는 언어를 떠나서는 존재할 수 없으며, 언어는 다양한 사회적 과정을 포함하고 있는 결과물이라고 할 수 있다. 국제정치에서 활용되는 외교적 '언어' 역시 마찬가지이다. 국내정치 보다 훨씬 더 중요한 기능과 더 많은 내용을 함축하고 있다고 할 수 있다. 현대 국제사회에서 상당히 많은 외교적 행위와 상호작용은 언어를 통해 이루어지기 때문이다. 이렇듯 외교활동을 하면서 수많은 "텍스트"가 산출되는데 공식적 외교문서일 수도 있고, 외교관의 발언이나 대화록일 수 있으며, 국가를 대표하는 대표자들의 연설문 등일 수 있다. 이러한 "텍스트"는 국내외적으로 형성된 환경과 생산 메커니즘 그리고 다층적인 결정자들 간의

* 이 글은 서상민, 「시진핑 집권초기 중국외교담화 생산메커니즘과 내용분석」, 『중국지식네트워크』, 17, 2021, 315-344쪽을 수정·보완하였다.
** 국민대학교 HK연구교수.

1) Fairclough, Norman, *Language and Power*, NY: Routledge, 2015, p.20.

상호작용이라는 아주 복잡한 과정을 거쳐 생성된다.

생산과정에 포함된 사회적, 정치적 요소를 분석하기 위해서는 "텍스트"라는 용어보다 더 포괄적인 개념이 필요하게 된다. 비판적 담화분석(Critical Discourse Analysis, CDA)의 대표학자인 페어클라우(Norman Fairclough)는 이를 "담화(discourse)"라고 한다. 그리고 담화에 대한 분석은 텍스트 분석을 포괄하여 텍스트를 생산하는 과정과 해석하는 과정으로 정의한다.[2] 따라서 "담화"에 대한 분석은 대상이 되는 시점에서 구성되어져 있는 사회적, 정치적 권력구조라는 구조적, 제도적 요소 뿐만 아니라, 그 사회를 지배하고 있는 권력(power) 관계까지를 담지하고 있을 뿐만 아니라, 그러한 과정을 통해 생산된 "텍스트" 및 정책지식에 대한 내용까지를 포함하고 있다고 할 수 있다.[3] 따라서 담화분석은 "행위자들이 맺고 있는 지식-행위-권력 간의 상호작용을 파악하는 것이며, 담론의 생산자가 언어 과정을 통해 자신의 '의도'와 '목표'를 추구하는 과정을 관찰하고 그 요소들을 분별해 내는 과정"이라고 할 수 있다.[4]

중국정치에서 슬로건, 즉 정치적, 정책적 "담화"는 전통적으로 권력을 유지하고 국정기조를 전달하는 수단이다. "조용히 재산을 늘린다(悶聲發大財)"로 대표되는 장쩌민(江澤民)의 경제발전 최우선노선, 그리고 "도 광양회(韜光養晦)"로 표상되는 후진타오(胡錦濤) 정권의 대외정책기조와 "과학적 발전관(科學發展觀)", "조화세계(和諧世界)"라는 슬로건이 대표적이다. 주지하다시피 후진타오는 선임지도자의 후견 하에서 집권을 준비했고, 제2인자 자리에서 국가의 발전전략과 국정이념을 준비하고 집

---

2) *Ibid*, pp.20-21.

3) Van Dijk, T. A., *Society and discourse: How social contexts influence text and talk*, Cambridge University Press, 2009, p.95.

4) 서상민, 「시진핑 집권 1기 "인류운명공동체" 관련 연설문의 텍스트분석을 통한 정치적 함의 고찰」, 『중국 지식지형의 형성과 변용』, 학고방, 2020, 281쪽.

권초기에 이를 천명한다. 중국공산당 제18차 당대회에서 후진타오의 "과학적 발전관"이 늦게나마 중국공산당 당헌(黨憲)에 지도이념으로 이름을 올리게 되었는데, 이는 지도자 개인으로서 대단한 성취라고 할 수 있을 것이다. 이렇듯 중국의 최고지도자들은 장기간 제2인자로 있으면서 정권을 계승할 준비를 하는 동안 주변의 전문가와 조직 등 동원가능한 인적자원을 동원하여 집권 후 추진할 전략과 정책의 근간이 될 수 있는 정치적 외교적 "담화"를 생산하여 이를 집권 초에 제시한다.

시진핑 정권의 정치적 슬로건과 "담화" 역시 비슷한 과정을 통해 산출되었다. 시진핑은 후진타오에 비해 권력승계를 위한 기간이 5년 정도 짧았으나 자원을 집중적으로 동원하였고, 더 적극적으로 지도이념을 구성하기 위해 노력했고,5) 제2기 집권이 시작되는 2017년 제19차 당대회를 통해 "시진핑 사상"을 중국공산당의 지도이념 중 하나로 등재하였다. 장쩌민의 "삼개대표"나 후진타오의 "과학적 발전관"보다 전면적이면서 포괄적 지도이념으로 마오쩌둥이나 덩샤오핑과 비슷한 수준의 슬로건이라는 평가가 나오고 있다.

본 연구는 시진핑 시기 대외정책 기조가 어떻게 자리 잡아 가게 되었는지를 시진핑 집권초기 외교관련 연설문 15개를 분석하여 추적하는 것을 목표로 한다. 시진핑 대외정책을 정초(定礎)하는 초기 연설문을 모아 놓은 시진핑 연설문집『談治國理政』(第1卷)에 수록된 연설문을 분석의 대상으로 삼아서 집권초기 "중국꿈(中國夢)"이나 "신형대국관계(新型大國關係)", "인류운명공동체(人類命運共同體)", "일대일로(一帶一路)" 등과 관련된 시진핑 외교"담화"가 어떤 맥락에서 제시되고 있으며, 집권초기 시진핑이 중시하고자 했던 대외정책의 내용과 방향을 분석하고자 한다.

5) 조영남, 「중국 후진타오와 시진핑 권력 공고화 비교」, 『국제·지역연구』, 26권 4호, 2017, 26쪽.

Ⅱ. 중국외교담화의 산출의 중국적 특징

중국의 외교담화와 그것들의 실천행위인 외교활동과 정책은 그 산출단계에서 다양한 요소에 의해 영향을 받고 정책결정과정에 참여하는 행위자 역시 정치적 제도와 구조에 따라 달라진다. 중국은 선거를 통해 정기적으로 교체되는 정권이 아니기 때문에 정부의 외교담화와 전략 그리고 정책은 자유민주주의 정부 하에서 생산되는 외교담화와 전략이 갖는 "경로의 존성" 보다 훨씬 더 강하다고 할 수 있다.[6] 이러한 이유로 인해 중국의 대외정책과 외교담화를 만들어 내는 산출메커니즘은 상대적으로 안정적이며, 효율적인 특징을 지닌다. "담화"의 산출이 정치사회적 구조와 제도에 직접적인 영향을 받기 때문에 특정 정책과 담화가 산출되는 외교정책 관련 지식과 담화 생산의 상태계에 대한 파악이 선행되어야 하는 것은 당연하다고 할 수 있다.[7]

정책관련 담화와 지식생태계는 정책과 관련된 다양한 행위자이나 네트워크들이 이루어내는 일종의 생태계를 전제하기 때문에 정책관련 지식과 담화의 창출과 활용 그리고 실행에 있어 어떤 관계를 맺고 있는가에 따라 각 생태의 특성이 드러난다. 미국의 정책관련 지식 및 담화산출생태계와 중국의 생태계는 정책행위자 구성은 비슷하지만 정책행위자간 맺고 있는 관계의 속성이 다르기 때문에 그 차이를 분별해 낼 수 있다. 정책지식 창출과 관련된 행위자는 정책지식을 생산해 내는 개인이나 조직이라고 할 수 있는데, 여기에는 각 정책과 관련된 정부 및 민간 싱크탱크, 그리고 연구자, 학자 등 전문가 집단이 포함된다. 이들은 정책을 실행하고 활용하

---

6) Zhao, J., & Jing, Y., "The governance of China's foreign aid system: Evolution and path dependence," *Public Administration and Development*, 39, 2019, pp.182-192.

7) 최윤선, 『비판적 담화분석: 담화와 담론이 만나는 장』, 서울: 한국문화사, 2014, 22쪽.

는 행위자의 요구에 따른 연구를 통해 정책지식을 생산하게 되는 정책적
대응이 필요한 사안에 대한 해결책이나 대안(代案)을 제시하거나, 특정
정책의 타당성이나 문제점 또는 기대효과에 대한 기초지식을 생산함으
로써 정책관련 지식과 담화의 활용 행위자로 하여금 정책의 집행과정에
서 고려해야 할 사항이나 추진의 단계와 속도 등을 조절할 수 있도록
유도한다.

정책관련 지식과 담화의 활용 행위자는 정책관련 지식과 담화의 생산
자가 제시한 지식과 담화에 기초하여 구체적인 정책을 입안하고 실행하는
기관이다. 이들 기관은 각 정책생태계의 특성이나 각 생태계의 내부적 환
경요인에 따라 다르게 나타나는데, 특정 정책생태계를 다른 정책생태계와
구별할 수 있도록 하는 중요한 변수라고 할 수 있다. 그리고 국민의 요구
를 시스템 내에 전달하는 언론매체의 영향력이나 독립성 등 역시 다양한
정책지식생태계의 차이를 분별하는 기본 요소라고 할 수 있다.

여기에서 특히 주목해야 할 대목은 정책지식을 생산한 행위자와 그 정
책지식 활용하고 있는 행위자 간 관계유형이다. 미국의 경우 정책지식 생
산자와 활용자 간 관계는 대개 하나의 네트워크 속에 포함되어 있지 않다.
즉 지식과 담화의 생산자 네트워크와 활용자 네트워크가 일체화되어 있지
않다는 점이다. 주로 정책지식 생산자는 민간이 담당하고 있다.[8] 특히 외
교안보분야에서의 민간 싱크탱크의 역할은 전적으로 '미국적 현상'이라고
할 수 있는데, 미국의 국제사회에 대한 영향력 확대를 정책적으로 뒷받침
하기 위해 거대자본을 중심으로 한 민간 싱크탱크들이 20세기 초반부터
대대적으로 설립되기 시작하였다. 대표적으로 1919년 카네기재단
(Carnegie Endowment for International Peace), 1922년에 후버연구소(The

8) Abelson, D. E., & Carberry, C. M., "Policy experts in presidential campaigns: A model of think tank recruitment." *Presidential Studies Quarterly*, 27(4), 1997, pp.679-697.

Hoover Institute) 등을 예로 들 수 있다. 그리고 이러한 "미국적 싱크탱크 설립 현상"은 현재에 이르기까지 지속되고 있는데, 미국식 외교안보 지식 생산의 특징은 민간 정책싱크탱크나 대학을 중심으로 하여 정책지식이 생산되고 이들 네트워크 간 교류와 연계가 일상화되었다. 이른바 외교안 보정책과 관련한 지식산출 및 교류의 네트워크 또는 '생태계'가 조성된 것이라고 할 수 있다.

이에 반해 중국은 미국과 달리 민간부분의 역할이 약하다. 대부분 관주 도의 지식과 담화생산이 이루어지기 때문에 네트워크 간 연계가 이루어지 기 보다는 단일한 네트워크 내에서 정책지식의 생산과 활용이 이루어진다 고 할 수 있다. 중국의 대표적인 외교안보 관련 싱크탱크라고 할 수 있는 중국사회과학원(中國社會科學院), 중국국제문제연구소(中國國際問題 硏究所), 중국현대국제관계연구원(中國現代國際關係硏究員), 상하이국 제문제연구소(上海國際問題硏究所), 등 중국을 대표하는 연구기관 및 싱크탱크[智庫]는 모두 이에 해당한다.

정책지식의 생산과 활용이 단일한 과정 속에서 포함되어 있는 정책지 식생태계와 외부 네트워크로 연계되어 있는 정책지식생태계는 정책지식 생산의 자율성 정도에 따라 네 가지 유형으로 구분될 수 있는데, 이는 정책에 대한 책임성(accountability)을 가지고 설명하고자 하는 롬젝과 듀 브닉(Romzek & Dubnick) 이론에 따른 것이다. 롬젝과 듀브닉은 '책임성' 유형을 행정통제가 내부에서 이루어지면 관료적, 전문가적 책임성이 존재 하고 통제가 외부에 이루어지면 법적, 정치적 책임성이 발생한다고 파악 한다. 그리고 높은 통제수준일 때는 관료적, 법적 책임성이 나타나고, 상 대적으로 낮은 행정통제가 이루어지면 전문가적, 정치적 책임성이 생겨난 다고 분석하고 있다.[9]

---

9) Romzek, Barbara, and Melvin Dubnick, "Accountability." *International Encyclopedia of*

자율성과 네트워크의 특성에 따라 네 가지 '지식과 담화산출생태계' 유형이 나타난다. 이러한 모델을 정책관련 지식생태계에 적용한다면 중국과 같이 내부 네트워크에 의해 정책지식과 담화생산과 활용이 이루어지는 경우, 자율성이 낮은 "관료적(bureaucratic)" 유형의 지식생태계와 자율성이 상대적으로 높은 "전문가적(professional)" 유형으로 구분할 수 있다. 반면 정책지식생태계가 외부네트워크와 연계될 수 있는데, 이 경우는 자율성의 정도에 따라 자율성이 낮은 "정실적(crony)" 생태계 유형과 상대적으로 높은 자율성을 갖는 "다원적(polyarchy)" 생태계 유형이 출현하게 된다. 내부 네트워크로 연계되어 있는 "관료적" 유형과 "전문가적" 유형은 정책 책임성이 해당 정책지식생태계를 지속시키는 주요한 기초가 되지만, 외부네트워크와 연계되어 지식의 생산과 활용이 이루어지는 "정실적" 유형과 "다원적" 유형은 정책 반응성(responsibility)이 생태계 작동의 주요 동력이 된다.[10]

종합해 보면, 미국 정책지식생태계는 외부네트워크와 연계되어 지식의 생산과 활용이 이루어지기 때문에 정책지식에 대한 책임성은 약하지만 시민사회의 요구에 대한 반응성은 높다고 할 수 있다. 반면 중국의 경우 정책지식에 대한 책임성은 강한 대신 국민의 요구에 민감하게 반응하는 반응성은 상대적으로 떨어진다고 할 수 있다. 이는 근본적으로 양국의 정치체제의 차이에 기원하기도 하는 것으로써 이러한 제도적 차이가 정책지식생태계 유형으로 반영된 것이기도 하다. 롬젝과 듀브닉의 이론을 활용하여 정책관련 지식생산생태계 특성을 분류하게 되면 다음 〈표 1〉과 같이 분류해 볼 수 있다.

Public Policy and Administration, Vol.1, 1998, pp.6-11.

10) Hickle, G. T., "Comparative analysis of extended producer responsibility policy in the United States and Canada." *Journal of Industrial Ecology,* 17(2), 2013, pp.249-261.

〈표 1〉 정책관련 담화와 지식생산생태계의 유형 분류

		네트워크 특성	
		내부지향	외부지향
자율성	낮음	관료적(bureaucratic)	정실적(crony)
	높음	전문가적(professional)	다원적(polyarchic)

자료: 저자 작성

정책관련 지식과 담화 생산생태계가 내부 네트워크에 포함되어 있고 자율성이 낮다고 한다면 정책실행 행위자들의 관료적 책임성이 커지고 그에 따른 정책집행의 효율성이 높아질 수 있다. 그리고 이러한 과정에 참여한 행위자들은 조직이 지침과 감독에 대한 복종의 정도 역시 크다고 할 수 있을 것이다. 반면 정책지식의 생산과 활용이 외부 네트워크에 의존하고 네트워크의 자율성이 높을 경우 정책지식의 반응성은 높고 외부의 주요 이해관계자에 대한 대응 수준이 높아지게 된다. 이를 미국과 중국에 대입할 경우, 개혁개방 이후 중국의 정책지식생태계 유형은 "관료적" 유형에 가깝고, 미국의 경우는 전형적인 "다원적" 유형으로 분류할 수 있다.

네트워크 구조와 자율성 정도에 따른 정책지식생태계 4가지 유형은 국가별 정책지식생태계를 비교 분석하는데 있어 유용한 틀로 활용가능하지만, 다른 한편에서 특정 국가 정책관련 지식과 담화생산생태계의 유형변화를 파악하는데 시계열적 비교분석에 있어도 활용할 수 있는 장점이 있다고 할 수 있다. 중국의 경우 후진타오 시기 정책결정은 일반적으로 집단지도체제 하에서 분권형 정책결정이 이루어졌다.[11] 그렇기에 기관 내부의 네트워크에 따른 정책지식의 생산과 활용이 이루어졌지만, 중앙정부의 상대적으로 높은 자율성을 띄었던 것으로 보인다.

반면 시진핑 집권 후 비록 공식적으로는 집단지도체제는 유지하고 있

---

11) 서상민, 「중국 외교엘리트의 인적 네트워크: 후진타오와 시진핑 시기 비교」, 『인문사회과학연구』, 제55집, 2017, 67-87쪽.

지만, 반부패운동 및 당규율 강화 그리고 영도소조와 각종 위원회 설립 등을 통해 공산당 중앙에 의한 정책 통합력과 조정력이 높아지고, 국가주석을 중심으로 주요 정책결정이 집중됨으로써 정책네트워크의 자율성 정도는 상당히 약화되었다고 평가할 수 있다.[12) 따라서 후진타오 시기 생태계 유형은 위에서 논의한 유형에 따라 분류한다면 내부 네트워크 구조를 가진 자율성이 상대적으로 높은 "전문가적" 유형에 해당한다. 후진타오 시기 중국외교정책의 지식과 담화의 생산과 활용은 전문가의 전문성을 강조하는(deference to expertise) 정책지식생태계 특징을 보인다. 반면 시진핑 집권으로 들어오면서, 중국공산당 중앙의 통제수준이 강화되고 이념적 경직화가 진행되면서 자율성이 낮은 내부 네트워크 상에서 정책지식의 생산과 활용이 이루어지는 정책관련 지식담화생태계를 나타나게 된다. 따라서 위의 유형상 분류에 의해 "관료적" 유형의 생태계가 훨씬 더 강화되고 있다고 할 수 있겠다.

시진핑 시기 형성된 보다 강화된 "관료적" 유형의 정책생태계 하에서 중국의 외교담화는 국제정세와 강대국 간의 관계에 대한 유연한 대응보다는 지도부의 정치적, 정책적 목표를 효과적으로 달성하는데 초점을 맞출 수밖에 없다. 후진타오 시기와 같이 집단지도체제가 작동함에 따라 권한과 역할이 분리되어 있던 정책생태계 하에서는 외교 전문가들의 역할이 커서 다양한 관점과 입장에서 중국외교정책과 정권의 정치적 목표를 결합해 낼 수 있으나, 시진핑 체제와 같은 '준 1인집권체제' 하의 정책생태계에서는 외교정책과 외교담화는 정권의 국정운영방향에 철저히 종속될 수밖에 없다.[13) 시진핑 체제 하에서 외교정책생태계는 "중국몽"이라는 국가운

---

12) 서상민, 「시진핑 시기 중앙영도소조의 연결망분석과 집단지도체제」, 『아세아연구』, 제58집 3호, 2015, 172-205쪽.

13) 서상민, 「중국공산당의 위기관리 정치: '코로나 19' 대응의 정치적 논리」, 『중국지식네트워크』(특집호), 2020, 81-137쪽.

영의 목표를 실현하기 위해 작동되었으며, "중국몽" 실현이라는 핵심 목표를 실현하기 위한 글로벌 차원과 동아시아지역 차원의 담화인 "운명공동체론", "의리관" 등이 순차적으로 배치되었는데, 이러한 담화가 국내정치적, 정권적 고려를 넘어선 국제정세와 강대국 관계를 종합적으로 고려한 외교적 담화와 담론이라고 간주할 수는 없다. 왜냐하면 "운명공동체론"이나 "의리관"이 주변국이나 국제사회에 시진핑의 외교를 알리고 설명할 만큼 친절하거나 이해가능한 '외교담화'라고 할 수 없기 때문이다. 따라서 이러한 담화는 어떤 맥락과 어떤 의미구조를 가지고 국제사회에 전달하려고 했는가에 대한 분석이 필요해 보인다.

Ⅲ. 시진핑 집권 초 외교텍스트 네트워크 분석

1. 분석대상 및 데이터

시진핑 집권초기 중국은 중요한 몇 가지 외교슬로건을 제시하였다. "중국특색 대국외교"를 비롯해 "운명공동체(命運共同體)", "의리관(義利觀)", "친, 성, 혜, 용(親, 誠, 惠, 容)" 등은 2014년 이전에 출현하였다. 따라서 초기 시진핑의 외교담화를 분석한다고 하는 것은 시진핑 대외정책의 방향과 기조를 파악할 수 있으며, 각 담화가 어떤 맥락에서 어떤 논리를 가지고 있는 지에 대한 분석이 필요하다. 어떤 텍스트를 대상으로 하는가는 연구의 목표를 달성하는데 중요한 요소이다. 본 연구에서는 2014년에 발간된 『習近平談治國理政』(第1卷, 英文版』)의 외교관련 문건을 분석 텍스트로 했다.

시진핑의 『談治國理政』第1卷은 2012년 11월부터 중공 18기 1중전회가 열린 2014년 6월까지의 시진핑의 중요 연설과 축사 등 총 79편을 수록하고 18개의 주제로 분류하고 있다.[14] 2014년 9월에 중국어, 영어, 프랑스어, 러시아어, 아랍어, 스페인어, 포르투갈어, 독일어, 일본어 등 아홉 개의 언어로 동시에 공식 출판되었고 이후에도 꾸준히 여러 나라 언어로 번역출간 되고 있다. 『治國理政』중문판이 아닌 영문판을 분석 대상으로 한 이유도 중국공산당의 대대적인 번역사업과도 연관이 있다. 중국공산당의 입장과 논리의 대외에 확산시키는 주요 무기가 되기 때문이다. 최근 중국은 중국의 논리와 사고 그리고 중국이 생산한 지식의 확산시키기 위해 다양한 언로 중국의 논리와 정책을 외국 국민들이나 전문가들에게 전달하고 있다. 특히 영어로의 번역에 가장 많은 공을 들이고 있는데, 다양한 중국의 공식자료나 정책지식을 영문으로 번역하거나 영문으로 생산하여 인터넷이나 서적을 통해 제공함으로써 국제사회의 발언권을 확대하고 있다. 중국이 국제사회에 알리고자 하는 논리는 대부분은 중국의 함축된 의미의 한자어로 최고지도자의 연설문 속에 표현된다. 이를 중국정부가 공식적으로 어떻게 영문으로 번역하여 외국인에게 전달하고 있는지를 파악하기 위해서는 영문판을 분석텍스트로 할 필요가 있다고 판단된다. 〈표 2〉는 The Governance of China의 15개 자료의 영문과 중문 제목 리스트이다.

---

14) "《習近平談治國理政》多語種版出版發行", 『新華網』(http://cpc.people.com.cn/n/2014/0928/c64387-25754890.html, 검색일: 2021.02.10) 현재 제3권까지 출판되었는데, 제2권은 2014년 8월~2017년 9월까지의 99편 연설문 등 자료를 17개 주제로 분류했으며, 제3권은 2017년 10월~2020년 1월까지의 92편의 글을 19개의 주제로 분류하고 있다.이와 관련해서는 『新華網』 참조(http://www.xinhuanet.com/politics/leaders/2020-06/30/c_1126176343.htm, 검색일: 2021.02.10)

〈표 2〉『談治國理政』(第1卷)의 주요 외교연설문 목록(15개)

	十二. 推動構建新型大國關系 New Model of Major-country Relation	
Docu#01	順應時代前進潮流, 促進世界和平發展 Follow the Trend of the Times and Promote Global Peace and Development	23-Mar-13
Docu#02	構建中美新型大國關系 Build a New Model of Major-country Relationship Between China and the United States	07-Jun-13
Docu#03	在亞歐大陸架起一座友誼和合作之橋 Build a Bridge of Friendship and Cooperation Across the Eurasian Continent	01-Apr-14
	十三. 做好周邊外交工作 Neighborhood Diplomacy	
Docu#04	共同建設"絲綢之路經濟帶" Work Together to Build the Silk Road Economic Belt	07-Sep-13
Docu#05	共同建設二十一世紀"海上絲綢之路" Work Together to Build a 21st-century Maritime Silk Road	03-Oct-13
Docu#06	堅持親、誠、惠、容的周邊外交理念 Diplomacy with Neighboring Countries Characterized by Friendship, Sincerity, Reciprocity and Inclusiveness	24-Oct-13
	十四、加強與發展中國家團結合作 Cooperative with Developing Countries	
Docu#07	永遠做可靠朋友和真誠夥伴 Be Trustworthy Friends and Sincere Partners Forever	25-Mar-13
Docu#08	推動中拉關系實現新的更大發展 Forge a Stronger Partnership Between China and Latin America and the Caribbean	05-Jun-13
Docu#09	弘揚絲路精神, 深化中阿合作 Promote the Silk Road Spirit, Strengthen China-Arab Cooperation	05-Jun-14
	十五. 積極參與多邊事務 Mulilateral Relations	
Docu#10	攜手合作, 共同發展 Work Hand in Hand for Common Development	27-Mar-13
Docu#11	共同創造亞洲和世界的美好未來 A Better Future for Asia and the World	07-Apr-13
Docu#12	共同維護和發展開放型世界經濟 Jointly Maintain and Develop an Open World Economy	05-Sep-13
Docu#13	弘揚"上海精神", 促進共同發展 Carry Forward the "Shanghai Spirit" and Promote Common Development	13-Sep-13
Docu#14	深化改革開放, 共創美好亞太 Work Together for a Better Asia Pacific	07-Oct-13
Docu#15	積極樹立亞洲安全觀, 共創安全合作新局面 New Approach for Asian Security Cooperation	21-May-14

연설문의 단어들은 의미를 전달하는 텍스트이다. 이를 분석하기 위해서는 데이터화해야 한다. 정형화되어 있지 않은 재료인 "비정형" 데이터는 통계나 양적 분석을 위해 가공하기 이전의 원자료이기 때문에 이를 양적 분석이 가능한 데이터로 전환하거나 처리하는 과정이 필요하다. 정형화 과정은 "텍스트 마이닝(text mining)"이라는 기법을 사용하여 "비정형" 자료로부터 분석에 필요한 정보나 지식을 추출하여 이를 활용해야 한다.[15] 다양한 주제가 혼합되어 있는 많은 양의 데이터 속에서 몇 가지 숨어 있거나 내재되어 있는 담화의 주제를 발견한 수 있는 방법인 LDA (Latent Dirichlet Allocation) 방법이 많이 활용되고 있다.[16]

2. 단어 출현빈도와 중요도분석 결과

*The Governance of China*에 수록된 15개 문건에 대한 통계분석을 해보면, 15개 문건에는 총 1,510종류의 명사단어가 포함되어 있다. [17] 총 1,139개의 문장으로 구성되어 있다. 그 중에서 출현빈도 가장 많음 단어는 China였는데 총 306회의 출현하였다. 100회의 이상 출현한 단어로는 China를 제외하고 development, country, cooperation, world, security, region, person 등 총 8개 단어로 조사되었다. 이중 지역과 관련한 단어를 제외하고 시진핑의 연설문 중 중국외교의 실제적인 행위와 관련이 있을

---

15) Moreno, A., & Redondo, T., "Text analytics: the convergence of big data and artificial intelligence," *IJIMAI*, 3(6), 2016, pp.57-64.

16) Blei, D. M., Ng, A. Y., & Jordan, M. I., "Latent dirichlet allocation," *the Journal of machine Learning research*, 3, 2003, pp.993-1022.

17) 텍스트의 내용을 분석하는데 '명사(noun)'가 대체로 효율적인 분석대상이라는 연구결과들이 많다. 관련해서는 다음을 참고. Ye, Z. ed., *The semantics of nouns.* Oxford University Press, 2017.

듯한 단어로는 여전히 발전(development, 發展)이라는 단어가 가장 많이
출현했으며, 협력(cooperation, 合作), 그리고 안보(security, 安全) 등의
단어의 순으로 출현빈도 많았다. 이를 놓고 본다면, 시진핑 집권 초기 중
국의 대외정책은 "화평발전", "화해세계"의 후진타오 시기 대외정책과 크
게 달라진 것이 없어 보이는데, 80회 출현한 "평화(peace, 和平)"에 비해
"발전", "협력", "안전" 등은 "평화" 동시에 출현빈도가 많다. 이러한 분
석은 단순한 빈도분석이기에 텍스트 속에 들어 있는 숨겨진 내재된 주제
를 발견하기에는 한계가 있어 보인다.

〈표 3〉 출현빈도 높은 단어

Word	Frequency	Word	Frequency
China	306	economy	79
development	291	Asia	67
country	240	interest	66
cooperation	208	relation	59
world	121	Africa	59
security	109	year	58
region	105	friend	53
person	105	exchange	53
growth	90	people	52
peace	80	side	51

자료: 저자 작성

　　분석대상의 텍스트 중에서 어떤 단어가 얼마나 중요한지를 통계수치를
활용하여 측정하는 방법이 TF-IDF(Term Frequency-Inverse Document
Frequency)이다.[18] 여기에서 TF는 어떤 단어가 대상이 되는 문서 중에서

18) Qaiser, S., & Ali, R. Text mining: use of TF-IDF to examine the relevance of words
to documents, *International Journal of Computer Applications*, 181(1), 2018, pp.25-29;
박대서 · 김화종, 「TF-IDF 기반 키워드 추출에서의 의미적 요소 반영을 위한 결합벡터
제안」, 『한국정보기술학회논문지』, 16(2), 2018, 1-16쪽.

자주 등장하는 빈도를 나타내는데, TF 값이 증가하게 되면 그 단어의 중
요도가 증가한 것으로 간주할 수 있다. 반면, DF 값은 어떤 단어가 출현하
는 문서의 수를 나타내는데 IDF값은 DF값의 역수로 어떤 단어가 한 문서
뿐만 아니라 문서전체에서 얼마나 공동으로 출현하는지를 나타내는 값을
말한다.[19] TF-IDF를 활용하여 단어의 중요도를 측정하여 이를 그래프화
하면 〈그림 1〉과 같이 15개 문서에서의 중요한 단어를 관찰할 수 있다.
가장 중요한 단어로는 "공동체(communiy, 共同體)", "경제(economy, 經
濟)" 등의 단어들이 높은 수치를 보여이고 있다. 그밖에, "harmony",
"integration", "strategy", "understanding" 등의 단어들이 문서의 성격과
상관없이 시진핑의 전체 담화 속에서 중요한 단어로 표출되고 있음을 파
악할 수 있다.

〈그림 1〉 중요 단어(TF-IDF)

자료: 저자 작성(넷마이너 활용)

---

19) Schütze, H., Manning, C. D., & Raghavan, P., *Introduction to information retrieval*,
Cambridge: Cambridge University Press. 2008, pp.234-265.

출현빈도만 놓고 본다면 "development", "country", "cooperation", "world", "security" 등과 같은 단어가 중요할 듯하지만, TF-IDF 가중치를 가지고 단어의 중요도를 측정했을 경우 위의 〈그림 1〉과 같은 결과를 얻게 된다. 여기에서 TF-IDF의 값이 큰 단어는 그 단어가 속한 문서의 주제 또는 의미를 결정지을 가능성이 크다. 이 값은 한 문건 속에서의 단어의 중요도를 측정하는 것이 아닌 분석의 대상이 되는 15개의 각 문건과 단어와 관계 속에서 결과가 산출되는 것이므로, 결과적으로 시진핑 초기 외교 담화 중 수학적으로 가장 중요한 단어만을 추출한 결과라고 해야 할 것이다. 위의 그림에서 대표적으로 "community"라는 단어가 출현하는 사례를 분석해 본다면 시진핑 집권 초기의 "운명공동체"에 대한 초보적 구상을 확인할 수 있다. 15개 문건 중 가장 먼저 시진핑이 "community"라는 단어를 최초로 사용한 문건은 집권 이후 2013년 3월 23일 모스크바 국립 국제관계대학에서의 「시대의 전진 추세에 순응하고 세계의 평화발전을 추진하자」(Follow the Trend of the Times and Promote Global Peace and Development)라는 연설이다. 여기에서 시진핑은 "인류는 하나의 지구촌에서 생활하고, 역사와 현실이 교차하는 하나의 시공간 안에 살면서 점점 서로 밀접한 관계를 갖는 운명공동체(community of common destiny)를 이루고 있습니다"라고 하여[20] "공동체"를 시공간을 함께 하고 있기 때문에 인류는 결국 하나의 운명을 갖는 '공동체'임을 강조하고 있다.[21] 이는 이후 시진핑 외교가 지향하는 국제질서로서 '인류운명공동체론(人類命運共同體論)'의 초보적 형태라 할 수 있다.

중국은 '운명공동체'라는 용어를 중국과 타이완 관계에서만 제한하여

---

20) Xi Jinping, *The Governance of China*, 2014, p.333.

21) 시진핑 집권 초기부터 "운명공동체"의 영어 표현은 "Community of common destiny," "Community of shared destiny," "Community of shared future"로 번역되었으나, 2015년 이후에는 "Community of shared future"로 영어 용어가 통일되었다(서상민, 2020).

사용해 왔다. 그런데 국제관계 차원까지 확대하여 사용하게 된 시기는 바로 시진핑으로 집권이 가시화되던 2011년 9월 중국외교부가 발간한 『中國的和平發展白皮書』(China's White Paper on Peaceful Development)에서부터이고, 이듬해 18차당대회 「政府工作報告」에서 다시 등장한 이후 중국정부는 공식문건에서 매우 빈번하게 하게 이 단어를 사용하게 된다. 시진핑의 집권 초기 문건인 이 15개 분석대상 문건 중 "community"라는 단어는 러시아 국제관계대학 연설문 이외 6개 문건에서도 발견되는데, "운명공동체론"과 같은 의미로 사용되는 사례는 Docu#5[22]), Docu#11[23]), Docu#14[24]), Docu#15[25])에서 발견된다. 이렇듯 "community"는 출현빈도가 많지 않음에도 불구하고 TF-IDF 값은 〈그림 1〉에서 처럼 상대적으로 높게 표현함으로써 시진핑 집권 초기의 외교담화와 관련된 전체 문건 속에서 이 단어가 차지하고 있는 '내재적' 중요도가 크다고 하는 것을 수학적으로 보여주고 있다.

시진핑 집권 초기 외교담화를 분석해 보면, 2021년 현재 중국외교의 중요한 외교슬로건이라고 할 수 있는 "인류운명공동체", "일대일로"와 관련된 담론의 초보적 형태를 단어 간의 네트워크 구조 속에서 발견할 수

---

22) "The China-ASEAN **community** of shared destiny is closely linked with the ASEAN community and the East Asian community"(Xi, 2014: 323)

23) "As members of the same global village, we should foster a sense of **community** of shared destiny, follow the trend of the times, keep to the right direction, stick together in time of difficulty and ensure that development in Asia and the rest of the world reaches new heights."(Xi, 2014: 326)

24) "We should strengthen the sense of **community** and of common destiny, contribute to others' development with our own, tap fully into our respective strengths through coordination and interaction, pass on positive energy, and achieve sound interactions and coordinated development among all the Asia Pacific economies."(Xi, 2014: 387)

25) "With our interests and security so closely intertwined, we will sink or swim together, and we are increasingly becoming a **community** of common destiny."(Xi, 2014: 391)

있다. 〈그림 2〉은 15개 문건에서 출현한 모든 명사 단어가 어떻게 연결되어 있는지를 보여주고 있다. 출현 빈도가 많은 단어를 추출하고 단어 간 2번 이상 동시출현한 단어만을 대상으로 한 네트워크이다. 앞에서 언급한 것처럼 출현 빈도 큰 "development", "country", "cooperation", "world", "peace", "region" 등 간 어떻게 연결되어 있는지를 관찰할 수 있는데, "country"는 "ASEAN", "BRICS", "interest"와 밀접하게 연관되어 있는 반면, "cooperation"은 "peace", "security", "area", "investment", "trade" 등의 단어들과 연관되어 있음을 알 수 있다.

〈그림 2〉 전체 단어 간 네트워크 구조

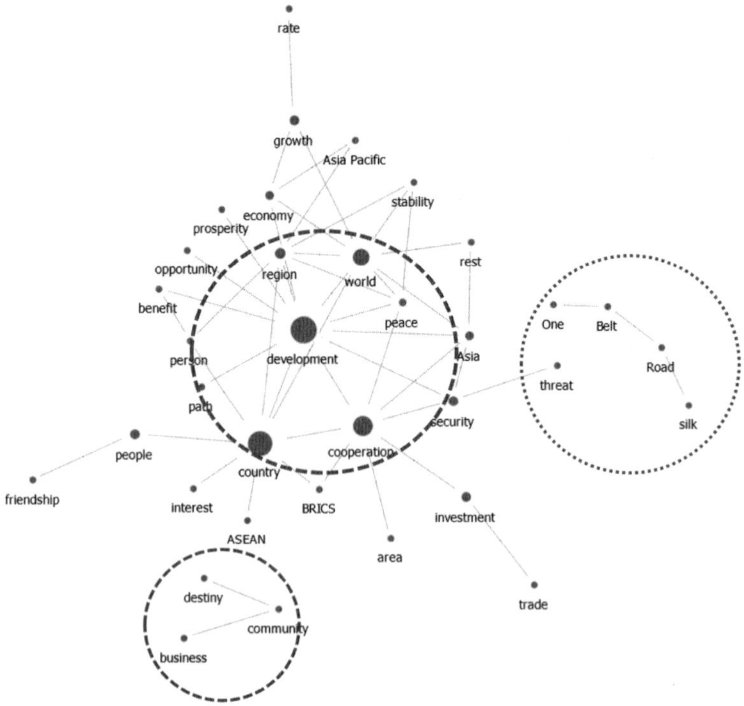

자료: 저자 작성(넷마이너 활용)

이렇듯 시진핑 집권 초기 외교담화는 ASEAN이나 BRICS 등 주변국과
는 "이익"과 "우호"를 기초로 한 관계 수립을 목표로 하고 있고, Asia 역
내에서 '위협'(threat)에 대한 '안보' 협력 및 '교역'과 '투자' 등 협력에 대
한 의지를 천명하고 있음을 가시적으로 확인할 수 있다. 한편 '인류운명공
동체론'과 '일대일로' 관련 담화는 빈번하게 언급하고 언급되었으나, '발
전', '협력', '지역' 등의 출현빈도가 많은 단어네트워크의 외부에서 하나의
또다른 단어네트워크를 구성하고 있는데, 시진핑 집권 초기에는 이 두 가
지 핵심 외교담론이 전체 외교담화들을 포괄하고 연결하는 중심적 위치로
까지는 발전하지 않았으며 관련된 초보적인 구상들이 막 제기되고 엮여져
나가는 단계인 것으로 파악된다.

3. 담화 속 토픽 모델링 분석

시진핑 집권 초기 외교관련 주요 연설문의 비정형 데이터에 대한 텍스
트 마이닝을 통한 단어들 간의 관계뿐만 아니라 15개 문서와 단어 간 관계
에서 분석하여 시진핑 집권 초 연설문 속에 표출된 중국외교담화의 주요
토픽을 발견하고자 하였다. 이를 위해 활용한 토픽 모델링 방법은 두 가지
의 가정을 기반으로 한 방법론으로서 첫째, "문서는 여러 개의 토픽으로
구성되며, 토픽은 복수 개의 단어들과 연관되어 있다"라는 가정, 둘째,
"문서들의 토픽은 사용된 단어로 표현된다"라는 가정이다. 이러한 토픽은
명확하게 천명하거나 문석을 작성한 생산자에 의해 제시되는 것이 아니
라, 비정형 데이터에 대한 통계적 방법을 통해 '숨겨져(latent)' 변수를 발
견해 내는 것이다.[26]

---

26) Blei, D. M., "Probabilistic topic models," *Communications of the ACM*, 55(4), 2012,
    pp.77-84; C. S. KIM, S. J. Choi, K. Y. Kwahk, "Investigation of Research Trends in

시진핑의 외교담화의 숨겨진, 내재된 주제는 대체적으로 3개 정도로 분류되었다. 첫째 토픽은 지역안보와 관련된 담화로 이 토픽과 관련하여 가장 많이 출현한 단어를 순서대로 배열하면 "security > Asia > neigbor > relationship > dialogue"인데 이를 다시 조합해 본다면 중국외교의 목표는 "안보"이며, 중국의 안보를 위해서는 아시아 주변 국가들과의 양자 및 다자 간 대화를 통한 관계개선을 위해 노력한다는 취지의 주제가 형성될 것으로 추정한다. 이 주제가 중요하게 다루어진 문서는 7건으로 Docu #2, #4, #5, #6, #8, #11, #15 문서에서 부각되었다.

〈그림 3〉 토픽 간 단어 네트워크

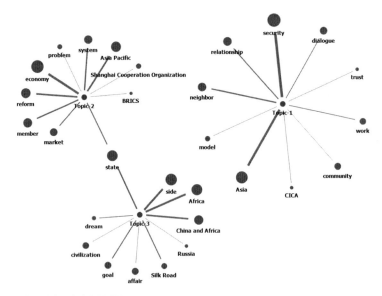

자료: 저자 작성(넷마이너 활용)

Information Systems Domain Using Topic Modeling and Time Series Regression Analysis," *Journal of Digital Contents Society*, Vol.18 No.6, 2017, pp.1143-1150.

〈표 4〉 각 토픽별 word 네트워크

	1st Keyword	2nd Keyword	3rd Keyword	4th Keyword	5th Keyword
지역안보	security	Asia	neighbor	relationship	dialogue
공동발전	economy	Asia Pacific	reform	member	system
개도국지원	Africa	side	China-Africa	state	goal

자료: 저자 작성(넷마이너 활용)

The Governance of China의 15개의 외교관련 문서에 대한 분석 결과, 두 번째 토픽은 경제협력과 관련 토픽인데, 이 토픽에서 출현하는 단어들을 살펴보면, "economy > Asia Pacific > reform > member > system" 비중 순을 보이는데, 이 주제는 공동번영을 추구하기 위해 지역차원이나 글로벌 차원에서의 자유롭고 개방된 경제체제기 필요하고 이를 위해 선진국 중심의 세계경제체제에 대한 개혁이 필요하다는 점을 제시하고 있다. 두 번째 토픽은 5개의 문서에서 중요하게 다루고 있는데 Docu #3, #10, #12, #13 #14 등 경제협력을 촉구하는 연설문과 강연문이 여기에 속해 있다.

세 번째 토픽은 개발도상국에 대한 협력과 지원 확대를 천명하는 담화이다. 이 주제에 포함된 단어들은 "Africa > side > China and Africa > state > goal" 순을 비중을 갖는 것으로 나타났다. 이를 다시 배열하여 주제를 탐색해 본다면, 전통적인 우호국인 아프리카, 아랍, 러시아 등 개발도상국 국가들 간 새로운 실크로드를 통한 상호협력과 원조를 통한 공동의 꿈을 실현하자는 담화 주제를 포함하고 있다. 이는 개발도상국을 리드하는 중국의 시진핑 정권이 중미양국 간 경쟁 과정에서 미국과 관계가 좋지 않은 지역국가들이 많은 지역인 아프리카와 아랍 그리고 러시아 협력함으로써 이 지역에서의 영향력을 유지해 나가겠다는 것을 표명한 것으로 해석이 가능하다.

Ⅳ. 맺음말

노만 페어클라우 "비판적 담화분석"(CDA)은 세 가지 차원에서의 복합적 분석을 통해 해당 담화의 전체적인 함의를 발견하고자 한다. 그에 따르면 텍스트분석 차원에서는 언어적 의미 분석을 중점적으로 다루고, 담화실천(discourse pratice) 차원에서는 텍스트의 생산과 소비의 과정을 분석하고, 마지막 사회문화적 실천(socio-cultural practice) 차원에서 분석은 위 두 가지 차원의 실천에 작용하는 사회환경, 사회제도, 사회구조 등에 대해 분석한다.[27] 본 연구에서는 이러한 페어클라우의 "비판적 담화분석 이론"과 함께 텍스트 속에 감춰져 있는 토픽을 파악하는데 유용한 방법론인 "토픽모델링" 분석법을 결합하여, 시진핑 집권초기 중국외교담론의 산출 메커니즘과 중요 담화들의 내용을 파악하고자 하였다. 시진핑 집권초기 외교담화를 분석함에 있어 첫째, CDA이론에서 지적한 바와 같이 관련 텍스트는 그것이 산출된 당시의 중국의 정치적, 사회적 환경이 어떻게 텍스트의 산출에 영향을 주고 있으며, 둘째, 실제로 텍스트를 산출하는데 참여하고 동원되는 정치적, 사회적 제도들 간의 상호작용이 어떻게 이루어지고 그 상호작용의 결과로서의 텍스트가 갖는 특징은 무엇인가 그리고 셋째, 텍스트를 산출하는 제도와 담화실천행위에 영향을 미치는 보다 구

27) Faircough, *op. cit.* p.20.

조적인 요인에 대한 분석에 초점을 맞춰 시진핑 집권초기의 "외교담화"를
분석하고자 하였다.

　연구를 진행하는 전 과정에서 지속적으로 관찰하고자 했던 대상은, 담
화의 산출메커니즘과 산출의 과정과 결과로서의 '네트워크'이다. 따라서
담화산출과정을 하나의 네트워크화되어 있는 정책산출생태계 즉 정책생
태계라는 관점을 가지고, 시진핑 체제의 특징을 앞선 후진타오 체제와 비
교하였다. 후진타오 집권 시기 중국 정치권력의 집중과 분산의 정도를 측
정하고, '견제와 균형'을 통한 과두통치를 보장해 왔던 집단지도체제는 그
정치적 평가를 떠나 비교적 잘 작동되었다. 이러한 정치적 사회적 환경
하에서의 정책생태계는 일정정도의 자율성과 전문성이 보장되는 전문가
적 또는 느슨한 "관료적" 정책생태계가 형성되었다. 그러나 시진핑 집권
이후, 집단지도체제에 대한 전면적인 철회와 함께 마오식 "1인지배체제"
를 방불케 하는 권력의 집중이 이루어지면서 중국의 정책생태계는 자율성
이 심각하게 저하되고 당중앙에 소조와 위원회를 설립으로 내부지향의
비자율적 정책산출메커니즘이 형성되었다. 그 결과 외교담화는 국제정세
의 흐름과 국가 간 관계 다양성에 기초해 산출되기보다는, 시진핑 정권
강화에 필요한 배타적이며 중화주의적 요소 국정목표인 "중국몽" 실현을
위한 외교정책과 담화를 산출하게 되었다.

　시진핑 집권 초기 외교담화의 내용과 그 특징을 파악하기 위해 시진핑
의 연설문집이라고 할 수 있는『談治國理政』(第1卷, 英文版) 중 외교관
련 15개 문건을 텍스트로 삼아, 단어네트워크 분석, TF-IDF분석, 토픽모델
링분석을 활용한 결과, "인류운명공동체론"의 초보적인 논리가 여러 문건
들에서 관찰되었으며, 전체 단어네트워크는 3개의 하부그룹으로 연결되
는데 첫째, '발전'이라는 일상적이며 전통적인 외교목표와 관련된 담화의
네트워크, 둘째, '인류운명공동체'와 관련된 단어네트워크, 셋째, "일대일
로" 및 신실크로드와 관련된 단어네트워크가 형성되고 있음을 파악할 수

있다. 2013년과 2014년의 연설문이 수록된 『談治國理政』(第1卷)에서의 시진핑 초기의 외교담화는 전체 외교담화를 포괄하는 거대담론의 구축은 이루어지지 않았으나, 그 단초들과 기초 논리와 담화들이 집권초기부터 등장하고 일정한 논리적 구성을 띠고 있으며, 관련 단어들이 전체 텍스트 속에서 차지하는 비중과 중요도가 높게 나타났음을 확인하였다.

한편 시진핑 정권이 집권 초기 공식적으로 강조한 외교정책과 별도로, 텍스트 분석을 통해 파악한 내재되어 있다고 판단되는 시진핑 외교의 토픽들을 발견할 수 있었는데, 주로 미중관계 등 대국관계를 중심으로 한 외교에 전념하고 있었던 것으로 보였던 집권초기의 시진핑 외교는 첫째, 안보위협에 대응하기 위한 주변국 외교를 통한 지역안보 확보, 아시아태평양지역에서의 중국중심의 경제협력, 그리고 아프리카 등 개발도상국과의 관계 유지 등을 더 많은 관심을 가지고 집중적으로 외교메시지를 발화한 것으로 파악되었다. 이렇듯 연구결과 몇 가지의 중요한 발견이 있었음에도 불구하고, 본 연구 방법론적 측면에서 한계를 갖는다. 본 연구가 담화분석 이론과 방법론을 채용하여 연구를 진행하였으나, 비판적 담화분석 이론을 활용한 기존의 연구성과와 같은 높은 수준의 담화분석에는 미치지 못하고 있다. 또한 비판적 담화분석이론과 토픽모델링방법론이나 TF-IDF와 같은 분석법의 기계적인 혼용이 아닌 유기적인 논리적 연관성을 방법론적으로 규명해야 하는 과제를 안고 있다.

| 참고문헌 |

박대서·김화종, 「TF-IDF 기반 키워드 추출에서의 의미적 요소 반영을 위한 결합벡터 제안」, 『한국정보기술학회논문지』, 16(2), 2018.
서상민, 「시진핑 시기 중앙영도소조의 연결망분석과 집단지도체제」, 『아세아

연구』, 58:3, 2015.

_____, 「중국 외교엘리트의 인적 네트워크: 후진타오와 시진핑 시기 비교」, 『인문사회과학연구』, 제55집, 2017.

_____, 「시진핑 집권 1기 "인류운명공동체" 관련 연설문의 텍스트분석을 통한 정치적 함의 고찰」, 『중국 지식지형의 형성과 변용』, 학고방, 2020.

_____, 「중국공산당의 위기관리 정치: '코로나 19'대응의 정치적 논리」, 『중국 지식네트워크』(특집호), 2020.

조영남, 「중국 후진타오와 시진핑 권력 공고화 비교」, 『국제·지역연구』, 26권 4호, 2017.

최윤선, 『비판적 담화분석: 담화와 담론이 만나는 장』, 서울: 한국문화사, 2014.

Abelson, D. E., & Carberry, C. M., "Policy experts in presidential campaigns: A model of think tank recruitment." *Presidential Studies Quarterly*, 27(4), 1997.

Blei, D. M., "Probabilistic topic models," *Communications of the ACM*, 55(4), 2012.

Blei, D. M., Ng, A. Y., & Jordan, M. I., "Latent dirichlet allocation," *the Journal of machine Learning research*, 3, 2003.

C. S. KIM, S. J. Choi, K. Y. Kwahk, "Investigation of Research Trends in Information Systems Domain Using Topic Modeling and Time Series Regression Analysis,"*Journal of Digital Contents Society*, Vol.18 No.6, 2017.

Fairclough, Norman, *Language and Power*, NY: Routledge, 2015.

Hickle, G. T., "Comparative analysis of extended producer responsibility policy in the United States and Canada." *Journal of Industrial Ecology*, 17(2), 2013.

Moreno, A., & Redondo, T., "Text analytics: the convergence of big data and artificial intelligence," *IJIMAI*, 3(6), 2016.

Nicola Nymalm, Johannes Plagemann, "Comparative Exceptionalism: Universality and Particularity in Foreign Policy Discourses," *International Studies Review*, 21:1, 2019.

Qaiser, S., & Ali, R., "Text mining: use of TF-IDF to examine the relevance of words to documents." *International Journal of Computer Applications*, 181(1), 2018.

Romzek, Barbara, and Melvin Dubnick, "Accountability," *International Encyclopedia of Public Policy and Administration*, Vol.1, 1998.

Schütze, H., Manning, C. D., & Raghavan, P., *Introduction to information retrieval*, Cambridge: Cambridge University Press, 2008.

Van Dijk, T. A., *Society and discourse: How social contexts influence text and talk*, Cambridge University Press, 2009.

Xi Jinping, *The Governance of China*, Beijing: Foreign Language Press, 2014.

Ye, Z. ed., *The semantics of nouns*. Oxford University Press, 2017.

Zhang, Yun-tao, Ling, G., & Yong-cheng, W., "An improved TF-IDF approach for text classification," *Journal of Zhejiang University-Science* A, 6(1), 2005.

1990년 중국 체제전환과 「사상정치공작 연구회」

● 박철현 ●

I. 서론

1980년대가 농촌개혁과 경제특구 건설에 초점을 둔 시기라고 한다면, 1990년대 중국은 상하이 푸둥 국가급 신구(國家級新區)로 대표되는 체제의 핵심공간에 대한 전면적인 개혁기 진행되는 시기였다. 이 개혁의 대상은 국유기업, 단위체제, 노동관계, 복지제도 등이었고, 기존 '철밥그릇'을 누려온 노동자들의 지위와 신분에는 큰 변화가 발생했다.

국가는 '철밥그릇'이 깨진 노동자들의 불만과 저항에 제도적 형태로 대응하는 동시에, 이데올로기적 대응의 필요성을 절감하고, 1980년대 형성된 기존 「사상정치공작 연구회」를 1990년대 개혁에 적합하도록 위상과 조직을 재편한다.

'포스트 사회주의' 이행의 방식, 경로, 속도 등 체제전환과 관련된 명확

*   이 글은 박철현, 「중국의 체제전환과 「사상정치공작 연구회」: 1990년대 도시개혁 시기 국유기업 개혁과 단위체제 해제를 중심으로」, 『도시연구: 역사 사회 문화』, 제26호, 2021을 수정·보완한 것이다.
** 국민대학교 중국인문사회연구소 HK연구교수.

한 형태의 '마스터플랜'이 나온 것은 1992년 10월 중국공산당 제14차 전국대표대회에서 '사회주의 시장경제(社會主義市場經濟)'를 경제체제 개혁의 목표로 확정했을 때라고 할 수 있다. 이후 중국은 사회주의 시장경제 건설을 체제전환의 목표로 설정하고 이를 위해서 기존 중국 사회주의의 핵심요소인 단위체제, 국유기업, 복지제도 등에 대한 본격적인 개혁에 착수한다. 1998년 공유제(公有制) 주택제도의 전면적 폐지로 1990년대 체제전환을 일단락한 중국은 2001년 세계무역기구(WTO) 가입을 통해서 개발도상국 지위를 획득하고 '세계의 공장'으로 글로벌 자본주의의 필수 불가결한 구성원이 된다. 이렇게 보면, 1990년대는 과거 사회주의의 유산이 강력히 남아있던 1980년대에서 '세계의 공장'으로서 글로벌 자본주의의 핵심구성원이 되는 2000년대로 이행하기 위해 필수적인 국내적인 체제전환이 이뤄졌던 시기라고 할 수 있다.

본 연구는 1990년대 국내적인 체제전환의 핵심내용인 '국유기업 개혁'과 '단위체제 해제'가 초래한 노동자의 불만과 저항에 대한 국가의 이데올로기적 대응을 「사상정치공작 연구회(思想政治工作硏究會)」를 중심으로 분석하는 것을 목표로 한다. 「사상정치공작 연구회」는 1983년 1월 18일 베이징(北京)에서 설립된 '비영리 사단법인'으로 중공중앙(中共中央) 선전부(宣傳部), 중공중앙 서기처(書記處) 연구실, 국가경제무역위원회, 중화전국총공회(中華全國總工會)가 공동으로 발기하여 설립한 '사회단체'로, 학술연구단체의 형태를 취하고 있지만 공산당 선전부(宣傳部) 소속으로 사실상 국가기구의 일부라고 할 수 있다.[1]

중요한 점은, 과거 '공장의 주인(工廠的主人翁)'이라고 불리던 노동자

---

[1] 1983년 1월 설립 당시 정식 명칭은 「중국 직공사상정치공작 연구회(中國職工思想政治工作硏究會)」였는데, 2003년 「중국 사상정치공작 연구회」 개명한다. 본 연구에서는 「사상정치공작 연구회」로 통칭하기로 한다.

의 급격한 지위 하락을 초래한 국유기업 개혁과 단위체제 해제는 기업도
산, 산업구조조정, 지위변동, 정리해고에 대한 노동자의 불만과 저항으로
이어졌고, 국가는 이러한 불만과 저항에 대해서 강경진압, 제도보완 등의
물질적 제도적 형태의 대응만이 아니라 '이데올로기적 대응'을 취할 필요
가 있었다는 사실이다. 왜냐하면, "노동자가 지도하는, 노농동맹에 기초한
인민민주독재의 사회주의 국가(헌법 제1장 제1조)"라는 공식이념이 존재
하는 상황에서, 국가는 1990년대 본격적 체제전환이 초래한 현실과 이념
의 괴리를 합리화 정당화하여, 노동자를 사회주의 시기만이 아니라 개혁
기에도 "국가에 충성하는 노동자"로 재구성할 필요가 있었다. 다시 말해
서 국가로서는 노동자의 불만과 저항을 초래한 현실을 합리화하고 '노동
자 계급의 재구성'을 위해서 현실에서 진행되고 있는 국유기업과 단위체
제의 개혁과 해체에 관한 이데올로기적 정당화가 매우 중요한 과제였던
것이다.

1980년대 만들어진「사상정치공작 연구회」는 '공장장 책임제(廠長負
責制)'로 대표되는 초보적인 국유기업 개혁에 대응했으나, 당시는 아직
본격적인 체제전환은 시작되지 않았던 시기였다. 이후 1992년 '사회주의
시장경제'가 체제전환의 공식 목표로 확정되고, 주식제 도입, 산업구조조
정, 노동자 지위변동, 정리해고, 단위체제 해제 등과 같은 본격적인 체제
전환이 시작되면서, 이데올로기적 국가기구인「사상정치공작 연구회」의
역할은 매우 중요해지게 된다.

「사상정치공작 연구회」에 관한 국내 선행연구는 1980년대에 초점을 맞
춘 것을 제외하면 전혀 없고, 중국 측 연구들은 매우 많지만, 이것들은
본 연구와 같은 비판적 관점이 아니라 '당 - 국가의 입장'에서 정책투사와
특히 기업 내부의 지도부, 간부, 노동자 등에 대한 '사상정치공작'에 있어
서「사상정치공작 연구회」의 위상, 역할, 중요성 등을 강조하는 연구가
압도적인 다수이다.[2]

본 연구는 1990년대「사상정치공작 연구회」의 활동에 관한 언론보도, 학술논문, 조사보고서 등 문헌과 함께, 학술지『사상정치공작연구(思想政治工作研究)』에 게재된 논문들을 주요 분석대상으로 삼는다. 1983년 1기(期)가 발행된 이래 현재까지 계속 발행되고 있는『사상정치공작연구』는 학술논문만이 아니라, 기업과 학교 등 현장의 목소리, 정책 해설, 주요 회의 및 간담회 소식, 조사보고 등까지 '사상정치공작'에 관련된 다양한 글이 실려있으므로, 국유기업 개혁과 단위체제 해제에 관한 노동자의 불만과 저항에 대응하는 국가의 이데올로기 투사가 잘 드러난다고 할 수 있다.3) 아울러 본 연구는『다롄기차차량창간사(大連機車車輛廠簡史) 1899-1999』를 사용하여「사상정치공작 연구회」의 활동을 실제 '기업 층위'에서 살펴보고자 한다. '다롄기차차량창(大連機車車輛廠)'은 19세기 말 세워진 100년이 넘는 역사를 가진 랴오닝성(遼寧省) 다롄(大連)의 국유기업이며 국무원(國務院)이 직접 소유하고 있는 '중앙기업(中央企業)'이므로, 국가의 입장에서 보면 '사상정치공작'이 매우 중요한 '골간(骨幹)' 기업이다. 따라서, 이에 대한 분석을 통해서 기업 층위에서 국가의 이데올

---

2) 국내 선행연구는 박철현,「개혁기 중국의 국가와 노동자 교육 : 1980년대「사상정치공작 연구회」의 설립과 활동을 중심으로」,『도시연구: 역사 사회 문화』, 제23호, 2020; '당 - 국가의 입장'을 취한 중국 측 연구의 예를 들면 다음과 같다. 潘琦,「明確任務 強化措施 加強和改進企業思想政治工作: 在廣西職工政研會成立十周年大會暨 三屆三次年會上的講話」,『疏導』, 3期, 1995; 金祥文,「切實加强政研會的工作: 在中國測繪思想政治工作研究會第二屆二次常務理事會上的講話」,『中國測繪』, 4期, 1995.

3) 현재『사상정치공작연구』는 연 12회 발행되며, 다음과 같은 구성을 가지고 있다. '지도부 목소리(高層聲音)', '본간특평(本刊特評)', '선전부장의 목소리(宣傳部長之聲)', '학교 서기가 말하는 사상정치(高校書記談思政)', '샤오캉 사회 전면 건설 "백성 천현 만촌" 조사연구행(全面建成小康社會"百城千縣萬村"調研行)', '사상정치연구(思政研究)', '조사연구(調查研究)', '업무교류(工作交流)', '기업경험(企業經驗)', '사회논단(社會論壇)', '소식(消息)'.

로기 투사의 생생한 현실을 밝혀낼 수 있다.

본 연구는 다음과 같이 구성된다. 서론에 이어서 II장에서는 1980년대와 1990년대의 '개혁'의 중요한 차이를 살펴보고, 1980년대와 달라진 「사상정치공작 연구회」의 위상과 조직을 분석한다. III장에서는 「사상정치공작 연구회」에서 발행하는 학술지 『사상정치공작연구』에 게재된, 국유기업 개혁과 단위체제 해제와 관련된 논문을 대상으로 해서, 국가가 투사한 이데올로기적 합리화 정당화의 내용을 분석한다. IV장에서는 '다롄기차차량창'의 사례를 통해서, 실제로 기업 현장에서 국유기업 개혁과 단위체제 해제와 관련된 현실 문제에 대해서 「사상정치공작 연구회」가 투사한 이데올로기적 합리화 정당화의 내용을 분석한다. V장 결론에서는 본 연구의 발견을 정리하고, 향후 중국이 '세계의 공장'으로서 글로벌 자본주의의 필수불가결한 구성원이 되고, '안정유지'가 중요한 국정목표가 된 2000년대의 「사상정치공작 연구회」에 대한 분석의 필요성을 제기한다.

II. 도시개혁과 「사상정치공작 연구회」

1. 1990년대 개혁의 특징

1980년대 농촌개혁의 방향은 두 가지였다. 첫째, 농민의 농업경영 자주권 확대였다. '가정연산승포책임제(家庭聯産承包責任制)'를 통해서 농업경영의 주체가 과거 인민공사(人民公社)라는 집체(集體)가 아니라 개별 '농촌 가정(戶)'으로 바뀌었다. 가정은 농촌토지 소유권자인 향(鄕)과 촌(村) 등의 농촌 집체정부로부터 농촌토지 사용권을 획득하여 생산과 판매 등 해당 토지에 대한 농업경영의 주체가 된 것이다. 그 결과 농업생산을 위한 노동력과 자원의 효율적 사용이 가능해져서, 농업생산력이 크게 제고되었다. 둘째, '향진기업(鄕鎭企業)'의 등장이다. 향진기업은 기존 인민공사의 '사대기업(社隊企業)'이 1980년대 들어서 변화한 것이다. 사대기업은 인민공사의 집체농업을 지원하기 위한 공업제품인 철강, 시멘트, 화학 비료, 수력, 농기구 등의 생산에 주력한 자본집약적 공업이었기 때문에 고용효과가 크지 않았다. 이에 비해서, 개혁기 새로운 농촌공업을 육성하고자 하는 중국 정부의 제도적 지원을 배경으로, 향진기업은 기존의 생산품에 더하여 농업생산물을 활용하여 생산한 경공업 제품(식품, 생활용품 등)을 판매하여 높은 수익을 거둘 수 있었다.[4] 중요한 점은 농업경영 자주권 확대로 기존 농업생산에 묶여있었던 농촌 '잉여노동력'이 향진기업으로 이동하여 경제활동에 종사함으로써, 전반적인 농촌 가정의 소득 향상이 가능했다는 점이다.

농촌개혁과 함께 1980년대 개혁의 중요한 내용은 바로 경제특구였다. 중국 정부는 당시 인구의 82%를 차지하는 농촌에서의 개혁을 통해서 기존 농업의 포스트 사회주의로의 변화를 시도하는 것과 함께, 동남 연해 지역에서 경제특구를 설치하여 시장경제 실험을 진행했다. 1980년 선전 (深圳)을 최초로, 주하이(珠海) 산터우(汕頭) 샤먼(廈門)이 연이어 경제특구로 지정되었고, 1988년 하이난(海南)이 경제특구로 지정되었다. 이들 경제특구는 일종의 '체제(體制) 외 실험공간'이었다. 당시는 비록 1978년 개혁개방이 공식 선언되었지만, 여전히 사회주의 체제의 핵심을 이루는 국유기업, 단위체제, 복지제도 등이 상당 부분 온존되어 있고 공산당 내부에서도 포스트 사회주의 이행의 방식, 경로, 속도에 관한 명확한 합의가 존재하지 않는 상황이었다. 따라서, '전국'을 대상으로 하는 일시적 전면적 시장경제 실험은 당내 보수파의 반대를 초래할 수 있고, 개혁이 실패할

---

4) 향진기업 발전의 원인에 대한 내용은 다음을 참고: 배리 노턴 지음, 이정구·전용복 옮김, 『중국경제 : 시장으로의 이행과 성장』, 서울경제경영, 2007, 365-377쪽.

경우 체제에 미칠 "악영향"도 매우 크기 때문에, 중국은 베이징과 상하이 (上海) 등 체제의 핵심공간에서 물리적으로 멀리 떨어져 있을 뿐 아니라 실험에 필요한 자본의 유치를 위한 역사적 지리적 조건이 갖춰진 동남 연해 지역을 선택한 것이다.

1980년대와 달리, 1990년대는 개혁의 초점이 농촌에서 도시로 이동하는 도시개혁의 시기로 당시 사회주의 체제의 핵심에 대한 본격적인 개혁이 진행되었다. 첫째, 국유기업 개혁이다. 국유기업 개혁의 내용은 크게 두 가지로 나뉜다. 우선 산업구조조정이다. 1978년 이전인 사회주의 시기 '사영기업(私營企業)'은 극소수였고, 대부분 기업은 공유제(公有制) 기업이었다. 이들 기업은 에너지, 국방, 자원, 기계, 철도, 자동차, 통신, 금융 등의 중공업은 물론 식품, 의류, 생활용품 등 경공업까지 거의 모든 업종에 걸쳐 있었는데, 1990년대 들어서 국유경제가 직접 통제할 업종과 영역을 결정하고 그 외 업종과 영역의 국유기업은 상당 부분 '사유화(私有化)' 시키는 산업구조조정을 단행한다. 국유경제가 직접 통제할 업종과 영역은 주로, 에너지, 국방, 자원, 기계, 철도, 자동차, 통신, 금융 등 중화학 공업 위주였고, 이를 제외한 나머지 업종과 영역의 국유기업은 사유화시킨 것이다. 다음으로, '소유권 개혁'이었다. 소유권 개혁의 핵심은 기존 "노동자는 공장의 주인"과 같이 이데올로기적으로 규정된 기업의 소유권을 '주식제' 도입에 의해서 평가와 측정이 가능한 형태로 변화시키는 것이었다. 주식제 기업이 되면 주식을 보유한 만큼 기업에 대한 소유권을 주장할 수 있으므로, 소유권을 보유하지 못한 노동자는 그 신분도 바뀌었다. 기존 "공장의 주인"이었던 노동자는 한번 고용되면 사실상의 영구적 고용이 가능했는데, 1980년대 기업의 경영자주권 확대와 경영효율 제고를 진행하면서 노동자의 지위에는 점차 변화가 발생했고, 1980년대 말 본격화된 주식제의 도입으로 1990년대 '노동계약(勞動合同)'에 기초한 임금노동자로 본격적인 지위 변화가 발생한 것이다. 그 결과 노동자의 영구적 고용은 불가능해졌고, 임금은 '생산 기여도'에 따라서 결정되었다.

둘째, 단위체제(單位體制)의 해체이다. 단위는 사회주의 시기 중국 도시 주민이 소속된 기업, 학교, 연구소, 협회 등의 '직장'을 가리킨다. 단위는 국가기관 단위, 사업 단위, 기업 단위로 나뉘지만, 기업 단위가 가장 숫자가 많았다. 사회주의 시기 기업은 극소수의 사영기업을 제외하고, 대부분 기업은 공유제 기업이었다. 공유제 기업은 국유기업(國有企業)과 집체기업(集體企業)으로 나뉜다. 국유기업은 다시 중앙정부와 지방정부가 각각 소유하고 있는 중앙기업(中央企業)과 지방기업(地方企業)로 나뉜다. 도시 주민은 기업에 소속되어 노동자로서 국가가 그 기업을 통해서 제공하는 임금은 물론, 식량, 주택, 교육, 의료 등의 복지의 수혜대상이었고, 동시에 기업 내부에 설치된 공산당 조직의 정치적 통제와 동원의 대상이 되었다.5)

1990년대 국유기업 개혁으로 영구적인 취업은 불가능해졌고, 기업이 제공하는 복지는 축소되거나 폐지되었고 시장이 기업을 대신하여 그러한 복지를 '상품'으로 제공하기 시작했고, 노동자는 소득 수준에 따라서 화폐를 사용하여 그러한 복지를 구매하게 되었다. 특히, 1998년 '공유제 주택'의 전면적 폐지는 기업이 저렴하게 제공하는 공유제 주택을 기초로 형성된 단위체제 내부 노동자의 '정체성' 해체에 결정적인 역할을 했다.

2. 「사상정치공작 연구회」의 재편

이상과 같은 1990년대의 개혁과 이에 대한 노동자의 불만과 저항에 대응하여 중국은 「사상정치공작 연구회」의 위상과 조직을 강화한다.

---

5) 국유기업과 집체기업, 중앙기업과 지방기업 사이에는 각각 임금과 복지에 있어서 상당한 차이가 존재했다는 점에 주목할 필요가 있다.

  1994년 8월 5일 '중앙기구 편제위원회(中央機構編制委員會)'는 「'중
국 직공사상정치공작 연구회 기구 개혁방안'의 인쇄 발행에 관한 통지,
이하 통지」를 발표한다.6) 「통지」의 핵심내용은 다음과 같다. 첫째, 중공중
앙 선전부가 「사상정치공작 연구회」를 지도한다는 점을 다시 한번 명확히
한다.7) 선전부 부장 딩관건(丁關根)은 앞서 1994년 1월 '전국 선전사상
공작회의(全國宣傳思想工作會議)'에서, 사상정치공작이 '사회주의 시장
경제 건설', '사회주의 현대화 건설', '사회주의 정신문명 건설'에 부합해야
한다고 강조한다.8) 둘째, 연구회 내부에 사무실, 연구부, 연락부, 훈련부
등 4개 부문을 설치하고, 정부 전액출자로 사업편제 인원 22명을 두고,
이들의 신분과 지위는 공무원 조례를 참조하여 관리하며, 전업직 부비서
장(副祕書長) 3명과 내부 기구의 정직(正職)과 부직(副職) 8명을 둔다.
셋째, 「사상정치공작 연구회」는 중앙기구 편제위원회가 직접 관리하는
'사회단체'에 속한다.9)

  선전부 등 국가기구가 1983년 1월 「사상정치공작 연구회」의 설립 주체
였지만, 「사상정치공작 연구회」와 공산당의 관계는 추상적인 '당의 지도'
라는 성격이 강했다. 하지만 이미 '사회주의 시장경제 건설'을 선언하여
1983년 설립 당시와 비교해서 국정목표가 명확해진 1994년에 나온 「통

6) 「關於印發'中國職工思想政治工作研究會機構改革方案'的通知」.
7) 1924년 성립된 중공중앙 선전부는 중국공산당에서 이데올로기 업무의 지도부문으로
   이론의 연구, 학습, 선전 업무 등의 사상정치공작을 담당한다.
8) 「宣傳思想戰線要服從和服務於全黨工作的大局 : 丁關根在全國宣傳思想工作
   會議上的講話摘要」, 『思想政治工作研究』, 3期, 1994.
9) 사회단체(社會團體)는 '비영리적' 성격의 사회조직인데, 현재 중앙정부가 그 재정을
   전액출자 하는 사회단체는 중화전국총공회(中華全國總工會), 공산주의 청년단, 전
   국 부녀연합회(全國婦女聯合會), 사상정치공작연구회 등의 21개가 있다. 이들 21개
   사회단체의 임무, 기구편제, 지도부의 직무 숫자 등은 중앙기구 편제위원회가 결정한
   다. 이들은 비정부기구이지만, 상당 부분 정부의 직능을 행사하며 공무원법의 관리를
   받는다.

지」는, 사상정치공작이 철저히 '당의 지도'하에 진행되어야 한다는 점을 밝힐 뿐 아니라, 「사상정치공작 연구회」가 국가기구에 공식 편제되고 그 주요 구성원의 신분과 지위를 공무원 조례를 참조하여 관리하는 방식을 규정하고 있다는 점에 주목할 필요가 있다.

다시 말해서 '사회주의 시장경제 건설'과 그에 따른 '국유기업 개혁'과 '단위체제 해제'로 급격한 체제전환이 본격화되던 1990년대 국가는 「사상정치공작 연구회」를 중앙기구 편제위원회가 직접 관리하는 '사회단체'에 편입시킴으로써, 「사상정치공작 연구회」와의 관계를 기존의 추상적인 '당의 지도'에서 구체적인 '행정적인 지휘와 복종' 관계로 전환시킨다.

1995년 6월 14일 「사상정치공작 연구회」는 '3년 연구계획'을 발표한다.[10] 이 계획은 연구 '지도사상', '원칙', '중점과제', '실시방법'으로 구성되는데, 그 중 중점과제의 주요 내용은 다음과 같다. 첫째, 사회주의 시장경제체제와 '현대적 기업제도' 건설에 있어서, 당 조직의 정치적 핵심작용 발휘, 기업 사상정치공작 강화, 사상정치공작 효율적 운영 기제 등에 관한 연구.[11] 둘째, 사회주의 시장경제체제 건설에 있어서, 사상도덕 건설의 강화에 의해서 정확한 이상 신념 인생관 가치관을 통해서 직공의 사상행위에 영향을 미칠 수 있는 방법과 경로에 관한 연구. 셋째, 기업 사상정치공작과 기업문화 건설의 관계에 대한 정확한 처리를 통해서 중국 특색의 기업문화를 건설하는 방법에 관한 연구.

즉, '3년 연구계획'의 중점과제는 1992년 확정된 '사회주의 시장경제 건

---

10) 「中國職工思想政治工作硏究會關於硏究工作三年規劃」, 『疏導』, 4期, 1995.

11) '현대적 기업제도(現代企業制度)'는 1993년 11월 중국공산당 제14기 중앙위원회 제3차 전체회의에서 통과된 「사회주의 시장경제체제 건설의 약간의 문제에 관한 중공중앙의 결정(中共中央建立社會主義市場經濟體制若干問題的決定)」에서 공식제기된 것으로, 기존 사회주의 기업을 '현대적' 기업으로 전환하는 데 필요한 4가지 내용으로 구성되어있다. '분명한 소유권(産權淸晰)', '명확한 권한과 책임(權責明確)', '정부와 기업의 분리(政企分離)', '관리과학(管理科學)'이 그것들이다.

설'이라는 국정 목표의 실현을 위해 필요한, 기업에서의 당의 역할, 직공의 사상도덕의 개조, 기업문화 건설에 관한 연구들이다. 이러한 연구과제는 곧 1990년대 본격화된 국유기업 개혁과 단위체제 해제에 대한 노동자의 불만과 저항에 대응하기 위해서, 국가의 이데올로기 학술연구기구라고 할 수 있는 「사상정치공작 연구회」가 수행해야 할 작업이다.

이상과 같이 기존과 확실한 차별성을 보이는 1990년대 개혁에 의해서 당시까지 유지되고 있던 중국 사회주의 핵심요소인 국유기업, 단위제도, 복지제도 등의 변화가 초래한 노동자의 불만과 저항에 직면하여, 국가는 1992년 국정목표로 확정된 사회주의 시장경제의 건설을 위해「사상정치공작 연구회」를 중공중앙 선전부가 직접관리하는 사회단체로 재편하고, 「사상정치공작 연구회」는 국가의 요구에 부응하는 연구과제를 확정한다.

다음 III장에서는 「사상정치공작 연구회」가 발행하는 학술지『사상정치공작연구』의 게재 논문 분석을 통해서, 국유기업 개혁과 단위체제 해제라는 1990년대 개혁에 관해서 국가가 어떠한 이데올로기를 투사했는지 분석하도록 한다.

III.『사상정치공작연구』내용분석[12]

1. 기업지배구조의 변화와 정리해고

앞서 보았듯이, 국유기업 개혁은 '산업구조조정'과 '소유권 개혁'을 그

[12) 내용분석을 위해서, '중국 즈왕(www.cnki.net)'의『思想政治工作硏究』홈페이지 '篇名'에서 '企業'으로 검색한 결과 모두 512개의 논문이 검색되었다. 필자는 512개 논문의 제목과 내용을 검토하여, 국유기업 개혁 및 단위체제 해제와 관련된 논문을 추출하였다. https://navi.cnki.net/knavi/JournalDetail?pcode=CJFD&pykm=SSGZ ('중국 즈왕(中國知網)'의「思想政治工作硏究」홈페이지)

핵심내용으로 했고, 그 목표는 사회주의 시장경제에 적합한 현대적 기업의 수립이었다. 『사상정치공작연구』는 이러한 문제들에 대해서 다음과 같은 이데올로기를 투사했다.

첫째, 주식제(股份制) 도입에 의한 국유기업 개혁의 문제이다. 1994년 '중화전국총공회(이하, 총공회)'는 주식제 도입에 의한 기존 국유기업 개혁에 대한 노동자의 사상(思想) 상황을 조사하고, 다음과 같은 결과를 제시한다. 총공회는 조사결과, 주식제 도입에 대해서 노동자들은 긍정하면서도 우려를 표하고 있다는 점에 주목한다.[13] 노동자들은 주식제 도입으로 기업이 과거와 같은 공유제 기업인가 아니면 사유제 기업인가 혼란스러워하고, 특히 "주인(主人翁)" 지위에 큰 의구심을 표했다. 노동자들은 주식제 도입으로 과거에 적어도 명의상으로는 "주인"이었던 지위는 사라졌으며, 주식이 없는 노동자는 자신의 노동력만을 가진 '무산자(無産者)'가 되는 것이 아니냐고 반문한다. 또한 주식제 기업이 되면 직공대표대회(職工代表大會)와 이사회(董事會)는 무슨 관계가 어떻게 되는 건지 의문을 표하고, 노조위원장인 '공회 주석(工會主席)'이 이사회에 참석하지 못한다는 사실에 대해서도 매우 큰 불만을 품고 있었다.

총공회는 조사 결과에 대해서, TV, 라디오, 신문 등 다양한 매체를 동원하여 사회주의 시장경제, 현대적 기업제도, 주식제 기업에 대한 선전과 교육을 진행하여, 노동자들이 주식제 기업에 대한 정확한 인식을 획득하게 하여, '주인의식'을 가지고 주식제 기업 개혁을 적극적으로 지지하도록 만들어야 한다고 강조한다. 또한, 교육과 관리를 통해서, 노동자가 개인이익 국가이익 집체이익 사이의 관계를 정확하게 처리할 수 있도록 도와야 하며, 법규를 통해서 개혁과정에서 특정 개인이 주식을 독점하는 현상을

---

13) 이하의 내용은 다음을 참고: 全總宣敎部宣敎處,「股份制企業職工的憂慮」,『思想政治工作硏究』, 8期, 1994.

방지해야 한다고 지적한다. 아울러, 생산 및 경영과 노동자 복지에 관련된 중요 결정을 내릴 때 직공대표대회의 의견을 청취하고, 공회 주석의 이사회 참여를 보장해야 한다고 지적한다.

현실에서는 1980년대 말 도입된 주식제에 의해서 노동자는 임금노동자가 되었고, 직공대표대회, 공회, 당 위원회의 '노삼회(老三會)'가 쇠퇴하고 이사회, 주주대표회, 감사회의 '신삼회(新三會)'가 권력을 획득하는 기업지배구조의 변화가 발생한 상황인데도, 총공회는 현실과 동떨어진 공허한 '주인의식'과 법률적인 대책만을 강조하고 있는 것이다.

『사상정치공작연구』는 노동자들이 현대적 기업제도에 적합한 관념을 수립하도록 만드는 것이 당시 사상정치공작의 중요한 임무로 보고, '자기의식(自有意識)', '자주의식(自主意識)', '자강의식(自强意識)'을 그러한 관념의 핵심이라고 본다.[14] 이 글은, '자기의식'은 과거의 '몽롱한(朦朧)'한 공유(公有)의식에서 벗어나서, 현대적 기업제도의 기초가 되는 '법인재산권(法人財産權)'이라는 의식을 가지게 하는 것이 관건이라고 보지만, 노동자들이 과거 사회주의의 '큰 솥밥(大鍋飯)'을 먹던 생각을 버리고 새로운 의식을 가지는 것의 어려움도 인정한다. '자주의식'은 그 표현에서 예상할 수 있듯이, 법인 재산권을 가진 현대적 기업은 자주적 경영권을 보유하여 수익과 손해에 대한 책임을 스스로 지므로 그 구성원인 노동자들도 상응하는 자강의식이 필요하다는 내용이다. '자율의식'은 시장경제 건설에 있어서 법률과 제도를 준수하겠다는 자율적 의식의 함양을 강조하는 것으로, 이를 위한 노동자들에 대한 교육을 통해서 과거와 다른 규범의식과 도덕 관념을 심는 것이 매우 중요하다고 주장한다.

이렇게 주식제를 이용한 국유기업 개혁이 초래한 신분과 지위의 변동에 대한 노동자의 우려에 대한 불식과 현대적 기업제도 수립에 적합한

14) 徐紹良, 「樹立與現代企業制度相適應的觀念」, 『思想政治工作研究』, 8期, 1994.

노동자 '의식'에 대한 강조는 필연적으로 다음과 같이 '이윤'에 대한 적극적 긍정으로 이어진다.

『사상정치공작연구』는 중국선박공업총공사(中國船舶工業總公司) 직속의 '군사공업(軍工)' 기업이 '제7차 5년 계획(1986~90)' 시기 주요 경제지표에 있어서 동일 업종 전국 최고를 달성했다는 사실을 보여주고, 기업의 당 위원회가 '경제적 효익(效益)의 제고'를 사상정치공작의 최우선 사항으로 둔 것이 가장 중요한 원인이었다는 점을 강조한다.[15] 이 기업은 군사공업 기업이기 때문에 경영적자나 생산원료 공급에 대한 걱정없이 모(母)기업이 제공하는 "황제 양식(皇粮)"에 기대어 '철 밥그릇(鐵飯碗)'을 끼고 살았는데, 개혁기 들어서는 생산원료의 공급은 물론 생산, 판매와 노동자 보수체계 재편과 같은 경영 전반의 문제까지 모두 기업이 스스로 결정하고 그 결정의 결과에 대한 책임까지 지게 되는 '위기'에 처했다는 것이다. 이에 당 위원회는 당시의 위기를 돌파하기 위해서 무엇보다도 노동자의 관념을 바꾸는 것이 절박하다고 보았다. 이후 당 위원회는 수익과 효율을 중시하지만 동시에 '자산계급 자유화(資産階級自由化)'를 반대하며, 선공후사(先公後私)의 정신으로 선진기술 도입과 생산관리 품질제고에 노력하며, 무엇보다도 공산당이 지도하는 사회주의의 길을 견지하는 '모범 노동자(勞動模範)' 창출을 위한 사상정치공작에 주력했다. 그 결과 오늘날과 같은 높은 효익을 보유한 국영기업이 될 수 있었다고 주장한다.

여기서, '자산계급 자유화'는 1980년대 다당제와 헌정(憲政)을 주장하며 공산당의 지도적 지위를 부인하는 중국 내 일련의 정치적 사상적 움직임을 공산당이 비판하면서 사용하는 개념이다. 문제는 공산당이 비판하는 것은 공산당의 지도적 지위에 대한 부인이지 시장경제에 의한 체제전환을

---

15) 中共國營四八二廠委員會,「爲提高企業經濟效益服務」,『思想政治工作硏究』, 2 期, 1991.

비판하는 것은 아니고, 체제전환은 '사회주의 시장경제 건설'의 형태로 적
극적으로 추진하는 목표라는 점이다. 따라서, 『사상정치공작연구』은 이
글을 통해서 당 - 국가가 주도하는 포스트 사회주의 시장경제로의 이행은
국정목표이며, 국영기업 당 위원회의 목소리를 빌어서 그러한 이행에 있
어서 '경제적 수익과 효율'의 관념을 노동자에게 심어주는 사상정치공작
이 매우 중요하다고 주장하는 것이다.

  둘째, 정리해고(下崗)의 문제이다. 국유기업 개혁은 필연적으로 기존
노동자들에 대한 정리해고를 수반하게 되므로, "노동자가 지도계급"이라
는 공식이념을 가진 중국으로서는 이러한 이념과 현실의 괴리를 정당화
합리화하기 위한 이데올로기 투사가 필요했던 것이다.

  『사상정치공작연구』는 정리해고 노동자의 생활보장과 재취업 문제에
관한 글을 통해서 사상정치공작의 중요성을 강조한다.[16] 중공중앙 선전부
와 노동사회보장부가 공동으로 기고한 이 글에서는, 정리해고 발생원인,
기본 생활보장과 재취업, 재취업서비스센터의 역할, 기업의 책임, 정리해
고 노동자의 관념 등의 문제를 다루고 있다. 이 글은 정리해고 발생원인을
두 가지로 본다. 우선 수요와 공급의 불일치가 원인으로, 중국은 원래 인
구대국으로 노동력 수요에 비해서 노동력 공급이 과도하게 많았다. 이제
까지는 국가가 취업희망자를 통일적으로 수용하고 통일적으로 분배하는
'통포통배(統包統配)' 정책을 시행해왔는데, 최대한 많은 인구를 취업시
키려고 하다 보니 낮은 품질의 일자리를 양산하거나 적정 숫자를 넘은
과도한 인원을 분배하는 결과를 가져왔다. 고용유지를 위한 중복 투자와
맹목적 투자가 일상적이었고, 그 결과 기업의 부담이 과중하였는데, 계획
경제 시대에는 국가의 지원으로 기업의 '생명'은 연장되었지만, 사회주의

---

16) 中共中央宣傳部 勞動和社會保障部, 「國有企業下崗職工基本生活保障和再就
    業工作宣傳提綱」, 『思想政治工作研究』, 3期, 1999.

시장경제 건설이 목표가 된 시대에 더 이상의 지원은 불가능하여 조업정지 기업파산이라는 결과를 낳았다는 것이다. 따라서 파국적인 결과를 피하기 위해서 기업의 '정리해고'는 어쩔 수 없는 것이라는 점이다. 나머지 하나의 정리해고 발생원인은 기업 자체의 문제로, 시장경제 시대가 되었는데도 생산과 판매 등 경영과 관련된 분야에서의 효율제고에 태만하여 정리해고 사태를 초래했다는 것이다. 이 글은 정리해고는 중국 경제체제의 심층적 모순이 드러난 것이며, 현대적 기업제도 수립을 위해서 불가피한 과정이라고 본다.

다음으로 정리해고 노동자의 생활보장 문제와 관련해서, 재취업 서비스센터가 양로, 의료, 실업 등의 보험비용을 일부 지급하고 기본 생활비를 보장하며, 재취업을 위해 관련 증명서 발급 정보제공 취업훈련 등의 서비스를 제공하며, 기업도 정리해고 노동자의 생활보장과 재취업을 위한 인적 경제적 기술적 지원을 해야 한다고 지적한다.

특히 이 글에서 주목되는 것은 정리해고 노동자가 응당 가져야 할 '관념'에 대한 부분이다. 이 글은, 과거 계획경제 시대에 형성된 관념을 버리고 사회주의 시장경제에 적합한 관념을 가져야 하는데, 노동력의 유동은 시장자원 배치 변화의 결과이기 때문에 정리해고와 재취업은 "정상적인" 현상으로 수용해야 하며, 중요한 것은 '자주적인 취업 관념(自主就業觀念)'을 함양하여 '다른 사람이나 세상을 원망하지 말고 자강자립(自强自立)' 해서 주체적으로 취업기회를 찾아야 한다고 강조한다. 직업의 귀천 관념을 버리고, 스스로의 소질과 능력을 개발하여 과거와 같은 국유기업과 집체기업 등 공유제 기업만이 아니라, 향진기업 삼자기업 개체기업 사영기업 등의 '비(非)공유제 기업'에서 취업기회를 찾아야 한다는 것이다.17) 시장경제 시대, 경쟁을 당연한 것으로 인식하여 자신의 능력과 교육

---

17) 1980년대 등장한 향진기업은 농촌정부가 소유한 '집체(集體) 향진기업'으로 시작되었

에 기초하여 자신의 앞길을 개척해야 한다고 지적한다.

국가의 퇴각과 시장의 부상을 배경으로 끊임없는 자기계발을 통한 생존과 발전을 모색하는 개인을 능력 있고 바람직한 존재로 상찬하는 '신자유주의'를 연상시키는『사상정치공작연구』의 이 글은, 1980년대 중국에 최초로 등장한 신자유주의가 '포스트 사회주의' 시장경제로의 체제전환 과정에서 양산된 정리해고 노동자에게 어떠한 '새로운 바람직한' 노동자상 이데올로기를 투사했는지를 보여준다.[18]

「사상정치공작 연구회」로서는 노동자가 자신의 '관념'을 자기가 원하는 방향으로 바꾸도록 방치하지 않고, 국가가 적극적 주체적으로 개입하여 국가가 원하는 방향으로 바꾸도록 하는 것은 개혁기 국가가 원하는 '노동자 계급의 재구성'을 위해서 필수적인 과제이다. 따라서 정리해고 노동자의 생활보장과 재취업에 있어서도 사상정치공작의 중요성이 거듭 제기된다.

1997년 「사상정치공작 연구회」 조사조(調査組)는 쓰촨성(四川省)과 충칭시(重慶市)의 병기, 방직, 철강, 기계, 전자 등 8개 업종과 22개의 공장, 광산, 기업의 감원, 정리해고, 재취업 등에 관한 노동자 사상 상황에 대한 조사를 수행하는데, 그 초점은 '충칭 강철 그룹(重慶鋼鐵集團)'이었다.[19] 조사조는 조사결과에 근거하여 발견된 문제점으로, 국유기업 개혁

으나, 다양한 원인으로 1990년 중반부터는 '사영(私營) 향진기업'으로 전환되어, 비공유제 기업이 된다. 삼자기업(三資企業)은 개혁기 등장한 외국인 투자 기업을 3가지 형태로, 중외합자(中外合資), 중외합작(中外合作), 외상독자(外商獨資) 기업을 가리킨다.

18) 1980년대 중국의 신자유주의에 대해서는 다음을 참고: 훙호펑·조반니·아리기 외 지음,『중국, 자본주의를 바꾸다』, 미지북스, 2009, 85-87쪽.

19) 全國政硏會調査組,「正視問題 轉變觀念 好工作 : 關於四川省重慶市部分企業減員增效下崗分流實施再就業工程的調査」,『思想政治工作研究』, 8期, 1997; 충칭 강철 그룹은 1890년 철강생산 관련 업무를 담당하는 후베이성(湖北省) 철정국(鐵

에 관한 노동자 사상준비의 부족, 계획경제 시대에 연원하는 기업과 일자리에 대한 노동자의 구(舊) 관념, 공유제 비(非)공유제 등 소유제 형태를 따지고 '직업 귀천'을 가리는 노동자의 태도, "두 명의 일을 세 명이 하는 (兩個人活三個人幹)" 노동기율 등을 지적한다. 이러한 문제점을 방치하지 말고, 기업 내부에 설치된 「사상정치공작 연구회」가 적극 개입해서 해결해야 하는데, 가장 중요한 것은 사상정치공작에 있어서 '당의 지도원칙'을 지키는 것이라고 하면서, 장쩌민(江澤民) 리펑(李鵬) 같은 국가지도자의 국유기업 개혁에 관련된 지도를 공장 서기는 물론 「사상정치공작 연구회」가 철저하게 관철시켜야 한다고 강조한다.

2. 공유제 주택제도의 폐지

앞서 국유기업 개혁에 이어서 여기서는 단위체제 해제에 관련된 『사상정치공작연구』의 글을 분석하도록 한다. 국유기업이 중국 사회주의 체제의 경제적 표현이라고 한다면, 국유기업이 도시에서 존재하는 '공간적 형태'가 단위라고 할 수 있다. 단위 중 가장 많은 숫자를 차지하는 것은 기업이기 때문에, 1990년대 본격적인 국유기업 개혁은 곧 단위체제의 해체를 초래했다. 사회주의 시기 국유기업 노동자는 기업 내부의 공산당 조직의 관리와 동원을 수용하는 대가로 국가가 기업을 통해서 제공하는 임금과 의료, 문화, 교육, 주택 등의 사회복지를 제공받았다. 앞서 지적했듯이, 국유기업 개혁의 핵심내용은 산업구조조정과 소유권 개혁인데, 이것은 필연적으로 기존 노동자의 정리해고로 이어진다. 정리해고된 노동자는 임금을 받지 못할 뿐 아니라 사회복지도 삭감되거나 제공받지 못하는데, 그중 노

政局)으로 설립되었다가 1893년 한양철창(漢陽鐵廠)으로 개칭되었고, 1949년 건국 이후 국유기업으로 재편된다.

동자의 일상생활과 정체성에 가장 직접적이고 큰 영향을 미치는 것은 바로 주택문제이다.

건국 초기 중국은 기존의 도시를 '생산과 노동자의 도시'로 바꾸기 위해서 노동자를 위한 주택단지를 대규모로 건설하였다. 1952년 5월 중국 최초의 '공인신촌(工人新村)'인 상하이 푸퉈구(普陀區) 차오양신촌(曹楊新村)이 완공되었으며, 동년 12월에는 선양(瀋陽) 톄시구(鐵西區) 공인촌(工人村)이 완공되었고, 이후 중국 전역에 노동자 주택이 건설되기 시작했다. 물론 국유기업/집체기업, 중앙기업/지방기업 등 기업의 종류에 따라서 제공하는 사회복지의 수량과 품질은 큰 차이를 보였기 때문에 기업이 제공하는 노동자 주택도 기업의 종류에 따라서 큰 차이를 보였지만, 사회주의 시기는 "노동자가 지도계급"이라는 공식이념의 규정성이 매우 강했기 때문에 기업, 즉 단위가 노동자에게 제공하는 주택의 사용료는 매우 저렴했을 뿐 아니라 가격 변동도 거의 없었고, 영구적인 사용이 가능했으며 심지어 자녀에게 물려줄 수도 있었다.[20]

동일 공장의 노동자들이 밀집 거주하는 노동자 주택은 그 '폐쇄성'과 '포괄성'으로 인해서 사회주의 시기 노동자 정체성의 핵심을 이뤘는데, 노동자에 제공되는 공유제 주택은 개혁기 초기인 1980년대에도 여전히 유지되었으며 본격적인 국유기업 개혁이 시작되는 1990년대 들어서도 기본적으로 유지되었다. 여기서 폐쇄성은 노동자 주택은 해당 기업 소속 노동자들만이 독점하는 공간이기 때문에 외부인은 원칙적으로 사용할 수 없었던 것을 가리키며, 포괄성은 노동자 주택이 소재하는 '주택구(住宅區)'는 주택만이 아니라 병원, 학교, 상점, 유아원, 식량판매소, 우체국, 은행은 물론

---

20) 상하이 차오양신촌에 관한 연구는 다음을 참고: 김승욱, 「공인신촌엔 누가 살았을까 : 상하이 차오양신촌의 사회주의 도시 개조」, 박철현 엮음, 『도시로 읽는 현대중국 1』, 역사비평사, 2017.

대형 단위의 경우 파출소와 영화관까지 거느리고 있었기 때문에 주민은
외부로 나갈 필요 없이 주택구 내부에서 일상생활에 필요한 모든 것을
해결할 수 있었던 것을 가리킨다. 이 때문에 동일 단위 소속의 노동자와
그 가족들 사이에는 독특한 배타성과 동질성에 기초한 정체성이 형성되었
다.[21]

1998년 7월 발표된 「성진 주택제도 개혁과 주택 건설 가속화의 심화에
관한 국무원 통지」는 기존 공유제 주택제도의 전면적 폐지를 알리는 것으
로, 이로써 개혁기 최초로 중국에서 '상품(商品)'으로서의 주택이 탄생했
다.[22]

산업구조조정과 소유권 개혁을 핵심내용으로 하는 국유기업 개혁을 달
성하기 위해서는 주식제에 기반한 현대적 기업제도의 수립이 필수적인데
이를 위해서는 노동자의 정리해고가 선행되어야 할 필수사항이다. 정리해
고가 노동자의 고용 그 자체와 관련된 기업-노동자 관계의 변동을 초래
한다면, 공유제 주택제도의 폐지는 곧 노동자의 일상생활 및 정체성과 관
련된 가장 큰 변동을 초래한다고 할 수 있다.

『사상정치공작연구』는 「뤄양시 주택제도 개혁 실시방안(洛陽市住房
制度改革實施方案)」에 따라서 본격 실시된 뤄양시 주택제도 개혁을 배
경으로, 노동자들의 주택제도 개혁에 대한 인식 조사 결과를 제시한다.[23]

---

21) 단위 주택이 가지는 공간적 특징과 그것이 소속 주민에게 미친 영향에 관한 연구는
   매우 많다. 대표적인 연구는 다음을 참고: 李路路 李漢林, 『中國社會的單位組織
   : 權力,資源與交換』, 浙江人民出版社, 2000; 田毅鵬 漆思, 『單位社會的終結 : 東北
   老工業基地典型單位制背景下的社區建設』, 社會科學文獻出版社, 2005; David
   Bray, *Social Space and Governance in Urban China : The Danwei System from Origins
   to Reform*, Stanford University, 2005.
22) 「國務院關於進一步深化城鎮住房制度改革加快住房建設的通知」. 내용은 다음
   을 참고: http://www.hangzhou.gov.cn/art/2019/7/8/art_1660298_4712.html (검색일 :
   2021.02.20)

우선 공장의 상황에 따라서, 노동자들의 반응도 달라서 '효익(수익과 효율)'이 높은 중대형 국유기업은 주택가격이 높아도 노동자들이 충분히 감당할 수 있다고 반응을 보인 것에 비해서, 같은 중대형 국유기업이라도 효익이 낮은 곳 노동자들의 반응은 매우 좋지 않다는 점을 보여준다. 또한, 주택구매는 마치 '바다에 뛰어드는 것(下海)'과 같아서 노동자들 각자의 상황에 따라서 매우 다른 대처방법이 있는데, 대부분의 노동자는 주택가격 상승에 불만을 표하고 있다는 점을 인정한다.[24] 여기서 주목할 점은 '공유제 주택제도'의 전면적 폐지는 1998년이지만 이미 1990년대 초부터 개별 기업 층위에서 기업이 보유한 공유주택을 소속 노동자에게 판매하는, '내부자 판매'의 움직임이 있었다는 사실이다.[25]

이 글에서 보이듯이, 1994년 뤄양시 국유기업들이 주택을 노동자에게 판매하는 과정에서도 기업의 효익과 노동자 수입의 차이에 따라서 주택의 내부자 판매에 대해서도 매우 다양한 입장이 나타나고 있는데, 높은 주택가격에 대해서 노동자들이 불만을 품고 있지만 1994년이면 이미 개혁개방에 들어선지 15년이 지난 시점으로 노동자들 스스로도 사회와 경제를 운영하는 원리로서의 '시장기제'를 어쩔 수 없는 것으로 받아들이고 있다는 점에 주목할 필요가 있다. 이 글은 공유제 주택 판매에 대한 노동자들의 불만에 대해서, 기본적으로 아직 시장경제에 익숙하지 않은 '구 관념' 때문이라고 지적하고 노동자의 불만이 있다고 하더라도 그러한 부담을 떨쳐

---

23) 寇興仁,「企業房改中的喜與憂 : 洛陽市職工購房心態錄」,『思想政治工作研究』, 5期, 1994.
24) '샤하이(下海)'는 1980년대 시장경제의 점진적 확산을 배경으로, 기존 공무원, 관료, 간부 등 국가기관 종사자와 국유기업 종사자가 기존의 직업을 그만두고, 개체호 사영기업 등의 형식으로 시장에 뛰어들어서 사업하고 돈을 버는 것을 가리키는 표현이었다.
25) 1998년 공유제 주택 제도의 전면적 폐지 이후 주택 가격은 급상승했기 때문에, 1990년대 초 기업으로부터 저렴한 가격에 주택을 구매한 노동자들은 1998년 이후 주택을 판매하여 큰 수익을 올릴 수 있었다.

버리고 주택제도 개혁과 국유기업 개혁을 지속적으로 진행하여 효익을
제고하면 결국에는 주택 문제를 해결할 수 있다는 '낙관적인' 전망을 제시
한다.

　이상과 같이 『사상정치공작연구』에서 나타나는 국가의 이데올로기 투
사는 실제 기업 층위에서 어떻게 되었을까? 다음 장에서는 100년이 넘는
역사를 가진 중대형 국유기업인 다롄기차차량창이 1990년대 실제로 취한
국유기업 개혁과 단위체제 해제의 사례와 이에 대응하여 국가가 투사한
이데올로기의 내용을 분석하도록 한다.

Ⅳ. 다롄기차차량창의 사례

　다롄기차차량창은 기차(機車, 기관차) 생산공장으로, 삼국간섭을 통해
서 청나라로부터 랴오동반도(遼東半島)를 조차하고 만주 철도부설권을
획득한 러시아에 의해서 1899년 설립되었고, 1949년 건국 이후 사회주의
적 개조를 거쳐서 중앙정부 철도부(鐵道部)가 소유한 대형 국유기업이
되었다. 현재는 '중처 다롄기차차량 유한공사(中車大連機車車輛有限公
司)'로 개명했다. 다롄기차차량창은 철도부 직속의 '중앙기업'이기 때문
에, 그 '행정급별(行政級別)'이 높아서 기업이 소재한 다롄시정부 및 다롄
시 공산당위원회와는 지휘-복종 관계에 있지 않았고, 단지 '업무협조'
관계만 존재했다. 중앙기업은 국민경제에 큰 영향을 미치는 업종이고, 생
산규모와 노동자의 숫자가 크기 때문에, 국유기업 개혁 및 단위체제 해제
와 관련해서 국가의 중점관리 대상이고, 그만큼 사상정치공작의 중요성도
컸다.

　1990년 9월 다롄기차차량창 「사상정치공작 연구회」는 사상정치공작의
중점을 기층 작업현장에 두는 것이 필요하다고 강조하고, 「반조 사상정치

공작 강화에 관한 규정(關於加强班組思想政治工作的規定)」을 발표하
여 생산 일선인 '반조(班組)'에 '사상정치공작 조장(組長)'을 설치하기로
한다. 1991년 7월 30일에는 「철도부 다롄기차차량공장 반조 사상정치공작
(임시) 조례(鐵道部大連機車車輛工廠班組思想政治工作(暫行)條例)」
를 발표하여 공장 내부에서 사상정치공작을 강화하고 관련 경험을 교류하
기로 결정한다. 동년 12월 8일에는 향후 3년 동안의 사상정치공작과 관련
된 총체적인 사고와 목표를 제출한다.[26]

덩샤오핑(鄧小平)이 남순강화(南巡講話)에서 사회주의 시장경제를 제
시한 얼마 후인 1992년 4월 9일 다롄기차차량창 당 위원회는 「사상의 진
일보 해방 대토론 전개에 관한 안배(關於開展進一步解放思想大討論的
安排)」를 발표하고, 사상관념, 사유방식, 관리방식, 시장개척, 경영, 노동
인사 등에 관한 '사상'을 해방시킬 것을 요구한다.[27]

주지하다시피 덩샤오핑의 남순강화는 1989년 6월 '톈안먼사건(天安門
事件)' 후, 서방국가의 견제와 국내 경제의 긴축을 타개하고 당내 보수파
를 견제하기 위해서, 개혁개방을 지속한다는 선언을 한 것이며, 이는 1992
년 10월 중국공산당 제14차 전국대표대회에서 '사회주의 시장경제'를 국
정목표로 확정하는 것으로 이어진다. 다롄기차차량창의 '사상 해방' 요구
는 곧 이러한 중공중앙의 방침을 기층 수준에서 전파한 것이다.

1994년 9월 12일 철도부는 「철도공업 개혁에 관한 철도부 의견(鐵道部
關於加快鐵路工業改革的意見)」을 발표하고, 생산, 관리, 경영 등 기업
과 관련된 모든 영역에서 시장을 지향하는 '현대적 기업제도' 건설을 목표
로 제시한다. 이에 따라, 동월 다롄기차차량창은 「일부 공장의 전체 노동

---

26) 工廠簡史編委會編, 『大連機車車輛廠簡史 1899-1999』, 中國鐵道出版社, 1999, 306-307쪽; 반조는 공장의 가장 기층의 노동 및 관리 단위를 가리킨다.
27) 工廠簡史編委會編, 앞의 책, 309쪽.

자 노동계약제 시점 업무의 실행에 관한 안배(關於在部分工廠實行全員
勞動合同制試點工作的安排)」를 발표하고, '노동계약' 제도의 전면적 실
행 방침을 확정하고, 동년 10월 13일부터 노동계약제가 실행된다. 또한,
양로보험제도의 개혁을 추진하여 노동자와 공장 쌍방이 모두 보험료를
납부하도록 바꾸고, 동년 10월 14일에는 시제품 작업장을 '소형 기관차
공장'으로 개조하고 '독립회계단위'로 바꾼다.28) 그 결과 '소형 기관차 공
장'은 독립경영 주체로서 수익과 손실의 주체가 되었다. 또한, 10월 18일
에는 기존 총무처(總務處)가 운영하던, 탁아소, 유아원, 노동자식당, 인쇄
실, 초대소(招待所), 목욕탕 등의 생활서비스 시설을 행정기능과 분리시
키고, 해당 서비스를 전문으로 하는 '생활서비스회사(生活服務公司)'를
설립했다.29)

아울러, 1995년 8월부터는 스스로 수익과 손실의 주체가 되는 '독립회
계단위'를 다른 작업장으로 확대 실시하고, 수요보다 과도한 인력이 배치
된 부문의 인원을 인력이 필요한 부분으로 재배치하고, 생산 개수에 따라
임금을 지급하는 '개수임금(計件工資, piecework wage)' 제도를 11개 작
업장으로 확대 실시한다.30) 1996년 3월에는 공장 '양로원(養老院)' 소속
노동자의 고용방식을 정규직/비정규직의 지위에 따라 고용기간을 차별화
하고 업무실적 평가에 기초하여 정리해고 여부를 결정하는 노동력 관리를
실시하기 시작했다.31) 또한, 작업장별로 노동효율과 임금의 연계방식을
상호 차별화시켰다. 1997년 다롄기차차량창은 「경제효익 심사규정(經濟
效益考核規程)」과 「심사단위 세분화와 원가심사관리 방법(劃小核算單
位成本核算管理辦法)」을 발표하여, 공장 경영과 관리에 있어서 '이윤기

---

28) 기존 중국의 양로보험료는 기업이 모두 부담했다.
29) 工廠簡史編委會編, 앞의 책, 328쪽.
30) 工廠簡史編委會編, 앞의 책, 331-332쪽.
31) 工廠簡史編委會編, 앞의 책, 334쪽.

제'가 핵심적인 역할을 하도록 규정했다. 또한, 동년 「1997년도 공장 공유 주택 판매 가격 및 관련 정책조정에 관한 통지(關於1997年度工廠出售公有住房價格及有關政策調整的通知)」를 발표하여, 기존 공장 소유 공유 주택을 소속 노동자에게 판매함으로써 기존 공유제 주택제도의 폐지를 대비했다.[32]

이상과 같이, 다롄기차차량창은 국유기업 개혁과 단위체제 해제라는 체제전환을 위해서 필요한 생산, 관리, 경영, 임금, 복지 등 전 분야에 걸친 '개혁' 조치를 1990년대 내내 진행했고, 이러한 물질적 제도적 전환을 합리화 정당화하는 사상정치공작을 전개한다.

우선 강조되었던 것이 바로 '주인 책임감(主人翁責任感)'이다. 1994년 공장 「사상정치공작 연구회」는 「공장 전체 노동자에게 있어서 '공장을 사랑하고, 주인이 되며, 공헌을 하는' 활동 전개의 안배에 관한 의견(關於在全廠職工中開展'愛工廠, 做主人, 比貢獻'活動的安排意見)」을 발표하고, 애국주의 집체주의 사회주의 교육을 전개한다.[33]

다음으로, 1994년 12월 2일에는 「다롄기차차량창 애국주의 교육 실시 세칙(大連機車車輛廠愛國主義敎育實施細則)」을 발표하고, 이상 도덕 문화 기율의 4가지 덕목을 가진 사회주의 노동자를 만들기 위해서는, 중화민족의 유구한 역사 및 영광스런 철도역사와 전통에 대한 교육, 사회주의 민주법제와 국방에 대한 교육, 민주단결과 평화통일 및 일국양제(一國兩制)에 대한 교육이 필요하다고 강조한다.[34]

또한, 1996년 9월부터 '직업도덕교육'이 제기되어, 선진기술교육과 공장과 직업을 사랑하는 애창(愛廠)과 경업(敬業) 교육을 통해서 시장경쟁

---

32) 工廠簡史編委會編, 앞의 책, 340-341쪽.
33) 工廠簡史編委會編, 앞의 책, 386쪽.
34) 工廠簡史編委會編, 앞의 책, 388쪽.

력을 갖춰야 한다는 운동이 공장 내부에서 전개된다.[35]

이상에서 살펴보았듯이, 1990년대 다롄기차차량창이 실시한 노동계약제 실시, 독립회계 도입, 개수임금 실시, 이윤기제 강화 등은 국유기업 개혁이며, 양로보험 개혁, 생활서비스 회사 설립, 공유제 주택의 판매 등은 단위체제 해제이다. 따라서 「사상정치공작 연구회」가 해당 시기에 공장 내부에서 전개한 주인 책임감, 애국주의 교육, 직업도덕 교육 같은 사상정치공작 활동은 이러한 내용의 국유기업 개혁과 단위체제 해제 관련 조치들이 가져올 노동자들의 불만과 저항을 누그러뜨리고, 국정목표인 사회주의 시장경제의 실현을 기층 수준에서 합리화 정당화하기 위한 것이었다.

V. 결론

1990년대는 1980년대와 달랐다. 1980년대가 개혁기에 들어섰지만 본격적인 개혁은 이뤄지지 않았고 농촌개혁과 경제특구 실험에 집중한 시기라고 한다면, 1990년대는 체제의 골간을 이루는 물질과 제도가 집중된 도시 공간과 사람에 대한 본격적인 개혁이 집중된 시기였다. 본 연구는 이러한 1990년대 본격적인 개혁 실시를 배경으로 학술연구단체의 형태를 가진 국가기구인 「사상정치공작 연구회」가 체제전환이 초래한 노동자의 불만과 저항에 어떻게 대응했는가를 분석했다.

분석의 결과는 다음과 같다. 첫째, 1990년대 들어서 「사상정치공작 연구회」의 위상과 조직이 1980년대보다 강화되어, 기존의 추상적인 '당의 지도' 선언에 그친 것이 아니라 구체적인 '행정적 지휘와 복종'의 관계를

---

35) 工廠簡史編委會編, 앞의 책, 398쪽.

구축하기 위해 중앙기구 편제위원회가 「사상정치공작 연구회」의 자금과 인원 편제를 결정하게 되었고, 그 구성원들의 관리는 공무원법을 참조하게 되었다. 둘째, 학술지 『사상정치공작연구』는 국유기업 개혁과 단위체제 해제의 내용인, '주식제 도입에 의한 현대적 기업제도의 수립', '정리해고', '노동계약제', '이윤기제', '생활보장', '재취업', '공유제 주택제도 폐지' 등에 관한 노동자의 불만과 저항에 대응하여, '주인의식', '애국주의', '직업도덕' 등의 이데올로기를 투사했다. 셋째, 본 연구는 이렇게 학술지에서 나타난 체제전환에 대한 합리화 정당화 이데올로기가 실제 기업 층위에서 작동하는 양상을 분석하기 위해서, 『다롄기차차량창 간사 1899-1999』를 사용하여 중대형 국유기업인 다롄기차차량창에서 1990년대 실시된 국유기업 개혁과 단위체제 해제의 구체적인 조치들과 이에 부합하는 「사상정치공작 연구회」의 사상정치공작을 분석했다.

주목할 점은, 「사상정치공작 연구회」는 사상정치공작에 있어서 제1의 원칙으로 '당의 지도'를 강조함으로써, 개혁기에 들어서도 사회주의 시기와 변함없이 노동자가 당을 믿고 당의 결정에 복종하고 당이 제시하는 미래를 위해서 분투할 것을 요구하고 있는데, '주인의식', '애국주의', '직업도덕' 등의 이데올로기는 이러한 '당의 지도'의 내용인 것이다. 그렇다면, 2001년 세계무역기구(WTO) 가입을 통해서 글로벌 자본주의 규범을 수용하고 동시에 '세계의 공장'이 되어, 계급격차 도농격차 지역격차에 대한 노동자의 불만과 저항이 더욱 더 증가하여, 치안비용이 국방비용보다 커지고 '안정유지(維穩)'가 통치의 주요 과제가 되는 21세기에 「사상정치공작 연구회」가 주장하는 이러한 '당의 지도'는 어떠한 내용으로 구성될까? 필자는, 1980년대의 개혁기 초기, 1990년대의 본격적인 체제전환에 뒤이어, 세계의 공장으로서 글로벌 자본주의에 본격적인 편입되는 21세기 「사상정치공작 연구회」의 대응을 후속 연구를 통해서 분석하고자 한다.

| 참고문헌 |

김승욱, 「공인신촌엔 누가 살았을까 : 상하이 차오양신촌의 사회주의 도시 개조」, 박철현 엮음, 『도시로 읽는 현대중국 1』, 역사비평사, 2017.

박철현, 「개혁기 중국의 국가와 노동자 교육 : 1980년대 「사상정치공작 연구회」의 설립과 활동을 중심으로」, 『도시연구: 역사 사회 문화』, 제23호, 2020.

배리 노턴 지음, 이정구・전용복 옮김, 『중국경제 : 시장으로의 이행과 성장』, 서울경제경영, 2007.

홍호펑・조반니・아리기 외 지음, 『중국, 자본주의를 바꾸다』, 미지북스, 2009.

工廠簡史編委會編, 『大連機車車輛廠簡史 1899-1999』, 中國鐵道出版社, 1999

「關於印發'中國職工思想政治工作硏究會機構改革方案'的通知」

金祥文, 「切實加强政硏會的工作: 在中國測繪思想政治工作硏究會第二屆二次常務理事會上的講話」, 『中國測繪』, 4期, 1995.

寇興仁, 「企業房改中的喜與憂: 洛陽市職工購房心態錄」, 『思想政治工作硏究』, 5期, 1994.

李路路・李漢林, 『中國社會的單位組織 : 權力,資源與交換』, 浙江人民出版社, 2000

潘琦, 「明確任務 强化措施 加强和改進企業思想政治工作: 在廣西職工政硏會成立十周年大會暨三屆三次年會上的講話」, 『疏導』, 3期, 1995.

全國政硏會調查組, 「正視問題 轉變觀念 好工作 : 關於四川省重慶市部分企業減員增效下崗分流實施再就業工程的調査」, 『思想政治工作硏究』, 8期, 1997.

全總宣敎部宣敎處, 「股份制企業職工的憂慮」, 『思想政治工作硏究』, 8期, 1994.

田毅鵬・漆思, 『單位社會的終結 : 東北老工業基地典型單位制背景下的社區建設』, 社會科學文獻出版社, 2005.

徐紹良, 「樹立與現代企業制度相適應的觀念」, 『思想政治工作硏究』, 8期, 1994.

「宣傳思想戰線要服從和服務於全黨工作的大局: 丁關根在全國宣傳思想工作
　　會議上的講話摘要」, 『思想政治工作研究』, 3期, 1994.

中共國營四八二廠委員會, 「爲提高企業經濟效益服務」, 『思想政治工作研究』,
　　2期, 1991.

中共中央宣傳部 勞動和社會保障部, 「國有企業下崗職工基本生活保障和再就
　　業工作宣傳提綱」, 『思想政治工作研究』, 3期, 1999.

「中國職工思想政治工作研究會關於研究工作三年規劃」, 『疏導』, 4期, 1995.

David Bray, *Social Space and Governance in Urban China: The Danwei System
　　from Origins to Reform*, Stanford University, 2005.

「國務院關於進一步深化城鎭住房制度改革加快住房建設的通知」, http://www.
　　hangzhou.gov.cn/art/2019/7/8/art_1660298_4712.html (검색일 : 2021.02.
　　20)

'중국 즈왕(中國知網)'의 「思想政治工作研究」홈페이지, https://navi.cnki.net/kn
　　avi/JournalDetail?pcode=CJFD&pykm=SSGZ (검색일 : 2021.02.20)

산업별 전유 메커니즘에 관한 연구
: 중국 기업을 중심으로

● 박은미 · 서정해 ●

I. 서론

정보통신기술의 급속한 발전으로 인해 많은 변화가 일어나고 있다. 특히 최근에는 4차산업혁명 혹은 디지털 트랜스포메이션과 관련한 다양한 기술들이 등장하게 되면서 국가 및 기업들은 치열한 경쟁 환경 속에서 살아가고 있다(Park & Liu, 2020). 이러한 치열한 환경에서 살아남기 위해서 과거와는 다르게 소비자들의 니즈를 반영하거나 새로운 기술을 적용한 다양한 신제품과 신서비스로 승부를 하지 않으면 결국 기업은 도태되게 된다(박성택 · 김영기, 2014; Kim et al., 2016).

새로운 기술들이 등장하게 되면, 기업들은 새로운 기술을 확보하기 위해 R&D를 진행하게 된다(Park et al., 2015). 물론 새로운 기술이 이미 등장을 했다고 하더라도 아직까지 기술의 성능이 부족하거나 기술이 체계를 갖추지 못했기 때문에 기업들은 원천기술을 확보하고자 많은 노력을 기울이게 된다(Park et al., 2014).

---

* 이 글은 「산업별 전유 메커니즘에 관한 연구: 중국 기업을 중심으로」, 『디지털융복합연구』, 19권 2호, 2021을 수정 · 보완한 것이다.

** 경북대학교 경영학부 BK21 연구원/경북대학교 경영학부 교수.

중요한 것은 R&D가 성공적으로 이루어졌다고 하더라도 이를 통해 수익을 창출하지 못할 수도 있다는 것이다. 일반적으로 수천 가지 아이디어 중 성공적인 제품은 1~2개 미만으로 알려져 있다. 그리고 성공적인 제품을 출시하였다고 해서 항상 수익으로 이어지지는 않는다고 알려져 있다(이승준·박성택·김영기, 2013; Park et al., 2014; Park et al., 2015).

우수한 기술력을 이미 보유한 노키아나 모토롤라의 경우에도 휴대폰과 관련된 특허를 많이 보유하고 있었지만, 결국 시장에서 사라지고 말았다. 특히, 노키아가 인수한 심비안 OS는 2008년 스마트폰 OS 시장의 60% 이상을 차지했지만, 결국 몰락하고 말았다.

기업들이 충분한 R&D 역량을 보유하고 있어도 모든 기술을 개발할 수 없기 때문에 보편적으로 많이 쓰는 방법이 로열티를 주고 그 기술을 활용하거나, M&A를 통해 해당 기업을 인수하는 동시에 그 기술도 같이 인수를 하게 된다.

예를 들면, 중국의 레노보 그룹은 2005년에 IBM의 PC사업부를 시작으로 2011년에는 독일 메디온, 일본 NEC의 PC 사업부를 인수하였고, 2012년에 미국의 스톤웨어, 214년에는 모토로라, 2016년에는 일본 후지쯔의 PC 사업부를 인수하였다. 현재 레노버는 전 세계 PC 시장에서 HP, Dell에 이어 3위를 차지하고 있다.

파나소닉의 산요전기의 백색가전 부문이 2011년 중국의 하이얼로 인수가 되었으며, 가전양판점 라옥스는 2009년 중국의 쇼녕전기로 인수가 되었다.

이외에도 일본의 음향 제조업체인 파이오니아는 2018년 홍콩 펀드에 매각이 되었으며, 샤프는 2016년, 도시바 PC 사업부는 2018년 대만의 홍하이 그룹으로 인수가 되었다. 또한, 중국의 메이디 그룹은 일본의 도시바 백색가전을 2016년에 인수하여, 현재는 중국의 하이얼, 하이센스와 더불어 3대 가전업체로 성장을 하였다.

일반적으로 원천 및 응용기술 등이 부족한 경우 기업들이 취하는 방법 중의 하나가 바로 M&A이며, M&A를 통해서 기업을 인수 및 합병을 한 후에 관련 기업의 기술, 인력, 노하우 등을 확보하게 된다. 그러나 일반적으로 스타트업은 R&D를 통해 새로운 기술을 개발하고 개발한 기술 1~2개를 가지고 시장에 진출하는 경우가 많이 있는데, 관련 시장이 초창기라면 문제가 되지 않지만, 관련 시장이 성장 및 성숙 단계라면 이러한 방식은 한계점을 가지고 있다.

이에 많은 기업이 앞다투어 R&D를 통해 개발된 기술을 특허, 실용신안 등의 지식재산권으로 등록을 하고 그 권리를 보장받기를 원하게 된다(이승준·박성택·김영기, 2013; Cheon et al., 2016).

중국은 현재 많은 자원과 인력을 투입하여 4차산업혁명 분야의 기술에 많은 투자를 하고 있다. 과거에는 단순히 전 세계의 제조공장으로서 역할을 담당하였지만, 최근에는 중국제조 2025 국가전략을 시작으로 하여 많은 변화가 일어나고 있다. 중국은 인공지능, IoT, 나노기술, 양자컴퓨팅 등의 첨단분야에서 많은 성과를 창출하고 있으며, 2022년에는 현재 R&D 투자 분야 1위인 미국을 제치고 R&D 투자 1위 국가로 부상을 할 것으로 예상된다.

그러나 중국은 아직까지 지식재산권을 비롯한 윤리적 연구수행, 데이터 공유 등에 대한 체계가 부족한 실정이다. 특히 지식재산권의 침해에 대해서는 소극적이고, 자국 산업의 우선주의 정책을 취하고 있어 다른 국가 및 기업들과 무역 마찰 등을 야기하고 있다. 그리고 중국에 투자하거나 시장에 진입하기 위해서는 규제 등의 승인을 대가로 중국에 기술을 이전할 수밖에 없는 것이 현실이다.

현재 대부분의 선행연구를 살펴보면, 미국, 일본, 스페인 등의 국가를 중심으로 이루어진 연구가 대부분이며, 중국의 기업을 대상으로 전유 메커니즘을 파악한 실증 연구는 부족한 실정이다. 이에 본 연구에서는 중국

기업들을 대상으로 중국 기업들의 전유 메커니즘에 대해서 살펴보고자
한다.

Ⅱ. 이론적 배경

전유 메커니즘이란 R&D 결과에 대해 수익을 확보하고자 하는 것을 의
미한다(박성택·김영기, 2014). 전유 메커니즘이 과거보다 현재 시점에서
더 중요한 이유는 다음과 같다. 기술의 융복합화로 인해 과거와는 다르게
하나의 기술만을 가지고 제품을 생산하기가 어렵다는 점이다. 과거에는
하나의 기술을 개발하면 그 기술을 활용하여 제품의 생산이 가능해졌지
만, 기술의 발전과 융복화한 제품들의 등장으로 인해 하나의 기술로는 제
품을 생산하기 어렵게 되었다.

예를 들면 스마트폰 한 대를 생산하는데 활용되는 기술이 25만건 이상으
로 알려져 있다. 특히 모방 기술도 급속도로 발전을 하고 있기 때문에, 기업
들은 전유 메커니즘을 통해 수익을 확보하려고 많은 노력을 경주하고 있다.

또한, 글로벌화가 가속화되면서 자국 내에서의 경쟁보다는 글로벌 경쟁
이 이루어진다는 점이다. 이제는 자국 내에서의 경쟁이 아니라 글로벌 시
장에서 치열한 생존 싸움을 벌여야 하기 때문에 기업들은 혁신에 많은
노력을 기울이고 있으며, 혁신의 방법 중의 하나가 바로 R&D이다. 기업들
은 R&D에 많은 노력을 기울이고 이를 통해 다양한 수익확보 방안들을
모색하고 있다.

전유 메커니즘에 관한 국내의 연구는 부족하지만, 해외(미국과 유럽)에
서는 연구가 활발하게 이루어지고 있다. 전유 메커니즘에 관한 국내의 연
구는 주로 특허 등의 확보를 통한 전략, 특허권의 활용에 관한 연구가
주를 이루고 있으나, 전유 메커니즘에 관한 연구는 거의 없는 실정이다

(Kim et al., 2016). 해외에서는 선행연구를 바탕으로 다양한 전유 메커니 즘에 관해 연구를 진행하고 있으며, 연구자, 국가, 시대별로 전유 메커니 즘에 관한 결과에도 차이가 있었다(박성택·김영기, 2014).

전유 메커니즘에 대한 선행연구를 토대로 수정 보완을 한 것은 〈표 1〉 에서 보는 바와 같다.

〈표 1〉 전유메커니즘 선행연구

	Wyatt et al. (1985)	Levin et al. (1987)	Harabi (1995)	König/Licht (1995)	Cohen et al. (2000)	Arundel (2001)	Sattler (2003)	Park et al. (2020)
Patents	2	-	-	5	5	4	5	1
Patents to prevent duplication	-	4	6	-	-	-	-	-
Patents to secure royalties	-	5	5	-	-	-	-	-
Design registered	-	-	-	6	-	5	6	-
Secrecy	4	6	4	4	2	2	4	2
Complexity of design	-	-	-	3	-	3	3	-
Long-term employment relationship	-	-	-	1	-	-	1	-
Lead-time advantages	-	2	2	2	1	1	2	3
Learning curve effects/economies of scale	5	3	3	-	-	-	-	-
Costs of imitation for competitors	6	-	-	-	-	-	-	-
Know-how advantages	1	-	-	-	-	-	-	-
Superior sales or service efforts	-	1	1	-	-	-	-	-
Brand name recognition	3	-	-	-	-	-	-	-
Complementary sales/service	-	-	-	-	4	-	-	4
Complementary manufacturing	-	-	-	-	3	-	-	5

Levin et al.(1987)의 연구에서는 Superior sales or service efforts, Lead-time advantages, Learning curve effects/economies of scale, Secrecy, Patents to secure royalties, Patents to prevent duplication로 나타났다.

Brouwer & Kleinknecht(1999)의 연구에서는 Keeping qualified people in the firm, Lead-time advantage, Secrecy, Patents, Complexity of design, Certification normalisation, Copyright protection로 나타났다.

Cohen et al.(2000)의 연구에서는 Lead-time advantages, Secrecy, Complementary manufacturing, Complementary sales/service, Patents로 나타났다. Sattler(2003)는 전유 메커니즘으로 Lead-time advantages, Patents, Design registered, Secrecy, Complexity of design을 제시하였다.

Gupta(2004)의 연구에서는 Lead-time advantage, Access to good marketing & distribution, Bland building, Copyright protection, Encryption type copy protection measure, Patents, Access to competitive manufacturing, Complexity of design, Secrecy로 나타났다.

Hussinger(2006)는 Lead-time advantage, Patents, Secrecy를 제시하였고, González-Álvarez & Nieto-Antolín(2007)의 연구에서는 Lead-time advantage, Costs of imitation for competitors, Secrecy, Patents로 나타났다.

Park et al.(2020)의 연구에서는 Patents, Secrecy, Lead-time advantages, Complementary sales/service, Complementary manufacturing을 전유 메커니즘으로 제시하였다.

Ⅲ. 연구설계 및 조사방법

1. 우선순위 도출에 관한 연구

우선순위를 도출하기 위한 방법론으로는 델파이법, 다속성 효용이론,

평점법 등 다양한 방법이 있는 것으로 알려져 있다(박성택·이승준·김영기, 2011).

델파이법은 미래를 예측하는 기법의 하나로 전문가를 대상으로 한 그룹을 활용하여 어떠한 목적으로도 사용이 가능한 기법이다(박성택·이승준·김영기, 2011). 일반적으로 델파이법은 통계적인 모델에 기초한 방법론이 아니다. 전문가의 판단에 의해 해결방안을 도출하거나 예측을 하는 목적으로 활용이 된다.

델파이법은 특정한 개인의 의견보다는 집단의 의견을 전제로 하고 있는 방법으로 미래에 대한 목표와 목적, 행동 과정에 대한 전문가 집단에 대해 의견을 일치하는 데 있어 유효한 기법으로 알려져 있다. 델파이법의 패널의 수는 일반적으로 5명 이상의 전문가를 활용해야만 하며, 정해진 절차에 의거하여 익명으로 진행이 되어야 한다(Rowe & Wright, 1999).

다속성 효용이론은 의사결정이 복잡한 경우에 유용하게 사용하여 우선순위를 도출할 수 있는 방법이다. 그러나 응답의 일관성을 검증할 수 있는 방법이 없다는 단점을 지니고 있는 방법이다(박성택·이승준·김영기, 2011).

평점법은 R&D 사업의 선정, 우선순위 결정에 사용되는 방법 중의 하나이다. 체크리스트법을 확장하여 가중치를 부여하게 하는 방법으로 사용이 간단하고 쉽게 활용을 할 수 있다는 장점이 있으나, 전문가의 질에 따라 평가 결과가 달라진다는 한계점이 있다(박성택·이승준·김영기, 2011).

이에 본 연구에서는 전유 메커니즘의 중요도를 분석하기 위한 다양한 분석기법 중에서 피드백을 통해 반복적으로 전문가들의 견해를 도출할 수 있는 장점을 지니고 있는 순위형식의 델파이법을 사용하고자 한다[23].

2. 조작적 정의

조작적 정의는 Kim et al.(2016), Park & Kim(2014), Park et al.(2015)의

연구를 참고하여 수정 보완을 하였다. 변수의 조작적 정의는 〈표 2〉에서
보는 바와 같다.

〈표 2〉 조작적 정의

변수	조작적 정의
Patent	Grants the inventor exclusive rights in the country for 20 years instead of disclosing the technology of the invention
Design registered	Registered Design grants exclusive rights in the look and appearance of your product
Secrecy	A method used for technologies not protected by intellectual property rights
Complexity of design	A secret or protect over the complexity of the technology and design
Lead-time advantages	Strategy to enter the market by reducing time necessary for the release of a product
Learning curve effects(economies of scale)	Learning Curve measures the relation between increase in per worker productivity associated with an improvement in labor skills from on the job experience
Complementary sales/service	Complementary sales/services can catch up channels to the global market and possible better product placement with trailers
Complementary manufacturing	Research and development to improve the utilization of the product and service

3. 자료 수집 및 분석 방법

먼저 본 연구에서는 전유 메커니즘에 대한 선행연구 고찰을 통해 전유
메커니즘의 요인을 선정하였다. 선정된 변수는 전문가 델파이 조사를 통
해 최종적으로 8개 요인을 설정하고 이를 기업의 실무 담당자들에게 설문
조사를 실시하였다.

먼저 선행연구를 기반으로 총 14개의 전유 메커니즘을 도출하였다. 도
출된 14개 요인을 전문가 7인에게 델파이 조사를 실시하였다.

전문가는 교수 2명, 변리사 3명, 특허가치평가전문가 2명으로 총 7명으
로 현재 관련 분야에서 활동하고 있다. 1차 델파이 조사 결과 총 10개
요인이 도출되었으며, 다시 2차 델파이 조사를 실시하여 최종적으로 8개

요인을 도출하였으며, 〈표 2〉에 제시하였다. 그리고 최종적으로 도출된 8개 전유 메커니즘을 중국 기업의 실무자들을 대상으로 설문조사를 실시하였다.

본 연구에서는 4개의 산업군을 대상으로 하였다. 중국에서는 IT와 전기전자 산업에 많은 투자를 하고 있으며, 글로벌 기업들이 다수 존재하고 있다. 또한, 중국의 석유화학산업도 높은 성장세를 이루고 있으며, 중국의 식품 산업은 전 세계 시장의 16.7%를 차지하고 있으며, 아시아 태평양을 기준으로는 51.6%를 차지할 만큼 거대한 시장을 형성하고 있다. 이에 본 연구에서는 중국 경제에 영향을 미치고 있는 4개의 산업을 중심으로 설문조사를 실시하였다.

조사방법은 순위형식의 델파이 기법을 활용하였고, 켄달의 일치계수를 통해 응답자들의 의견 일치도를 검증하였다. 본 설문조사는 중국 기업의 연구개발 담당자, 특히 담당 실무자 110명을 대상으로 실시하여 중요도를 산출하였다. 설문조사 응답 중에서 불성실한 응답을 제외한 96부를 최종 분석에 활용하였다. 설문조사는 2020년 2월 1일~2월 28일까지 실시하였다.

4. 표본의 특성

설문조사 기업의 표본 특성은 〈표 3〉에서 보는 보와 같다. 설문대상의 산업은 총 4개 산업군이며, IT산업이 차지하는 비중이 54.17%, 음식료산업 19.79%, 석유화학산업이 17.71%, 전기전자산업이 8.33% 순으로 나타났다.

관련 분야 경력의 평균은 8.6년으로 나타났으며, 학력은 학사 48%, 석사 이상이 52%로 나타났다. 성별은 남성이 78명(81.25%), 여성이 18명(18.75%), 직급은 과장 49%, 부장 35%, 임원 16%로 나타났다. 또한 대기업은 27%, 중소기업은 73%로 나타났으며, 2019년 매출액 대비 R&D 투자 비율은 평균 6.0%로 나타났다.

〈표 3〉 표본의 특성

		Frequency	Percent (%)
Education	B,A	46	48%
	M,A	50	52%
Company	Small & Medium	26	27%
	Large	70	73%
Job Grade	General Manager	47	49%
	Executive Manager	34	35%
	Executive	15	16%
Industry	Food and drink	52	54,17%
	Petrochemistry	19	19,79%
	Electrical electronics	17	17,71%
	IT	8	8,33%

Ⅳ. 연구결과

본 연구 결과는 〈표 4〉에서 보는 바와 같다. 먼저 전체 산업을 기준으로 하였을 경우, 1위는 특허로 나타났다. 특허는 기업의 전유 메커니즘을 대표하는 가장 중요한 변수 중의 하나이다. 특허제도는 특허권자에게 독점적인 권리를 부여하고 이를 통해 기술의 발명과 상업화를 촉진시키는 매개 역할을 수행한다. 대부분의 중국 산업에서는 특허는 20년간 법적으로 보호를 받을 수 있는 강력한 무기이다.

중국은 한국과 마찬가지로 기술적인 부분(원천기술 및 응용기술 등)에서는 선진국들에 비해서는 후발주자이기 때문에 다른 변수들보다 특허가 가장 중요한 요인으로 나타났다. 그러나 음식료산업과 전기전자산업에서는 특허가 아닌 다른 변수가 더 중요한 요인으로 도출이 되었는데, 이는 특허가 모든 산업 분야에서 중요한 요인이 아니라는 것을 선행연구의 결과와 일치하고 있는 연구결과이다.

〈표 4〉 전유 메커니즘 중요도 결과

	Patents	Design registered	Secrecy	Complexity of design	Lead-time advantages	Learning curve effects/economies of scale	Complementary sales/service	Complementary manufacturing
food and drink	3.75	5.25	5.00	4.75	5.25	6.00	4.75	2.50
petrochemistry	3.33	5.83	5.83	5.00	5.17	4.67	3.83	3.67
electrical electronics	3.88	4.13	4.38	5.63	3.38	5.63	4.38	4.13
IT	3.15	3.98	4.45	4.74	4.87	5.34	5.04	4.94
Total	3.12	3.97	4.68	4.98	4.49	5.48	4.95	4.76
Var.	3.71	3.72	4.92	5.15	5.40	4.95	5.19	3.54
Std.	1.93	1.93	2.22	2.27	2.32	2.22	2.28	1.88
Ranking	1	2	4	7	3	8	6	5

2위는 의장등록으로 나타났다. 의장등록은 일반적으로 제품 내부의 구성이나 작동원리와는 상관이 없이 단지, 외부적으로 나타나는 제품 디자인과 제품의 형상만을 보호하기 때문에 의장등록을 받으려면 디자인 도면만 제출하면 된다.

특히 제품의 외형(외관)이 과거에 비해 중요해지고 있는 현재 시점에서 외형을 모방하는 경우가 빈번하게 일어나고 있다. 예를 들면, 스마트폰이나 스마트 패드 등은 후발 기업들이 모방하는 경우가 허다하다.

3위는 리드타임으로 나타났다. 리드타임이란 제품의 출시 기간까지의 기간을 의미한다. 즉, 제품의 출시를 최단기간 내에 하고, 시장을 선점하려는 전략을 구사하는 것을 의미한다.

일반적으로 기업들이 가장 많이 취하는 전략 중의 하나가 바로 리드타임이다. 물론 시장에 먼저 진출을 한다고 항상 성공하는 것은 아니다. 그렇지만 시장에 먼저 진출을 함으로써 시장을 선점하는 효과를 누릴 수가 있기 때문에 이러한 결과가 나타난 것으로 보인다.

4위는 비밀유지로 나타났다. 기업들이 R&D 결과를 특허 등의 지식재산권으로 출원하게 되면, 관련 내용을 모두 공개를 해야 하기 때문에 일부 기업들은 공개하는 대신에 비공개를 선택하고 이를 통해 자신들만이 그 기술을 가지고 사업을 영위하는 전략을 취하는 방법이다. 예를 들면, 코카콜라의 경우는 콜라의 제조비법을 공개하지 않고 비밀유지를 하여 현재까지 콜라 시장에서 독점적인 우위를 점하고 있다.

5위는 보완적 제조로 나타났다. 최근 스마트폰 관련 시장을 살펴보면, 보완적 제조는 경쟁 기업이 가지고 있는 제조 역량, 제품 등에 대한 이해를 바탕으로 시장을 장악할 수 있는 능력을 의미하며, 후발 진입자의 약점을 보완 및 극복할 수 있게 해주는 역할을 수행하게 된다. 예를 들면, 삼성은 스마트 기기 관련 시장에서는 후발주자였으나, 보완적 제조 능력을 통해 이를 극복하였다.

6위는 보완적 판매 및 서비스로 나타났다. 기업은 R&D를 통한 결과물을 판매하고 있는 제품과 서비스에 적용 가능하게 하여 제품과 서비스의 가치를 높이고 이는 결국에는 기업의 경쟁력 향상에 도움이 된다. 예를 들면, 새로운 혁신적인 제품이 등장하고 나면 이후에는 그 제품의 기능이나 성능의 개선, 하드웨어 개선 등을 통해 시장을 선도하게 된다.

7위는 디자인의 복잡성을 통한 비밀유지로 나타났다. 정보통신기술이 발전할수록 과거와는 다르게 복제를 하는 기술력도 같이 발전을 하고 있다. 이에 기업들이 디자인을 복잡하게 구성을 하여 경쟁기업 및 후발 기업들이 쉽게 모방을 할 수 없도록 하는 전략이다.

8위는 학습효과곡선, 규모의 경제로 나타났다. 일반적으로 생산량이 증가함에 따라 평균 생산 비용이 줄어드는 현상이 규모의 경제이고, 규모, 생산량, 경험 등이 증가가 되면서 단위 원가가 하락한다는 의미가 바로 학습(경험)효과 곡선이다. 즉, R&D의 결과를 가지고 생산을 통한 효과를 얻으려고 하는 전략으로 향후 원가절감, 가격결정정책 등에 활용을 할 수가 있기 때문에 중요한 전유 메커니즘 중의 하나라 할 수 있다.

〈그림 1〉은 8개의 전유메커니즘에 대해 전체산업과 4개 산업(음식료, 석유화학, 전기전자, IT)에 대해서 중요도를 레이디얼 차트로 표현한 것이다.

〈그림 1〉 전유 메커니즘 중요도 레이디얼 차트

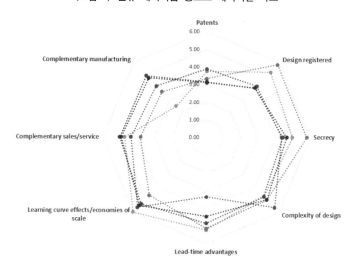

V. 결론

본 연구는 중국 기업들의 혁신에 대한 결과물인 전유 메커니즘을 파악하는 데 있다. 일반적으로 기업들의 전유 메커니즘으로는 특허, 비밀유지, 리드타임, 보완적 제조, 보완적 판매 및 서비스 등이 있다.

이러한 전유 메커니즘은 각 산업별, 제품별로 차이를 보이는 것으로 알려져 있으며, 본 연구에서는 산업별 차이점을 파악하기 위해 관련 분야 전문가(실무자 포함)를 대상으로 설문조사를 통해 자료를 수집하고 이를 통계 분석을 통해 밝히고자 하였다.

　분석결과, 전체 산업을 기준으로 전유 메커니즘의 중요성은 특허, 의장등록, 리드타임, 비밀유지, 보완적 제조, 보완적 판매 및 서비스, 디자인의 복잡성, 학습곡선효과/규모의 경제 순으로 나타났다.

　음식료 산업에서는 보완적 제조, 특허, 디자인의 복잡성, 보완적 판매 및 서비스, 비밀유지 순으로 그 중요도가 나타났다. 석유화학 산업에서는 특허, 보완적 제조, 보완적 판매 및 마케팅, 학습곡선효과/규모의 경제 순으로 그 중요도가 나타났다. 전기·전자 산업에서는 리드타임, 특허, 의장등록, 보완적 제조, 비밀유지, 보완적 판매 및 서비스 순으로 그 중요도가 나타났다. IT 산업은 특허, 의장등록, 비밀유지, 디자인 복잡성, 리드타임, 보완적 제조 순으로 그 중요도가 나타났다.

　본 연구의 학문적 의의는 다음과 같다. 첫째, 중국기업을 대상으로 한 전유 메커니즘에 관한 실증 연구 결과를 제공한다는 점이다. 중국 산업(기업)을 대상으로 기업의 전유 메커니즘에 관한 연구는 거의 찾아보기 어렵다. 본 연구는 혁신에 대한 이해를 넓히고, 전유 메커니즘의 구체적인 요인을 식별하였다. 둘째, 산업별로 어떠한 전유 메커니즘이 유력한지에 대한 설명을 추가적으로 제공한다는 점은 본 연구의 중요한 기여 요소라고 할 수가 있다.

　본 연구의 실무적 의의는 기업의 연구개발 담당자들이 혁신에 대한 전유 메커니즘 전략을 실행하는데 있어 실무적으로 활용할 수 있는 지침을 제공한다는 점이다. 본 연구에서 제안한 혁신에 대한 전유 메커니즘을 토대로 실무자들이 자사에게 필요한 전유 메커니즘에 대한 전략을 수립하고 이를 토대로 기업의 지식재산 전략의 계획을 수립하는 데 도움을 줄 수 있을 것으로 보인다.

　이러한 시사점에도 불구하고 본 연구의 한계점으로는 전유 메커니즘의 각 요인 간에 독립성이 확보되지 못했다는 점이다. 본 연구에서는 선행연구에서 도출된 요인들을 대상으로 최종 설문 요인을 도출하였기 때문에 향후 연구에서는 전유 메커니즘의 각 요인 간에 독립성이 확보될 수 있도록 해야 할 것으로 보인다. 또한, 본 논문에서는 산업별 차이점을 분석하기 위해서 다양한 통계 분석 기법을 고려하지 않았으며, 설문조사 기업이 96개밖에 되지 않기 때문에 본 연구의 결과를 일반화하기에는 무리가 따른다. 향후 연구에서는 설문조사 기업을 확대하고 국가 간 비교, 기업 간 (대,중,소) 비교 외에도 다양한 분석기법을 활용하는 것이 필요할 것으로 보인다.

| 참고문헌 |

김영기·박성택·이승준, 「특허풀에서의 공평한 로열티 분배를 위한 특허가치 평가」, 『디지털융복합연구』, 제8권 제1호, 2010.

_____, 「특허가치평가 중요 요인 도출에 대한 델파이 연구」, 『Entrue Journal of Information Technology』, 제9권 제1호, 2010.

박성택·김영기, 「기술혁신 보상확보 메커니즘 효과성의 산업별 차이와 유형」, 『디지털융복합연구』, 제12권 제6호, 2014.

박성택·이승준·김영기, 「산업별 특허가치평가 요인의 차이에 대한 연구」, 『디지털융복합연구』, 제9권 제3호, 2011.

_____, 「AHP를 이용한 제품군별 특허가치평가 요소의 중요도 분석」, 『Entrue Journal of Information Technology』, 제10권 제1호, 2011.

이승준·김영기·박성택, 「국내 IT 제조기업의 전유성 확보 전략」, 『디지털융복합연구』, 제11권, 제11호, 2013.

Arundel, Anthony, "The relative effectiveness of patents and secrecy for appropriation", *Research Policy*, 30(4), 2001.

Brouwer, Erik, and Alfred Kleinknecht, "Innovative output, and a firm's propensity to patent.: An exploration of CIS micro data", *Research Policy*, 28(6), 1999.

Cheon, Kwan-Woo, Kim, Young-Ki, Choi, Soo-Myung, and Park, Seong-Taek, "A Study of Companies' Strategy for Securing Appropriability: Focused on South Korean Electronic Component Manufacturing", *Indian Journal of Science and Technology*, 9, 2016.

Cohen, Wesley M., Richard R. Nelson, and John P. Walsh, "Protecting their intellectual assets: Appropriability conditions and why US manufacturing firms patent (or not) (No.w7552)", *National Bureau of Economic Research*, 2000.

González-Álvarez, Nuria, and Mariano Nieto-Antolín, "Appropriability of innovation results: An empirical study in Spanish manufacturing firms", *Technovation*, 27(5), 2007.

Gupta, Vivek, "Determinants of Incidence and Modes of Alliance: A Study of the Indian Information Technology Industry (Doctoral dissertation, PhD dissertation)", *Indian Institute of Management*, India, 2004.

Harabi, Najib, "Sources of technical progress: Empirical evidence from Swiss industry", *Economics of Innovation and New Technology*, 4(1), 1995.

Hussinger, Katrin, "Is silence golden? Patents versus secrecy at the firm level", *Economics of Innovation and New Technology*, 15(8), 2006.

Kim, Young-Ki, Kim, Tae-Ung, Park, Seong-Taek, and Jung, Jae-Rim, "Establishing the importance weight of appropriability mechanism by using AHP: the case of the China's electronic industry", *Cluster Computing*, 19(3), 2016.

Knig, H., and G. Licht, "Patents, R&D and innovation: Evidence from the Mannheim innovation panel", *Ifo-Studien*, 41, 1995.

Levin, Richard C., Alvin K. Klevorick, Richard R. Nelson, Sidney G. Winter, Richard Gilbert, and Zvi Griliches, "Appropriating the returns from industrial research and development", *Brookings Papers on Economic Activity*,

1987(3), 1987.

Park, Seong-Taek, Jung, Jae-Rim, and Chang Liu, "A study on policy measure for knowledge-based management in ICT companies: focused on appropriability mechanisms", *Information Technology and Management*, 21(1), 2020.

Park, Seong-Taek, and Chang Liu, "A study on topic models using LDA and Word2Vec in travel route recommendation: focus on convergence travel and tours reviews", *Personal and Ubiquitous Computing*, 2020.

Park, Seong-Taek, Lee, Seung-Jun, and Kim, Young-Ki, "Appropriability of innovation results: case of the Korean industry", *Indian journal of Science and Technology*, 8(21), 2015.

Park, Seong-Taek, Park, Eun-Mi, and Kim, Young-Ki, "Does the company size affect the purpose of patent application? Case of the Korean electronics industry", *International Journal of Applied Engineering Research*, 9(21), 2014.

Rowe, Gene, and George Wright, "The Delphi technique as a forecasting tool: issues and analysis", *International journal of forecasting*, 15(4), 1999.

Sattler, Henrik, "Appropriability of product innovations: An empirical analysis for Germany", *International Journal of Technology Management*, 26(5-6), 2003.

Wyatt, Sally, Gilles Bertin, and Keith Pavitt, "Patents and multinational corporations: results from questionnaires", *World Patent Information*, 7(3), 1985.

저자소개

김주아

베이징어언대학에서 『漢語"來/去"和韓國語"ota/kada"的句法, 語義對比硏究(중국어 '來·去'와 한국어 '오다·가다'의 통사 및 의미론적 비교연구)』로 응용언어학 박사학위를 받았다. 현재 국민대학교 중국인문사회연구소 HK연구교수로 재직 중이다. 연구 관심 분야는 중국어학과 중국문화 및 화교·화인 사회이다. 주요 논문으로는 「화인 민족공동체의 형성과 발전-동남아시아 화인사단(社團)을 중심으로」(2018), 「말레이시아 화인기업(華商)의 네트워크 활용 실태 조사」(2019), 「싱가포르 화인의 다문화 수용성 조사」(2019), 「중일 번역문화와 번역어의 탄생 과정」(2020), 「말레이시아 화문교육에서 지식인의 역할」(2021) 등이 있다. 역서로는 『지혜 – 바다에서 배우는 경영이야기』가 있다.

박영순

국민대 중어중문학과를 졸업하고 중국 푸단(復旦)대학 중국어문학연구소에서 석·박사학위를 받았다. 현재 국민대학교 중국인문사회연구소 HK부교수이다. 최근 주로 고대 문인집단과 문학유파, 문학 지리와 지식생산, 유배문학과 유민문학, 중서 문화 교류와 전파, 고대 한중지식 교류사 등에 관심을 두고 있다. 주요 논문으로 「청초 강남지역의 유민결사: 경은시사(驚隱詩社)를 중심으로」(2017), 「청초 동북 지역의 유배 지식인: 함가(函可)와 시 창작을 중심으로」(2020) 등과 주요 역서로『중국 고대 문인집단과 문학풍모』(2018), 『현대 중국의 학술운동사』(2013)등이 있다.

박은미

경북대학교에서 경영학부 전략 및 조직관리 전공으로 박사과정을 수료하였고, 현재 (사)한국소프트웨어기술인협회 책임연구원으로 재직하고 있다. 전유 메커니즘, 기술혁신, 연구개발전략 등을 연구하고 있으며, 최근에는 빅데이터와 텍스트마이닝 방법을 활용하여 한국과 중국의 기술혁신에 대한 연구를 진행하고 있다. 주요 논문으로는 「The effects of leadership by types of soccer instruction on big data analysis」(2016), 「Factors enhancing independent tourists' experience through convergence of smartphone-based services and information searching」(2020) 등이 있으며, 저서로는 『빅데이터개론』, 『전자상거래관리사』(광문각, 2021) 등이 있다.

박철현

서울대학교 동양사학과를 졸업하고, 서울대학교 국제대학원에서 중국지역연구로 문학석사학위를 받고, 중국 선양(瀋陽) 톄시구(鐵西區) 공간변화와 노동자 계급의식의 관계에 대한 연구로 중국 런민(人民)대학 사회학과에서 박사학위를 받았다. 현재 국민대학교 중국인문사회연구소 HK연구교수로 재직중이다. 관심분야는 중국 동베이(東北) 지역의 공간생산과 지방정부의 역할, 국유기업 노동자, 도시, 둥베이 지역의 "역사적 사회주의", 만주국, 동아시아 근대국가 등이다. 논문으로는「關於改革期階級意識與空間 – 文化研究: 瀋陽市鐵西區國有企業勞動者的事例」(박사학위 논문, 2012),「중국 개혁기 공간생산 지식의 내용과 지형: 선양시(瀋陽市) 톄시구(鐵西區) 노후공업기지의 개조를 중심으로」(중소연구, 2013),「중국 사구모델의 비교분석: 상하이와 선양의 사례 – 사회정치적 조건과 국가 기획을 중심으로」(중국학연구, 2014),「중국 개혁기 공장체제 연구를 위한 시론(試論): 동북 선양(瀋陽)과 동남 선전(深圳)의 역사적 비교」(한국학연구, 2015) 등이 있고, 역서로는『중국 정책변화와 전문가 참여(공역)』(학고방, 2014), 공저로『다롄연구: 초국적 이동과 지배, 교류의 유산을 찾아서』(진인진, 2016),『특구: 국가의 영토성과 동아시아의 예외공간』(알트, 2017), 편저서로『도시로 읽는 현대중국 1, 2』(역사비평사, 2017)이 있다.

서상민

고려대학교 정치외교학과를 졸업하고 고려대학교 대학원에서 중국정치로 석·박사학위를 취득하였다. 동아시아연구원(EAI) 중국연구센타 부소장을 거쳐 현재 국민대학교 중국인문사회연구소 HK연구교수로 재직 중이다. 주요 관심 연구영역은 중국정치과정 중 권력관계, 정치엘리트, 관료제와 관료정치 그리고 외교안보 분야 정책결정과정 분석 등과 관련된 주제들이며, 사회연결망분석(SNA) 방법을 활용한 중국의 정책지식과 정책행위자 네트워크 분석하고 관련 데이터를 구축하여 중국의 정치사회 구조와 행위자 간 다양한 다이나믹스를 추적하고 분석하고 있다. 주요 저서로는『현대중국정치와 경제계획관료』(2019) ,『中国梦: 中国追求的强国像』(2019, 공저) 등 다수가 있으며, 주요 논문으로는「시진핑 시기 이데올로기 강화와 민영기업정책」(2021),「중국 공산당의 위기관리 정치」(2020),「시진핑 시기 권위주의적 사회통제」(2019),「시진핑 1기 중국인민해방군 상장(上將) 네트워크」(2018) 등 다수가 있다.

서정해

일본 히토츠바시대학교에서 상학연구과 박사학위를 취득하였고, 현재 경북대학교 경영학부 교수로 재직하고 있으며, 기술경영, 경영전략 등을 연구하고 있다. 주요 논문으로는 「A Study on Financing Security for Smartphones Using Text Mining」(2018), 「중국 기업의 특허분쟁 대응 방안에 대한 연구(2020), 「기업의 특허활동이 경영성과에 미치는 영향 요인」(2021) 등이 있으며, 저서로는 『신연구개발기획론』(경문사, 2006)이 있다.

신영환

고려대학교 정치외교학과를 졸업하고 동대학원에서 국제정치 전공으로 석사 및 박사학위를 취득하였다. (재)동아시아연구원 수석연구원으로 Journal of East Asian Studies 운영주간, 외교안보연구팀장, 연구기획실장, 사무국장을 역임하였으며, 현재 고려대학교 평화와 민주주의 연구소 위촉연구원이다. 충북대학교와 단국대학교 정치외교학과에 출강 중이며, 국제정치학과 한국 외교 관련 과목을 강의하고 있다. 주요 연구 분야는 동아시아 국제관계, 중러관계, 지정학 등이며, 동아시아연구원 재직 시절 동남아시아 개도국에 대한 민간 차원의 개발협력 사업에 참여하기도 했다. 주요 논문으로는, 「Is Japan the "Britain" of East Asia? A Geopolitical Analysis of Japan's Long-term Strategy on the Korean Peninsula」(2020), 「The Path Forward for South Korea's Diplomacy and Security: An Overview of Campaign Promises from Presidential Candidates」(2017, 공저), 「Empowering Think Tanks and Encouraging Democratization」(2016) 「Bridging the Divide: South Korea's Role in Addressing Nuclear North Korea」(2016, 공저) 등이 있다.

우성민

상명대 중어중문과를 졸업하고 중국 북경대 역사학과에서 중국고대사 중 당대 법제사로 석사학위를 받았고, 『당대사문연구(唐代赦文硏究)』로 박사학위를 받았다. 현재 동북아역사재단 한국 고중세사연구소에서 연구위원으로 재직하고 있다. 최근 주로 고대 한중관계사, 중국 역사교과서 등에 관심을 두고 있다. 주요논문으로 「『중외역사강요』속의 중국식 글로벌 가치관 '인류운명공동체'의 서술과 시사점」(2020), 「중국 역사교과서의 개편과 자국사 및 세계사의 '현대' 서술」(2020), 「唐詩를 중심으로 본 唐代 文人들의 高句麗, 渤海에 대한 認識」(2019), 「수당대 화친 정책과 주변국과의 역학 관계에 대한 검토」(2019), 「唐代 鴻臚寺의 외교기능을 통해 본 고구려의 국제성 검토」(2018), 『신간 중국 중등 역사교과서 개편 동향의 특징과 한국사 관련 서술 검토』(2018), 『중국역사지도집』에 표기된 고구려 비사성에 대한 검토(2017), 『唐代 율령을 통해 본 동아시아 교류와 상호인식-唐代 關市令을 중심으로」(2015), 「한중일 역사인식에 대한 상호이해 제고와 역사화해를 위한 제언」 (2015) 공저서로『한국고대

사계승인식 1, 2』(2019~2020), 『세계의 역사교육 어디로 가고 있는가?』(2019), 공역서로『唐玄宗』(신서원, 2012) 등이 있다.

이광수

중국인민대학에서 중국정치 전공으로 박사학위를 취득한 이후, 숭실대, 국민대에서 동아시아 관계와 중국정치에 대해서 강의해오고 있다. 국민대학교 중국인문사회연구소에서 HK연구교수로 재직하면서 중국과 대만의 정치체제와 상호관계에 대해서 연구하고 있다. 연구 성과로 「양안의 민족주의 정서 고양과 양안관계」(2017), 「대만의 인정투쟁 연구: 정당의 통독 입장 변화를 중심으로」(2017), 「대만TV시사토론프로그램의 정치편향성 연구」(2019), 「양안 문화교육교류의 특징과 양안관계에 미치는 영향」(2020), 「중국의 일국양제와 대안모델에 대한 고찰」(2020) 등이 있으며, 역서로는 『중국정책결정: 지도자, 구조, 기제, 과정』(2018) 등이 있다.

이병민

성균관대학교 중어중문학과와 산동대학 중문과를 졸업하고, 중국 난징대학에서 『中國"第六代"電影紀實風格研究(중국 '6세대'영화의 다큐멘터리적 스타일 연구)』로 문학 박사학위를 받았다. 현재 단국대학교 일본연구소 HK연구교수로 재직 중이다. 연구 관심 분야는 중국문화와 중국영화 및 근현대문학이다. 주요 논문으로는 「韓中의 人性 및 飲食男女 관련 속담 비교 연구」(2018), 「2000년 이후 중국 중앙 텔레비전 프로그램 속 등소평 인물 서사 변화의 의미 연구」(2018), 「《차마고도 · 더라무》의 지식 생산과 전파」(2019), 「무의식을 통한 지(知)의 확장: 2000년대 중국영화 독해」(2018), 「종교지식의 관점에서 본 동학의 성격과 영향력 연구」(2020), 「중국 무협영화 승려 캐릭터의 역할과 미학적 기능 – 불교 지식체계에 대한 대중의 문화적 승인의 관점에서」(2019), 「근대 매체를 통한 역사지식의 생산과 전파 : 한용운『삼국지』의 조조를 중심으로」(2020) 등이 있다. 공편역서 『뇌우』(2017)와 공저서 『지식 집단과 지식권력』(2020)이 있다.

최은진

이화여대에서 역사학으로 박사학위를 받았으며, 현재 국민대학교 중국인문사회연구소 HK교수로 재직하고 있다. 전공분야는 중국현대사이며 현재는 중국 지식인의 사상지형, 담론 및 네트워크를 구체적인 교육, 사회활동에서 역사적으로 고찰하는 데 관심을 갖고 연구하고 있다. 주요 논문으로는 「중국국립중앙연구원 역사어언연구소(1928~49)와 근대역사학의 제도화」(2010), 「중국 역사지리학 지적구조와 연구자

네트워크」(2012), 「2012년 '韓寒-方舟子 論爭'을 통해 본 중국 매체의 네트워크 작용과 함의」(2013), 「언론매체를 통해 형성된 공자학원(Confucius Institutes) 이미지와 중국의 소프트 파워 확산」(2015), 「중국의 '중국학'연구의 지적구조와 네트워크: 텍스트 마이닝 기법을 활용한 새로운 분석방법의 모색」(2016), 「중국 푸쓰녠(傅斯年)연구 '의 지적 네트워크와 그 함의」(2017), 「중화민국시기『교육잡지(敎育雜誌)』와 서구교육지식의 수용과 확산」(2019), 「중국 향촌건설운동의 확산과정과 향촌교육의 함의」(2020)등과 역서로『중국 학술의 사승(師承)과 가파(家派)』(왕샤오칭(王曉淸)저, 최은진·유현정 옮김, 학고방, 2015), 『현대 중국의 8종 사회사조』(마리청(馬立誠) 지음, 박영순·최은진 옮김, 학고방, 2015) 등이 있다.

취더쉬안曲德煊

2008년 난징대학교(南京大學) 희극희곡과에서 영화이론과 비평방향으로 박사학위를 받았다. 현재 장시사범대학교(江西師範大學) 부교수이자 희극영상학과 석사 지도 교수이다. 주요 연구 분야는 영화이론과 영화평론이며 핵심 간행물에 논문 20여 편을 발표한 바 있다. 중국 CNKI 수록 논문은 30여편이며, 저서로는『각본·연출 전공 기초 과정(編導專業基礎敎程)』이 있다. 전공분야인 전기영화 연구로 중국 국내 학계에서 권위를 인정받고 있으며, 대표적인 논문은『당대영화(當代電影)』에 게재된 전기영화 연구 3부작「17년의 전기의식과 전기영화(十七年的傳記意識與傳記電影)」, 「역사를 거닐다: 새로운 시기 중국 전기영화의 혁신과 반성(人在歷史 : 新時期中國傳記電影的求新和反思)」, 「인간의 역사: 새로운 시기 중국 전기영화 탐색의 길(人的歷史: 新時期中國傳記電影的探索之路)」 등이 있다. 영화사 연구 논문으로는『당대영화(當代電影)』에 게재된「중국영화의 3대 전통(中國電影的三大傳統)」과『현대전파(現代傳播)』에 게재된 2편이 있다.

국민대학교 중국인문사회연구소 총서 • 11권

중국 지식생산의 메커니즘

초판 인쇄　2021년 6월 15일
초판 발행　2021년 6월 25일

공 저 자 | 김주아·박영순·박은미·박철현·서상민·서정해
　　　　　신영환·우성민·이광수·이병민·최은진·취더쉬안
펴 낸 이 | 하운근
펴 낸 곳 | 學古房

주　　　소 | 경기도 고양시 덕양구 통일로 140 삼송테크노밸리 A동 B224
전　　　화 | (02)353 -9908 편집부(02)356-9903
팩　　　스 | (02)6959-8234
홈페이지 | www.hakgobang.co.kr
전자우편 | hakgobang@naver.com, hakgobang@chol.com
등록번호 | 제311-1994-000001호

ISBN 979-11-6586-382-1 94300
　　　 978-89-6071-406-9 (세트)

값 : 29,000원

■ 파본은 교환해 드립니다.